纪念萧萐父先生诞辰百周年

内容简介

《吹沙集》（三卷本），是诗化哲学家、武汉大学著名哲学教授萧萐父先生的个人论文集，亦有少量师友评说文字。三卷文字主要体现萧先生吹沙觅金、寻求真知以启后人的哲学情怀。《吹沙集》（第一卷）收入的主要是作者20世纪80年代的文字，以关注中国"内生现代性"和传统与现代的历史"接合点"问题为中心；《吹沙集》（第二卷）收入的主要是作者90年代的文字，以世界多极化发展、东西文化学术交流融合为主题；《吹沙集》（第三卷）收入的则主要是作者21世纪以来的文字，以阐发文化的多元发生、多极并立、多维互动特质为基调。《吹沙集》三卷虽各有重点，然精神一贯，均鲜明地体现了作者"思诗结合"的思维方式、古今中外贯通的宏阔哲学视野，以及关照现实、重视完美人格追求的哲学理想。

作者简介

萧萐父（1924—2008），著名哲学史家和具有诗性气质的哲学家，生于四川成都。1947年毕业于武汉大学哲学系，1956年受邀回武汉大学重建哲学系，是现今武汉大学中国哲学学科的奠基人，开创了"德业双修，学思并重，史论结合，中西对比，古今贯通"的独树一帜的珞珈中国哲学学派。著有《船山哲学引论》、《中国哲学史史料源流举要》、《哲学史家文库：明清启蒙学术流变》（合著）、《王夫之评传》（合著）、《吹沙集》（三卷本）、《大乘起信论·释译》等；编有《中国哲学史》（上下卷）、《哲学史方法论研究》、《中国辩证法史稿》（第一卷）、《王夫之辩证法思想引论》、《玄圃论学集》、《众妙之门》、《传统价值：鲲化鹏飞》等。

有一偏之见，有相反之论，
学者于其不同处，正宜著眼体会。
所谓一本而万殊也。
以水济水，岂是学问？

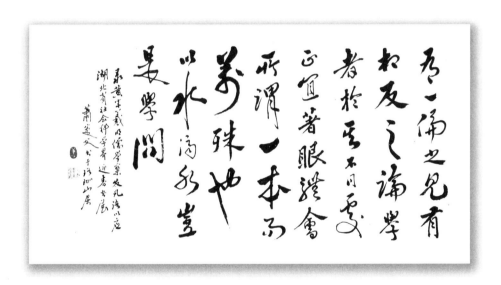

录黄宗羲明儒学案发凡语以应湖北省社会科学界迎春书展
萧萐父书于珞珈山居

剑歌江汉呼民主，怒扫皇权我独尊。
一卷心书昭学脉，千秋慧业蜕师门。
深明体用标新义，笃衍乾坤续国魂。
白首丹心无限意，神州鼎革正氤氲。

熊子真先生诞生百周年纪念
谨颂并应黄冈文化馆之属(嘱) 乙丑冬　萧萐父

萧萐父 著

第一卷

中国出版集团 东方出版中心

图书在版编目（CIP）数据

吹沙集：3 卷本 / 萧萐父著. —上海：东方出版
中心，2024.5
ISBN 978 - 7 - 5473 - 2372 - 4

Ⅰ.①吹…　Ⅱ.①萧…　Ⅲ.①哲学思想—文集　Ⅳ.
①B1 - 53

中国国家版本馆 CIP 数据核字（2024）第 070977 号

吹沙集（第一卷）

著　　者　萧萐父
书名题字　陈义望
策　　划　刘佩英
责任编辑　冯　媛
封面设计　钟　颖

出 版 人　陈义望
出版发行　东方出版中心
地　　址　上海市仙霞路 345 号
邮政编码　200336
电　　话　021 - 62417400
印 刷 者　山东韵杰文化科技有限公司

开　　本　710mm × 1000mm　1/16
印　　张　96
字　　数　1330 千字
版　　次　2024 年 5 月第 1 版
印　　次　2024 年 5 月第 1 次印刷
定　　价　398.00 元（三卷本）

自 序
PREFACE

　　《吹沙集》，辑选了个人 1960 年至 1990 年来所写哲学和文化问题的主要论文及序和跋等，其中绝大部分是 1980 年至 1990 年来草写和发表的，少数几篇选自 20 世纪五六十年代的习作。各篇基本观点，即使前后参差，也仍保持其原貌而不多改动，旨在纪实、存真。这些文字，大体记录了我在中国哲学文化这块丰腴而荒芜的田野里耕耘和探索的足迹。

　　题为《吹沙集》，有取于刘梦得的诗句："千淘万漉虽辛苦，吹尽狂沙始到金。"刘梦得是我国历史上最值得敬爱的诗人哲学家之一。其《浪淘沙》组诗，意境深广、哲思幽邃，而我所能蠡测和挹注者，则颇狭浅，不过想表示：本集子所选存的文字，其所以敝帚自珍，因为它们都是自己在学习过程中千淘万漉之所得，都是自己努力吹沙觅金的记录。至于吹沙的结果是否见到真金，则很难说，因为，"发光的并不一定就是金子"，而真金又总是蕴藏在矿沙之中。既是吹沙所得，也就难免金沙糅混，这就有待读者或后来者去继续淘漉、继续吹沙、继续冶炼。这是一个不会完结的过程。

　　第一卷括为六个部分，前三部分，多属研究性、探索性的论文。首先，中国哲学启蒙的特殊道路问题，是我在文化讨论热潮中反复思考的一个重点，且与海内外学者有所商榷。拙见大体认为：17 世纪以来，历史的曲折、道路的坎坷、中国近代革命的"难产"，给中国现代科学文化的发展带来了特定的局限和困难，封建意识的深厚积淀在文化深层结构中的复旧作用，是现代化的重要阻力，历史上形成的"西学中源""中体西用"等思想范式,曾在中国文化走向近现代的曲折历程中把人们引向歧途。今天,反思历史,我们应当更自觉地、更有选择地吸取和消化外来文化及其最新成果。在中西文化对比观察中,揭示其同中之异与异中之同,超越中西对立、体用两橛的思考模式,找到中国传统文化中固有的现代化的生长点,特别应当重视明清以来反理学的启蒙思潮,正确理解中华民族必须而且可能现代化的内在历史根据。既反对不加分析地维护传统,又反对盲目、幼稚地鼓吹"西化",主张对民族文化发展曲折历史,在反思中求得深解,从而正确地把握传统文化与现代化的历史接合点。现辑存的数文,大体可以代表我有关这个问题的系统观点,其中数篇,已被译播海外。然然否否,静候解人。其次,关于传统哲学文化的反思,是我长期从事教学和科研的主题。这些年,除受教育部委托主编《中国哲学史》新教材和给研究生开设一些专题课以外,这里所辑选的论文,大体反映了我纵贯古今的探索历程和某些专题研究的独得之见,如对疑古思潮的质疑,对儒、道传统的评判,对"伦理异化"观念的提出,对杨泉、鲁褒遗说的考订,对刘禹锡交胜思想的揄扬,对傅山人格美的赞颂,对晚明学风变异的剖析等,管窥所见,往往自立权衡而异于成说,纵或蔽于一曲,庶免暖姝之诮。再次,有关哲学史方法问题,系20世纪60年代以来许多师友共同琢磨的一个重要问题。马克思主义的哲学史观及其一系列方法论原则的研究和应用,使之与中国哲学文化发展的具体历史特点相结合,是这组文章所围绕的重心。既有我学习、接受马克思主义哲学史观的严肃思考历程,更有近十年来在理论上拨乱反正、摆脱日丹诺夫(Andrei Zhdanov, 1896—1948)僵化思想模式的艰苦探索历程。方法是科学研究的灵魂。因而科学的方法论,势必随着各门科学的发展和研究的深化而不断拓展其新的视野和新的思路,这方面的探索,将会永远延展下去。

第四、五部分是读书心得及书评、序和跋等,记录了自己研读前辈学者和同行师友的论著时所吸取到的智慧营养,也有些比较研究的述评;另一些序和跋,则反映了自己在近些年教学相长的知识反馈中所受到的青年学术成果的启发。有些短文,触机而发,电石火花,反而时见新意。

第六部分,滴水吟稿,忆存了自己少年时代及"文革"前一些诗词零篇和

1980 年至 1990 年来的吟稿选录。深山曳木，劳者自歌。烈火凤凰，嘤鸣成韵。红萼绽而春意动，一叶落而天下秋，有时一朵浪花会映射出时代风涛的影子。这些小诗，虽属个人感兴之作，有的也回荡着在时代风涛里的泅泳者的呼唤和心声。在诗与真的矛盾中求统一，在情与理的冲突中求和谐，在形象思维与逻辑思维的互斥中求互补，是中华哲人思想升华的优秀传统。庄周梦蝶，荀卿颂蚕，屈子问天，贾生哭鹏，神思风骨，千古相承。高山仰止，心向往之。

自 20 世纪 50 年代中踏入中国哲学史领域以来，弹指三十多年了。三十多年在历史长河中仅是短暂的一瞬。但三十年为一世。这三十多年中，我们民族经历了在苦难中觉醒奋起，迎来伟大的解放，而在前进中却屡遭挫折，又不断克服艰难险阻而继续奋进、奔向新的长征。这是多么不平凡的岁月！如果说，悲愤出诗人，那么痛苦和忧患就应当孕育出真理。我们民族的哲学智慧必将在苦难的历程中得到升华，马克思主义的科学真理必将在中国式的社会主义现代化建设的实践中迸射出新的光辉。我常与青年共勉，我们伟大民族自有其光荣的传统，而传统，在历史的滚滚风涛里形成，它导源于过去，汇注于现在，经过现实一代人的参与，又奔流向未来；我们正是传统的继承和重构的参与者。作为一个历史唯物主义者，当然是深沉的历史乐观主义者，自觉尊重历史发展的辩证法，坚信人民的无穷创造力，向未来去吸取诗情。在鼓励青年一代作跨世纪的哲学思考的同时，我常深自反省，在过去的三四十年中，虽然自己也热爱专业，奋力耕耘，有时自得其乐，宠辱俱忘；然而，由于历史形成的各种思想局限，往往画地为牢，作茧自缚，甚至迷信权威而丧失自我，这就难于作出创造性的学术贡献。因此，《吹沙集》所反映的成果，实在太少、太芜浅、太狭窄了。真是愧对师友，愧对前哲，愧对哺育自己的时代。但"指穷于为薪，火传也不知其尽"的信念，使我在蹭蹬中并不气馁，而总是寄希望于未来，坚定地相信，善于反思历史、敢于正视现实而又勇于开拓未来的新的一代吹沙淘金者，必将作出超迈前人的辉煌贡献，必将适应时代的要求而把我们民族的哲学智慧全面推进到一个新的水平。

历史宽容"殊途百虑"之学。黄宗羲深达此理，他明确论定："盖道，非一家之私，圣贤之血路，散殊于百家。"因而强调学术思想的研究，应当深刻体会"一本万殊"之理,尊重"一偏之见",承认"相反之论",坚决反对"必欲出于一途,劖其成说以衡量古今"的专断和狭隘。我想,这是传统文化学术史观中的珍贵思想遗产,这也是马克思主义的"双百"方针的客观历史依据。《吹沙集》所辑诸文,即使有"持之有故、言之成理"者,也不过是一孔之见,一家之言,不过是"殊途百虑"之一环。有的或与前修龃龉,有的或与时论相左,但俱非定论,而只是想用"小德川流"的各抒所见,去完善"大德敦化"的总体整合,给未来的大手笔提供批判、综合的历史资料而已。果能起到这样的作用,实为至幸。

1990 年 10 月序于成都

目 录
CONTENTS

自序 ｜1

启蒙胜语

真理和民主 ｜3

中国哲学启蒙的坎坷道路 ｜9

对外开放的历史反思 ｜28

中西文化异同辨 ｜37

文化反思答客问 ｜43

活水源头何处寻
　　——关于传统文化与现代化之间历史接合点问题的思考 ｜61

传统反思

古史祛疑 ｜81

传统·儒家·伦理异化 ｜102

道家·隐者·思想异端 ｜113

《周易》与早期阴阳家言 ｜131

中国《周易》学术讨论会开幕词 ｜144

"道家(道教)文化与当代文化建设"学术讨论会开幕词 ｜149

秦汉之际学术思潮简论 ｜155

略论杨泉及其《物理论》 | 167

略论鲁褒 | 180

略论何承天 | 186

禅宗慧能学派 | 191

刘禹锡的"天与人交相胜"学说 | 216

傅山三百周年祭 | 233

黄宗羲的真理观片论 | 240

略论晚明学风的变异 | 258

方法刍议

中国哲学史方法论问题刍议

　　——新编《中国哲学史》导言 | 271

马克思主义哲学史观与蒙古族思想史研究

　　——1983 年 5 月在呼和浩特蒙古族哲学思想史首次年会上的发言 | 285

历史感情与历史科学

　　——1982 年 12 月在衡阳王船山学术思想讨论会上的发言 | 308

中国哲学范畴研究中的论史结合问题 | 311

哲学史研究中的纯化和泛化 | 314

关于历史科学的对象

　　——冯友兰先生史学思想的商兑之一 | 315

古史研究与马克思主义理论的拓展

　　——马克思、恩格斯对人类学研究的方法论启示 | 338

学思斠评

石韫玉而山辉，水怀珠而川媚

　　——评《中国哲学》创刊号 | 355

蒙文通先生《理学札记与书柬》读后 | 362

评梁启超的"近三百年"中国学术史观 | 371

侯外庐同志新版《船山学案》读后 | 384

通观全过程　揭示规律性

　　——喜读冯契同志新著《中国古代哲学的逻辑发展》 | 394

辨异·自主·寻根

　　——重读梁漱溟先生《中国文化要义》 | 403

浅谈思想家郭沫若的研究 | 405

论唐君毅之哲学史观及其对船山哲学之阐释

　　——读《中国哲学原论》 | 414

序跋余瀋

《中国辩证法史稿》弁言及后记 | 431

《中国哲学史纲》序 | 436

《帛书老子校注析》题辞 | 439

《医易会通精义》序 | 442

《气论与传统思维方式》序 | 445

序卫平论壮飞思想悲剧书 | 451

《熊十力与中国传统文化》序 | 456

滴水吟稿

劫余忆存 | 461

火凤凰吟 | 467

索引 | 485

启蒙胜语

真理和民主

　　真理标准问题的讨论在全国蓬勃展开。这是一次激发亿万群众革命智慧的哲学解放运动。哲学的解放，就是真理和群众的结合，就是在马克思主义的真理旗帜下充分发扬无产阶级的民主。

一

　　真理和民主是属于不同领域的两种范畴：真理是认识论的范畴，民主是社会历史的范畴，两者似乎没有必然联系。但是，如果思考一下事情的本质，就会发现两者是有机地联系在一起的。

　　马克思主义认识论第一的和基本的观点是实践观点，即科学地指明认识的任务在于通过实践而发现真理，又通过实践的检验而证实真理和发展真理。马克思主义历史观首要的和基本的前提是群众观点，即彻底地承认以物质资料生产者为主体的人民群众是历史的创造者。这两个观点不可分割，因为实践是千百万群众的实践。人民群众改造自然、变革社会、创造历史的过程，就是通过生产斗争、阶级斗争和科学实验的实践活动去发现、证实和发展真理的过程。坚持实践观点就必须坚持群众观点。这两个密不可分的基本观点正是马克思主义哲学大厦的基石，是马克思主义哲学区别于一切旧哲学的根本标志，也是共产党的全部纲领、路线、方针、政策的世界观基础。共产党人基于实践观点，坚持真理的客观标准,敢于实事求是,在实践中为真理而斗争;基于群众观点,坚持党的群众路线,甘当群众的小学生,自觉地发扬人民民主。真理和民主,是马克思主义把科学性和革命性内在地结合起来的理论本身的绝对要求,也是无产阶级革命事业胜利发展的根本条件。

林彪、"四人帮"基于篡党夺权、复辟封建法西斯专政的反革命目的,疯狂践踏马克思主义的真理观,疯狂破坏党内外的民主生活准则。他们对马克思主义哲学所进行的"挖心战",正是妄图挖掉实践观点和群众观点,进行了两个理论上的根本颠倒:一个是根本颠倒理论和实践的关系,另一个是根本颠倒个人和群众的关系。这两个颠倒,正是他们全部反革命理论的基础,也是他们在真理问题上否定实践标准而另立所谓"标准"的反动理论支柱。

理论和实践的本质关系,是主观对客观的反映关系,是理论对实践的依赖关系。任何理论、认识,作为主观的东西,都必须接受客观实践的无情检验。实践高于理论,理论的产生、发展、判别真伪都取决于实践。林彪、"四人帮"从根本上否定马克思主义认识论的这些基本原则,放肆地鼓吹主观唯心主义的先验论和精神万能论。林彪提出"倒过来"的哲学,叫嚷"要想办法用精神力量代替物质力量","四人帮"提出"理论—实践—再上升为理论"的反动公式,攻击"存在第一、思维第二",是"反动的形而上学"。一个腔调、一个目的,就是要根本颠倒主观和客观、理论和实践的关系,从而否定实践第一的观点,摧毁马克思主义哲学的基石。

对真理标准这个关键问题,林彪、"四人帮"玩弄了许多哲学诡计。他们首先用"顶峰"论之类把发展着的活生生的革命真理凝固化为"终极真理",否认真理的相对性和历史性,狂热鼓吹什么"最高真理"可以"高于认识、高于实践、高于群众、高于历史"之类的绝对唯心主义的呓语。张春桥所谓"思想上正确与错误,决定于理论",即在夸大理论作用的烟幕下,公然把检验思想正确与否的实践标准偷换为"理论标准"。接着,林彪、"四人帮"又把一整套的所谓"活学活用"的"断章取义"法抛了出来,进一步把革命真理的科学体系诬蔑为"多而杂""多则惑",否认真理的完整性和全面性。林彪宣称:"学马(克思主)义,就是要断章取义"

"走捷径""背警句",诡称"记那么几条",就可以"一本万利""一通百通"。于是,一方面,高喊"在'用'字上狠下功夫",按"有用即是真理"的实用主义原则,恶毒地肢解革命导师的著作、言论,取其所需、割裂歪曲、篡改原意,大搞片言只语"立竿见影"的骗术;另一方面,鼓吹"在灵魂深处爆发革命"之类,按信仰主义原则把一些片言只语神圣化、神秘化,变成"句句是真理,一句顶一万句"的绝对律令,炮制出一个以"语录为究竟"的"语录标准"。

林彪、"四人帮"利用这样的"语录标准"来制造现代迷信,而他们自己却从不迷信这些"语录"。在他们看来,"语录标准"不过是愚弄群众的工具,不过是以理杀人、扼杀真理、设置禁区的工具。他们所迷信的是自己手中的权力,一手遮天、唯权是夺的权力意志,驱使他们还需要搞另一个理论的颠倒,即根本颠倒个人和群众的关系。

个人和群众在历史上的作用及两者之间的关系,马克思主义的唯物史观一开始就作了科学的阐明。人民群众是历史的创造者,任何高明的个人(包括领袖人物)只有在多少顺应社会经济发展的客观要求、反映人民群众的利益和需要的条件下,才能对历史的发展起一定的推进作用。无产阶级政党的杰出领袖们之所以能对历史发展起巨大的推进作用,正是也仅仅是因为他们自觉地遵循了社会矛盾运动的客观规律,集中了群众的智慧,代表了群众的利益,而绝不是因为他们变成了什么"超凡入圣"的"先知"或"天才"。任何高明的个人(当然也包括领袖人物),他的意志和主张,一旦脱离实践、脱离群众,违背了客观规律发展的要求,违反了人民群众的意愿,那就一定会犯错误。林彪、"四人帮"被反动阶级本质所决定,极端地仇恨群众、迷信权力,必然继承反动剥削阶级的唯心史观。林彪宣扬"政变"经、天才论,"四人帮"鼓吹"法家"帝王主宰历史、"三突出"英雄独占舞台。他们通过无限夸大革命领袖的个人作用,来抹杀党的集体智慧,否定人民群众创造历史也创造合乎历史要求的领袖人物的根本决定作用。他们的反动历史观,具有权力拜物教的思想特征。所谓"一切为了权字",政权就是"镇压之权",专政就是"全面专政",成为他们反革命的政治代数学。他们凭着权力意志,炮制出一个以权力作为尺度的"真理标准",似乎"谁有权谁就有真理",权力大小还能决定真理的多少,"首长"说的全部谣言和诡辩也都可以变为真理。这种"权力标准",把"长官意志"作为衡量是非的标准,不过是"强权即真理"的再版,是林彪、"四人帮"拼命宣扬的权力拜物教在真理观上的表现。

二

针对林彪、"四人帮"在真理标准问题上所制造的思想混乱和理论颠倒,我们一定要坚持马克思主义的真理观和民主观,从理论上弄清坚持真理和发扬民主、坚持真理的实践标准和贯彻党的群众路线之间密不可分的内在联系。

马克思主义是历史地发展着的科学真理,是无产阶级革命的行动指南。马克思主义开始创立时,就把真理和民主作为两个互相联系的最重要的研究课题。1845 年,马克思、恩格斯共同完成了对青年黑格尔学派的批判,出版了《神圣家族》,清算了鲍威尔等人的天才史观,在人类认识史上第一次肯定了"历史活动是群众的事业",确立了马克思主义的群众观点,即人民群众是历史的创造者和无产阶级能够而且必须自己解放自己的根本观点。恰在同年,马克思完成了对黑格尔和费尔巴哈的哲学批评,写出了《关于费尔巴哈的提纲》,从认识论上既否定了黑格尔的唯心主义,又批判了费尔巴哈的形而上学,并认真剥取了黑格尔和费尔巴哈哲学中把实践作为认识的一个环节的真理颗粒,在人类认识史上第一次科学地规定了实践是变革现实的物质活动,确立了马克思主义的实践观点,即人类认识的来源和检验真理的标准都只能是社会实践的根本观点。这样两个观点的同时确立,奠定了马克思主义哲学世界观的基石,引起人类认识史的空前大革命。

马克思主义的哲学世界观在群众斗争的实践中不断丰富发展。在这一过程中,每当革命进入新阶段,需要总结实践经验、克服错误思潮时,革命导师总是一再提出实践标准问题,指出:对一切哲学怪论"最有力的驳斥就是实践";同时,革命导师又总是一再强调"群众的历史主动性",而痛斥把个别人物神圣化的天才史观或英雄史观。

　　毛泽东早年的光辉著作《实践论》,深刻阐明了实践既是认识的动力和来源,又是认识深化的基础,更是检验真理的唯一标准,强调了只有通过实践,才能发现真理、证实真理;强调了理论和实践具体的历史的统一,改造客观世界与改造主观世界的统一。不仅如此,毛泽东还进一步把作为唯物史观的基石的群众观点,明确直接地引入了认识论,把马克思主义的历史观和认识论紧密结合,深刻阐明了实践观点和群众观点的统一,只有充分发扬民主,坚持党的群众路线,才能保证发现真理、证实真理和发展真理的认识路线得到实现。这就把真理和民主这两个课题内在地结合起来,作了深刻的说明。

　　马克思、恩格斯、列宁都非常强调无产阶级是最坚决、最彻底的民主派,强调必须认真研究民主问题。毛泽东面对中国革命具体的历史特点,对民主革命问题作了深刻研究,写了许多论著,发展了马克思主义的民主观。在《新民主主义论》中,毛泽东深刻阐述了真理和民主的关系,语重心长地指出:"真理只有一个;而究竟谁发现了真理,不依靠主观的夸张,而依靠客观的实践。只有千百万人民的革命实践,才是检验真理的尺度。"实践不是抽象的个人活动,而是千百万人民的革命实践。人民群众既是实践的主体,也是认识的主体,真理的认识在实践着的群众之中,要学到知识,找到真理,必须到群众中去,向群众学习。毛泽东在《关于领导方法的若干问题》一文中极为精辟地指出:"凡属正确的领导,必须是从群众中来,到群众中去。这就是说,将群众的意见(分散的无系统的意见)集中起来(经过研究,化为集中的系统的意见),又到群众中去作宣传解释,化为群众的意见,使群众坚持下去,见之于行动,并在群众行动中考验这些意见是否正确。然后再从群众中集中起来,再到群众中坚持下去。如此无限循环,一次比一次地更正确,更生动,更丰富。这就是马克思主义的认识论。"这里所阐明的是党的工作路线和认识路线的一致。在马克思主义发展史上第一次揭示了"从群众中来,到群众中去"是发现和检验真理的必由之路。所以坚持真理和发扬民主、坚持真理的实践标准和实行群众路线是互相联系、密不可分的。这里所阐明的理论对实践的依赖关系,领导对群众的从属关系,先当学生、后当先生的关系,先有民主、后有集中的关系,等等,不仅极大地丰富了马克思主义的理论,并且使马克思主义的真理观和民主观更紧密地结合起来。

马克思主义的科学真理观,就是实事求是,坚持理论与实践的统一,坚持千百万群众的实践是检验真理的唯一标准和发展真理的真正源泉,这就是马克思主义的最严肃的科学态度。无产阶级的民主观,就是群众路线,坚持领导与群众相结合,无产阶级政党必须坚决依靠群众,无限相信群众,放手发动群众,尊重群众的革命首创精神,党的各级干部只能是群众的勤务员,社会的公仆。无产阶级专政的国家实行民主集中制,并逐步组织劳动群众直接管理自己的国家,实行巴黎公社原则的选举制,这就是社会主义的最广泛的人民民主。

马克思主义的真理观和民主观在理论上和实践上都是密切联系在一起的。只有坚持真理的实践标准,才可能确认群众对真理最有发言权,因而才会自觉地实行群众路线,发扬人民民主,倾听群众的呼声,集中群众的意见,把自己对真理的认识放到群众中接受检验,在群众的监督之下坚持真理,修正错误。同样地,只有坚持民主集中制,发扬人民民主,深入群众,深入实际,调查研究,拜群众为师,才可能把检验真理的标准只能是社会实践的这个理论真正落实到行动,在实践中解决认识路线问题。相反地,如果相信"领导高明,群众落后",颠倒个人和群众的关系,乃至迷信"长官意志",迷信"权力标准",那就根本不可能认真实行民主集中制,不可能实行群众路线,不可能遵循科学的认识规律,不可能坚持实践标准和实事求是的原则,不可能取得客观真理的认识。结果,只能回到"本本标准"或"语录标准"上去,继续颠倒理论和实践的关系,这就必然走到马克思主义的真理观和民主观的反面,乃至成为阻挡革命发展的绊脚石。

(1978 年 11 月)

中国哲学启蒙的坎坷道路

中国是否曾有过自己的哲学启蒙或文艺复兴？如果有，它的历史起点在哪里？经历了什么样的特殊道路？这是"五四"以来人们多次议论过的题目。经过"十年动乱"之后，为了总结历史经验，探寻中国自己建设社会主义精神文明的途径，预测中国哲学发展的未来，人们又在重新探讨这个问题，进行着各有会心的历史反思。

有的同志咀嚼中外学者曾有的一种说法而赋予新解，认为中国早就有古代的"儒家民主主义"和"儒家人道主义"，至于近代人文主义的哲学思潮则始于宋代理学。因为这场儒学的复兴，提出了"消除异化的人性复归"，理学家们讲的"天人合一""民胞物与"即肯定了人在宇宙中的地位和人所创造的精神文化、伦理道德的价值，这表现了民族觉醒和理性精神，是中国哲学史上媲美晚周的"第二个黄金时代"。这种观点，把封建理学视为反封建蒙昧的理性主义，实际是否认中国历史上曾有过真正的启蒙哲学。因而王夫之、谭嗣同也都属于理学系统，不过是宋明理学的改进和继续，乃至今天的社会主义精神文明似乎也只能嫁接在理学这一不朽的根株之上。

有的同志则从相反的另一极出发，认为中国历史上长期的封建社会乃是一个超稳定系统，经历着周期性的农民战争——改朝换代而其基本结构不变，包括理学在内的儒家正统思想的强控制，窒息了一切新思想的萌芽，只是近百年来西方资本主义文明的全面冲击，中国社会结构的超稳定系统才开始被打破。有同志通过分析世界近代史而论定东方社会注定不可能产生资本主义关系及其精神分泌物，也有些青年慨叹于祖国历史的沉重负担而以黑格尔（G. W. F. Hegel，1770—1831）所说文艺复兴时期的"爆发性的人物"①自居。在他们看来，今天为了驱除现实生活中的封建主义历史阴影，还得借助于西方近代启蒙者的思想火炬。这种见解，也同样无视中国有过自己的哲学启蒙或文艺复兴，当然也不会去研究中国哲学启蒙的特殊道路给我们留下了什么教训。

这种种历史反思，都是在历史地分析国情，引古以筹今，具有严肃的现实意义。普列汉诺夫（Georgi Plekhanov，1856—1918）在其名著《俄国社会思想史》的序文中说："历史家不应该哭，不应该笑，而应该求得深解。"②为弄清这一问题，有必要对中国启蒙哲学的发展作一番史的回溯和论的探索。

一

思想启蒙，文艺复兴之类的词，可以泛用，但纳入马克思主义的历史科学，应有其特定的含义。狭义地说，14 世纪以来地中海沿岸某些城市最早滋生的资本主义萌芽的顺利发展，以及由于十字军东征，关于古希腊罗马文献手稿和艺术珍品的大批发现，促成了意大利等地出现空前的文艺繁荣。好像是古代的复活，实际是近代的思想先驱借助于古代亡灵来赞美新的斗争，为冲决神学网罗而掀起人文主义思潮。"在惊讶的西方面前展示了一个新世界"，使得"中世纪的幽灵消逝了"③。正是在这个意义上，文艺复兴又被广义地理解为反映资本主义萌芽发展，反对中世纪蒙昧主义的思想启蒙运动。马克思主义创始人把意大利看作"近代世界的曙光在那里升起"的"典型的国家"④，把但丁（Dante Alighieri，1265—1321）看作"中世纪最后一位诗人，同时又是新时代的最初一位诗人"，是标志"封

---

① ［德］黑格尔：《哲学史讲演录》第三卷，商务印书馆，1978 年，第 343 页。
② ［俄］普列汉诺夫：《俄国社会思想史》著者序，孙静工中译本上册，商务印书馆，1988 年，第 3 页。
③ 《自然辩证法·导言》，《马克思恩格斯选集》第三卷，第 445 页。
④ 《资本论》第三卷，第 24 页。

建中世纪的终结和现代资本主义纪元的开端"的"伟大人物"①,并肯定文艺复兴时代是"一个需要巨人而且产生了巨人——在思维能力、热情和性格方面,在多才多艺和学识渊博方面的巨人的时代"②。的确,从 14—16 世纪,从意大利到法国、西班牙、荷兰、英国,涌现了一大批文化英雄、思想巨人。就哲学方面说,被黑格尔赞为"哲学烈士"的意大利的布鲁诺(Giordano Bruno,1548—1600)和梵尼尼(Giulio Cesare Vanini,1584—1619),虽以相同的命运被教会烧死了,但他们却使"理性和所谓天启之间的斗争燃烧起来了,在这个斗争中,天启与理性对立起来,理性独立了"③。同时,16 世纪德国的宗教改革及其所唤起的下层贵族的起义和伟大的农民战争,也对中世纪神学统治进行了猛烈冲击。"教会的精神独裁被摧毁了,……在罗曼语诸民族那里,一种从阿拉伯人那里吸收过来并重新发现的希腊哲学那里得到营养的明快的自由思想,愈来愈根深蒂固,为 18 世纪的唯物主义作了准备。"④

这就是马克思主义剖视西欧历史,从整个文艺复兴时代的社会思潮中所发现的"重新觉醒的哲学"⑤的启蒙性质。

确定意义的启蒙哲学,应当区别于中世纪的异端思想(那可推源于 12、13 世纪经院哲学中的唯名论,乃至更早的作为"中世纪革命反对派"的神秘主义异端),也与西欧以后作为政治革命导言的资产阶级哲学革命的理论发展有所不同,应仅就其与资本主义萌芽发展相适应、作为封建旧制度崩解的预兆和新思想兴起的先驱这一特定含义来确定它的使用范围。至于它的实质,可从马克思的这一提示给予说明:历史"很少而且只有在特定条件下才能进行自我批判",而这种自我批判的历史阶段,"当然不是指作为崩溃时期出现的那样的历史时期"⑥(如果处于那样的历史时期,革命会代替批判,或者说批判已不再是解剖刀

---

① 《共产党宣言》意大利文版序,《马克思恩格斯选集》第一卷,第 249 页。
② 《自然辩证法·导言》,《马克思恩格斯选集》第三卷,第 445 页。
③ [德]黑格尔:《哲学史讲演录》第三卷,商务印书馆,1978 年,第 367、371 页。
④ 《自然辩证法·导言》,《马克思恩格斯选集》第三卷,第 445 页。
⑤ 《路德维希·费尔巴哈和德国古典哲学的终结》,《马克思恩格斯选集》第四卷,第 250 页。
⑥ 《〈政治经济学批判〉导言》,《马克思恩格斯选集》第二卷,第 108 页。

而是消灭敌人的武器①）。这就是说,一个社会的自我批判总是在自身尚未达到崩溃但矛盾又已充分暴露的条件下进行的。14—16世纪西欧的文艺复兴、启蒙运动正是在封建社会远未崩溃的条件下所进行的自我批判。人们给予这个时代以不同的名称,如"宗教改革""文艺复兴""五百年代"等,但这种自我批判乃是世界各主要民族走出中世纪的历史必由之路。我们说,中国有自己的文艺复兴或哲学启蒙,就是指中国封建社会在特定条件下展开过这种自我批判。这种自我批判,在16世纪中叶伴随着资本主义萌芽的生长而出现的哲学新动向(以泰州学派的分化为标志,与当时新的文艺思潮、科学思潮相呼应),已启其端,到17世纪在特定条件下掀起强大的反理学思潮这一特殊理论形态,典型地表现出来。至于这一典型形态的哲学启蒙的往后发展,却经历了极为坎坷的历史道路。

人们惯于中西哲学对比。事实上西方也有不同的发展类型。如果说,意大利、法国等地中海沿岸国家的文艺复兴直接取得了辉煌的思想成果,英国更以特殊的历史条件成为近代哲学运动的前锋和产业革命的策源地,那么,德国、俄国这些封建主义包袱较为沉重的国家,启蒙运动则迈着沉重的步伐,走过崎岖的道路。奇特的是,它们的近代思想启蒙,都是由"贵族的国民运动"或"贵族的革命家"开始发动的②,又都依赖于农民反封建斗争所提供的巨大动力。

纵观历史,如果把资本主义萌芽产生以后的中国与欧洲这些国家对比考察,则不难发现,中国显然异于意大利及法、英等国,而与德国、俄国却有不少历史的相似点或共同点。例如:① 在走向近代的过程中经济发展都缓慢而落后,宗法关系的历史沉淀使封建统治势力既腐朽而又强大,由于封建制母体内资本主义因素发展不足,使近代社会长期处于"难产"之中;② 反封建农民战争都曾大规模兴起,农民成为反封建革命的主力但又无法取得反封建革命的胜利,却直接间接地为启蒙思潮的崛起提供了历史的动力;③ 新兴市民以至资产阶级晚生而又早熟,都由于软弱而各具不同程度的妥协性和两面性,无力完成反封建的历史任

---

① 《黑格尔法哲学批判·导言》,《马克思恩格斯选集》第一卷,第3—4页。
② 恩格斯给拉萨尔的信(1859年5月18日)、《德国农民战争》四;列宁:《俄国工人报刊的历史》《纪念赫尔岑》。

务,结果,竟然要由无产阶级联合农民来挑这副担子;④ 由于近代社会长期处于"难产"状态,改革运动几起几落,阶级关系和社会矛盾都呈现出特别复杂的情况,一方面新的在突破旧的,另一方面死的又拖住活的,形成历史运动的多次洄流。这些,似乎是德、俄、中这类国家在资本主义萌芽产生以后和无产阶级领导的革命兴起之前社会状况的一般特征。总起来,正如马克思在描述德国状况时所指出的那样:"不仅苦于资本主义生产的发展,而且苦于资本主义生产的不发展。除了现代的灾难而外,压迫着我们的还有许多遗留下来的灾难,这些灾难的产生,是由于古老陈旧的生产方式以及伴随着它们过时的社会关系和政治关系还在苟延残喘。不仅活人使我们受苦,而且死人也使我们受苦。"①然而,就在这种新旧杂陈、错综复杂的历史环境中,反映资本主义萌芽发展的、反对封建蒙昧主义的启蒙思潮毕竟冲破了重重阻力而产生、发展了。尽管这些国家的哲学启蒙运动都遭到了挫折而未能很好完成历史的任务,但却唤醒了一代代后继者。德、俄、中三国在这一时期都诞生了一批思想巨人,对人类精神文化作出巨大贡献。在德国,从路德(Martin Luther,1483—1546)、闵采尔(Thomas Münzer,1489—1525)到歌德(Goethe,1749—1832)、席勒(Schiller,1759—1805)、贝多芬,从莱布尼茨、康德到黑格尔、费尔巴哈,直到培育出马克思、恩格斯。在俄国,从拉辛、布加乔夫到拉吉舍夫、十二月党人,从普希金、赫尔岑到别林斯基、车尔尼雪夫斯基,直到培育出普列汉诺夫、列宁。在中国,许多事情和沙皇俄国相同或相似,封建压迫的严酷、经济文化的落后,以及先进人物为了国家的复兴,不惜艰苦奋斗,寻找革命真理,这都是相同的。② 但中国作为东方大国,某些方面更为落后。列宁把俄国解放运动中摸索真理的先进人物分为三代③,而中国在历史"难产"的痛苦中觉醒的先进人物,为摸索真理而走过的道路更加艰难曲折,似乎可分为五代。单就哲学启蒙说,明清之际的黄宗羲、顾炎武、方以智、王夫之到颜元、戴震、焦循等同具人文主义思想的早期启蒙者属一代,阮元、龚自珍、魏源、

---

① 《资本论》第一版序,《资本论》第一卷,第10—11页。
② 毛泽东:《论人民民主专政》。
③ 列宁:《俄国工人报刊的历史》。

林则徐等开始放眼世界的地主改革家为一代,严复、谭嗣同、康有为等努力接受西学以图自强的资产阶级维新派为一代,以孙中山、章太炎为代表的资产阶级革命民主派和后期梁启超及王国维、蔡元培等试图会通中西自立体系的资产阶级学者为一代。三百年来,一代代思想家呼唤风雷,一阵阵古今中外思潮的汇合激荡,终于在伟大的"五四运动"中,崛起了李大钊、陈独秀、毛泽东、蔡和森等由革命民主主义转到马克思主义的思想家。中国哲学革命才被推进到一个新阶段。

二

通过以上简略的对比分析,似乎可以看出,德、俄、中三国走向近代,对沉重封建包袱进行自我批判的道路,确有相同或相似之处。同时,也可以看到,民族的苦难,历史道路的曲折坎坷,也具有二重性,既留下耻辱的印记,又留下光辉的战斗业绩。恩格斯在 1850 年回顾德意志民族的传统时,曾严肃指出:"在历史上德意志民族也曾表现过坚韧不拔的精神","在历史上德国农民和平民所怀抱的理想和计划,常常使他们后代为之惊惧";并具体分析指出:"16 世纪的德国革命的特殊神学理论性质,对于不属于此世的事物有压倒一切的兴趣。从不光彩的现实中来的抽象,构成后来从莱布尼茨到黑格尔的德国人的理论优势的基础。"[①]列宁在 1914 年回顾俄罗斯民族的传统时,曾指出:"我们看到沙皇刽子手、贵族和资本家蹂躏、压迫和侮辱我们美丽的祖国而感到无限痛心",但应当满怀民族自豪感,因为在大俄罗斯人民中间"产生了拉吉舍夫、十二月党人、七十年代平民知识分子革命家",产生了工人阶级政党并"证明了它能给人类做出为自由和社会主义而斗争的伟大榜样"[②]。至于列宁对赫尔岑、车尔尼雪夫斯基、托尔斯泰的历史评价和对他们世界观矛盾的辩证分析,更达到了很高的科学水平。从经典作家这些示范性的论述中,理应得到启示,应当以什么样的历史感和科学方法来总结自己民族的历史传统,怎样分析自己民族的哲学启蒙到哲学革命所

① 恩格斯:《德国农民战争》,人民出版社,1962 年,第 17、175 页。
② 《论大俄罗斯人的民族自豪感》,《列宁选集》第二卷,第 610 页。

走过的特殊道路并由此得出什么样的历史教训。

17、18 世纪中国的哲学启蒙,似应看作中国近代哲学的历史准备的一个特殊阶段,它是明末清初特殊历史条件下的产物。

明末清初,封建社会末期经济、政治危机的总爆发,资本主义萌芽的新滋长,自然科学研究热潮的蓬勃兴起,反映市民要求的文学艺术的空前繁荣,表明中国封建社会及其统治思想已经走到上述马克思所说的尚未达到"崩溃时期"但已"能够进行自我批判"的历史阶段。尽管衰朽的宗法封建关系及其强固的上层建筑多方阻挠和摧残着一切新事物的生长,尽管在农民大起义失败的血泊中以清代明的王朝更迭使旧制度得以延续,形成清初一段历史洄流,但这并不能改变历史已经形成的封建制趋向"天崩地解"(黄宗羲语)的新趋势,从而孕育着近代哲学思想"破块启蒙"(王夫之语)的新动向。姑举数例:

(1)这一时期合乎规律出现的早期启蒙思潮,曲折反映当时市民反封建特权的要求,直接受到"农民大革命"的风雷激荡的影响,表现出某些越出封建藩篱的早期民主主义意识。他们提出"必循天下之公""不以天下私一人"(王夫之);要求以"天下之法"代替封建专制的"一家之法";声称"为天下之大害者,君而已矣"(黄宗羲),甚至怒斥"自秦以来,凡为帝王者皆贼也"(唐甄)。在起义农民"贫富均田"口号的震动下,他们提出种种平均地权的设想,或主张土地公有、平均"授田"(黄宗羲),或主张"有其力者治其地""故平天下者均天下而已"(王夫之),或主张"亟夺富民田"(颜元)、"有田者必自耕"(李塨)。这些改革主张,与当时农民革命的理想有质的区别,却与资本主义萌芽的发展要求有着隐然的联系。至于他们反对"崇本抑末",主张"工商皆本",抨击科举制度,主张设立学校,以及要求发展科学技术和民间文艺等,更具有鲜明的启蒙性质。

(2)早期启蒙学者以特有的敏感,注意并尊重新兴的"质测之学",吸取科学发展的新成果与"核物究理"的新方法,以丰富自己的哲学。他们主张"质测即藏通几"(方以智),尊重"专家之学",认为"即物以穷理,惟质测为得之"(王夫之)。首批来华的西方传教士混合宗教宣传所译介的一些古希腊和近代的科学论著,受到启蒙学者的衷心欢迎,而当时启蒙学者强调以科学态度对待外来文化,"欲求超胜,必先会通"(徐光启),"深入西法之堂奥而规其缺漏"(梅文鼎),并正确地评价了当时传教士们传入的西方科学知识有可取之处,而神学世界观则不足道,"泰西质测颇精,通几未举"(方以智)。明清之际的自然科学研究热潮和中西科学文化的早期交流,使这一时期启蒙哲学的理论创造从内容到方法都具有新的特色。如方以智在《物理小识》中关于物质和运动不可分的理论论证,王夫之在《张子正蒙注》《俟解》中关于物质不灭和能量守恒原理的具体论证等,都由于吸取科学成果而达到新的水平。

(3)早期启蒙学者反映新的时代要求,开辟了一代重实际、重实证、重实践的新学风。他们痛斥宋明理学"空谈心性"的虚夸学风使知识界陷于唯心主义的网罗:"足不出户""游谈无根""置四海困穷不言,而终日讲'危微精一'之说"(顾炎武);平日高谈阔论,大讲为"生民立极,天地立心,万世开太平",一旦国家有事,则"蒙然张口,如坐云雾"(黄宗羲)。这种"蹈虚""空谈"的学风,被看作是祸国殃民的根本。启蒙思想家们在研究哲学、历史、自然科学的过程中,无例外地注重"经世致用",提倡"事关民生国命者,必穷本溯源,讨论其所以然"①,"尽废古今虚妙之说而反之实"②。他们提倡面向实际,注重实证的求实学风,广泛地进行社会调查、博物考察和历史研究。如顾炎武为了写《天下郡国利病书》,"足迹半天下""所至阨塞,即呼老兵逃卒,询其曲折,或与平日所闻不合,则即坊肆中发书而对勘之"③。方以智编写《通雅》《物理小识》更是"采摭所言,或无征,或试之不验。此贵质测,征其确然者耳。……适以远西为刿子,足以证明大禹,固公之法,而更精求其故,积变以考之"④。王夫之也是"自少喜从人问四方事,至于江山险要、士马食货、典制沿革,皆极意研究。读史、读注疏,于书、志、年表,考驳同异,人之所忽,必详慎搜阅之,而更以闻见证之"⑤。启蒙者的治学方法,突破汉宋,别开新途,日益孕育着近代思维方法。

---

① 潘耒:《日知录序》。
② 王敔:《姜斋公行述》。
③ 全祖望:《亭林先生神道碑》。
④ 方中通:《物理小识·编录缘起》。
⑤ 王敔:《姜斋公行述》。

以上举例似足以表明,17 世纪中国崛起的早期启蒙思潮,就其一般的政治倾向和学术倾向看,已显然区别于封建传统思想,具有了对封建专制主义和封建蒙昧主义实行自我批判的性质。这种批判之所以可能并必然出现的社会基础,是当时农民、市民反封建大起义的震荡下地主阶级内部的政治分化。一部分在野开明地主知识分子被卷进了反对明末腐朽统治和清初民族压迫的政治斗争的漩涡,他们震惊于当时的民族危机和政治变局,把先进汉民族的自取败辱引为沉痛教训,"哀其所败,原其所剧"[①],利用他们的文化教养,对他们认为导致民族衰败、社会腐化、学风堕落的封建专制主义和封建蒙昧主义,进行了检讨和批判,并把批判的矛头无例外地指向了作为封建正宗思想、统治思想界达五百年的宋明道学唯心主义。尽管每个人的自觉程度不同,批判的侧重点有异,甚至各自的思想倾向还存在着矛盾,但社会前进运动的客观要求,正是透过这些矛盾的合力,透过特定关系下的思想三棱镜,十分曲折但又十分合理地反映出来。

16 世纪中叶以来的哲学运动的这种曲折反映,既有其生动的历史内容,更有其自身发展与思维规律相吻合的逻辑进程。

中世纪哲学意识发展到王阳明的心学,已走到极端。王阳明的心学唯心主义的彻底性孕育着自我否定的因素,使泰州学派必然分化,分化中必然出现"掀翻天地""非名教之所能羁络"(《明儒学案·泰州学案序》)的异端思想家。其中"异端之尤"的李贽,以他的"童心说"和对"以孔子之是非为是非"的封建独断论的怀疑和否定,标志着对封建社会自我批判的开端。中经东林、复社的政治实践,"一堂师友,冷风热血,洗涤乾坤"(《明儒学案·东林学案序》),唤起了方以智、黄宗羲等从不同侧面去突破传统思维方式,开拓"质测即藏通几"(自然哲学),"通儒必兼读史"(历史哲学)等哲学认识的新领域和探求真理的新途径。同一时期,合规律地涌现了一大批从不同角度剖析宋明理学的思想家,诸如陈确、朱之瑜、傅山、李颙、孙奇逢等等,各不相谋,而自相呼应。王夫之以一定的历史自觉,从哲学上总其成,"学成于聚,新故相资而新其故"[②],不仅全面扬弃程、朱、

---

① 王夫之:《黄书·后序》。
② 王夫之:《周易外传》卷五。

陆、王,批判地总结了宋明道学,而且精研易理,熔铸老、庄,旁及佛、道两教,博取新兴质测之学,特别是按照"依人建极"的原则,高度重视人类史观的研究,使朴素唯物辩证法的理论形态发展到顶峰,并落足到天人、理欲关系问题上的明确的人文主义思想,预示着新的哲学胎儿已躁动于母体而即将出世。"我者,大公之理所凝也。"①"自吾有生以至今日,其为鬼于天壤也多矣。已消者已鬼矣,且息者固神也,则吾今日未有'明日之吾'而能有'明日之吾'者,不远矣!""守其故物而不能日新"的中世纪僵尸"虽其未消,亦槁而死"②。一个"明日之吾""大公之理所凝"的新的"自我"即将诞生!王夫之的哲学,逻辑地标志着中国封建社会哲学发展圆圈的终结。

尔后,颜元、戴震除了继续揭露宋明道学所强调的天理人欲对立的伦理异化是"以理杀人"外,颜元重"习行"、倡"实学",戴震则重"心知"、察"分理",分别显示了唯物主义经验论和唯物主义唯理论的哲学倾向,历史地预示着朴素形态的唯物辩证法必将代之以形而上学方法为特征的新的哲学形态。但是,由于清初历史洄流中新经济和新思想横遭窒压和摧折,这种新形态的哲学在戴震之后虽经焦循、阮元等的努力仍未能诞生。19 世纪初叶,中国以鸦片战争之后的民族苦难而转入近代。结果,明清之际早期启蒙哲学的思想成果几乎被掩埋了一百多年,而到 19 世纪末才在资产阶级的变法维新运动和反清革命运动中重新复活,起着一种思想酵母的特殊作用。

三

从历史的回顾可以看出,中国确乎有过自己的哲学启蒙或文艺复兴,但绝非始于宋代理学,恰好相反,它是在对整个宋明道学(包括理学和心学)的否定性批判中开始的。正因为打破了宋明道学的思想桎梏,才产生了人文主义的初步觉醒。应该说,在明清之际的社会大动荡、阶级斗争和民族斗争的大风雨中,我们

---

① 王夫之:《思问录·内篇》。
② 王夫之:《思问录·外篇》。

民族也产生过自己的巨人。我们有自己的但丁，如汤显祖、曹雪芹，且他们唱的不是"神曲"，而是"人曲"；也有自己的达·芬奇、米开朗琪罗，如郑燮、石涛、陈洪绶，他们画笔下的人和物都表现了倔强的异端性格；我们还有自己的布鲁诺式的"哲学烈士"，如何心隐、李贽，他们敢于背经叛道、死而不悔；我们更有自己的弗兰西斯·培根，如徐光启、方以智、梅文鼎，他们学贯中西，开始了铸造自己"新工具"的事业。至于王夫之、黄宗羲这样博学深思、著作宏富的思想家，在世界文化史的这一阶段上可说是旷世无匹。但是，当清初历史转入洄流中，他们虽然"锋镝牢囚取次过，依然不废我弦歌"[①]，但也只能"且劈古今薪，冷灶自烧煮"（方以智诗），"思芳春兮迢遥，谁与娱兮今朝"[②]，遥望着未来历史的春天而眼前却感到孤寂。他们的思想火花，没有能形成照亮黑夜的"火流"，而他们散播火种的著作反而成为清王朝禁毁的对象。他们曾想对传统宗教神学和各种"镇压人心"的邪说"伸斧钺于定论"（王夫之语），建立起"理性法庭"，但清初建立的文字狱法庭反而对理性和自由实行了严酷的审判。

这是为什么？这是因为中国近代社会新旧交替的长期"难产"所出现的第一次历史洄流。在洄流中，中国的哲学启蒙首次遭到摧折，步入了坎坷的道路。18世纪的历史洄流，表现为社会经济新因素由大破坏到复苏、民族关系由少数民族的征服到被融合的过程中，封建专制主义回光返照地稳定了一段，伴之而来的是程朱理学的权威竟得以在"御纂""钦定"的形式下恢复。清统治者适应自身封建化要求的文化政策，起了强化封建传统惰力的作用。如侯外庐同志所概括："一方面大兴文字之狱，开四库馆求书，命有触忌讳者焚之，他方面又采取了一系列的愚弄政策，重儒学，崇儒士……另一方面，雍正元年（1723）以后，中国学术与西洋科学，因受了清廷对外政策的影响，暂时断绝关系。因此，对外的闭关封锁，对内的钦定封锁，相为配合，促成了所谓乾嘉时代为研古而研古的汉学，支配着当时学术界的潮流。"[③]这就不仅掩埋了17世纪启蒙哲学的思想光芒，使之被人遗

① 黄宗羲：《山居杂咏》。
② 王夫之：《被褐赋》。
③ 侯外庐：《中国早期启蒙思想史》，人民出版社，1956年第一版，第410—411页。

忘,濒于夭折,而且严重地延缓了整个中国历史的发展进程,使之迅速落后于世界形势,终于招致了从19世纪中叶起西方资本主义的破关入侵,进一步打断中国历史的发展进程。

鸦片战争以后的中国,以民族的苦难转入畸形的近代。面对空前的民族危机,中国人民在苦难中觉醒,集中表现为在反帝反封建的斗争中涌现出一批又一批向西方摸索救国救民真理的先进人物。他们冲决网罗、前仆后继,留下了可歌可泣的革命传统。晚生、早熟而又十分软弱的中国资产阶级,在掀起"新学"反对"旧学"的思想文化斗争中,也曾以一种朦胧的历史自觉,把明清之际的启蒙哲学看作自己的思想先驱,希图继续其未竟之业,但他们忙于引进"西学"而来不及对自己的历史遗产推陈出新。在大量吸收"西学"的过程中,也曾注意到培根、洛克、笛卡尔的哲学与科学昌明的关系,狄德罗、拉美特里的哲学与法国革命的关系,乃至康德、黑格尔哲学的进步意义等,希图吸取来"开民智""新民德",但他们迫于应付政治事变而匆匆建立的哲学体系,却又芜杂而极不成熟。他们力图把当时西方自然科学的新成果和新概念直接纳入自己的哲学体系,用以否定传统的"宋学"和"汉学",突破古代唯物主义的朴素性和直观性,但由于在理论思维的进程上越过了一些环节,只能陷于简单的比附,结果他们所进行的哲学变革往往自陷迷途,乃至完全落空。中国资产阶级由于政治上软弱、文化上落后,既无力完成自己的社会革命的任务,也就更加无力完成自己的哲学革命的任务。中国的近代及其哲学运动,短短数十年,匆匆跨过西欧近代哲学发展几百年的历史行程,但就理性的觉醒、理性的自我批判、理性的成熟发展等,即这一历史阶段所需要完成的主要业绩而言,却并未跨过,而是处于长期"难产"。

四

"难产"作为一种历史现象,指社会运动和思想运动的新旧交替中出现新旧纠缠,新的突破旧的,死的又拖住活的这种矛盾状况。它在我国历史上多次出现,似乎带有规律性。

我国原始社会向奴隶制国家过渡,考古证明从父权制出现的轩辕黄帝时代到夏禹"家天下",经历了近二十个世纪。奴隶制向封建制过渡,按许多学者把春秋战国看作"一大变革之会"的封建化时期,也经历了数百年之久。长期"难产"的古代社会,实际上走着"维新"的道路,因而诸如宗法制度、原始宗教以及氏族伦理观念等作为历史沉淀物被大量保留下来。宗族奴隶制向宗法封建制转变也走着一条演化的道路,因革损益,三统循环,于是一整套"敬天法祖""尊尊亲亲"的纲常伦理,作为宗教异化、政治异化、人性异化,凝成"天""礼"等传统观念,像梦魇一样纠缠着人们的头脑,成为历代正宗思想家进行哲学加工的主要对象。虽然天人关系、礼法关系等问题曾引起多次哲学论争,但"天""礼"等观念始终作为外部压迫力量的神圣象征,不容侵犯。以此为基石所建立的庞大的封建正宗统治思想,把一切"人本"思想、"法制"思想、"越名教而任自然"的思想、任何形式的反抗异化和要求人性复归的思想,都只能视为异端而给以排斥和打击。

这一封建正宗统治思想,在前期曾以"三纲可求于天""名教本之自然""富贵贫贱决定于三世因果"等具有宗教异化的神学理论形式表现出来;到后期,经过宋明道学家们的再次加工,更用伦理异化的哲学理论形式表现出来。宋明道学家把"根于人心"的宗法伦理意识客观化为"塞乎天地"的宇宙意识,把封建等级秩序本体化为"天理当然",把主体认识活动伦理化为"存养省察",于是大讲其"天人合一""民胞物与""理一分殊"、矛盾定位,而归结为"天理"与"人欲"的对立,"道心"与"人心"的对比,论证"三纲五常"是"人伦天理之至,无所逃于天地之间"①。这一套所谓伦理型的唯心主义,指引人们去以"天理"诛灭"人欲",以"道心"钳制"人心",自觉地屈从于"命"与"分",被愈来愈腐朽而残忍的封建制度所吞噬、所侮辱、所残害,也自觉自愿,不怒不争。道学家们讲的所谓"复性""复理",乃是达到这种奴性的自觉,绝不是什么"人性的复归",而恰好是导致人性的严重异化。这样一套被称为"本诸人情,通乎物理"②"其虑民之意甚精,治民之

---

① 朱熹:《癸未垂拱奏札二》。
② 程颢:《论十事札子》。

具甚备,防民之术甚周,诱民之道甚笃"①的伦理政治异化的理论体系,统治了几百年,渗入上层建筑的各个部分,是一种具有极大麻醉力的封建蒙昧主义。它服务于后期封建社会的专制统治,成为束缚民族智慧、阻滞历史前进的主要精神枷锁。我国哲学启蒙道路之所以坎坷,近代哲学变革之所以"难产",除了社会经济、政治原因以外,宋明道学家们长期锻造的这副精神枷锁以及装饰在这副枷锁上的所谓"孔颜乐处""极高明而道中庸""仁者浑然与物同体""四时佳兴与人同""数点梅花天地心"之类的虚幻的花朵和彩带,起了巨大的作用。

应该看到,枷锁套着的正是反抗的囚徒。近代中国资产阶级的先进人物往往由反抗传统而接受"新学",他们所推动的以"新学"反对"旧学"为内容的哲学变革,与政治实践紧密联系而概括了社会变革中的认识的积极成果;由对比中西学术特点而广泛吸取了西方近代先进哲学,特别对19世纪自然科学的三大发明(在西方本是对资产阶级形而上学的大突破,并构成马克思主义哲学产生的科学基础)以及一些科学新概念(如"以太""星云""阿屯""质""力"等),大胆采入自己的哲学体系;并初步总结了中国古代哲学的优秀传统(如朴素唯物辩证法的气化论、矛盾观、知行学说等)。这就为马克思主义哲学在中国传播、生根,准备了一些必要的思想土壤。一些资产阶级学者还开始独立地研究中国哲学史,敏锐地注意到明清之际早期启蒙思想家的独特贡献;另一些学者认真翻译介绍西方哲学诸流派,特别是德国古典哲学,直到"五四"以后仍络绎不绝,这都对近代中国的哲学革命的发展起了奠基和促进的作用。但同时更应看到,由于中国近代社会的畸形,革命形势变化急速,社会生产力长期停滞,整个科学文化大大落后,这一切决定了中国资产阶级没有也不可能创造出强大的理论武器;他们服膺的"新学""西学",无力战胜封建主义及其与帝国主义的文化同盟。不仅如此,由于沉重的历史包袱、巨大的传统惰力,不少曾经勇敢地奋起冲决封建思想网罗的先进思想家最终又怯懦地自陷于封建网罗,演出了一幕幕思想悲剧。龚自珍、魏源由

---

① 欧阳修:《本论》。

呼唤风雷而重礼佛经。谭嗣同自叹"有心杀贼,无力回天"。康有为由维新志士一变而为保皇党,再变而为帝制复辟派。章太炎的一生,颇为典型,他以风云一时、"所向披靡"的革命家自居,却局限于农民意识而反对建立共和政体、发展资本主义,最后,"粹然成为儒宗"①,在哲学上,他早年写《菌说》《公言》等,保持清新的唯物论,经过"以分析名相始,以排遣名相终",终于"端居深观而释《齐物》,乃与瑜伽、华严相会"②,由理性主义转向了非理性的神秘主义。中国近代思想史上,充满着矛盾的人物、矛盾的思想体系以及各种形式的由趋新到复旧的转向,这绝非个人品格、兴趣问题,而是反映了19世纪末中国的时代矛盾:资产阶级民主革命的历史课题,无论是政治的还是哲学的,都不可能由资产阶级去独立完成。

中国的近代及其哲学革命的"难产",辛亥革命以后的几年的思想混乱是其直接后果。一些资产阶级革命家如孙中山、朱执信等意识到了这一点。孙中山在1917年以后开始致力于哲学理论的研究,奋力写出了《孙文学说》,其最精华部分的"知难行易学说",正是反映了对理论的迫切要求。小资产阶级革命派更敏感到了这一点,1915年《新青年》等创刊后的"新文化运动"的蓬勃开展,对当时"复古尊孔"的思想逆流进行了勇猛反击,提出要用"民主"和"科学"来"救治中国政治上、道德上、学术上、思想上一切的黑暗"③,表现了对封建主义旧思想旧文化的强烈反抗和不妥协精神。可是经过"五四"前后这一番"狂飙运动"式的努力,理论成果仍较贫乏,仍未能根本改变中国近代哲学革命的"难产"状态。

"五四"前后,马克思主义的思想光芒射进了风雨如磐的中国大地。在当时新旧文化思想的激烈冲突中诞生了马克思主义的文化新军。李大钊就是这支文化新军最早的旗手,是中国近代史的伟大转折时期出现的新启蒙运动中最有远见、最有深度的伟大思想家。李大钊最早从俄国十月革命的炮声中觉悟到只有马列主义的真理、十月革命的道路才能改造中国、振兴民族。他第一次用唯物史

---

① 鲁迅:《关于太炎先生二三事》;侯外庐:《中国近世思想学说史》第十六章。
② 章太炎:《蓟汉微言》卷末。
③ 陈独秀:《本志罪案之答辩书》,《新青年》第六卷第一号。

观来解剖中国历史和中国哲学史，认定"孔子为数千年前的残骸枯骨"，而"孔子的学说之所以能支配中国人心有二千余年"，不过因为它是"中国大家族制度上的表层构造，经济上有他的基础"，而其结果是"陵夷至于今日，残骸枯骨，满目黯然，民族之精英，澌灭尽矣"！他号召青年要"本其理性，加以努力""冲决过去历史之网罗，破坏陈腐学说之囹圄"，"所当信誓旦旦以昭示于世者，不在龈龈辩证白首中国之不死，乃在汲汲孕育青春中国之再生"①。李大钊的这些启示，唤起了整整一代青年的理性觉醒。以后，通过一系列的论战，唯物史观以不可抗拒的科学锋芒，在思想阵地摧枯拉朽，开创了中国近代哲学革命的新局面。鲁迅在"五四"以来的新文化运动中，更以其特有的深思、韧性的战斗，作出了多方面的突出贡献。其重要思想贡献之一，就在于以深沉的历史感，对17世纪以来中国哲学启蒙的坎坷道路以及多次出现历史洄流的原因，有着锐敏的观察和深刻的解剖。他清醒地看到我们民族在精神上背负着多么沉重的"因袭重担"，有多么可怕的"祖传老病"。他指出，在我们民族的历史上，"有两种很特别的现象：一种是新的来了好久之后而旧的又回复过来，即是反复；一种是新的来了好久之后而旧的仍不废去，即是羼杂"。他痛切地揭露"吃人的礼教""僵尸的乐观"，以及各式各样的"尊孔""崇儒""儒者之泽深且远"的"老调子"，主张继续展开"思想革命"，并极其深刻地提出"改革国民性"的问题，认为这是长期封建传统意识的毒害所造成的社会心理的病态和畸形，应当"毫不可惜它的溃灭"。他写《狂人日记》《阿Q正传》等，目的在"揭出病苦，引起疗救的注意"②。鲁迅从革命民主主义者到马克思主义者，毕生为实现国民性的改造，埋葬封建主义僵尸，唤起民族精神的觉醒，作了巨大的启蒙工作。毛泽东正确地肯定："鲁迅的方向，就是中华民族新文化的方向"，并深刻地总结了"五四"以后新民主主义文化革命取得的胜利，"在哲学方面，在经济学方面，在政治学方面，在军事学方面，在历史学方面，在文学方面，在艺术方面，……都有了极大的发展。二十年来，这个文化新军的

---

① 见李大钊《孔子与宪法》《由经济上解释中国近代思想变动之原因》《青春》等文。
② 见鲁迅《笔下漫笔》《我们现在怎样做父亲》《中国小说历史的变迁》《儒术》《青年必读书》《我怎样做起小说来》《两地书·八》等。

锋芒所向,从思想到形式(文字等)无不引起了极大的革命"①。这一总结,包括了哲学方面。20世纪30年代到40年代,继唯物史观的传播之后所兴起的唯物辩证法运动,在思想战线上产生了巨大的影响,开辟了中国历史上哲学革命的新纪元,这是此前的中国哲学启蒙经过三百多年坎坷曲折的道路所呈现的历史总结。

五

经过这一番历史的反思,自然产生一些"情瞳眬而弥鲜"的感想。

感想之一。以科学态度进行中西哲学的对比,认真地分析历史形成的国情,应当珍视自己民族遗产中固有的真正的优秀思想传统,立足于怎样继续推进先驱者们已经开辟的中国哲学革命的航程。由于中国哲学启蒙经历了坎坷曲折的道路,哲学劳动成果的保存和传播,哲学发展链条的前后衔接,哲学思潮在运动中的分化和合流,都表现了自己的特点及其历史衍变中的客观逻辑。17世纪的启蒙哲学,穿过了18世纪的洄流而在19世纪后期的维新运动乃至20世纪初叶的新文化运动中闪耀出火光,18世纪乾嘉朴学中被扭曲了的科学方法,穿过19世纪的"政治风浪"而在20世纪初酝酿史学革命时发挥了重要作用,至于"道器""体用""常变""一两""虚实""知行"等17世纪启蒙学者经过咀嚼、赋予新意的范畴,通过曲折的发展,保持着生命力,至今还活在人们的思维运动中。这就历史地告诉我们,似乎应当把明中叶以后到"五四"以前的中国哲学的矛盾运动,当作一个历史过程,一串思想发展的圆圈来加以研究,通观全过程,揭示其历史和逻辑一致的规律性。这对于我们弄清马克思主义哲学在我国生根、发展的思想土壤和历史形成的逻辑起点,都会有一定的意义。

感想之二。近几年哲学史界一些同志对儒家思想特别是宋明道学的研究兴趣颇浓、评价颇高,对其性质、地位、作用等讨论颇多,新义不少。这种研究和讨

---

① 毛泽东:《新民主主义论》。

论,有利于学术繁荣。从不同角度、不同范围所作的分析、评价,可以大不相同。但历史是统一的链条,历史上各种思潮、人物都必须纳入统一的发展链条才能确定其客观地位。历史科学是有党性的,马克思主义的党性当然是建立在恢复历史全貌的客观性的基础之上的。历史研究是有褒贬的,褒贬的正确与否,只能以历史运动所固有的前进性(以新代旧、由低到高)为准绳。据此,把宋明道学唯心主义思潮纳入后期封建社会的发展进程来考察,特别是联系明末清初的社会经济变动及其所引起的思想冲突来考察,则不能不肯定道学唯心主义是阻滞历史进步的精神力量。因此,对宋明道学的分析评价,究竟是跳越中国哲学启蒙运动的整个历史阶段而去重复某些学者"接着讲"的方法,还是按照哲学运动的历史轨迹来推进16、17世纪以来已经"破块启蒙"的批判? 这就值得思考。这是说,马克思主义历史研究的褒贬同历史本身的自我批判的方向应当是一致的,我们的批判还必须不断突破历史上已有的批判的局限性,还需要突破"五四"以来清算历史遗产中出现过的形式主义、虚无主义、简单化、公式化等"左"的局限性。真正的清算,只能是科学的分析解剖,从粪堆中啄出珍珠,还历史以本来面目。但由于中国的近代及其哲学革命的"难产",以至两千多年来积淀的封建传统意识,特别是宋明道学留下的思想包袱,至今还在起作用,还在被欣赏,还在被美化为可以"成为社会主义精神文明的一个来源"。这就更加表明,在哲学史研究中必须把继承优秀思想传统,继续推进哲学革命和清算封建主义流毒这三方面的任务,按照历史本身的联系有机地结合起来。

感想之三。中国近代哲学运动的特点,在现实中的投影是双重的。一方面,中国资产阶级哲学世界观在中外古今思潮的汇流中匆促形成、跳跃发展和急剧衰落,这为马克思主义哲学在中国的迅速胜利提供了某些顺利条件;另一方面,中国资产阶级文化落后,理论建树颇少,在哲学上远未完成其应完成的历史任务,这又为马克思主义哲学在中国的发展带来某些局限和困难。许多事实表明,历史给我们留下了一些应当完成而尚待完成的课题。在马克思列宁主义指导下提高全民族科学文化水平,建设以共产主义思想为核心的社会主义精神文明,勇攀现代唯物主义和现代科学技术的高峰,是当前的迫切任务。为此,在哲学领域,既要开拓新天地、研究新问题,又要注意到历史留下的补课任务。列宁在十月革命后曾经反复强调:"只有确切地了解人类全部发展过程所创造的文化,只有对这种文化加以改造,才能建设无产阶级的文化。""只有用人类创造的全部知识财富来丰富自己的头脑,才能成为共产主义者。""如果一个共产主义者不用一番极认真、极艰苦而浩繁的工夫,不理解他必须用批判的态度来对待的事物,便想根据自己学到的共产主义的现成结论来炫耀一番,这样的共产主义者是很可怜的。"[①]列宁向当时俄国青年提出的正是这样的学习和补课的任务。具体化到哲学战线,列宁还鲜明地提出过必须大量翻译和广泛传播18世纪战斗无神论的文献,组织系统地研究黑格尔辩证法并形成"黑格尔辩证法唯物主义之友协会"等任务[②]。按列宁的思路来思考,根据人类认识史的客观逻辑——马克思主义哲学需要扎根在一定的思想土壤中才能得到健康的发育成长,为了马克思主义哲学的繁荣发展,应当依据各民族固有的文化传统特点自觉地培育这样的思想土壤。在中国,古代哲学发展充分,近代哲学革命"难产",这一特点制约着历史可能提供的思想土壤具有什么主要成分。就整个民族的理论思维的发展进程说,在当前社会主义精神文明的建设过程中,自觉地培育更丰富的理论思维的土壤,使马克思主义哲学这一发展着的科学真理体系得以在我国更好地生根、开花、结果,这是当前值得注意的一个课题。遵循哲学进化的客观逻辑,自觉地避免某些历史运动的洄流,把先驱者们已经开辟的哲学革命的光辉事业推向前进,是时代赋予我们的责任。

(1982年7月)

---

① 《共青团的任务》,《列宁选集》第四卷,第348页。
② 《论战斗唯物主义的意义》,《列宁选集》第四卷,第609页。

对外开放的历史反思

当前改革中具有全局性的方针，一是对内搞活，二是对外开放。对于后者，可以从文化史的角度去进行一番历史的反思，借以提高历史的自觉。

古老的民族、悠久的历史、光辉灿烂的文化创造，独立发展，从未中断，足以自豪。但独立发展绝不等于孤立发展。恰好相反，中华民族和中国文化之所以能在地球上独立发展数千年，一个重要因缘，正在于它乐于接受并善于消化外来文化成果。

纵观数千年历史，中华民族在其独立发展过程中，曾经有两次大规模地引进和消化外来文化，并因而促进了中国文化的跃进式发展。

第一次，公元1—8世纪，我们迎来了印度文化中的佛教思想。永明求法，白马驮经，罗什、达摩东来，法显、玄奘西访，……经过无数高僧、学者的艰苦努力，引进、翻译、合本、格义、研究、消化，花了七八百年，终于把这一异质文化移植过来，使其融入我们民族精神生活的许多方面，经过消化以后的进一步再创造，又传播到东亚各国，大大丰富了人类文化。

单以佛教哲学为例（当时伴随佛教传入的还有印度的逻辑学、文法学、声韵学、医药学、天文学、数学、历法学和音乐、舞蹈、绘画、雕塑、建筑等，以及中亚、西亚的其他文明创造），三国、西晋时期，西域高僧陆续来华，大、小乘经论已颇有译述。但由于"先旧格义，于理多违"（道安语），仅在新译介的般若学中便有所谓"六家七宗"的歧解和争论。公元4世纪末，前秦苻坚和后秦姚兴两次派大军进入西域,重要目的之一是把当时寓居西域的印度学者鸠摩罗什带到中国来,几经波折,终于达到目的。公元 401 年,鸠摩罗什被姚兴迎到长安,拜为国师。鸠摩罗什在京郊兴建草堂,大开译场,不少关中学者参加(极盛时达三千人),短短十二年(罗什卒于公元 413 年)中,高质量地新译和重译了重要佛教经论七十余部、三百多卷,特别是精译了龙树的《中论》《十二门论》《大智度论》和提婆的《百论》,使龙树、提婆之学得以全面系统地传入中国,把般若中观理论的释介和研究提高到一个新的水平,并且培养出僧肇、僧叙、竺道生等一批富有创见的优秀学者,大大促进了大乘佛教哲学在中国的传播和发展。此后,北禅南义,支派纷繁,各种论师,日益专精。到隋唐统一,国力更盛,一方面有更多的学僧来往于中印之间,如玄奘在印度留学十六年,精通印度各派学术,满载声誉回到长安,又精译了重要佛教经论一千三百多卷,特别是与弟子窥基等忠实地译介了大乘有宗的经论,把无著、世亲之学系统地传入中国。另一方面,在印度佛教趋向式微的 7、8 世纪,中国的佛教却得到大发展,前有智颛、吉藏,后有法藏、善导和弘忍及其弟子神秀、惠能等,创立了中国化的佛教宗派,建立了各具特点的理论体系。武周时刊定佛典目录,已有三千六百余部,四千八百余卷,到唐末流行的佛教经论增至八千四百余卷,超过了儒家经传许多倍。佛教哲学因系统地中国化而得到大发展,中国化了的佛教哲学又以其新的理论成就和思想风貌,受到东亚各国的欢迎,逐步传播到全世界,成为世界三大宗教之一,且被称为具有很高思辨水平的特殊形态的宗教哲学。

至于中国原有的哲学,因吸取佛教哲学思辨而得到普遍提高。由佛教传入的刺激而促使道教成形,由融合儒、佛、道而产生了宋明新儒学,由对宋明新儒学的批判扬弃(并继续消化佛学,如对"相宗络索""圆∴三点"等的细心咀嚼等)而涌现出明清之际的早期启蒙思潮。中国发达的封建社会及其哲学文化,因融摄了异质的佛教文化而增强了创造活力,并因而对人类文化作出了重要的历史贡献,这似乎是无可争议的。

历史证明,我们民族曾经成功地完成了第一次消化外来文化的任务。

第二次,17 世纪以来,我们开始接触西方文化。文艺复兴之后,近代"西学"

东渐,中西文化思想开始在中国汇合。四百年的历史走过了坎坷曲折的道路,至今仍在继续进行这一艰巨而复杂的文化融摄工作。"五四"以后,作为西方文化最新成就的马克思主义传入中国,更使这一文化融摄工作具有了新的世界意义。

17世纪以来四百年的文化史,似可分两个阶段进行反思:

一、从万历到"五四"

这一阶段,跨越三个世纪、两个朝代,从经济运动和文化运动的实际进程看,本质上是一个统一的历史过程,即中国资本主义与中国启蒙思潮萌芽、挫折、复苏、发展而历尽坎坷、终于"难产"的过程。如果把这一阶段视为古老的中国走出中世纪而迈向近代,同时打破海禁而放眼世界的历史进程,并把西学东渐视为中国近代文化代谢发展的杠杆,则可以看到这三个世纪的文化运动经历了许多曲折而呈现为一个大马鞍形。

头一个世纪,即17世纪的明清之际,中国的漫长封建社会走向衰落,伴随着商品经济的发展和资本主义的萌芽,社会风习、文化思潮、价值取向等开始发生新的变动,突出地表现为自然科学的研究热潮和市民文艺运动的蓬勃兴起。新兴质测之学,以"考索物理"为宗旨,强调"实验"方法,"精求其故,积变以考之",并与"专言治教"的"宰理"之学相分离①,开始突破传统思维模式;新兴市井文艺,更从多方面动摇着传统的价值观念、人生理想、审美趣味、婚恋模式等;反映在哲学思想上,当时南北崛起的一代启蒙思想家,不约而同地掀起对宋明道学及传统学风的揭露批判,通过提倡"经世致用""核物究理""依人建极"而走向人文主义的觉醒。正当这时,西方学术文化以利玛窦等耶稣会士为媒介适时传入中国,合规律地开始了中西方文化的汇合交流史。

利玛窦于1582年来华,1601年入京,结交当时上层学术界。他所带来的作为传教工具和媒介的西方天算知识、欧几里得几何学及其演绎推理思维方式、开

---

① 方以智:《物理小识》《通雅·文章薪火》;方中通:《物理小识·编录缘起》。

拓人们视野的环球地图以及水利、火器、望远镜等"远西奇器",对于当时中国正在酝酿的思想启蒙和学风巨变,起到了他初料所不及的声气相投的重大引发作用。他死后,被誉为"玄精象纬,学究天人,乐工音律,法尽方圆,正历元以副农时,施水器以资民用"①。继利玛窦之后,1620年金尼阁、傅汎际、汤若望等自欧洲来华,一次即带来西书七千余部,被李之藻盛赞为:"异国异书,梯航九万里而来,盖旷古于今为烈!"②利玛窦等西方传教士这种"学术传教"活动,受到当时中国政府的特殊礼遇和学术界的热忱欢迎。

当时中国先进学者对于西学东渐的欢迎态度,并非出于盲目的好奇,而是显示了一种历史的自觉。如徐光启极其敏锐地注意到《几何原本》为"度数之宗,所以穷方圆平直之情,尽规矩准绳之用",把数学方法视为"不用为用,众用所基",是近代各门科学理论和应用技术的主要基石,"真可谓万象之形囿,百家之学海"③。与之同时的李之藻也极其敏锐地注意到亚里士多德的形式逻辑体系是"百学之宗门"④。他们认真译介欧几里得几何学与亚里士多德逻辑学,确已意识到这是当时传入的西学的精华,是开展科学理论和方法的切要门径。徐光启明确认定,引进西方科学文化,"虚心扬榷,令彼三千年增修渐进之业,我岁月间拱受其成",是文化移植的优越性,"苟利于国,何论远近"。他更认为,对于异质文化,"欲求超胜,必先会通;会通之前,必须翻译"⑤。方以智主张"借远西为郯子,申禹、周之矩积",即借助于西学东渐来发展中国固有的科学传统,他深刻地评判当时传入的西学,"质测颇精而通几未举""智士推之,彼之质测,犹未备也"⑥。梅文鼎力主会通中西,在其重要数学专著《中西算学通》中更强调应当"深入西法之堂奥而规其缺漏"⑦。这些绝非偶发的谠论和他们所取得的辉煌的学术成就,代表了当时中国学术界的思想水平。清康熙帝玄烨也曾主持了某些

---

① 王应麟:《利子玛窦碑记》。
② 李之藻:《刻识方外纪序》,又见其《译寰有诠序》《刻天学初函题词》。
③ 徐光启:《刻几何原本序》及《几何原本杂议》。
④ 李之藻:《名理探序》。
⑤ 徐光启:《简平仪说序》,王锡阐《晓庵遗书·历说》引徐光启语。
⑥ 方以智:《物理小识总论》,《通雅》卷首二,《物理小识自序》。
⑦ 梅文鼎:《晓庵新法序》,阮元《畴人传》三十八。

开明的学术活动,诸如在处理清初的历法斗争中坚持了难能可贵的科学态度。1713 年以法兰西科学院(1666 年建立)为模式在畅春园蒙养斋首建算学馆(实即皇家科学院雏形),聘请法国传教士白晋、张诚等讲授天文、数学、测量、解剖等自然科学,组织了空前规模的大地测量,1718 年绘成达到当时世界先进水平的《皇舆全图》,在其主持的算学馆中培养出梅毂成、陈厚耀、明安图等优秀青年科学家,编成了《历象考成》《数理精蕴》《授时通考》等科学巨著……这表明,在 17 世纪中国,连封建皇帝也不随主观意志为转移地适应了当时社会发展的客观要求。至于明清之际反映时代要求、南北自相呼应的一代思想家,如顾炎武、傅山、黄宗羲、王夫之、方以智、李颙、唐甄、颜元等,更以各自对传统学术的总结性批判而掀起一代早期启蒙思潮,宛似西方文艺复兴时期的"思想巨人",都具有"冷风热血,洗涤乾坤"[1]"坐集千古之智,折中其间"[2]"尽废古今虚妙之说,而反之实"[3]"虽百千年同迷之局,我辈亦当以先觉觉后觉"[4]的觉悟和胆识。他们大都自觉不自觉地受到当时传入的"西学"的影响,发表过评论,表示过赞赏。只有杨光先等少数人挑起过历法之争,表现了对外来文化的顽固的排斥。这就是 17 世纪的中国,尽管在封建枷锁的重压下萌动着的新经济和新思想还极为幼弱,尽管当时以耶稣会士为媒介而传入的"西学"有极大局限,但中国借助于西学东渐的触媒,开始了走出中世纪而迈向近代的民族觉醒和思想启蒙。

历史车轮转到 18 世纪,即清雍正、乾隆、嘉庆时期,基于深刻的经济原因和复杂的社会合力,中西文化的交流被中断,中国趋向近代的文化历程被逆转。康熙末年及雍正时期,以宫廷内的权力争夺为诱因,发展为驱逐全部外国传教士,实行文化隔离的闭关政策。事出偶然,而实有深刻的历史根源。清初自然经济基础的恢复,促使清廷凭借封建制回光返照的余威,以对外闭关封锁和对内大兴"文字狱"来强化封建文化专制,恢复宋明理学的权威,窒息一切自由思想。17世纪早期启蒙者的思想火花,经过强化科举制和大兴文字狱等,几乎全部被扑

---

① 黄宗羲:《明儒学案·东林学案》。
② 方以智:《通雅》卷首一。
③ 王敔:《姜斋公行述》。
④ 颜元:《颜元集》,中华书局,1987 年,第 696 页。

灭。中国历史经历了一次大的洄流,中国文化在洄流中停滞了整整一百年。所谓雍乾"盛世",实际上是"将萎之花,惨于槁木"。正当这时,西方近代的经济文化处于飞速发展时期,社会革命的中心由英国转移到法国,近代启蒙运动蓬勃发展,席卷整个欧洲。中国却在闭关自守中远远地落后了。

但是,西学东渐,中西文化汇合,古老的中国文化要沿着自己的特殊道路走向近代化,这是不可违阻的历史的必然。18世纪的中国虽然在文化上实行闭关政策,但此时形成的乾嘉朴学思潮,无论在古文献的考订、辨伪、辑佚方面,还是在古代数学、天文、地理、医学、农学等自然科学史料的整理、汇编方面,都处处表现出受到了西方逻辑方法和科学思想的影响。至于朴学思潮中的佼佼者如戴震等人,更以其特有的方式抨击了理学,表达了时代的呼声。戴震提出"重分理"的近代科学方法,事实上推动着清中叶数学和其他自然科学的分化发展。在当时"避席畏闻文字狱"的封建文化专制的禁锢下,民间仍出现了不少优秀的科学家和发明家。时代的悲剧在于许多科学论著和发明被历史的洄流所淹没,整个民族的科学智慧和哲学智慧被摧抑、被扭曲,陷入了龚自珍所说的"万马齐喑"的困境。清廷对外文化封锁的愚昧政策造成的后果极为可悲。如宋应星的《天工开物》(1637年初刊)传到国外被译成日、法、英几种外文出版,而在国内18世纪以后竟遭到禁毁,《四库全书总目》也不予著录,以致湮没失传近三百年,直到20世纪初才从日本寻回。又如1760年(乾隆二十五年)法国传教士蒋友仁来华写出《地图新说》一书,正式介绍西方划时代的哥白尼的日心说和开普勒的行星运动三大定律,被乾隆及满朝官员斥为"异端邪说"。18世纪的历史洄流留下了许多沉痛教训。

19世纪,资本主义世界市场迅速形成。西方列强破关入侵,中国以深重的民族苦难转入近代。以鸦片战争开端的中国近代史,可说是血泪斑斑。但从中西文化交流史的角度看,在苦难中奋起的先进的中国人开始重新认识和学习"西学"。如果说17世纪是西方送上门来,平等交流;18世纪是中国关起门来,故步自封;那么19世纪中叶以后,则是西方列强破关入侵,中国人为救亡图存而急起直追,被动地接受这场挑战。先进的中国人在放眼世界的开始就提出"师夷长技以制夷"的主张,就意识到必须自觉接受西方的科学文化才能自立、自救,并跟上时代步伐。他们前仆后继地掀起了以"西学"剖判"中学"、以"新学"反对"旧学"为主流的文化革命运动,并力图以最短时间、最快速度,迎头赶上西方,跨过这两个多世纪以来形成的历史差距。他们也曾以一种朦胧的历史自觉,把17世纪的早期启蒙学者看作自己的先驱,希图继其未竟之业,找到中国哲学启蒙的特殊道路,但因忙于引进日新月异的"西学"而来不及清算遗产、推陈出新。他们也曾立志会通中西,把西方哲学与科学的许多流行的新概念纳入自己匆促形成的体系,但不免囫囵吞枣,食而不化,以致他们所谓会通中西、融贯新旧的理论创造往往流于肤浅或自陷迷途。这表明,19世纪中国近代文化的新陈代谢的发展,以西学东渐为杠杆,虽然由于救亡图存的紧迫感,表现出突飞猛进的外观,但就其实质内容而言,新的虽在突破旧的,而死的却又拖住活的。中国的近代化及其相应的文化代谢和哲学革命,事实上长期处于"难产"之中。

从万历到"五四",三百年的文化运动就其主流而言呈现为一个马鞍形。历史按"之"字路发展,表明了历史的客观要求总是通过复杂的历史事变表现出来,表现为否定之否定的螺旋前进历程。长江后浪推前浪,世上新人换旧人。人不断创造历史,历史又以自己兴衰成败的教训哺育着一代代新人。

二、从"五四"到今天

"五四"时期,作为西方文化最新成就的马克思主义传入中国,中国文化运动显然进入了一个新时期。这个新时期所提出的历史任务应当是在更高的水平上继续17世纪以来的文化进程,更深广地融摄西方文化及其发展的最新成就,通过对"西学"的真正消化,进而与中国文化中的优秀传统相结合,创建中国的新文化。这就有必要认清中国近代文化代谢和哲学革命的"难产"及其历史投影的二重性。一方面,中国资产阶级晚生而早熟,其哲学体系在革命激流和西学东渐的过程中匆促形成,这为马克思主义在中国的传播和速胜提供了客观条件;另一方面,由于中国近代哲学革命的"难产",中国资产阶级在政治上软弱,文化上落后,远未完成其清算封建传统意识和译介西方文化成果的历史任务，这又为马克思主义和现代科学思想在中国的发展带来特定的局限和困难。历史的曲折给我们留下许多"补课"的任务。

从对外开放、文化交流的角度来反思"五四"以来的中国文化发展史，可以看到，马克思主义的传播、发展和中国化已成为这一时期中国文化运动的主流，但是，由于传统惰力在文化深层结构中的复旧作用和对异质文化的排拒作用，也曾使历史出现过曲折和反复。

"五四"以来的前三十年，灾难深重的中国人民从辛亥革命失败的痛苦和迷惘中觉醒，因而奋起冲破各种奴化思想、复古逆流以及法西斯文化专制的禁锢。李大钊、陈独秀、毛泽东、瞿秋白、鲁迅、郭沫若等就代表了这一时期崛起的一代新人。他们为推进中国的文化革命而站在斗争的前列，首先迎来了以"科学"和"民主"为中心的进步思潮，接着又迎来了马克思列宁主义，通过对近代古今中西文化论争的批判总结，形成了新民主主义文化革命的主体思想。风雨鸡鸣，破壁腾飞，吞吐百家，迎来解放。所谓新民主主义文化革命的主体思想，就是以马克思主义的中国化为核心，在文化思想上坚持民族化、科学化和大众化，因而能够包容一切反帝反封建的文化势力，努力吸取古今中外的一切优秀文化成果，形成最广泛的文化统一战线，从而取得了 1949 年的辉煌胜利。

新中国成立后，由于特殊的国际环境及各种因缘，我国不得不长期关起门来搞经济文化建设，也取得了不少成就。但自给半自给的自然经济格局所产生的历史惰力，使我们在文化思想上逐步趋于狭隘化，破字当头的批判运动，助长了真理观上的形而上学，故步自封和盲目自大更使我们把作为指导思想的马克思主义教条化，使其脱离了人类文化发展的大道，失去了吞吐百家和综合、镕铸各种科学文化成果的能力，乃至陷入作茧自缚的自我封闭状态。最后，导致了"文化大革命"的悲剧。

1980 年至 1990 年，人们最初在痛定思痛中反思历史、总结教训，继而为拨乱反正而展开了关于真理标准、创作自由、知识价值、文化类型等问题的热烈讨论，开始突破真理观上的形而上学和文化发展观上的单一模式。对于中西文化比较、异质文化的汇合和冲突、传统文化与现代化的关系、社会主义新文化建设的主体思想等问题，正在展开日益深入的探讨。对外开放的重大决策，把人们引向更高的精神境界，放眼世界，面向未来，应当提高历史自觉，意识到当前改革所包含的内容是我们民族几百年来所走过的曲折道路的历史总结，特别是要意识到对外开放所含蕴的我们民族要自我振兴在文化上所面临的艰巨任务和历史责任。既要摆脱近代史上曾有过的"中体西用""全盘西化""本位文化"之类的老思想，又要反对失去主体的自卑思想。正确的主体思想来自历史创造活动，来自对历史形成的文化现实及其发展的正确理解。我们这个民族，既有自己源远流长的文化传统，又在历史上曾经成功地消化了外来的文化因素。现在，我们正处在自觉实行对外开放的新的历史时期，就文化史的运动轨迹说，我们继续着17世纪以来的历史行程，正在更自觉、更深广也更有选择地吸取、消化西方文化及其发展的新成就。如果我们能够树立正确的主体思想，在一个新的基础上把它们融会贯通，让人类创造的文化信息在中国"聚宝"，经过重新创造再反馈出去，那将对人类文化的新发展作出重要贡献。在现代世界史上，用吸取外来文化的"聚宝"方法来振兴自己民族并因而对人类作出贡献的有美国和日本。他们的经验和长处，毫无疑问，应当学习。但我们更应当意识到历史赋予我们民族的特殊责任，需要我们一代代付出艰苦努力。通过历史反思，我们应当有这样的历史自觉，并从这个高度来理解当前对外开放的决策，理解这个决策所具有的极其深远的意义。

（1986 年 1 月）

中西文化异同辨

1985 年秋,我去兰州大学讲课,得以访问敦煌,流连三日,有记游诗数首,其一是:

> 玄奘西去达摩来,丝路莲花朵朵开。
>
> 今日我来寻活水,鸣沙山月共徘徊。

这首小诗,想用"玄奘西去""达摩东来"的显例,概述公元 1 至 8 世纪中印两系文化学术的交流与融合的盛况,"莲花朵朵"绽开在"丝绸之路"上,表示中外文化交融所产生的智慧成果,乃依存于对外开放的经济贸易往来。口占,复出两"来"字,可改而不愿改,因"我来"两字,表露了一种自觉的参与意识。对当年中印文化交融历史经验的珍重,启示着在今天中西文化汇合的新形势下,如何探寻中国文化现代化的历史源头,如何探寻传统文化与现代化的历史接合点。这是几年来我在中西文化讨论中学习、思考而时被困扰的一个问题。文化"寻根"本身是一种当代意识。海外华人学者一再呼吁,要在自己民族文化传统中找到"源头活水"。问题是,"源头活水"何处寻? 诗尚直感。当时,夜访敦煌远郊的鸣沙山,山下有月牙泉,自古风掩沙埋,而始终保持一泓清泉,草树环生,宛然一湖活水,曾供丝绸路上无数往来人马饮憩之用,月下吟望,记起了朱晦翁的名诗,若有所悟,因得末句。

小诗起兴,旨在引出下文。近几年,一个以反思传统、对比中西、重估"五四"为特定内容的文化研讨热潮,在全国蓬勃兴起,且海内外学者声气互通,异说纷呈,名篇迭出,蔚为空前盛况。这一方兴未艾的"文化热",绝非偶然。近言之,它反映了我国现代化进程中必然面临的对传统和外来文化的深度评判和多元选择,反映了在全面改革中必然引起的民族文化心理结构的震荡和重建。远言之,这一"文化热"的"热源",还可以追溯到人们热切地要求对于中国走出中世纪的文化历程和长期追求现代化而屡遭挫折的历史教训,应当进行更深沉的反思并作出更科学的结论。的确,我们民族走出中世纪,迈向近现代的文化历程,太坎坷曲折了。由于新旧社会代谢的长期"难产",曾经形成过多次历史洄流,中西新旧文化的汇聚冲突,又引起过各种形式的思想裂变。且不说17—18世纪早期启蒙思潮崛起而又被摧折所经历的历史大洄流,其中就有许多复杂的历史原因和思想教训有待重新清理和总结,仅就鸦片战争以来,人们面对西方列强的狂暴入侵和西方文化的直接挑战,在文化意识中所激起的种种矛盾心态以及逆反心理,也都值得认真咀嚼和分析。至于这种种矛盾心态及逆反心理所导致的致思倾向或认识途径上的偏颇,更留给我们至今尚待反刍的许多教训。

单以中西文化对比中的异同之辨这一个课题为例,就曾以笼统的致思方式,简单的比附方法,各执一说,时而互诤,纠缠了一百多年,至今难得定论。但大体说来,隐藏在人们立说、互诤的现象背后的历史动机,支配着人们在某一历史时空中产生某种共同的文化心态,形成特定的时代思潮。百余年来,中西文化的异同之辨,也不期而然地呈现出由肤浅地认同到笼统地辨异再到察异观同而力求会通这样三个阶段,大体与中国近代史上的革命进程相顺应,而在晚清时期、"五四"时期和抗日民族解放战争后期三次中西文化论争的高潮中表现出来。

首先,晚清时期,百年闭关、迅猛落后、衰朽不堪的古代中国,面对着近代西方的破关入侵,举国仓皇,奋起救亡。无论是师夷长技,洋务自救,还是变法维新,反清革命,全都贯穿着一个为救亡图存而向西方学习的主题。派留学生,办新学堂,吸取西艺、西政、西学,成为时代思潮的主流,也有少数守旧派抵制或反对西学,但已不便公开斥为异端。一个奇怪的现象是,当时无论是赞成吸取西学的革新派还是主张抵制西学的守旧派,都一致从"西学源于中国"的臆说出发,去"援外以入中",去肤浅地认同西学。革新派以"西学中源"为理由,认为现在学习西学,不过是"礼失而求诸野",借助西学来恢复和发展失传了的中国古学,有何不可? 守旧派也以"西学中源"为依据,声称西洋诸学在中国古已有之,只需反求诸己,不必去舍己耘人。于是,两派中的许多博雅学者,进行了大量考证,不仅"考证"出了声、光、电、化等西洋格致诸学,在《易经》《墨子》《淮南》《素问》等古书中全有其"中源";而且"考证"出了西方的政教体制、民约思想等,在《周礼》《洪范》乃至孔孟微言大义中也早已有之。这类"考证",大都出于现象类比或主观附会,谈不上什么科学价值,但当时异口同声,竟汇成风靡一时的思潮,除透露出在西方文化冲击下人们意识中的某种畸形的民族情感以外,还似乎隐示着异质的西方近代文化一传入就产生了如何使之与中国传统文化相结合的历史课题。当时人们试图用追溯"中源"这样简单化的认同方式,来解决这一复杂问题,当然未能成功;有些答案,早成为笑柄,诸如说王莽刳尸,乃"西医之权舆"①,说"西人政教多与《周礼》相合",或为老子西行传去云②。但提出的问题及其探寻迷向的教训却遗留下来,供后人继续思索。

其次,"五四"时期,人们在戊戌变法、辛亥革命连遭失败的痛苦中觉醒,似乎省悟到学习西方从表层物质技术的引进到中层政法体制的移植,都可能"橘变为枳"。于是又掀起了触及思想、价值等文化深层结构的中西文化的比较和论争,并在论争中产生了西化派和国粹派这样各执一端的两极分化。西化派认为,中国传统文化已整体落后,"百事不如人",西学乃一完善整体,西化已成为世界发展趋势,中国要吸取西学以求进步,必须"全盘西化""从根上西化"。国粹派则坚持,中国文化自有其主体精神和发展路向,区别于西方而并非落后于西方,其精神价值且为西方所向往而为其未来发展的归趋。双方意见对立,或以为西胜于中,或以为中优于西,而共同以中西文化之差异乃全然不同的两种类型为立论的前提。双方按不同的价值尺度来比较这两种类型,从而得出相反的结论。中西

---

① 张荫桓:《三洲日记》,光绪十五年八月九日。
② 曾纪泽:《使西日记》,光绪五年二月二十三日。

文化问题上这一两极分化,就问题研讨的逐次深化而言,是一次有意义的思想裂变和认识跃进。双方都不再停留在从文化的表层现象去肤浅地认同,而是抓住中西文化深层结构中的某些要素去进行对比和辨异,超出晚清思想界华夏自我中心的狭隘眼界,而是放眼世界,以中、西、印等文化类型作为考察对象。人们不再讲"西学中源"了,而认定中西各有源流;不再讲"中体西用"了,而认定中西各有体用;不再轻言融贯中西了,而致力于对比中西文化的根本差异。当然,这样一种宏观考察,依所谓中、西、印文化的大系统去作整体对比,自不免失之笼统,其所概括出的根本差异或特点,也不免出于臆断。但通过"五四"前后的文化论争,人们对中西文化的殊异性的分别认识,无疑是大大加深了。

"五四"以后崛起的马克思主义文化新军,更多地联合站在"科学和民主"旗帜下的西化派,猛烈抨击国粹派掀起的"尊孔读经"的思想逆流;同时,在初期也同样地强调中西文化的差异。但提出的一些论点,突破了当时群体意识的某些局限。如瞿秋白等突出地论定所谓东西文化的差异,并非地域(民族)之别,而是时代(社会发展阶段)之差,民族文化之破旧立新依赖于中国社会的革命改造。又如李大钊既系统对比了中西文化之异点,又反对"各挟种族之偏见以自高而卑人",从比较文化角度肯定"东西文明各有长短",并预见到"东西文明经过本身各有彻底之觉悟",互相调和疏通,取长补短,必将有"第三种新文明崛起",而"俄罗斯之文明,诚足以媒介东西","对于东西文明之调和,吾人实负有至重之责任"。1918年李大钊这些言论,是富有远见的。

再到抗战后期,经过民族民主革命的伟大历史实践,激发了全民族的文化觉醒,当面对着抗日胜利之后中国往何处去的重大课题,人们再一次掀起了中西文化问题的广泛论争。尽管前两个阶段提出的许多文化问题仍吸引着许多人去反复咀嚼,但这一时期,从总体上表现出推陈出新的思想特点,对中西文化已不再简单地笼统地认同或辨异,而力求在较深入地对比研究的基础上去求其会通。从"五四"时期生长起来、受过当时文化论争中思想裂变洗礼的新的一代知识分子,或游学西方,或扎根本土,这时都已逐步成熟起来,逐步挣脱"全盘西化""固守国粹"以及"西学中源""中体西用"等陈旧的思想范式,而致力于探索新的学术道路。一种典型的道路是：青少年时已受过传统学术的熏陶，然后负笈海外多年，刻苦钻研，通过各自的选择，对西方文化的深层结构中的某些层面有了切实了解，回国后不止于译介而力求结合中国传统文化及其哲学核心作系统的比较研究，察其异而观其同，致力于中西文化、中西哲学的深层次融合工作，有的并创建了标志中国近代哲学形态走向成熟的理论体系。这样一批非马克思主义的前辈学者的学术成就，曾经嘉惠学林不浅，对我国学术文化的现代化发展，作出了重要的历史贡献。

这一时期，伴随着党领导的新民主主义革命的胜利发展，马克思主义理论的中国化，也取得了巨大成就。马克思主义的文化生力军，不仅越过了早期的译介阶段，在中西文化论争和整个思想战线上，树立起独立的批判旗帜；并在许多学术领域，由于运用马克思主义的理论和方法而取得了突破性的成就。马克思主义作为西方文化的最新成果，"五四"以后传入中国，首先与中国革命实践日益深入地结合起来，为人民革命事业的胜利发展提供了理论保证；同时，也为总结中西文化比较研究中的一系列争论，提供了方法论指南。在这方面，毛泽东作出了重大贡献。他的《新民主主义论》以及与之相呼应的其他一些论著，以它们的理论深度和政治优势，对于晚清以来关于中西古今新旧文化问题的长期争论，作出了一定总结，从而也就有了 1949 年的胜利。这也标志着百年来中西文化的同异之辨，经历了认同—辨异—会通等三个阶段，终于以马克思主义的总结而达到了一个螺旋发展的逻辑终点。

以上回顾，是极其粗疏的。仅在表明中西文化汇聚、冲突、融合中的问题争论，由来已久，其中仅中西文化的同异之辨这一个问题，也经过复杂的思想历程，反复探讨多年，到抗日战争后期，才算得到初步总结。有些问题，有所澄清，但并未解决或并未完全解决。诸如，晚清时期人们为"认同"西学而激起的"西学中源"的思潮，至今余波未息，似乎难以理解；但其中确乎又涵蕴着某种客观要求，如当前人们乐道的"文化寻根"，在中国文化中重建"奇理斯玛"（Charisma）等，似乎都与此相关。如何寻"根"？"根"在何处？如何探寻中国文化现代化的内在历史根据，找到传统文化与现代化的历史接合点？这就是历史留给我们有待认真研讨和回答的问题。又如，"五四"时期，新旧各派都着力于从总体上考察中西文化的差异或差距，罗列各自见到的特点，如中国文化属"伦理型"，西方属"科学型"，中国文化"主静"，西方文化"主动"，等等，尽管似是而非，概念既难周延，评断更多臆度，而至今流行，几成范式；但当时人们所列举的差异和特点，也事出有因，或泛指文化结构的诸层次而未加区别，或各指发展类型不同的民族性差异与发展阶段不同的时代性差异而浑沦未分，其中确涉及一些复杂的理论及方法问题。如已有同志提出的文化的时代性与民族性的经纬关系问题，人类文化发展的一元和多元、共性和殊性、常态和变态等的矛盾联结问题，民族文化研究中的整体把握与二分（或三分）模式的取舍标准问题，如此等等，都有待慎加分析、重新研究。今天，重新掀起的中西文化的讨论，显然不同于晚清、"五四"以及抗战时期，我们面对着的世界形势发生了巨大变化，西方文化学术更有了迅猛发展，马克思主义理论在东西方也正开拓前进。这就要求我们从一个新的思想高度，来总结以往中西文化论争中的一些经验教训，包括马克思主义对以往这些争论的分析和总结中的经验教训，把前人已达到的思想终点作为继续前进的起点，反思历史，吸取教训，认清去向，避免洄流，把我们民族融会中西以实现传统文化现代化的事业向前推进。

多年前鲁迅先生曾预言："明哲之士，必洞达世界之大势，权衡较量，去其偏颇，得其神明，施之国中，翕合无间，外之既不后于世界之思潮，内之仍弗失固有之血脉，取今复古，别立新宗。"我想，这一历史任务，必能实现。

（1987 年 12 月）

文化反思答客问

问：学术界有些学者在国内外撰文，介绍我国 20 世纪 80 年代文化大讨论中出现了"儒学复兴""彻底重建""西体中用"和"哲学启蒙"四大派，而以您作为"哲学启蒙"派的代表，请问萧教授，所谓"哲学启蒙"的内涵是什么？

答：我首先要声明，这几年文化研讨的热潮中出现了观点上思路上的许多异同，如果说形成了"派"的话，并非只有四派，而是"殊途、百虑"，同中有异，异中有同，在传统文化与现代化的关系和中国文化现代化的道路以及中国文化怎样走向世界等问题上，海内外学者都发表了很多很好的意见，简单化地归为四派，极不全面，而且有的概括并不准确。例如，就我所知，哈佛大学杜维明教授以及与他相呼应的观点用"儒学复兴"来概括就不太符合原意。至于我的看法，用"哲学启蒙"或"早期启蒙"来表述，也不知所云。我想，如果要简略地表达我关于文化问题的一个观点，似乎可以用这样一句话：应当从我国 17 世纪以来曲折发展的启蒙思潮中去探寻传统文化与现代化的历史接合点。

问：为什么要从 17 世纪说起呢？历史本来是前后衔接的，为什么还要去"探寻"历史的"接合点"呢？

答：是的，历史是前后相衔的，但回顾历史传统，人们却各有选择。不是常说"炎黄子孙"吗？那得从公元前 30 世纪的黄帝、炎帝说起；也可以像新老儒家那样，讲"道统"，从"尧、舜……周公、孔子"说起，或从"孔、孟……程、朱"说起。我毫不否认"炎、黄、周、孔""周、程、张、朱"等都对我们民族文化的创造积累作出过重要历史贡献，我之所以强调今日回顾传统应从 17 世纪说起，是因为以古代文化长期积累为背景的传统文化向现代化转化究竟起于何时、这种转化究竟有无内在历史根据、是否必要和可能、是否只能依赖西方文化的冲突而被西化或被现代化，正是今日国内外颇有争议的问题。我认为，从 17 世纪以来中国的文化变动中可以找到问题的答案，可以探得古老中国文化向近代转化的"源头活水"。我想，海涅（Heinrich Heine）和恩格斯对德国民族传统的回顾、普列汉诺夫和列宁对俄国民族传统的回顾，对我们也不无启发。至于历史的接合点，我用的是"接力赛"的"接"，因为主体参与的文化代谢发展，有一个如何"接力"的问题。任何人研究历史文化，清理思想遗产，无论他自觉与否，实际上都是在参与民族文化的接力赛，都是在寻找最佳、最近的接力点。只是由于各种原因，人们对多元的传统文化各有选择，对历史的接合点各有取舍而已。举例来说，鸦片战争以来，近代的改革家们，从龚、魏到康、梁，都选择了今文经学作为文化旗帜，把一些"非常异义可怪之论"的公羊家言，看作自己改革思想的源泉；"五四"以后，具有"贞下起元"的自觉的思想家们，或公开宣布自己的哲学是"接着朱熹"讲的，或隐然以王阳明作为自己的先驱；当然，也有另一些学者别有抉择，如嵇文甫、杜国庠、谢国桢、侯外庐等继梁启超之后，各从不同角度注意到 17 世纪中国崛起的学术思潮的特殊意义。这种种对于传统文化与现代化的历史接合点的探寻与选择，都可供后人重新咀嚼。因此，我提出探讨历史接合点问题，并非节外生枝，不过是继续前辈学者已有的思索进行再思索而已。

问：您的再思索有什么新特点？我拜读过您的《中国哲学启蒙的坎坷道路》等论文，您所说的中国式"哲学启蒙"或"文艺复兴"，似乎已上推到阳明心学的分化，如出现"异端之尤"的李贽就已"标志着封建社会自我批判的开端"，前所未有的市井文学也勃起在嘉、万时期，李时珍、朱载堉等的科学成就都出现于 16 世纪。是否可以说，16 世纪中叶中国文化思想已开始发生异动？

答：我的再思索说不上有什么新的开拓，但也有一些新的界说。我想，如果仅就社会经济的变动从而引起社会风习和人们的价值观念、文化心态的变化而言,的确,明中叶的嘉靖至万历时期已有明显的表现。顾炎武在其《天下郡国利病书》及所引《歙县风土论》中,还有张瀚的《松窗梦语》、范濂的《云间据目抄》等野史笔记中,已有大量的生动的记述;文艺作品反应灵敏,这时期出现的"公安三袁""临川四梦"以及"三言""二拍"、《西游记》《金瓶梅》等,确已表露出社会思潮的某些异动。而阳明心学的发展、泰州学派的分化,以至颜山农、何心隐、李贽等思想的形成,更从学术上反映出突破封建樊篱思想趋向。如黄宗羲所称道:"其人多能以赤手搏龙蛇,传至颜山农、何心隐一派,遂复非名教之所能羁络矣。"但是,这一"非名教之所能羁络"的思潮,即如李贽"好为惊世骇俗之论,务反宋儒道学之说",他自称"异端之尤",他的思想也曾风靡一时,但毕竟还没有成为学术思想的主流。学术思想的裂变和转轨,除了经济关系的变动是根本条件外,还需要政治生活的变局作为直接驱动力。我认为,到 17 世纪,中国封建社会末期的经济、政治危机的总爆发,农民大起义所激化的社会诸矛盾的展开,农民起义失败的血泊中以清代明的王朝更迭又恰是关外少数民族对先进汉民族的全面征服,这一系列政治生活的大动荡,被当时人们看作是"天崩地裂""海徙山移"般的大变局。一代先进知识分子,大都被卷进了当时反对明末腐朽统治和反抗清初民族压迫的双重政治斗争,并通过斗争实践而接触到民间疾苦和广阔的社会现实,促使人们震惊和觉醒,从整个民族危机的忧患意识中滋生了文化批判意识。他们把先进汉民族的自取败辱引为沉痛教训,如王船山说的"哀其所败,原其所剧",又如顾亭林说的"今已居不得不变之势""天下兴亡,匹夫有责"。他们利用各自的文化教养,引古筹今,从不同的学术途径触及共同的时代课题,对他们认为导致民族衰败、政治腐化、学风堕坏的封建专制主义和封建蒙昧主义,进行了检讨和批判,几乎不约而同地把批判矛头指向统治思想界达五百年的宋明道学,特别集中抨击了道学家们把封建纲常神化为"天理"而鼓吹以"天理"诛灭"人欲"等一整套维护"伦理异化"的说教。这才触及封建意识的命根子,才典型地表现出中国式的人文主义思想启蒙。

我把 17 世纪崛起的反道学思潮视为中国式的人文主义启蒙的典型表现,是因为我把中国封建社会视为典型的发达的封建社会,不仅封建经济得到了充分发展,其统治思想也得到充分发展。大体经历了两大阶段,唐以前基本上以宗教异化的神学理论形式表现出来。无论是两汉神学讲"三纲可求于天",魏晋玄学讲"名教本之自然",还是隋唐佛教讲"富贵贫贱"取决于"三世因果",都是靠一种外在的神秘的异己压迫力量来维护现实的统治秩序和等级特权;而宋以后的统治思想,经过宋明儒者形式上排斥佛老的理论加工,实质上是把宗教异化发展为伦理异化,由神学理论形态发展为哲学理论形态。宋明道学家的高明处在于,把看来似乎"根于人心"的宗法伦理意识客观化为"塞乎天地"的宇宙意识,把"人伦"抽象化为"天理",而天理化了的"三纲五常"便脱离人的内在要求而异化为宰割、奴役人的外在规范,所谓"天理人伦之至,无所逃于天地之间","苟知其理之当然,而责其身之必然"(朱熹语)。这一套维护伦理异化的说教,无论程朱派还是陆王派,都是指引人们去"明天理,灭人欲",用"道心"钳制"人心",要人们"出于情愿,不以为痛"地去接受封建纲常的宰割奴役,乃至被愈来愈腐朽而残忍的封建伦理政治规范所吞噬、所侮辱、所残害,也自觉自愿,不怒不争。朱熹所谓"圣人千言万语,只是教人明天理、灭人欲"。围绕这一伦理异化的核心,宋明道学发展了一整套思辨体系和修养方法,在封建政权的支持下统治思想界达五百年,成为一张极大的精神网罗,渗透到社会生活的各个角落,使人"一爪落网,全身被缚",很难冲破。直到 17 世纪特殊历史条件下,涌现出以否定宋明道学为主旨的批判思潮,南北呼应,不约而同,绝非偶然,并以特殊的理论形态表现出来,这才既区别于中国中世纪的各种"异端",又与欧洲走出中世纪的文艺复兴和宗教改革的道路有所不同,而典型地表现出中国式的思想启蒙道路的特点。

问:现在海内外一些学者都在表彰中国的儒家传统,认为中国早有"儒家民本主义""儒家人道主义",而近代人文主义哲学思潮始于宋明道学。宋明时期的儒学复兴,提出了消除宗教,异化的"人性复归",表现了"人文觉醒"和"理性精神",从孔孟到宋明儒者所讲的"天人合一""知行合一"的"心性之学",乃是"中国文化之精髓",而宋明时期的道学兴起乃是中国思想史上媲美晚周的"第二个黄金时代"。萧先生,您的看法,却仍把宋明道学归属于封建蒙昧主义,与上述看法不是恰恰相反吗?

答：是的。我认为宋明道学的主流和本质仍然是属于中世纪的蒙昧主义，但其理论特征在于辩护伦理异化的合理性。他们的哲学论证也有一些合理的因素，成为中国后期封建社会哲学发展的必经环节；但他们的理论归宿、价值取向绝非近代人文主义的哲学启蒙，而不过是传统的伦文主义的哲学加工。伦文主义是把维护等级隶属关系的纲常伦理绝对化，用以掩盖、代替和扼杀个人的道德意识和个人的独立人格，因而伦文主义恰是人文主义的对立物。中国确乎有过自己的哲学启蒙或具有人文觉醒的古文化复兴，但决非始于宋代理学，恰好相反，它是在对整个宋明道学（包括理学和心学）的否定性批判中开始的。正因为打破了宋明道学的伦文主义的思想桎梏，才产生了人文主义的初步觉醒。在明清之际社会大动荡、阶级斗争和民族斗争的大风雨中，我们民族才产生出与西欧文艺复兴时代的巨人比肩的人物。我们有自己的但丁、莎士比亚，如汤显祖、曹雪芹，他们谱写的不是"神曲"而是"人曲"，他们歌颂的是冲决封建网罗的叛逆，是"以俏抗理""以才抗权"的才子佳人，实际上在呼唤着追求个性解放的新人；我们也有自己的达·芬奇、米开朗琪罗，如石涛、陈洪绶、郑燮，他们画笔下的人和物都表现了独立、倔强的反抗性格；我们还有自己的布鲁诺式的"哲学烈士"，如何心隐、李贽，他们敢于离经叛道，死而不悔；我们更有自己的弗兰西斯·培根，如徐光启、李之藻、方以智、梅文鼎，他们艰苦探索、突破汉宋、会通中西、另创新途，开始了铸造自己的"新工具"的事业；至于王夫之、黄宗羲这样博学深思、著作宏富而又勇于破旧立新的思想家，在世界文化史的这一阶段上可说是并世无匹。正是他们，而不是宋明道学家的思想，在 19 世纪后半叶的变法维新和反清革命的运动中得以显示活力，对中国文化的近代化起了一种思想酵母的特殊作用。这一点，在梁启超、谭嗣同、章太炎、熊十力等人的著作里表现得很清楚。他们把明清之际的反道学思潮作为自己的直接先驱，肯定"惟国初船山先生，纯是兴民权之微旨""万物昭苏天地曙，要凭南岳一声雷"（谭嗣同）；"清初几位大师——黄梨洲、顾亭林、朱舜水、王船山……他们许多话……到这时忽然像电气一般把许多青年的心弦震得直跳"（梁启超）；"当清之季，卓然能兴起顽懦，以成光复之绩者，独赖而农一家而已"（章太炎）；"民主思想，民族思想，格物或实用之学，皆萌生于明季,清入虽斩其绪,而近世吸收外化,明儒实导先路,不可忽也"(熊十力)。中国近代维新派和革命派大都意识到17世纪崛起的早期启蒙思潮是"中国学术的新气象"。如果说中国思想史上有与晚周诸子争鸣媲美的"第二个黄金时代",那就只能是明清之际。

问:那么,应当怎样看待儒家传统?又怎样评价传统儒家的人文精神?

答:传统文化是多元的,儒家仅居其一,儒家的发展也是多元的。是否有一个思想一致、一脉相承的儒家传统,我认为值得怀疑。"夫子之门,何其杂也",孔子一死,儒分为八,除韩非所举八儒外再加子夏、曾子,并立十家,互不相下。荀子后起,直斥子张、子夏、子游为"贱儒",对子思、孟轲更是猛烈抨击。汉代经师与儒林合一,经分今古文,互为水火;同属今文,也各有家法,互相攻讦,学术争论动辄发展为政治诛杀。唐以后经过融合了佛、道的新儒家,也是学派分立,互相冲突,都自命为"真儒",而互斥对方为"伪学""异端"。仅就"儒"这一概念说,愈到后来外延愈大,内涵愈小,共性愈少,不过是"读书人"的代名词。当然,旧时读书人所读之书不外乎《五经》《四书》,正是儒家思想依托的载体,所谓"儒者以六艺为法,六艺经传以千万数",尽管历代对"六艺经传"的解释千差万别,但也有一些基本的共同点,其中最重要的一个共同点即对于宗法伦理及其等级隶属关系的极端强调和全力维护。所谓儒家传统,并非仅是依托于儒经上的纸上空谈,而主要是依存于以自然经济与血缘纽带为支柱的宗法农业家庭,以及由这样的家庭——宗族细胞按分层隶属原则而构成的宗法封建制;反过来,儒家们又以一整套宗法伦理规范,即以"三纲五常"为核心的礼教,为强化这个宗法等级制度服务,并力图把外在的行为规范,经过"三纲八目"的教化,转变为人们内心的自觉要求。因此,传统儒家的言论中,也包容了某些重视道德自觉,强化教化作用、追求人际关系和谐等可取的因素,但因其扎根在奴隶制和封建制社会长期顽强保存的宗法关系之中,一开始对理想人格的设计,就以客观化的等级名分制度和人际依附关系网络为主,而把个体的主体性消融于其中,或者说把个体的存在和价值完全隶属于超个体的群体,只有"事父事君""尽伦尽职",才能获得个人存在的意义和价值。因此个人的伦理自觉愈高,就必须最大限度地尽到伦理义务,也就愈是自觉地否定自我,乃至扼杀个人的道德意识。同时,把这种伦理自觉至上化,视为人之所以为人的本质,蔑视人的其他一切价值,人不必去追求成为独立的认识主体、审美主体,而只需成为维护纲常名教的工具。人为了实现人的本质,"明分使群",建构人与人之间必要的伦理关系,但伦理关系一旦脱离人,脱离人的自我道德意识,而异化为一种强制、奴役、愚弄人的"天生铁定的道理",从而使人成为非人,结果是丧失自己的本质。儒家传统的伦理至上主义,我认为并不是什么人文精神,相反地,是人文主义的对立物,只是一种维护伦理异化、扼杀人文意识的伦文主义。这一点,连王夫之也曾指出:"自宋以来,为君子儒者,言则圣人而行则申韩也。……画之以一定之法,申之以繁重之科……督之以违心之奔走,迫之以畏死之忧患,如是以使之仁不忘亲……义不背长。不率,则毅然以委之霜刃之锋,曰,吾以使人'履仁而戴义'也。……后世之天下,死于申韩之儒者,积焉!"戴震也曾痛斥:"所谓理者,同于酷吏之所谓法。酷吏以'法'杀人,后儒以'理'杀人!"就连被称为保守主义者的梁漱溟先生也都看得很清楚,他在《中国文化要义》中也揭露道:"到处弥漫着义务观念之中国,其个人几乎没有地位,此时个人失没于伦理之中,殆将永不被发现。自由之主体且不立,自由其如何得立?……中国文化最大之偏失,就在个人永不被发现这一点上。一个人简直没有站在自己立场上说话的机会,多少感情要求被压抑,被抹杀。'五四运动'以来,所以遭受'吃人礼教'等诅咒者,事非一端,而其实要不外此。戴东原责宋儒理学:'人死于法犹有怜之者,死于理其谁怜之?!'其言绝痛!"梁先生对宋儒维护的伦理异化现象的揭露,正是从戴东原对宋明道学的否定性批判中找到了历史接合点。所以,我认为,从李贽的"人本自治"到黄宗羲的"人各自私",从王夫之的反对"无我"到龚自珍的呼唤"自我"("众人之宰,非道非极,自名为'我'")乃是中国反抗伦理异化的人文主义的思想主流。明清之际反道学思潮中的"以情抗理""以人造天"的人文思想,与同时兴起的"核物究理""精求其故"的质测之学相呼应,具有明确的启蒙性质,这是中国文化必须而且可能现代化的内在历史根芽。

问：据我理解,萧教授把明清之际出现的一批思想家如王夫之、黄宗羲、顾炎武、方以智、傅山、唐甄等,视为早期启蒙学者,宛似西方文艺复兴时代诞生的巨人。他们掀起的对宋明道学的批判思潮是对伦理异化现象的理论否定,成为近代维新派、革命派的思想先驱,并且是中国文化现代化的内在历史根芽或"源头活水"。可是您的这种观点,现已遇到了双重挑战。一方面,如杜维明先生,他把儒家传统看作是中华民族文化认同的基础,是中国文化现代化的"源头活水",并明确指责把 17 世纪的"启蒙运动"与宋明儒学当作对立面是犯了"范畴错置的谬误",因为"启蒙运动的健将无一不是儒家传统的成员:晚明三大思想家黄宗羲、王夫之、顾炎武不待说,躬行实践的颜元及其弟子李塨和痛斥'以理杀人'的戴震也不例外"。如果如杜先生所说,则你的论证岂不全部落空?另一方面,又遇到了包遵信先生的驳议,他坚持 17 世纪中国并没有出现过"启蒙思潮",顾、黄、王等人对"王学末流"的批判乃是儒家思想的振兴或自我调整,"五四"以前中国历史上从来没有过什么思想启蒙或文艺复兴,"中国传统文化不可能靠自我批判达到自我更新,在传统文化中去寻觅近代文化(科学与民主)的生长点,无异于缘木求鱼"。如果如包先生所说,您的论点也就难以成立。不知道您怎样回答这来自两极的挑战?

答：王夫之在《老子衍》中有句话:"方其一与一为二,而我徐处于中。"这大概是库恩所谓"在对立的两极中保持必要的张力"吧。正因为遇到了双重挑战,我不得不对杜、包两位的观点作出回应。我十分欣赏和赞同杜维明先生关于要在自己民族优秀传统中去找到现代化的"源头活水"的提法,只是我和他对民族文化中优秀传统的抉择,对探寻中国现代化的"源头活水"的去向,见仁见智、各有取舍。至于他试图区分儒教中国与儒家传统,把儒学或儒家传统抽象化,理想化为"人文精神""至大至刚的正气",乃至"消除封建遗毒的利器";进而又把"启蒙运动"的健将们也全归到一个笼统的儒家门下,则我认为前者是很难说通的,恐怕儒家传统的中坚人物董仲舒、朱熹等人就不会同意,因为正是儒家传统强调了内圣和外王的统一,修己和治人的统一,明体和达用的统一;至于后者,早有此说,如果停留于历史现象的表层,似乎如此说也可以,但恐怕顾、黄、王、颜、戴等坚决不会同意把他们与熊赐履、李光地等塞在一个门内。分其本合,合其已分,倒容易"范畴错置"。我也十分重视包遵信先生对明清之际的社会思潮的转折的分析和对封建传统的惰性的剖判,并大体同意他关于儒家传统不可能成为科学与民主的价值生长点的论断,但他全盘否定中国历史上曾有过思想启蒙,全盘否定中国文化有自我更新以实现现代化的可能,则我期期以为不可。我认为,从17世纪开始,历史形成的条件已提供了中国文化代谢发展的杠杆;而以后的历史教训也表明,中国文化的现代化必须从民族文化传统中找到内在历史根芽,找到传统文化与现代化的历史接合点。如果如包先生以及韦伯(Max Weber)、费正清(John K. Firbank)等人所说,难道中国只能命定地被现代化、被西化或被西方文化所涵化(acculturation)?

当然,杜、包两位先生的观点各有其系统理论背景和方法论的支柱。例如,对文化史上"启蒙"一词即可能各有界说,又如对东西方文化发展轨迹的共性和殊性问题也显然各有看法。就我说,所谓"启蒙"的确定意义,应当区别于中世纪异端,也区别于资产阶级革命时期的成熟理论,而仅仅是指特定条件下封建制度及其统治思想的自我批判,它与资本主义萌芽经济相适应,只是表示旧思想必将崩解的征兆,新思想必将出现的先声。但比起中世纪异端又有质的区别。中世纪异端思想家可以咒骂昏君,乃至主张无君,但只能向后看,幻想回到上古之世;而唐甄则敢说"自秦以来,凡为帝王者,皆贼也"。一个"凡"字就与中世纪异端不同了。并且唐甄、黄宗羲等更面对未来,能提出"天下为主君为客"的原则以及未来平等社会的具体设计。我正是根据这样的界说来确定17世纪中国已经出了冲破封建文化牢笼的早期启蒙思潮。又如中西文化的历史发展,事实上既有共性(共同规律),又有殊性(历史特点),人类总是要走出中世纪,但各个民族走出中世纪的途径则各不相同。如果对比西方,我国与意大利、法国、英国、荷兰等国走出中世纪的道路迥然不同,却近似于德意志和俄罗斯。中、德、俄三国的情况至少有三点相似之处:① 封建制度都比较强固,资本主义的发展都较缓慢而不充分;② 都爆发过大规模的农民战争,农民战争有巨大的反封建威力,但却不能推翻封建制度;③ 三国的资产阶级都是晚生而早熟,所谓早熟,即尚未真正成熟就过早地被推上了政治舞台,都未能完成自己的革命任务。

当恩格斯回顾德国的发展历史时,他回顾了从马丁·路德的改革和闵采尔等的起义的三百年历史。当列宁回顾俄国的发展历史时,他从18世纪中的拉吉舍夫和十二月革命党人的启蒙思潮回顾起。如果这样来回顾的话,我们不妨从中国的17世纪开始回顾。这是中国资本主义从萌芽、滋长、挫折、复苏、发展直到没落的过程,其间的文化运动和思想解放运动,也就是中国启蒙思潮历尽坎坷的全过程。具体说,就是从万历到"五四",经过了许多曲折而形成了一个马鞍形的发展道路。我认为,我国的启蒙运动是遭到了多次挫折的,其主要原因是强固的农业自然经济基础的阻碍作用;其次是清初统治者适应本身封建化要求的文化政策,强化了封建专制和传统惰力,延缓了中国整个历史发展的进程。而19世纪中叶,西方列强破关入侵,我们为救亡图存而急起直追,希图在短短八十年中跑过西方三四百年的历史。这期间,也曾大量吸收西方的近代科学文化,结果是"饥不择食,食而不化",使中国的近代化及其哲学革命长期处于"难产"之中。这中间,历史给我们留下了许多值得细细咀嚼的教训。

问: 萧先生是不是主张把万历到"五四"作为中国文化近代化的全过程来加以考察? 这期间,正好西学东渐,萧先生曾说西学东渐是中国文化近代化发展的杠杆,而《剑桥中国晚清史》则认为中国近代史是中西文化的冲突史,不知您以为如何?

答: 我是主张把万历到"五四"乃至到今天,作为中国文化近代化的全过程来加以考察。明末清初孕育的中国文化近代化的胎儿,由于清初历史洄流而陷入"难产"。18世纪清廷对内强化专制,对外实行封锁,使中国走向近代的历程发生过逆转,出现了沉重的序幕,百年的坎坷。中西文化的交流,16世纪末就拉开了序幕,可是以后又闭上了;到18世纪竟闭关百余年,19世纪初叶以后西方列强破关入侵又不得不接受"欧风美雨"。四百年来,中西文化在我们这块土地上汇聚、冲突、矛盾、融合,经历了无数曲折,走过了坎坷道路,留下了许多历史教训。中国人对于西方文化的认识,我感到是一个由肤浅地认同到笼统地立异,然后察异观同而求其会通的过程。其间,就中西文化的冲突、论争来说,可以说已大规模地进行了五次。

第一次大论争在明末清初,当时西学初步传入,受到先进学者的欢迎。一方面,徐光启、李之藻、王徵、方以智等与利玛窦、汤若望等互相研讨科学问题,提出"欲求超胜,必先会通"的正确主张,短短数十年中编辑西书达三百多种,可谓盛极一时;另一方面,也出现了顽固派,如杨光先等,反对引进西方的一切科技文化,扬言"宁可使中夏无好历法,不可使中夏有西洋人",于是引起了清初一场尖锐的历法之争,支持引进西法的李祖白、宋可成等竟被处死,只是由于康熙上台后重视科学,经过调查和实验,才把顽固派的气焰压下去,才促使中西科学技术能再度进行正常交流。与此同时,在理论和信仰上还发生过儒教、佛教信徒反对天主教义的论争,争论中双方亦发表不少辩难的文章,如《圣朝破邪集》《辟邪集》所载,大都对于对方理论不甚深知,因而仅涉及一些概念、名词之争,持论肤浅,影响也不大。所以明末清初的中西之争,还主要是表层文化中的某些异同和科技应用方面的问题。

第二次大论争发生在鸦片战争以后的社会震荡和民族危机之中。经过 18 世纪,中国在闭关自守中落后了一二百年。从鸦片战争到辛亥革命,为摸索救国救民真理而主张吸取西学的思潮成为主流,也有些顽固派抵制或反对西学。从林则徐、魏源、郑观应到康有为、严复、谭嗣同、章太炎等,都主张吸取西学,其中成绩最大的是严复。奇怪的是,不论是赞成吸取西学的或是主张抵制西学的,都异口同声地认为所有西学都是我国古已有之。除了表现出一种虚骄的民族自大心理以外,从认识途径上看,仅从表层文化上去认同西学。这一时期虽涉及文化中层结构的社会政治制度的变革,但远远没有从思想上弄清问题所在。

以上两场争论中,中国知识分子或从天朝上国的心态出发,或仅为了满足"以西为用"的需要,于是流行着一种"西学中源论"的思潮。人们从《易经》《墨子》《淮南》《素问》《考工记》等中找到了声光电化的中源;也有人在《周礼》《洪范》乃至"礼运大同"和"孔孟微言"中竟考出了西方政教体制、民约思想。这些附会的类比,透露出在西方文化冲击下人们意识中的某种民族情感与时代理性的奇特矛盾,但也隐示着异质的西方近代文化一传入就产生了一个必须和怎样使之与中国传统文化相结合的历史课题。

第三次大争论是"五四"时期,人们在辛亥革命失败的迷惘和痛苦中觉醒,发现中西文化差距非常显著,既有发展阶段不同的时代差异,又有发展类型不同的民族差异。这一阶段中西文化研讨的重点是找差距、找歧异,并且从不同角度去比高低。人们省悟到如果仅仅把西方表层物质技术、中层政法体制拿来与中国传统文化深层结构相嫁接,只能"橘逾淮而为枳",于是分化出主张中国文化自有其主体精神与发展走向的"国粹派"和认为中国"百事不如人"的"全盘西化派"。一主张中优于西,一主张西高于中,对立双方,但无论意见如何分歧,都认为中西文化根本不同,是两种异质的文化。这时期的马克思主义者,也强调中西文化的根本差异,但突出的是社会阶段不同的时代性差异,也有主张中西文化可以"互补"而孕育出"第三种文化",实指社会主义文化,李大钊就有这样的主张。

第四次大争论是"五四"以后至抗战后期,从总体上看,对中西文化已不再是肤浅地认同或笼统地立异,而是力求在较深入地比较研究的基础上,察异观同,融会贯通。这时产生了一批"新"学为特点的能反映时代要求,有代表性的理论体系。如金岳霖的新玄学体系、冯友兰的新理学体系、贺麟的新心学体系、熊十力的新佛学体系、朱谦之的新文化哲学体系、朱光潜的新美学体系,以及以顾颉刚等一批史学家为代表的新史学体系,特别是把马克思主义学说与中国革命实践相结合的毛泽东的"新民主主义"理论体系。

现在,我们迎来了关于中西文化的第五次论争。今天我们面临的文化问题,跟以往已大不相同。主体变了,抗日侵略、抗美封锁、抗苏断交,毕竟扛过来了,虽然屡遭挫折,依旧贫穷落后,但中国人民毕竟站起来了,再不是东亚的"睡狮"和"病夫"了。另一方面,冷眼向洋看世界,客观形势也变了,不仅西方学者自己惊呼"西方的没落",而且社会主义的经济、政治、文化模式和马克思主义的理论模式也正在趋于多样化。人们在变换视角,寄希望于东方文化的复兴。这就要求我们以一个新的思想高度,来总结以往在中西文化论争中的一些经验教训,包括马克思主义中国化这个问题里的经验教训。为此,应进行严肃的历史反思,总结经验，避免洄流，认清去向，把我们这个民族近四百年融合中西、走向现代化的文化发展历程往前推进。

问：您认为，在今天这场文化大讨论中，值得重视的有哪一些问题？

答：总结以往中西新旧文化之争的经验教训，不同层面的问题很多，但其中似乎有一个值得重视的问题，即如何正确认识传统文化与现代化的关系，正确把握传统文化与现代化的历史接合点的问题。中国走向近代化的文化历程，曾被有的外国史家称之为"从根本上说是一场最广义的文化冲突"。事实上，16世纪末以来的西学东渐，确乎在中国近代的文化代谢中起过杠杆作用，但是中国的现代化及其文化复兴，从根本上说乃是中国历史长期发展的必然结果。中国的现代化，绝不是、也绝不可能是什么全方位的西方化，而只能是对于多元的传统文化和外来文化，作一番符合时代要求的文化选择、文化组合和文化重构。因此，就必须正确认识到自己民族传统文化的发展中必要而且可能现代化的内在历史根据或"源头活水"，也就是要找到传统与现代化之间的文化接合点。这是目前应当思考的一个重要问题。

问：您所提出的发现文化代谢的内在根据、寻找传统文化与现代化的历史接合点的看法颇有新义。据我所知，您的这个提法已引起海内外学者的重视。是什么样的历史文化背景使您提出这样一个"接合点"的问题呢？

答："接合点"的问题所以特别值得重视，是因为四百年来中国走出中世纪、迈向近代化的文化历程，道路特别的曲折坎坷，由于新旧社会代谢的长期"难产"，曾经形成多次的历史洄流；中西新旧文化的激烈冲突，又引起各种形式的思想裂变。就从鸦片战争时代说起吧，当时人们所面对着的大形势是："四海变秋气，一室难为春"（龚自珍），所谓"天朝上国"的中华大帝国已无可挽回地急剧衰落，而古老僵化的传统却以其特有的惰力来阻挠变革；同时，西学东渐以其曾经催化启蒙而受到欢迎，可是随之而来的却是百年闭关之后西方列强的狂暴入侵，举国仓皇，奋起救亡。"四万万人齐下泪，天涯何处是神州！"（谭嗣同）这一切，在近代中国人民的文化意识中激起的骚动和危机感是巨大的，出现了各种心理上的矛盾和两难。比如,奋起召唤风雷的人物,可以忽然搁笔,去重礼佛经;惊呼"不变则亡,小变亦亡"的变法志士,可以最终迷醉于尊孔和保皇;理智上面向未来而情感上眷怀过去,政治上趋新而文化上恋旧,对引进的诸家哲学判为"可信的不可爱,可爱的又不可信"……如此种种大小纠葛,常萃聚于一人之心或传染给一代知识群,任其自讼而又希求互补。一旦平衡被打破,别出异军:为冲决封建网罗而倡言"全盘西化"乃至主张废弃汉字,扔掉古书;而愤恐于被瓜分与奴化的危机,又大声疾呼"保存国粹""唤醒国魂"。基于同样的革命要求,政治救亡与思想启蒙本当双管齐下,相得益彰,而往往为情势所迫又只能顾此失彼。在中国走出中世纪的文化历程中,风雨飘摇、国步维艰,曾产生和流行过的上述种种对立思潮、矛盾心态,至今仍留下影响,耐人咀嚼。贯穿其中,还自然形成了一些带规范性的观点,似乎被普遍认可、流行一时,甚至余音袅袅、迄今未绝。一是"西学中源"说,一是"中体西用"说,这可以说是近代中西文化汇聚、冲突中中国特产的意识流。

问:我想这不一定是中国的特产,从世界文化走向近现代化的全过程来看,几乎是一种普遍现象。非欧文化地区,如亚非拉美都存在民族固有文化与外来文化之间、传统文化和现代文化之间的冲突,一般都出现了要么传统主义、要么西方主义的二元对立。从印度的辨喜、泰戈尔,到20世纪60年代的《泛非主义文化宣言》,都有类似于"中体西用"的趋向,从日本的福泽谕吉到中国的胡适和当今一些主张"彻底重建传统"的青年朋友,都有类似于"全盘西化"的趋向。双方都有历史的合理性。您在反思"西学中源""中体西用""全盘西化""西体中用"的提法之后,提出寻找中西新旧"接合点"的设想,似乎有一种兼综的取向。是这样吗?

答:我可不是"骑墙派""折中派"。我是这样思考问题的:胡适之、陈序经先生的"全盘西化""充分世界化"的主张,其合理层面和偏颇之处,都是比较容易理解的。问题就在于,在中国近代大多数知识精英的深层心理中隐然有一种民族主体性的意识,需要认真理解和诠释。"西学中源"说与"中体西用"论的长期流行,不能简单化地归咎于人们的虚骄和无知,似乎在历史的表象背后还掩藏着某种真情。在西方文化的冲击下,中国产生的这两种思潮的激荡,隐示着一个重大历史课题在吸引和困扰着人们,人们进行了多方探索,而长期未能得到圆满解决。这一重大历史课题就是:近代西学能否和怎样与中国传统文化相融合,并在中国传统文化中找到它的生根之处,从而通过对西学精华的吸收消化而实现中国文化的自我更新,即发掘自身固有的源泉,依靠自身固有的活力,吐故纳新、继往开来,向现代化飞跃。

就我看来,从万历到"五四",历史走过了坎坷曲折的道路,人们始终围绕着这一历史课题进行着思考、争论和探索。无论自觉或不自觉,无论赞成或反对,对历史本身提出的问题人们都在作出自己的回答。这些回答,是否正确,是否全面,是否可供后人参酌,历史本身也在不断地进行着筛选和判别,如所谓"西学中源"和"中体西用"诸说,大多数议论已成为历史陈迹,已成为贻笑后人的妄说或趣闻。但中国近代史上有那么多人,那么认真地在为传来的近代西学(就其伴随近代化生产而产生的社会意识的共性而言,其核心无疑是科学思想和民主意识)探索"中源",寻觅"中体",即探索与这些西学同质的思想文化在民族传统中的根芽和源头,寻觅能够容纳和消化这些西学并使之与民族优秀传统相接合的中华文化主体。应当说,这方面的探寻,前人都做过努力,试探过各种模式,付出了沉重代价,而在近代史上,留下的更多是失败的悲剧和迷途的教训。

这些悲剧和教训,就处理中西文化关系、回答上述历史课题这一中心任务而言,似乎可以集中到一点:中国近代的深重民族苦难所唤起的一代代思想家,面对中西新旧文化之争,虽曾以一种朦胧的历史自觉,把明清之际崛起的早期启蒙学者看作自己的先驱,希图继其未竟之业。但是,迫于救亡图存的政治形势,忙于日新月异的西学引进,他们并未注意去清理被历史灰尘所淹没的早期启蒙思想的遗产,并未认真去探寻中国思想启蒙的特殊道路。结果,他们虽然热衷于引进"西学","以西为用",但仍尊"中体"为神物,仍然陷于中西对立、体用两橛的思维模式之中;他们按"中体西用"的范式所容纳的西学,全然没有与中国传统文化中已经"破块启蒙"的新生面相融合;他们既没有找到中华文化的历史发展所已孕育出的近代化的"中体"——即可以向近代转化的思想文化主体，也没有发现近代西学与中国传统文化的历史接合点。这样，他们自以为贯通中西的理论创造，就只能是"孔子改制"之类的旧学翻新，只能是《中国民约精义》之类的任意比附，甚至把"自由、平等、博爱"等通通溯源到孔孟儒家，完全找错了方向，颠倒了历史，陷入了迷途。

历史形成的"西学中源""中体西用"等思维范式，把人们引入了历史的迷途，终被历史所扬弃。今天，人们又普遍提出"文化寻根"，提出重建中国文化中的"奇理斯玛（charisma）"等。问题是如何寻"根"？"根"在何处？中国文化传统中的"charisma"是什么？如何重建？这些历史留下来的前人未能圆满解决的重大课题，仍需要后人反复咀嚼历史的教训，重新加以解决。

问：萧先生的这番宏论，给我最深的印象就是力图超越中西对立、体用两橛的思考模式，拂去历史的尘埃，觅得现代化的生长点，在不可避免的中西新旧的对比观照中，力图发现其同中之异和异中之同，并认定传统文化与现代化的接合点，应当到明清之际的早期启蒙思潮及其曲折发展中去探寻。从言谈之中，我体会到先生提出"从万历到五四"的文化运动概念，是为了揭示中国思想启蒙道路的特殊性和漫长性。我记得 1984 年先生纪念傅山逝世三百周年的诗作中有句："坎坷道路惊回首，愧对山翁说启蒙"；1985 年先生纪念熊十力诞生百周年诗作中又有句："神州鼎革艰难甚，唤起幽潜共启蒙。"似乎透露了此中消息。

答：没有想到，你还记得那些临时感发的诗句，实际上其中并没有什么独特的弦外之音，可说是许多老中青朋友们的共识。的确，我们的祖先给我们留下的文化遗产无比丰富，而封建思想包袱也够沉重，以致 17 世纪以来的冲破封建网罗的思想启蒙道路特别坎坷。鲁迅先生对此有着特殊锐敏的观察，他在"五四"运动中大声疾呼，痛切揭露，以后坚持韧性战斗，百折不挠，并极其深刻地提出"国民性"的改造问题（包括无情的自我解剖）。近来捧读了巴老的五卷《随想录》，深深感到这是"动天地，泣鬼神"的伟大作品，是鲁迅精神的新发展、大发扬！这是巴老在垂暮之年，像丹柯一样挖出自己的心，把它点燃，献给我们民族走出迷宫的熊熊火炬。

这本是"五四"以来早就点燃过的火炬。可是今天国内外响起了一片"重估五四"的呼声,据说有一种看法认为"五四"时期"打倒孔家店"、揭露"吃人的礼教"等,都搞错了,以致造成了所谓中国传统文化"断裂"的悲剧。如果要重估"五四",我的看法恰恰与这种"断裂"说相反,我认为,"五四"新文化运动,曾表现了对辛亥革命之后尊孔复古逆流的勇猛反击,表现了对封建主义旧思想旧传统的强烈反抗,但理论批判缺乏深度,思想建树不够成熟,因而"五四"时期的"打倒孔家店",实际上打而未倒,对于儒家传统维护伦理异化的说教,并未能做到从本质上加以扬弃,表现为近代中国知识分子在批判传统中往往自陷于理智趋新和情感恋旧的痛苦的灵魂分裂,再加以"五四"以后,政治救亡运动成为更加紧迫的任务,思想启蒙运动基本上半途而废。如果从总体上考察"五四"以后的新文化运动,实际具有两重性的功能:一方面,中国资产阶级政治上软弱,文化上落后,缺乏自己成熟的思想体系,因此,为马克思主义的传播和速胜创造了条件;另一方面,由于资产阶级在启蒙活动中没有完成清理遗产(包括批判封建糟粕和发掘启蒙思想遗产)和译介西学的历史任务,对中西文化均缺乏深刻认识,更谈不上经过全面总结和双重扬弃的理论创新,所以又为马克思主义在中国的进一步发展造成了土壤稀薄的困难。历史给我们留下了繁重的补课任务。如果这样来回顾和总结历史,就可以清醒地看到,单就马克思主义在中国的传播和发展所需要的文化土壤说,以往历史所作的准备是很不够的。为了马克思主义及人类文化等其他一切优秀成果能够在中国生根、发育,为了中国自己的现代化特别是精神文明现代化得到正常的发展,我们应当自觉地培育这种土壤。同时,也要自觉地抵制各种形式的思想洄流或反复,还要努力避免在文化、学术、理论的研讨中某些突破了僵化格局之后的急躁、偏激和肤浅。如果这些都算作启蒙性质的工作,我宁愿支持并从事这样的继续启蒙的工作。鲁迅在《文化偏至论》中有段话,讲得很有深意,他说:"夫安弱守雌,笃于旧习,固无以争存于天下。第所以匡救之者,缪而失正,则虽日易故常,哭泣号叫之不已,于忧患又何补矣?此所为明哲之士,必洞达世界之大势,权衡校量,去其偏颇,得其神明,施之国中,翕合无间。外之既不后于世界之思潮，内之仍弗失固有之血脉，取今复古，别立新宗，人生意义，致之深邃，则国人之自觉至，个性张，沙聚之邦，由是转为人国。人国既建，乃始雄厉无前，屹然独见于天下，更何有于肤浅凡庸之事物哉?"我想，我们正在建设具有中国特色的社会主义现代化的理想"人国"。如果你也欣赏鲁迅这段话，让我们以此共勉吧！

（1987 年 10 月）

活水源头何处寻

——关于传统文化与现代化之间历史接合点问题的思考

从十年前真理标准问题的争论打破思想僵化的格局,到今天文化问题研讨的热潮激起人们对整个传统文化的命运及其与现代化的关系进行更深沉的群体反思,从挣脱"左道"作祟的思想枷锁,到力图超越传统主义和西化主义的文化模式,中国知识分子的思维范式和文化心态正发生着极为深刻的变化。

中国现代化的道路和模式问题,是长期困扰当代中国知识界的中心问题。其中有一个传统与现代化的关系问题,尤为复杂、层面繁多。在传统与现代化的关系问题中,又有一个如何把握历史接合点的问题,似乎值得特别重视和认真探讨。

一

传统,是一个难于界定而常被误解的模糊概念。人们对于传统的理解,往往流于把它单一化、过去化、凝固化。

事实上,传统并非单一而是多元的。历史的长河宽容"殊途百虑之学"。任何时代、任何民族的文化都是多因素、多层面的复杂综合体。所谓"罢黜百家""裁判异端"、严禁"杂反之学",不过是历史上暂时的浮面现象,显示某些政治统治势力"色厉而内荏",这又恰好证明了"百家""异端""杂反之学"的顽强存在。纵观历史,正宗与异端、精英与大众、主流与支流、神奇与腐朽,从来都是相并而行、相待而有的。故粗分为"两种文化"或"大、小传统"①者有之,旷观为"圣贤之血路,散殊于百家"②者有之。辟如水火,相反相生,龙血玄黄,杂以成文。因而,对传统文化整体泛观、单维进化的模式,势必为多角透视、多元衍变的模式所代替。

传统,并非已经死去的历史陈迹,不仅仅属于过去,它是生生不已的文化生命,渊源于过去,汇注于现在(经过现实一代人的参与),而又奔流向未来。人类的类特性,就在于自由自觉地创造历史的活动,人只能生活和思考在自己参与的群体创造的历史合力之中,不可能"遗世而独立",也就只能在某种文化传统中去承先启后、谢故生新。因此,传统不是可以随意抛弃或固执不变的凝固化了的异己的外在物,事实上,传统内在于现实的人们及其对传统的心态中,并不断地被人们评判、理解、复制和重构而成为动态的流程。老黑格尔说:"传统并不是一尊不动的石像,而是生命洋溢的,有如一道洪流,离开它的源头愈远,它就膨胀得愈大。"③

传统既然是多元的、流动的,必然新旧杂陈、方死方生,或已死而未僵,或初生而尚丑,或托古以护新,或假新以复旧。正因为情态多样,所以主体参与的历史选择,文化上的整合、重组、熔炼、涵化、破旧立新或推陈出新,乃有可能。在主体自觉地参与下,历史沉积物中的"璞"与"鼠"、"砒"与"蜜"可能糅混,但不是不可分的,且在一定条件下可以相互转化。传统既然与主体的参与意识相依存,我们就并非只能宿命地被动接受某种传统,也不可能任意地使某种传统"后继无人"。某些传统思想,似乎感染了整个民族,化为民族性格,浸入了无意识深层,但也会因人而异、因事而异、因时而异地发生着分解和变异。历史形成的事物,必然历史地发生变化、变态和变质。

---

① 列宁:《关于民族问题的批评意见》;雷斐德(Robert Redfield):《农民社会与文化》。
② 黄宗羲:《清溪钱先生墓志铭》,《南雷文定》三集卷二。
③ 黑格尔:《哲学史讲演录·导言》。

多元的传统在不同的历史条件下形成,也只能随历史条件的变化而产生变革和得到发展。因此,传统的继承,并非文物的保管,也不是古学的复兴,更不是对古今文化的肤浅认同,而是按"人事有代谢,往来成古今"①这一历史的客观进程,基于主体的自觉,对历史中形成的传统去进行筛选和评判,去发现自己视为先驱者开拓的足迹,接过他们点燃的火炬,探索新旧文化代谢发展的历史条件和根据,从而找到传统与现代文化创造的历史接合点。

任何人以任何形式回顾传统,召唤亡灵,研究历史文化,清理思想遗产等,实际上都是在参与传统文化的承转的接力赛,都是在多元化的传统中选择最佳、最近的接力点。只是由于各种原因,人们对多元的传统文化各有选择,对历史的接力点各有取舍而已。举例来说,鸦片战争以来,近代的改革家,从龚自珍、魏源到康有为、梁启超,都选择了今文经学作为文化旗帜,把一些"非常异义可怪之论"的公羊家言,看作自己的改革思想的源泉;章太炎则另树古文经学作为旗帜,其早期思想更是推崇顾炎武、颜元、戴震,其后期思想又提出大乘佛学思想可以成为"无私无畏"的革命道德的源泉。"五四"以后,具有"贞下起元"的自觉的思想家们,或公开宣布自己的哲学是"接着朱熹"讲的(如冯友兰),或隐然以王阳明作为自己的先驱(如梁漱溟、贺麟、郭沫若),或自认承继并光大了阳明和船山思想,尊称之为"二王之学"(如熊十力)等。又 20 世纪 20 年代,梁启超写《中国近三百年学术史》,以乾嘉考证之学为时代的主潮和"三百年文化的结晶"②;20 世纪 30 年代,钱穆又著《中国近三百年学术史》,始于黄梨洲而终于康长素,自认为"别有会心","求以合之当世"③。另有一些学者,反思传统,别有神交,如侯外庐著《中国近世思想学说史》,从王船山讲到王国维,特别注意到 17 世纪崛起的中国早期启蒙思潮的特殊意义。嵇文甫、杜国庠、谢国桢、邓拓、赵纪彬等与之呼应,从不同角度掘发明清之际思想家、文艺家的启蒙意识,绝非偶然。这种种对于传统文化与现代化之间历史接合点的探寻与选择,都可供后人重新咀嚼。

① 孟浩然:《与诸子登岘山》。
② 梁启超:《中国近三百年学术史》三。
③ 钱穆:《中国近三百年学术史·自序》。

二

立足当代,反思传统,为什么要提出历史接合点的问题呢?

首先,从世界范围看,历史接合点问题对于非欧地区走向现代化的道路几乎具有普遍的意义。从世界文化现代化的进程来看非欧文化地区,如亚、非、拉美,都存在民族文化与外来文化、传统文化和现代文化之间的矛盾冲突,一般都出现了要么传统主义、要么西化主义的二元对立。从印度的辨喜、泰戈尔,到 20 世纪 60 年代的《泛非主义文化宣言》,都有类似于"中体西用"的趋向;从日本的福泽谕吉到中国的陈序经等都有"全盘西化"的趋向。双方都有历史的合理性,也有历史的局限性。如印度和非洲,既有一个消除封建主义、走向现代化的基本任务,又有一个发扬传统文化、摆脱殖民文化的迫切问题;而在中国,既要反对帝国主义的文化侵略,又有一个冲破封建传统、大力吸纳西方先进文化的繁重任务。吸纳先进西学与发扬优秀传统,成为非欧地区的文化运动自发的两种主要倾向,也是在这些地区的新文化创建过程中,整合民族旧传统与现代世界新文化的一个难题。

目前在世界上有并行、对流的两大文化思潮,一是"全球意识",一是"寻根意识"。一方面现代化是世界思潮,现代文化基本是国际性的;另一方面每一个民族的独立发展又必须探寻自己民族文化的根基,这就构成了 20 世纪文化发展在对立两极中必要的张力。人们在重新评估"五四"的反传统主义时,又提出了重建中国文化的"奇理斯玛(charisma)"的问题,"charisma"这个借用的词,所指示的是从有生机的传统中转化出稳定而不僵化的、对于形成社会中普遍信仰和价值中心具有重大意义的权威范式。这种权威在整个社会生活中具有原创力,成为传统能够创造性转化的文化的"根"。因而人们简言之为"文化寻根"。问题是"根"在何处? 如何"寻根"? 中国传统文化中具有原创力的质素是什么? 如何重建? 这就不能不涉及传统与现代化之间历史接合点的问题。

其次,在中国文化近代化的历程中,历史接合点问题还有其特殊的意义。从明中叶的嘉靖至万历时期到 20 世纪初的辛亥革命至"五四"运动时期,四百年的文化历程,曲折坎坷。近代西学的东渐,16 世纪末就拉开了序幕;可是,17 世纪孕育的中国文化近代化的胎儿,由于历史泅流而陷入"难产";18 世纪清廷对内强化专制,对外实行封锁,使中国走向近代的历程发生了逆转,出现了沉重的序幕、百年的坎坷;19 世纪西方列强破关入侵,我们不得不被动地接受"欧风美雨"。四百年来,中西文化在我们这块土地上汇聚、冲突、矛盾、融合,经历了无数曲折,走过了坎坷道路,留下了许多历史教训。中国人对于西方文化的认识,有一个由肤浅地认同到笼统地立异,然后察异观同而力求会通的过程。其中,特别值得注意的是,历史地形成的"西学中源"和"西用中体"这两种带规范性的观点,竟长期流行。

"西学中源"说,发轫于明末清初。西学初来,中国先进学者大都持一种兼容的态度。徐光启强调"会通归一""必为我用",即"熔彼方之材质,入大统之型模"①,方以智主张"坐集千古之智,折中其间",承认西学"质测颇精",但仍坚持"借泰西为刻子,申禹、周之矩积"②;梅文鼎反对"株守旧闻,遽斥西人为异学",而主张"究极精微""洞见本原","以见中西之会通,而补古今之缺略"。他肯定"地圆可信",一方面征之实测,另一方面也从《大戴礼记》《黄帝内经》等古书中找出证据,借以表明"地圆说"中国古已有之③。李约瑟言之有据地把 17 世纪中国天文历算的成就,称之为中西科学文化的"融合点",认定"在数理科学这一方面,东西方的数学、天文学和物理学一拍即合,到明朝末年的 1644 年,中国欧洲的数学、天文学和物理学已经没有显著差异,它们已完全融合,浑然一体了"(《李约瑟文集·1—10(中西交流)世界科学的演进》)。以此为背景的"中源"④说,只不过是中西方文化可以融合为一的一种尝试说明。此后,中西距离拉大,文化氛围剧变,再涌现的"西学中源"说,则情态各异,或为了抗拒新潮,贬斥西学,"不使外国之学胜中国,不使后人之学胜古人"(纪昀语),因谓"西学皆中土所已有,羌无新奇"(严复语),或为了颂迎新潮,揄扬西学,也托故典以求容,借复旧以趋新,试图

① 徐光启:《进历书总目表》。
② 方以智:《物理小识·总论》。
③ 阮元:《畴人传》卷三十七、三十八。
④ 钱钟书《管锥编》第三册《全后汉文卷一三》。

在古老文化传统中去探寻新生事物的生长点。日新月异的西方格致诸学(包括几何、代数和声、光、电、化之学)以及各种巧艺奇器,几乎被清代的博雅学者一一考证出它们的"中源"。同时,所引进的西方近代的民主政制、天赋人权等社会学说,也被人们缘附古书,证其已有。康有为、谭嗣同、严复、章太炎、梁启超、刘师培等,都作过此类考证或比附。这种种"中源"说,汇为一代思潮,透露了近代中国人文化意识中某种民族情感与时代理性的畸形矛盾,虽为文化的涵化过程中必不可避免的现象,却有着深刻的教训。就自然科学而言,17世纪徐光启、梅文鼎等掀起的科学思潮,本以"会通超胜"为目的,然而到18世纪却未得到正常发展,而转向于古算经的校辑,花去不少精力,终究未能跳出追溯中源、推衍古法的思想范式和价值取向。就政治思想而言,17世纪以来中国走出中世纪的思想启蒙,大都采取"以复古为解放"的形式,而鸦片战争以后的维新思潮,也与通经致用的今文经学相表里,以经术通政事,用旧瓶装新酒,所谓"西人政教多与《周礼》相合"(曾纪泽语),所谓天赋人权、民主政治以及进化论等全可嫁接在公羊三世说、《礼运》大同说以及孔孟微言大义之上。直至辛亥时期乃至以后的许多革命民主派思想家,仍幻想从儒家民本思想等古老传统中可以找到革命理想的依托。梁启超早年也醉心于此,晚年似有所省悟,曾慨乎言之:"吾所恶乎舞文贱儒,动以西学缘附中学者,以其名为开新,实则保守,煽思想界之奴性而益滋之也。""此病根不拔,则思想终无独立自由之望。"(《清代学术概论》二十六)此语似偏激,但足以发人深省。

"中体西用"论长期流行于近世,普及于朝野,更是人所共知。这是中西文化汇聚、冲突中一种特殊的结合形式。其衍变的思想轨迹,值得反顾和思索。其实,"体用""道器"关系的哲学论争,早在明末清初就开始了。顾炎武和李二曲曾就"体用"范畴的含义与来源问题,展开过争论。王船山更从"道器""体用"关系的普遍意义上,进行过深入探讨,得出了"道者器之道""用即体之用"、器体道用、道随器变的重要结论。鸦片战争后,伴随中国走向近代的苦难历程,又出现"中西、体用、道器、常变"的复杂论争。就其主线而言,主要由冯桂芬、王韬、郑观应、孙家鼐等直到张之洞,逐步自觉地建构起"中体西用"的思想范式,曾居于压倒优势,"举国以为至言"。在"中体西用"范式形成和推行的过程中,关于"中体"所能容许的"西用"即"西学"的内涵,有一个逐步明晰和深化的认识过程,与中国近代几起几落的改革运动大体同步,基本上沿着由笼统的西学(17、18世纪耶稣会士传入的西学,包罗甚广),发展到具体的技艺(鸦片战争后,人们格外重视的是"夷之长技",即坚船利炮与各种西器西艺);然后,与开办洋务企业相联系,人们开始认识到"制器之学以格致为阶"(徐寿语),译介"西学"的内容遂扩展到声、光、电、化、名、数、质、力以至理、工、农、医等学科。再到19世纪80—90年代,人们进一步意识到西洋立国也有本有末,其"本"在政教、在立法、在学堂、在议院。连张之洞在其《劝学篇》中也承认了对于西学要"政艺兼学"。这样,作为"西学"的内涵,由文化表层的科技知识扩展到文化中层的政教体制。洋务派中的个别开明分子,如张树声等,已提及"中体"所不能容许、"西用"所不能包括的"西体"范畴,反对在学习西方时"遗其体而求其用"①。但在"中体西用"论流行时,人们所说的"中体"的内涵,却始终是一个未经分解的笼统概念,或以超时空的"道"来概括,或说成是儒家的"道统"或泛指传统政教典籍,或直述为"纲常名教"。诸说各异,并无明确规定。这个"中体",在当时人们心目中实指封建政治伦理原则,但在抽象的形式中却又可以包容民族尊严、民族文化精华、民族优秀传统等模糊内容,正因如此,殊难摒弃。甲午战败后,"中体西用"模式在实践上失败,理论上破产。钟天纬提出中西各有其"道艺"②;严复提出"体用者即一物而言之也……中学有中学之体用,西学有西学之体用"③;谭嗣同根据王船山"器体道用"的思想,强调"器变道亦变",触及所谓"中体"不是不可动摇而是必须变革的,并进而肯定了所谓"道"并非"中国所私有",而是"彼外洋莫不有之"④,因而应当面向世界找寻时代的真理,另觅"新体"。

中国近代思想史上,上述两种特有的意识流——"西学中源"说与"中体西

①　张树声:《张靖达公奏议》卷八《临终遗折》(1884年)。钟天纬在《刖足集·外篇》中《格致说》还介绍了"西国理学"即哲学源流;邵作舟在《邵氏危言》也提到译书应以"泰西政教义理之书为急"。
②　钟天纬:《刖足集·外篇》。
③　严复:《与外交报主人书》。
④　谭嗣同:《报贝元征书》。

用"论的长期流行,不能简单地归咎于人们的虚骄和无知,在历史活动的表象背后似乎掩藏着一个重大历史课题在吸引和困扰着人们:近代西学能否和怎样与中国传统文化相融合,并在中国传统文化中找到它的生根之处,从而通过对西学精华的吸收消化而实现中国文化的自我更新,即依靠涵化西学而强化自身固有的活力,推陈出新、继往开来,向现代化飞跃。

人们不可能一下子就能把握住这一历史提出的重大课题。但可以说从万历到"五四",历史道路非常曲折,而人们始终围绕着这一历史课题在进行着思索和争论。无论自觉与否,人们对历史所提出的问题总在作出自己的回答,这些回答正确与否又总是被历史不断地加以筛选和判别。如上述"西学中源"与"中体西用"诸说,许多具体结论都已成为被历史抛弃了的垃圾。但中国近代史上有那么多先进人物,那么认真地在为传来的近代西学(其核心无疑是科学思想与民主意识)探索"中源",寻觅"中体",即探索与这些西学同质的思想文化在民族传统中的根芽和源头,寻觅能够容纳和消化这些西学,并使之与民族优秀传统相接合的中华文化主体。应当说,这两方面的探寻,前人都作过努力,付出过沉重代价,而在近代史上,留下的更多的是失败的悲剧和迷途的教训。

这些悲剧和教训,就处理中西文化关系,回答上述历史课题这一中心任务而言,似乎可说集中到一点:中国近代的深重民族苦难所唤起的一代代思想家,面对中西新旧文化之争,虽曾以一种朦胧的历史自觉,把明清之际崛起的早期启蒙学者看作自己的先驱,希图继其未竟之业,如梁启超所云:"这三百年学术界所指向的路,我认为是不错的……只可惜全部精神未能贯彻。以后凭借这点成绩扩充蜕变,再开出一个更切实、更伟大的局面,这是我们的责任。"①但是,迫于救亡图存的政治形势,忙于日新月异的西学引进,他们并未注意去清理被历史灰尘所淹没了的早期启蒙思想的遗产,并未认真去探寻中国思想启蒙的特殊道路。他们或者虽热衷于引进"西学",但仍尊"中体"为神物,陷于中西对立、体用两橛的思维模式之中;或者自以为贯通中西的理论创造,实际是肤浅认同、拉杂比附,有

---

① 梁启超:《中国近三百年学术史》,《反动与先驱》。

人把《洪范》的"谋及卿士,谋及庶人"说成是"议院制",把墨翟、许行说成是社会主义者,乃至把"人道主义""自由、平等、博爱"等通通溯源到孔孟儒家,或称民主议政、选举天子,均贫富、斥贵族等乃汉代今文家齐诗说的"革命改制"的理想。① 如此等等,言之凿凿。不能怀疑这些作者认同新学而又力图寻根的真诚,但是,由于历史类比的方法错位,显然迷失了方向,未能找到传统文化中真能滋生现代化意识的活水源头。

最近十年来,中国现代化建设的现实运动及其所引发的学术论争,尤其对传统文化的反思中的评价分歧,也要求人们正视历史接合点问题。在改革、开放和大规模引进西方文化成果的过程中,必然面临着如何树立文化主体意识和增强其消化机制,如何优选和吸收西方文化及其最新成果并使其在中国生根,如何科学地分析传统文化的历史发展和现实影响并考察其创造性转化的可能和途径,尤其在民族文化心理结构的震荡和重建中如何使中西古今文化能得到新的整合。对于这一系列问题,人们可以采取不同的视角和方法进行多层面的探索,而历史接合点问题与上述许多问题都相关涉,因而不能回避。

近些年的文化讨论中,海内外早有学者提出有关接合点的种种观点,有的笼统宣称儒家传统可以"开出"或"伸展出"或"创造的转化出"现代文化的科学与民主,有的则多从儒家传统中具体举出了道德形上学、内在超越的价值取向、理想人格的追求、内在体验的人文精神、天下为公及民为邦本思想……这些似乎都可以与现代化意识相契合,乃至可以成为"后现代化"的价值理想;也有执反对论者,认为包括儒家在内的传统文化的价值系统,早已与现代化生活脱节,只能被彻底抛弃。我在思考这一问题时,从中国封建社会发展的典型性和中国哲学启蒙道路的特殊性这一历史背景出发,逐步形成了这样一种看法:即传统文化与现代化的历史接合点,虽可以多维考察,但历史地说,应主要从我国17世纪以来曲折发展的启蒙思潮中去探寻。这是因为,我认为,明清之际在我国文化思想史

① 梁启超:《古议院考》;刘师培:《中国民约精义》;康有为:《大同书》《孔子改制考》;蒙文通:《儒学五论》。

上是一个特殊的发展阶段,当时,不仅嘉靖、万历以来社会经济的变动引起了社会风习、人们的文化心态及价值观念等开始发生异动,而且在农民大起义中以清代明的社会大震荡和政治大变局也促成了启蒙思潮的兴起。几乎同一时期,涌现出一大批文化精英,掀起一代批判思潮,在政法思想、科学思想、文艺思想以及哲学思想各个领域,互相呼应,不约而同,其批判锋芒都直接间接地指向宋明道学,而集中抨击了道学家们把封建纲常天理化而以"存天理,灭人欲"为主旨的一整套维护"伦理异化"的说教,这就触及了封建意识的命根子,典型地表现出中国式的人文主义的思想觉醒。这一批判思潮及其文艺表现和理论成果,虽经过18世纪清廷文化专制的摧残和思想史的洄流,但仍以掩埋不了的光芒,成为中国近代的变法维新派、革命民主派和文化启蒙派的实际的思想先驱,事实上已历史地被证明了是中国现代化的内在历史根芽或"活水源头"。

我的这一看法,由于论证未备,现已遭到来自两极的诘难。

一极是杜维明先生,他一贯坚持有与"政权化的儒家"或"儒教中国"截然相反的"儒家传统",这种由孔孟等优秀知识分子塑造的"儒家传统"乃是中华民族文化认同的基础,是中国文化"日新、日日新、又日新"的泉源活水,并明确指责把17世纪的"启蒙运动"与宋明儒学当作对立面是犯了"范畴错置的谬误",因为"启蒙运动的健将无一不是儒家传统的成员:晚明三大思想家黄宗羲、王夫之、顾炎武不待说,躬行实践的颜元及其弟子李塨和痛斥'以理杀人'的戴震也不例外"①。

另一极是包遵信先生的驳议。他强调中国传统文化是一个封闭的自足系统,认为"五四"以前中国历史上从来没有出现过什么"思想启蒙"或"文艺复兴",17世纪顾、黄、王等人对王学末流的批判乃是传统儒家的振兴或自我调整。他断言"中国传统文化不可能靠自我批判达到自我更新,在传统文化中去寻觅近代文化(科学与民主)的生长点,无异于缘木求鱼"②。

我十分赞赏杜维明先生关于要在自己民族优秀传统中去找到现代化的"源

---

① 杜维明:《儒学第三期发展的前景问题》(1987年)等论文。
② 包遵信:《也谈文化的民族性》《晚霞与曙光——论明清之际的社会思潮》等论文。

头活水"的提法,只是我和他对民族文化中优秀传统的抉择,对探寻中国现代化的"源头活水"的去向,见仁见智、各有取舍。至于他试图把"儒教中国"(即"政治化的儒家伦理")与"儒家传统"区分开来,又把"儒家传统"抽象化、理想化为"人文精神""至大至刚的正气"乃至"消除封建遗毒的利器",我想,这从史实上和理论上都很难说通,因为"政治化的儒家伦理"正是儒家思想主流的核心,董仲舒、朱熹这样儒家传统的中坚人物也绝不会承认他们的思想与"政治化的儒家伦理"是两回事;至于把 17 世纪启蒙运动的健将们也全归到一个笼统的儒家门下,形式上似乎说得通,但既把顾、黄、王等人定性为"启蒙健将",则在思想实质上只能把他们同清初儒学名人熊赐履、李光地、张伯行之流区别开来。把他们混为一谈,倒易于"范畴错置"。

我也很理解包遵信先生基于对封建意识阴影的沉重感受而发出的对儒家腐朽传统的尖锐批判,并同意他关于儒家传统不可能成为科学与民主的价值生长点的论断,但他全盘否定中国历史上曾有过突破封建藩篱的思想启蒙,全盘否定中国文化有自我更新以实现现代化的可能,则我期期以为不可。我认为,从 17 世纪开始,历史形成的条件已提供了中国文化代谢发展的杠杆,事实上已出现了具有启蒙性质的学风变异和学术路线的转轨;而以后的历史教训也表明,中国文化的现代化必须从民族文化传统中找到内在历史根芽,找到传统与现代化的历史接合点,否则由于旧传统的惰力在文化深层中的排拒作用,往往使新文化难以生根,仅是外来文化的引进,则只能是表层文化的被现代化,而不可能实现民族文化整体的代谢发展和真正的自我更新。

三

中国的现代化及其文化更新,本是中国历史文化长期发展的必然结果。中国走向近代化的文化历程,曾被有的外国史家称之为"从根本上说是一场最广义的文化冲突"。事实上,16 世纪末以来的西学东渐,确乎在中国现代化的文化代谢中起过引发作用,但从根本上说,中国的现代化不可能仅是对西方文化冲击的回应,更不可能仅是被西方文化所涵化,而只能是对于多元的传统文化和外来文化,作一番符合时代要求的文化选择、文化组合和文化重构。因此,必须正确认识到自己民族传统文化的发展中已具有必要而且可能现代化的历史根据或内在根芽。

历史地说,中国封建社会及其统治思想的典型性、宗教意识淡薄而伦理异化沉重,决定了中国走出中世纪思想道路的特殊性。中国封建社会是典型的发达的封建社会,不仅封建经济得到了充分发展,其统治思想也得到充分发展。就统治阶级的意识形态来说,唐以前基本上以宗教异化的神学理论形式表现出来,无论是两汉神学讲"三纲可求于天",魏晋玄学讲"名教本之自然",还是隋唐佛教讲"富贵贫贱"取决于"三世因果",都是靠一种外在的神秘的异己压迫力量来维护现实的统治秩序和等级特权;而宋以后的统治思想,经过宋明儒者形式上排斥、内容上涵融佛老的理论加工,实质上是把宗教异化发展为伦理异化,由神学理论形态发展为哲学理论形态。宋明道学家的高明处在于,把看来似乎"根于人心"的宗法伦理意识客观化为"塞乎天地"的宇宙意识,把"人伦"抽象化为"天理",而天理化了的"三纲五常"便脱离人的内在要求而异化为宰制、奴役人的外在规范,所谓"人伦天理之至,无所逃于天地之间","苟知其理之当然,而责其身之必然"①。这一套维护伦理异化的说教,无论是程朱派还是陆王派,都是指引人们去"明天理,灭人欲",用"道心"去钳制"人心",要人们"出于情愿,不以为痛"(朱熹语)地去接受封建纲常的宰制奴役,乃至被愈来愈腐朽而残忍的封建伦理规范所吞噬、所侮辱、所残害,也自觉自愿,不怒不争。朱熹强调:"圣贤千言万语,只是教人明天理,灭人欲。"(《朱子语类》卷十二)围绕着这一伦理异化的核心,宋明道学发展了一整套思辨体系和修养方法,在封建政权的支持下统治思想界达五百年,成为一张极大的精神网罗,渗透到社会生活的各个角落,使人"一爪落网,全身被缚",很难冲破。

宋明道学的主流和本质是中世纪的蒙昧主义,其理论核心在于辩护伦理异

---

① 朱熹:《癸未垂拱奏札二》,《白鹿书院揭示》。

化的合理性。宋明道学家的哲学论证也有一些合理的因素,成为中国后期封建社会哲学发展的必经环节;但它们的理论归宿、价值取向,绝非近代人文主义的哲学启蒙,而不过是传统的伦文主义的哲学加工。伦文主义是把维护等级隶属关系的纲常伦理绝对化,用以掩盖、代替和扼杀个人的道德意识和个人的独立人格。

16 世纪中叶开始,中国社会经济发生了变异,出现了资本主义萌芽,随之引起社会风习和人们的价值观念、文化心态的异动。这时期出现的"公安三袁""临川四梦"以及"三言二拍"等,反映了这种变化,而阳明心学的发展,泰州学派的分化,以至颜山农、何心隐、李贽等思想的形成,更从学术上反映出突破封建樊篱的思想趋向,但还没有成为学术思想的主流。

到 17 世纪,中国封建社会末期的经济、政治危机的总爆发,农民大起义所激化的社会诸矛盾的展开,农民起义失败的血泊中以清代明的王朝更迭,恰恰又是关外少数民族对先进汉民族的全面征服。这一系列政治生活的大动荡,被当时人们看作是"天崩地裂""海徙山移"般的大变局。一代先进知识分子,大都被卷进了当时反对明末腐朽统治和反抗清初民族压迫的双重斗争,并通过斗争实践而接触到民间疾苦和广阔的社会现实,促使他们震惊和觉醒,从整个民族危机的忧患意识中滋生了文化批判意识。他们利用各自的文化教养,引古筹今,从不同的学术途径,触及共同的时代课题。对他们认为导致民族衰败、政治腐化、学风堕坏的君主专制的政治体制以及伦理异化的蒙昧主义,进行了检讨和批判,几乎不约而同地把批判矛头指向统治思想界达五百年的宋明道学。中国的哲学启蒙正是在对整个宋明道学(包括理学和心学)的否定性批判中开始的。正因为打破了宋明道学的伦文主义的思想桎梏,才产生了人文主义的初步觉醒,才产生出与西欧文艺复兴时代的巨人比肩的人物。

17 世纪以来,中国式的启蒙思潮代代相承,在专制桎梏和西化冲荡下时起时伏。17 世纪的早期启蒙思潮在 19 世纪后半叶的变法维新和排满革命的运动中显示了它的活力,在事实上成为中国近代化的内在动力和活水源头。这一点,在梁启超、谭嗣同、章太炎、熊十力等人的思想中都有一定自觉的反映,他们肯定

"惟国初船山先生,纯是兴民权之微旨""万物昭苏天地曙,要凭南岳一声雷"(谭嗣同);"清初几位大师——黄梨州、顾亭林、朱舜水、王船山……他们的许多话,在过去两百多年间,大家熟视无睹,到这时忽然像电气一般把许多青年的心弦震得直跳"(梁启超);"当清之季,卓然能兴起顽懦,以成光复之绩者,独赖而农一家而已"(章太炎);"民主思想,民族思想,格物或实用之学,皆萌生于明季,清人虽斩其绪,而近世吸收外化,明儒实导先路,不可忽也"(熊十力)。近代思想界的这种朦胧觉解,惜未彰显,原因是未达到论史结合的理论自觉和逻辑证明。

逻辑地说,探寻传统文化与现代化的历史接合点,还有一些有待深化的理论和方法问题。

首先,中西文化发展轨迹的同异比较,是探寻历史接合点问题的重要前提。世界各民族文化的发展既有时间差又有空间差,既有发展类型上的民族性差异,又有发展阶段上的时代性差异,同一民族、同一时代的文化由于所依存的社会基础不同还有集团性、阶级性的差异。各种文化之间除了时代、民族、阶级等的差异性之外,还有其体现人类共同性的内涵。因此,文化比较只能是具体的、历史的比较。通过各民族文化发展道路和模式的异同比较,考察其同中之异、异中之同,和文化结构诸层面(表层、中层、深层)变异中的似异而同、似同而异的状况,才有助于辨同异、别共殊,从而建立多维的比较参照系,避免由笼统比较而得出的许多似是而非之论。

具体到历史接合点的问题,我们不难发现,认识上的不少分歧正与比较参照系即比较尺度有关。我们不主张以西方文化的发展道路作为普遍尺度来衡量中国文化,又不主张借口中国文化的特殊性而忽视人类文化发展的共性。人类各民族文化都要走出中世纪,都要经历人文主义的觉醒,这是共性的东西;至于走出中世纪的道路,则因各民族文化传统的不同和各民族跨出这一步时世界文化背景的差异而千差万别。意大利的文艺复兴与德意志的宗教改革就有很大差别。更不能把西方某一民族国家走出中世纪的经济运动和思想启蒙的特定道路作为范式,用来抹杀东方各国走出中世纪各有其特殊道路的存在。通过对各国走出中世纪不同道路的比较,我们可以发现,我国走出中世纪的思想启蒙,从万历到"五四",经过了许多曲折而形成了一个马鞍形的发展道路。"五四"之后,这一任务并没有彻底完成。我国启蒙运动多次遭到挫折,主要原因是强固的农业自然经济的阻碍作用,其次是清初统治者适应本身封建化要求的文化政策,强化了封建专制和传统惰力,延缓了中国整个历史发展的进程。鸦片战争以后,由于中国近代化的长期"难产",激起人们的文化心理上产生各种迷乱和两难。诸如呼唤改革风雷的人物可以忽然去重礼佛经,奔走呼号的变法志士竟终至迷醉于尊孔和保皇,理智上趋新而情感上恋旧,对引进的诸家哲学判为"可信的不可爱而可爱的又不可信",政治救亡与思想启蒙本当双管齐下而迫于形势又往往顾此失彼,对于传统文化长期陷于弃之则为瑰宝而存之又是包袱的矛盾心态。由此,我们不难理解,由于中国文化的现代化历程艰难曲折、漫长坎坷,在西化派"言必称希腊"与国粹派"言必称孔孟"的交相鼓噪下,人们必须排除干扰,探寻自己民族传统文化中"破块启蒙,灿然皆有"(王夫之语)的活水源头。正确的探寻方向,是与中西文化的正确比较方法分不开的。

其次,对社会运动和文化运动的多因素考察和非模式化思考,有助于认识中国传统文化与现代化的历史接合点,坚持中国式的现代化道路。人类文化具有广泛的"趋同现象",因而从各民族文化发展的各种差异性中,可以抽象出人类文化发展的共同性及其普遍规律。但是,普遍寓于特殊之中,普遍规律表现为千差万别的特殊形态。人类文化的发展已被证明是多源的、多根系的,因而不可能有单一的进化模式,再加以各民族文化的互相传播、交流和涵化,必然出现多样化的多线性的发展道路。同样是封建制,印度、日耳曼、中国,各有特点;而封建制的解体及其向近代转化,更是各有其不同的道路。马克思晚年在大量的文化人类学、民族学的笔记中,明确地表示了对不同民族文化发展的特殊道路的关注。这些笔记显示出,马克思的社会历史研究已大为拓展和深化了,不仅拓展到东方的、前资本主义的、农村公社结构的各种具体历史形态,而且特别注意到东方社会发展中除经济因素的制约作用之外,还有政法、教育、宗教、伦理等文化诸因素的重大作用,只有多因素综合考察,吸收人类学、社会学、民族学、民俗学的大量研究成果,才可能揭示东方社会及其文化发展的特殊道路。他批评了俄国学者科瓦列夫斯基把亚、非、拉美各古老民族的古代社会史同欧洲作机械类比的做法,仔细研究了东方各国农村公社土地所有制及其在西方资本主义、殖民主义冲击下的演化情景,在分析印度等的社会发展时以多因素综合的文化人类学方法考察其文化沉淀层,并特别使用了不等同于封建主义的"非资本主义"或"前资本主义"等概念,在分析俄国社会时还提出过有跨越资本主义"卡夫丁峡谷"的可能等问题。虽然,马克思还来不及作出系统的理论结论,但已足以启发我们思考 17 世纪以来中国走出中世纪的特殊道路问题、中国传统文化与现代化的特殊关系问题。而历史接合点的探讨,正是从这些特殊性出发的。

最后,历史接合点问题的核心,还涉及中华传统文化的悠久发展是否已在特定条件下孕育出可以向近代转化的文化主体问题。所谓文化主体,即李大钊、鲁迅所呼唤的"青春中国"的民族魂。只有确立了文化主体,唤醒了"青春中国"的民族魂,才能真正具有对庞杂的传统文化和外来文化进行选择、涵摄、消化的能动机制。否则,会歧路亡羊、邯郸学步,在乘风破浪、上下求索中更会迷失方向,失去思想的重心。鲁迅早年曾在《文化偏至论》中说过:"夫安弱守雌,笃于旧学,固无以争存于天下。第所以匡救之者,缪而失正,则虽日易故常,哭泣号叫之不已,于忧患又何补矣? 此所为明哲之士,必洞达世界之大势,权衡较量,去其偏颇,得其神明,施之国中,翕合无间,外之不后于世界之思潮,内之仍弗失固有之血脉,取今复古,别立新宗,人生意义,致之深邃,则国人之自觉至、个性张,沙聚之邦,由是转为人国。人国既建,乃始雄厉无前,屹然独见于天下,更何有于肤浅凡庸之事物哉!?"鲁迅先生的这段话,对于我们建设中国特色的社会主义现代化的理想"人国",具有值得三思的深蕴含义。

综上所思,凝成一偈:

活水源头何处寻?

苍茫歧路费沉吟。

中源中体俱无着，

重掘丹柯火样心。①

（1988 年 10 月）

---

① 丹柯燃心为炬的故事，见高尔基所述俄罗斯童话，此处借喻 17 世纪以来我国启蒙先驱的思想火花。

传统反思

古 史 祛 疑

一、问题的提出

人类对自身文明的童年时代的反思,经历了漫长曲折的过程。崇拜过去而迷信古史和蔑视过去而怀疑古史,曾经是历史研究中交替出现过的两种思潮。科学的古史研究,面临着扬弃泥古派和疑古派的双重任务。由泥古到疑古,再由疑古到科学的释古,是一个否定之否定的前进螺旋。

中国封建史家许多人是泥古派。他们一味地迷信古人、迷信古书、迷信古史,贵古而贱今,几乎成为因袭的传统。这种思潮一直延续到近代。有的学者,由于泥古而只信《说文》及石鼓文,而不信地下出土的金甲文。①"五四"前第一位在北京大学讲授中国哲学史的老先生,从三皇五帝讲起,讲了一年才讲到周公。②

"五四"时期,中国出现了近代意义上的疑古派。"五四"前夕,胡适在北大讲中国哲学史,断定"中国哲学结胎的时代"始于西周末年,认为《诗经》是古代最早的文献,宣称"先把古史缩短二三千年,从《诗》三百篇做起","宁疑古而失之,不可信古而失之"。他的这些主张,曾被当时人评为"切断众流","令人耳目一

---

① 章太炎:《国故论衡》(上)之《理惑篇》。
② 顾颉刚:《古史辨》第一册《自序》;冯友兰:《四十年的回顾》。

新"①。在胡适影响下,以顾颉刚为代表,包括钱玄同、吕思勉、罗根泽、童书业等在内的疑古派所掀起的疑古思潮,可说是"五四"以来反封建的新文化运动的一个侧面。他们继承历代,特别是 17 世纪以来疑古辨伪的传统,同时吸取西方近代社会学、人类学、民俗学、考古学的方法,反对以往封建史学的独断,推倒"圣经""贤传"的权威,冲破乾嘉朴学的局限,澄清了不少关于古史的荒唐迷信,在当时学术界起到了重大的启蒙作用。顾颉刚主编《辨伪丛刊》,表彰郑樵、王柏、姚际恒、崔述等人的怀疑、批判精神,进而以"东周以上无史"为指导思想主编了《古史辨》七大卷,提出"层累地造成的中国古史说",断定殷周以前的古史全是春秋战国时的学者为了辩论和印证其政治主张而编造出来的,时间越编越远,问题也越来越多。他们认为,古史中的人物非神即兽,"三皇五帝"全属神话,"禹"可能是神话里的一种动物,或者只像希腊神话传说中的英雄。1926 年《古史辨》第一卷结集出版,一年之内印了十二版,疑古思潮风靡一时,几乎"无书不伪,是古皆虚"。这样,中国古代的大量文献被判为伪书,殷商以前的古史整个被看作神话传说史,中华民族的文明史被腰斩了二三千年。

这一时期,在国外还出现过"中国文化西来说"和"中国历史缺环论"等思潮。从 18 世纪法国学者约·德·基尼(Joseph de Guignes)断言中国古代文字源于埃及象形文字、系埃及移民所造以来,在西方,不断有人鼓吹"中国文化西来说"。1923 年瑞典人安特生(J. G. Andersson)根据他在中国华北一带进行考古发掘所获得的资料,更系统提出黄河流域的彩陶文化是由中亚和南俄罗斯移入的欧罗巴文化。他写了《中华远古之文化》《甘肃考古记》《黄土的子孙》等论著,鼓吹"中国文化西来说"。这种观点在国外一直有影响,老调新弹者不少。如苏联一些考古学家坚持中国青铜文化源于西伯利亚冶金技术的输入。苏联学者瓦西里耶夫 1974 年所写的《古代中国文明的起源问题》一文,继续论证"中国文化来自西方",提出"信息传播论"为其理论基础,依据所谓"假设性复原",断定在公元前 2000 年左右,先后有两批来自西方或西北方的部落进入中国黄河流域,前者带

① 胡适:《自述古史观书》,见《古史辨》第一册,第 22—23 页。

来了青铜冶炼技术、饕餮纹饰、以狗为牲等文化因素，从而产生了早殷文化，奠定了中国文明的基础，后者又带来了象形文字、天文历法以及养马、战车等，因而产生了殷代晚期文化。从此，中国文化的内部进化的规律，才明显地超过外部接触与文化借用的作用。①

普列汉诺夫曾在《马克思主义基本问题》一书中由于夸大地理环境的作用而得出中国经济的发展没有导致奴隶制生产方式的出现而直接进到封建社会的结论，成为国际马克思主义者流行的说法；日本森谷克己著《中国社会经济史》，公开主张中国没有奴隶社会的"缺环"论。20 世纪 30 年代，秋泽修二、佐野袈裟美等在其关于东方史的著作中，也都鼓吹同一论调。"中国历史缺环论"从一个侧面助长了"中国文化西来说"，而两者又都在一定意义上乐于认同古史辨派的某些结论。②

与古史辨派同时，中国马克思主义的史学工作者另辟蹊径，力图走向科学释古道路。当时，即 1927 年大革命失败后，"新生命派"、部分托派和右翼资产阶级学者联合挑起"把中国社会史作一决算"的大论战。他们从不同侧面企图以中国社会发展的特殊性来论证马克思主义不合中国国情，向马克思主义挑战。郭沫若为了回击他们，在流亡日本时刻苦研究金甲文，1929 年写出了《中国古代社会研究》这部马克思主义的史学著作。稍后，吕振羽的《史前期中国社会研究》（1933 年），尹达的《中国新石器时代》（1939 年）等，也对"西来"说、"缺环"说和疑古派的观点进行了一定程度的评析和批驳。但是，由于当时考古发掘的资料甚少，他们本人也因时代局限而多少受到疑古思潮的影响。

应该看到，疑古思潮在国内的重大影响，中国文化"外来"说、"缺环"说等在国外的广泛流传，是和旧中国考古科学的落后状况有关的。半殖民地旧中国的考古工作仅处于起步阶段，几乎没有独立的发掘与研究。20 世纪的 20—30 年代，长城以北的考古发掘，由一个叫鸟居龙藏（Riuzo Torii）的日本人和一个叫梯托夫（E. I. Titoff）的俄国人在负责，挖掘出少量文物。长城以南由一个叫纳尔

---

① 文载苏联《历史问题》1974 年 12 月号。
② 尹达：《中国新石器时代》，见《新石器时代》，三联书店，1979 年。

逊(N. C. Nelson)的美国人和一个叫安特生的瑞典人在负责。安特生于 1926
年公布他们在周口店收购的"龙骨"中发现了两颗牙齿。后来,1927—1929 年靠
美国洛克菲勒基金资助,由贾兰坡、裴文中等中国青年考古学者参加发掘而发现
的三具人头盖骨全被几个美国人带走,至今下落不明。属于新石器时代的仰韶
文化和龙山文化的遗址,虽有所发掘,但所得结果极其贫乏,少量文物也被盗往外
国,所谓研究成果也大都在国外发表。考古工作的落后,使疑古思潮广泛散布。

新中国建立以来,田野考古工作取得了长足进展,史学水平空前提高,许多
考古新发现越来越猛烈地冲击着疑古派立足的根基。但由于普及不够、争论较
多等因素,一些可望总结的考古成果仍然仅限于少数人了解,尚未和历史学研究
普遍结合起来;有些已经被考古成果所证实或推翻的结论,没能引起人们的足够
重视。虽已有学者注意到应当把考古新发现、少数民族的社会历史调查同传世
的古文献结合起来研究,但关于古史的全面的综合研究还有待进一步着力。

扬弃泥古派和疑古派的任务,已提到古史研究的日程上来。根据日益丰富
的考古新成就,运用马克思主义的方法,重新考释传世的古史文献,完全有可能
科学地阐释古史,恢复中华民族文明史的原貌和全貌。

二、从考古新发现看我国文明史的开端

(一) 关于中国"纪元"问题的论争

每当社会发展的转折时期,人们都会认真地反思历史而关注自己民族史的
"纪元"问题。关于中国"纪元"问题的论争,由来已久。鲁迅《自题小像》的名诗:
"灵台无计逃神矢,风雨如磐阇故园,寄意寒星荃不察,我以我血荐轩辕。"写于
1903 年,"血荐轩辕"的历史激情,集中表现了当时民族革命觉醒的时代精神。
1916 年李大钊在著名的《青春》一文中,也激情地声称:"支那自黄帝以降,赫赫
然树独立之帜于亚东大陆者,四千八百年于兹矣! 历世久远,纵观横览,罕有其
伦。"1937 年 4 月 6 日延安《新中华报》曾报道:"1937 年 4 月 5 日清明节,中华苏
维埃共和国中央政府为颂扬黄帝开创中华的伟绩,表示抗日的坚强决心,特派林

伯渠为代表,前往陕西黄帝陵致祭,举行民族扫墓典礼,并郑重宣读了毛泽东同志、朱德同志的《祭黄帝文》。"祭文中说:"赫赫始祖,吾华肇造,胄衍祀绵,岳峨河浩。聪明睿智,光被遐荒,建此伟业,雄立东方。……懿维我祖,命世之英,涿鹿奋战,区宇以宁。……东等不才,剑履俱奋,万里崎岖,为国效命。……还我山河,卫我国权。此物此志,永矢弗谖!"在《七大的工作方针》(1945 年)一文中,毛泽东回顾我国历史时还指出:"从黄帝纪元算起,到辛亥革命,四千六百零九年,再加辛亥革命后的三十四年,也只有四千六百四十三年。"这绝非偶然地提到"黄帝纪元",而表现了在抗日民族解放战争中面对巨大历史转折的一种伟大的民族觉醒。这里的计算方法,依据的是辛亥前同盟会第一个刊物《民报》所用的黄帝纪元和孙中山就任中华民国临时大总统通电全国所用的黄帝纪元的年数。

辛亥革命时期,围绕着究竟用孔子纪元还是用黄帝纪元的问题,发生过激烈的争论。康有为坚持用孔子纪元,革命党人斥之为"说是纪元,实为保教"。当时所有革命派都主张"保种",用黄帝纪元。"同盟会"第一个刊物《民报》一开始就用黄帝纪元,武昌起义后各省军政府文告均用黄帝纪元,孙中山就任临时大总统时通电全国,以黄帝纪元四千六百零九年十一月十三日(公元 1912 年 1 月 1 日)为中华民国元年元旦。当时江苏的《黄帝魂》和宋教仁主编的《二十世纪的支那》等革命刊物,都刊登黄帝肖像,采用黄帝纪元(但各自计算的年数不完全一致)。刘师培特著《黄帝纪年说》一文,列出他所考订的"黄帝降生后大事略表"(《左盦外集》卷十四)。夏曾佑在所编第一部《中国古代史》中肯定:"言中国信史者,必自炎、黄之际始。"①

我国可靠的纪年是从周厉王三十七年(即国人暴动,流厉王于彘,由共和行政那一年,即公元前 841 年)开始,从此逐年有史可查,此前的年数就靠推算,如武王伐纣的年代,大约有近二十种说法。但西汉时,由于流行着六种古历,丞相张苍主张用"颛顼历",后由邓平、落下闳新制了"太初历",而仍有人专治"黄帝历",于是发生过一场历法争论。到汉昭帝时,丞相属僚宝和学者单安国、栢育进

---

① 夏著:《中国古代史》第 1 篇第 1 章第 10 节。

行过一次推算,推算的结果,从黄帝纪元年到汉昭帝元凤三年(公元前78年)为3629年①。依此相推,今年(1986年)当是黄帝纪元5693年。据司马迁在《史记·三代世表》中说:"余读《谍记》,黄帝以来,皆有年数。"可见西汉时,人们相信黄帝纪元,并有年数可以推算。所以司马迁写《史记》并没有采取孔子删定《尚书》断自唐虞的做法,而首列《五帝本纪》,谈到古史,都从炎、黄说起。

在近代疑古思潮影响下的中国史学界,大都不提炎、黄了,至多从尧、舜、禹说起,而且很有保留,标题上总冠以"传说"或"假说"之类,这和迷信孔子有关。据传,孔子删书,断远取近,只取《尧典》以下一百余篇②,似乎中华古史至多只能始于尧舜。但是,与孔子同时或稍后的许多学者,包括孔子门下的左丘明及汉初经师,又如《管子》《墨子》《商君书》《庄子》《左传》《国语》《世本》《竹书纪年》《大戴礼记》《小戴礼记》《吕氏春秋》《淮南子》等的作者,直到中国历史上第一位大史家司马迁,都不赞成孔子断自尧舜的做法,都认定中华古史从炎、黄开始,并把炎、黄之际看作文明发展史上的第一个重大变革时期。如《商君书·画策》曰:"神农之世,男耕而食,女织而衣,刑政不用而治,甲兵不起而王。神农既没,以强胜弱,以众暴寡,故黄帝作为君臣上下之义,父子兄弟之礼,夫妇妃匹之合,内行刀锯,外用甲兵,故时变也。"反映了始自黄帝、国家初兴时代巨变的景况。《易大传·系辞》也描述说:古者包牺氏仰观俯察始作八卦,作结绳而为网罟,以佃以渔,神农氏为耜为耒,日中为市。而"黄帝、尧、舜氏作",发生了重大变化,"垂衣裳而天下治",除了发明臼杵舟楫之利,服牛乘马,以及宫室、棺椁等以外,还"重门击柝,以待暴客""弧矢之利,以威天下",并把结绳改变为书契。这些史影,以及中国古代氏族部落之间的分布、斗争、融合,并发展为奴隶制王国等,在中国古代文献中本有记载,并在日益丰富的地下考古新发现中不断得到证实。

(二) 关于奴隶制上限问题

从"元谋猿人"遗址到"龙山文化"遗址,考古学的成果向我们展示了中华民

① 见班固:《汉书·律历志》。
② 孔颖达《尚书正义》引郑玄《书论》所据《尚书纬》云:"孔子求书,得黄帝玄孙帝魁之书,迄于秦穆公,凡三千二百四十篇,断远取近,定可以为世法者百二十篇,十八篇为《中候》,去三千一百二十篇。"此说不一定可信,但保留了孔子之前上古之书颇多的史影。

族的祖先从猿到人、由原始群到阶级社会循序演进的过程;同时证明了我们的祖先在亚洲东部广阔平原上创造我们民族的文化,开始是多源的、多根系的。作为东方大国,并立着许多氏族部落,在经济文化发展不平衡的条件下,我国奴隶制的上限究竟始于何时,是一个值得再探讨的问题。

新中国建立以来,旧石器时期的遗址大量发现,遍布全国各省、市、自治区。最早的古人类化石是元谋人,活动在云南地区,距今约一百七十万年。此后有蓝田人、北京人,距今约六十万至五十万年,考古学上称为"猿人"。"猿人"进一步发展为"古人",属于这一阶段的有马坝人、长阳人、丁村人、河套人,距今约二十万至十万年。"古人"进而发展为"新人",距今约五万年,属于这一阶段的有柳江人、资阳人、山顶洞人,此外在宁夏、山西、河南、辽宁、黑龙江、西藏、新疆等地也都有发现。这一阶段以山顶洞人为典型代表,体质与现代人基本相同,从出土的尖石、圆石、骨针、人工取火技术等判断,我们的祖先已进入旧石器时代的晚期,以血缘关系为纽带的氏族组织开始形成。

新石器的遗址已发现六千多个,更是遍及全国各地。其中,以仰韶文化的半坡、姜寨遗址最为典型,距今约七千年。陕西半坡遗址是一个四边环水的集体居住的村落。村中有二百多个贮存粮食的地窖,宽 2.7 米,高 1.8 米,反映出当时已有剩余产品的原始农业水平。另有复合工具与弓箭,各种陶器品及陶车,而陶器上竟发现一百多个刻画符号,有的学者认为是原始文字。仰韶文化的分布和年代,正是河洛地区古羌人的文化遗存。与此大致同时的是浙江余姚市河姆渡村遗址,发掘出大批人工栽培稻谷,经 ^{14}C 鉴定,距今约七千年,另有骨耜和木耒等水稻种植工具,原始纺织工具,具有榫卯结构建筑,动物骨骼 48 种和作为欣赏品的艺术创作小陶猪等。这一重大发现,改变了过去认为江南文化发展较晚的观点,证明了古代苗蛮地区的农牧业早达到先进水平。在仰韶文化晚期的姜寨遗址中,发现大批墓葬,有的没有随葬品,有的则有很多。有一个十七岁少女的墓葬,随葬品除陶器外,还有玉石坠饰一双,骨珠 8 577 颗组成的项链。另一个四岁小孩的墓葬,木制棺椁,随葬品有彩石球、玉耳坠和珠子几十颗,表明了财产的差别。仰韶文化晚期的姜寨遗址和马家窑文化的墓葬中反映的贫富悬殊、杀殉和父权制、个体家庭私有制的确立,以及大批陶文的发现,都表明距今五千年前古羌人已走向文明时代。

20世纪70年代在山东和苏北广大地区大汶口文化遗址的发现,是考古新发现的最重要成果之一。大汶口文化紧接仰韶文化之后或与仰韶后期相重叠,而恰在龙山文化之前。大汶口文化分布在山东曲阜、兖州、泗水、莒县、滕县、胶县和江苏的邳县一带,已发掘的遗址有两百多个,墓群两千多座,遍布黄河下游的南岸和淮河北岸之间,广袤约有十几万平方公里,时间延续两千年之久,可分早、中、晚三期。其早期遗存,经^{14}C鉴定,其年代为距今5 785±105年[1];中、晚期经济文化高涨,约在公元前三千多年,进入中期,明显地出现贫富分化、男尊女卑等社会现象。至迟约在公元前两千三百年左右,已完成向典型龙山文化过渡。从其活动的历史时空与发展状况来看,恰与古文献中东方夷人诸部由太昊经少昊、蚩尤到挚的记载相吻合。

大汶口文化有如下特点:

(1)生产工具玉石并用。人们已经使用石铲、玉铲、石锛、石刀、石锄、鹿角鹤咀锄、骨镰、蚌镰等从事生产。

(2)农牧业得到发展。大量成套的酒器的出现,反映了可用于酿酒的剩余粮食的增多。当时人们已饲养猪、狗、牛、羊等牲畜。

(3)治玉、制陶技术的提高。出土文物中有用玉石、玛瑙、绿松石,精磨、镂刻、镶嵌的精美用具或装饰品,有象牙雕刻的十七齿梳,并有S形的类似卦画的图案,另有镂空雕刻的象牙筒等。制陶工艺中发明了轮制技术,提高了产品的数量和质量。硬质白陶及薄胎磨光黑陶的出现,反映了制陶的纯熟技艺。这一切表明手工业已独立发展起来,并有可能已发明铜器。[2]

(4)财产悬殊。《礼记·礼运》云:"大道既隐,天下为家。"从字源学上考察,"家"是会意字,从宀从豕,屋下有猪就是私有制家庭的象征。至今云南纳西族人

---

[1] 此数据为邳县大墩子遗址第三层下层出土的木炭的^{14}C测定,见《放射性碳素测定年代报告(三)》,《考古》1963年第7期。

[2] 唐兰:《中国奴隶制社会的上限远在五、六千年前》,《大汶口文化讨论文集》,齐鲁书社,1981年,第132—135页。

仍用家里悬挂猪头的数目标志财产的多寡。从大汶口挖掘的一百三十三座墓中,有四十三个墓有随葬猪头,其中半数只有一个猪头,而有一大墓达十四个猪头。稍后,龙山文化的齐家文化也有类似情况,在一个墓中竟发现六十八个猪头。从大汶口文化的殉葬品看,贫富差别已甚鲜明。有的墓葬狭小简陋,随葬品屈指可数,甚至空无一物,而有的墓葬则比小墓大数倍乃至十几倍。其中一个墓使用了可能是涂朱的木椁,死者佩戴着由七十七个单件组成的三串头饰,还有玉臂环、玉指环、墨绿色玉铲、精致的骨雕筒、象牙筒、象牙梳、成堆的鳄鱼鳞板,另有九十多件优质陶器,其中仅陶瓶一项就达三十八件。这种财富的差别,标志私有制的形成,财产集中于氏族内部分化出的少数贵族分子的手中。

(5)母权制的崩溃,父权家长制的兴起。一男一女墓葬的出现,说明当时的家庭形式至少已处于对偶婚向一夫一妻制的过渡。有的墓中,一男子仰身葬,而一女子则跪在旁边,有的墓中,两女子屈肢向中间一男子。这些墓葬标志着母权制日趋崩溃和父权制逐步兴起。"母权制的被推翻,乃是女性的具有世界历史意义的失败",是"人类所经历过的最激进的革命之一",而"随着家长制家庭的出现,我们便进入了成文历史的领域"①。马克思、恩格斯在研究了摩尔根《古代社会》一书之后,认为父权制本身就是向阶级社会的过渡,奴隶制隐蔽地存在于父权制的大家庭之中,最初的阶级压迫是同丈夫对妻子的奴役同时发生的。②

(6)文字的出现。在大汶口文化晚期陶尊上已发现特有的符号,不少古文字学家予以考释,大都认为是文字。其中有斧和锛形的象形字,有一个花朵象形字,还有一些会意字,与某些玉器上的刻字很近似。在半坡遗址中,就曾发现一百多个陶文,在江西、山东、青海等地也发现了大量陶文。在姜寨发现的陶文中,有的已经类似甲骨文的字形。大汶口陶器文字,虽仅发现六个,但字形结构已有一定形式,且与殷周文字有继承关系,据一些学者考释分析,"从大汶口陶器文字

---

① [德]恩格斯:《家庭、私有制和国家的起源》,《马克思恩格斯选集》第四卷,人民出版社,1972年,第51—53页。
② 《马克思恩格斯选集》第4卷,第61页;马克思:《摩尔根〈古代社会〉一书的摘要》,第37—40页。

可以看到中国古代文化的黎明"①。

(7)城堡的建立。在山东章丘龙山镇城子崖曾发现一座古城堡,东西距离390米,南北距离450米,面积为17万平方米。有的学者认为这可能是太昊之都,至少是当时的城堡之一。"在新的设防城市的周围屹立着高峻的墙壁并非无故,它们的壕沟深陷为氏族制度的墓穴,而它们的城楼已经耸入文明时代了。"②尽管目前考古学界、历史学界对大汶口文化的分期、年代,尤其是社会性质等问题,还有较大的争论,但大汶口文化的发现和确立,无疑地对恢复我国古史、重新考释古史文献具有重大意义。以上古史发现的事实,至少可以肯定,大汶口文化的中晚期已经产生了私有制,确立了父权制,正在跨向阶级社会,精美的玉器陶器,复杂的陶文,已闪耀出东方文明的曙光。唐兰同志就大汶口文化所写的几篇文章,综合出了"中国历史还是应该从黄帝开始""中国奴隶制社会的上限远在五、六千年前"等结论③,李学勤同志《重新估价中国古代文明》等论文④,田昌五同志有关"中国原始公社的瓦解过程"的新论⑤,石兴邦同志关于"我国私有制和国家的起源问题"的论证⑥,尽管立论不尽一致,但基本上都是对疑古派的古史观的否定,力图恢复我国古代文明史的真正开端。

大汶口文化的进一步发展,在黄河流域为龙山文化,距今约四千五百至四千年,正与古文献中黄帝以后直到尧、舜、禹时代相应。龙山文化包括山东龙山文化和中原龙山文化。中原龙山文化反映出文化大融合后出现的繁荣景象,标志着华夏族文化共同体的形成,部落奴隶主王国的出现,为夏王朝的统一奠定了基础。

中原龙山文化有如下特点:

(1)农牧业的繁荣。从发掘出大量的沟洫、井和耒耜、锄、铲以及蚌刀、蚌镰

① 唐兰:《从大汶口的陶器文字看我国最早文化的年代》《中国奴隶制社会的上限远在五、六千年前》等文,均载《大汶口文化讨论文集》。
② 《马克思恩格斯选集》第四卷,第160页。
③ 均见《大汶口文化讨论文集》。
④ 《先秦史论文集》,《人文杂志》增刊,1982年。
⑤ 《古代社会断代新论》第2编第1章。
⑥ 《从考古学文化探讨我国私有制和国家的起源问题》,载《史前研究》创刊号,1983年。

等农具看,我们的祖先是以水为生、以农立国的。水利设施的发展,生产工具的改进,反映农业生产力的提高。如果说早期大汶口文化主要养狗、后期养猪,那么到了中原龙山文化时期,则马、牛、羊、鸡、犬、豕六畜俱全,黄河上游以饲养黄牛为多,中下游以饲养水牛为多。家畜的繁殖成为积累财富和发展私人占有的重要手段,龙山文化及同期的齐家文化的墓葬中便有数量不等的随葬猪头,多的达六十八个。

(2)铜器的普遍化和手工业的发达。龙山文化中除原始瓷器、玉器、编织品、纺织品等都较前有大发展外,突出的是冶铜术的普遍使用。古文献中关于黄帝采铜铸鼎、蚩尤造冶作兵的记载,由于大汶口文化现仅发现一骨簪上涂有铜绿,尚难以证实,但在龙山文化中却在山东胶县出土了两个铜锥,经 ^{14}C 鉴定为距今四千三百年,而同期齐家文化墓葬中已有铜斧、铜刀、铜凿等工具和环形、片状的铜装饰器,表明冶铜技术的普遍化,且多为青铜器,说明经大汶口文化到龙山文化、齐家文化,已从红铜、黄铜进入到青铜器时代。

(3)阶级对立日益严重。此时的墓葬中杀殉奴隶的现象随处可见。龙山遗址中发现的丛葬坑有两种情况:一种是圆形坑,内有男女骨架十具,相互枕压,头骨均靠近坑壁。另一种有利用被废弃的水井,埋有五层人骨架,其中有男有女,有老有少,或者身首异处,或作挣扎状。还有人兽合葬、无首、腰斩葬等。[①] 另外,有的墓葬有用人头殉葬的现象。城堡的出现,标示着奴隶制国家雏形的形成。河南淮阳县太昊陵附近平粮台发现的一座龙山文化后期的城堡,经 ^{14}C 测定距今 4 355 ± 175 年,各种设施已很完善,城内面积 34 000 平方米,如果包括城墙外侧附加部分面积达 50 000 多平方米,城内有高台建筑,有城门和门卫房,还有排水的陶制管道等[②]。最近,河南登封市王城岗又发现一座大城堡,每边长约 90 米的方形,夯土内埋有人骨,少者两具,多者七具,显示了奴隶制压迫关系,城址中除大量陶器、骨器、石制工具外,还发现一件青铜容器残片,经 ^{14}C 测定距今 4 000 ± 65 年。有的考古学者认为,这座城堡遗址很可能是古文

---

① 许顺基:《夏王朝前夕的社会形态》,《中州学刊》1981 年第 1 期。
② 《河南淮阳平粮台龙山文化城址试掘简报》,《文物》1983 年第 3 期。

献中的"禹都阳城",也有的认为可能是先夏时代的城址,《世本》所载"鲧作城郭",是可信的。①

至于最近报道的辽西考古新发现的红山文化的重大遗存,包括五千多年前大型祭坛、女神庙、积石冢群址、类似城堡的方形广场的石砌围墙遗址,以及大批珍贵文物,考古学者饶有根据地推断该处五千年前已存在过一个具有国家雏形的原始文明社会。有的考古学家已指出:这些考古发现,"说明了我国早在五千年前,已经产生了植基于公社,又凌驾于公社之上的高一级的社会组织形式"。"它的文化特点是,村落密集分布在河谷地带,几乎都有防御设施,由一串土城堡聚落成有机的群体,可以理解为原始长城"。至于精美玉饰玉猪龙的发现,可理解为远古族徽"龙"的图腾形象,证实了炎、黄及尧、舜等都是"龙的传人"的传说。②

综上所述,对仰韶文化的再认识、大汶口文化和龙山文化的新分析以及辽西红山文化的重大发现等考古新成就,足以证明距今七千至五千年前,在黄河流域大部地区,都已进入父权制社会,并向奴隶制国家过渡,这一过程的历史内容,即由私有财产出现、贫富两极分化、社会分裂为对立阶级到奴隶制王国的形成。这与我国古文献中记载的从炎、黄到尧、舜、禹时代史迹大体相符。在江南地区,也由屈家岭文化、河姆渡遗址等证明,距今五千年前已开始步入私有制社会。地下考古的新成就,为重新考释古文献、恢复古史原貌、扬弃疑古思潮,提供了可靠的客观事实依据。

三、我国奴隶制形成的历史特点及其在古文献中的反映

(一)关于史前三大文化区的划分

历史文化区是历史的人文地理概念。科学地理解决定社会意识的社会存

---

① 《登封王城岗遗址的发掘》和安金槐《近年来河南夏商文化考古的新收获》,见《文物》1983 年第 3 期;石兴邦《从考古文化探讨我国私有制和国家起源问题》,《史前研究》创刊号,1983 年。
② 《就辽西考古新发现访问考古学家苏秉琦》,《人民日报》海外版,1986 年 8 月 4 日。

在是包含地理环境在内的,地理环境、人口、社会经济制度是研究历史时都应考虑到的三个环节。生产力水平越低,自然环境、人口对社会发展的制约作用越大。

考古学上有历史空间的概念,史前文化区的划分对于具体考察民族文化共同体的形成过程是必要的。早在20世纪30年代,蒙文通先生根据古文献记载,在《古史甄微》一书中,提出中国古代有三大民族集团,即海岱民族、河洛民族和江汉民族。徐旭生先生在《中国古史的传说时代》一书中,通过对夏墟的考古,也提出了与此相近的三个集团,即东夷集团、华夏集团、苗蛮集团,被考古学和历史学界所承认。新中国的考古新成就,在黄河上下、大江南北,系统地发掘了许多典型遗址,学者们进行了层位学、类型学的研究,大体上建立起我国史前文化发展的体系。不仅完全证明了中华远古文化是本地起源的,而且就中华本土说,非仅一源而是多源、多根系,在交流发展中才逐步融合。因而,有的学者进一步提出了中华远古的历史文化区问题,仍分为三:

1. 海岱文化区

海岱文化区位于黄河下游,黄淮之间的广大地域,居住着东方夷人各部。据说当时"夷有九种"即有九个部落,号称"九夷"而以"风夷"为首①。"风"即"凤",是对鸟的图腾崇拜。最早见于古书的是太昊(即太皞,亦称伏羲氏、包牺氏),他是九夷地区的部落联盟首领,结绳为网,教民渔猎,开始驯化动物,仰观俯察,始作八卦(《易·系辞下》)。据传:"陈,太皞之墟也",当今河南淮阳县,现在还有太皞陵。太皞部落发展起来,向北迁徙,散居在山东、苏北一带,即海岱地区②。接着发展起来的是少昊(少皞)氏,拥有二十四个氏族,以鸟名官,仍然以鸟作为图腾旗帜。据说"少昊处于穷桑",即今山东曲阜一带,建立了具有一定分工的部落联盟组织(《左传·昭公十七年》)。其中九夷部落日见兴盛,产生了蚩尤这位杰出人物。古书记载蚩尤有兄弟八十一人,即有八十一个胞族。他首先发明铜器,以金为兵。《管子·地数》《世本》《尸子》《太白阴经》等均记载蚩尤炼金作兵器。

① 《后汉书·东夷传》:"夷有九种,曰:畎夷、于夷、方夷、黄夷、白夷、赤夷、玄夷、风夷、阳夷。"
② 见《左传·昭公十七年》;《后汉书·东夷传》:"东夷浸盛,遂分迁淮、岱,渐居中土。"

《大戴礼记·用兵》称:"蚩尤,庶人之贪者也。""庶"字,据卜辞研究者说,上为坩锅,下为火,即用坩锅炼钢之义。后来蚩尤被黄帝打败,九黎部落不甘屈服的人被降为奴隶,被称为"黎民",而夷人中的四支并入了华夏族,他们是高阳氏即颛顼、高辛氏即帝喾、伯益氏和皋陶氏,后来对中原地区文化的发展作出了重大贡献。因此,海岱文化区是中华民族最早、最重要的文化摇篮之一。大汶口文化、山东龙山文化的出土文物如鸟形陶器、炼钢坩锅、卦画图案、会意陶文等,都对古文献中的记载有所覆证。

2. 河洛文化区

河洛文化区位于黄河中上游。黄河中游是古羌族各部居住地,最早一支为烈山氏,"其子曰柱,能殖百谷百蔬",会烧山种田①。炎帝(即神农氏)也属古羌族,下有四大氏族,以共工氏为最重要,他是发展农业、开发水利的一位英雄②。轩辕黄帝居黄河上游,是从西北方下来的,古戎狄各部皆属黄帝胞族。黄帝号有熊氏,以兽名官,属兽图腾崇拜,有二十五个氏族,十二个胞族③。后黄帝与炎帝联盟,产生了族外婚的婚姻形式。炎帝部落中有姜姓,黄帝是姬姓,两个部落的联姻,蕃衍出世代的"炎黄子孙"。黄帝部落经过与蚩尤、炎帝的连环战争而得到大发展,其姬姓等部与羌、戎等联姻,融合而为华夏族。古书中的这些记载,有关古羌人文化及其活动地望,实际上已被仰韶文化、马家窑文化和中原龙山文化的考古发现所证实。

3. 江汉文化区

江汉文化区位于南方长江流域,是古苗蛮族各部居住地。三苗是三个苗族部落,奉帝鸿即帝江为祖先,即崇拜江神,而又被称为修蛇,即以蛇为图腾,活动在彭蠡(鄱阳湖)与洞庭湖周围,直到江汉平原的丹江④。他们最早培育出水稻,农业生产相当发达。古书记载,尧、舜、禹三代感到最大的威胁是南方的三苗,能否征服三苗成为中原奴隶制王国能否巩固的最大问题,反映了当时苗族的强盛。

① 见《国语·周语》《左传·昭公二十九年》。
② 见《国语·鲁语》《淮南子·本经训》。
③ 见《国语·晋语》《史纪·五帝本纪》。
④ 见《战国策·魏策》《吕氏春秋·召类》。

另有巴人即南蛮，也由五个氏族组成大部落，也活动在湖北、四川一带（《后汉书·南蛮传》）。浙江河姆渡遗址发现的大量人工栽培的稻谷，距今已七千年，这比过去传说中的神农、黄帝的年代还往前推进了两千余年。而湖北屈家岭文化的分布及影响所及，其农业生产水平和"陶祖"所反映的父权制的确立，这都证明当时南方的江汉流域广泛存在过一个发达的苗蛮文化区。

以上三个历史文化区的划分，既有历史文献的根据，又有考古发现的史实，相互印证，令人信服。一般说来，史前考古的出土文物，姓氏不清，而古史文献资料，往往纪年错乱，阶段不明。把传世文献与考古成果结合起来考察，就可以互证互补，相得益彰，使古史研究不断取得新的进展。

（二）奴隶制的形成过程和发展阶段

考古发现已基本证明，我国古代的史前三大文化区，大约在距今七千至五千年都已确立了父权制，产生了私有制，走到了阶级社会的门前。但从原始社会瓦解到奴隶制国家的形成，是一个曲折发展的过程。全国三大文化区，各部落与部落联盟之间，矛盾消长，斗争融合，而就奴隶制形成和发展而言，大体可分三个时期。

1. 炎帝、黄帝、少昊时期

这一时期是我国奴隶制形成的初期，黄河流域两大文化区各主要氏族同时跨入奴隶制，通过各氏族部落和部落联盟之间的冲突、联盟、兼并、融合而逐步形成了国家。揭开这个历史序幕的是黄帝、炎帝、蚩尤之间的连环战争。

关于这三次战争的情况，古文献中都有具体记载。第一场大战发生在蚩尤和炎帝部落的共工之间。共工氏当时为了发展农业，大力治水，"振滔洪水，以薄空桑"（《淮南子·本经训》），把水放到黄河下游，危及下游地区利益。蚩尤率军与共工大战，"争于涿鹿之河，九隅无遗"（《逸周书·尝麦解》）。由于蚩尤首先发明冶铜技术，"以金作兵器""造立兵仗、刀戟、大弩"①，打败共工。共工"不胜而怒，乃头触不周山崩，天柱折，地维绝"②，表明战况之激烈。炎帝部落失败，乃求

---

① 《世本》《史记正义》引《龙鱼河图》。
② 《史记》司马贞补《三皇本纪》《淮南子·天文训》。

援于黄帝,于是发生了第二次黄帝与蚩尤之间的"涿鹿之战"。这次大战古书多有记载,《山海经·大荒北经》所记特详,谓黄帝命应龙攻蚩尤于"冀州之野",从山东打到河北,战线很长,战况也很激烈,"蚩尤请风伯、雨师,纵大风雨。黄帝乃下天女曰魃,雨止,遂杀蚩尤"。黄帝大概躲过了雨季,靠旱神女魃之助,凭借指南车、弓箭等优势,擒杀了蚩尤。黄帝请出东夷部落的挚(质)代替蚩尤作首领,并与之结盟,曾经在泰山"大合鬼神",开了一次部落联盟首领的大会(《韩非子·十过》)。炎帝得知后,企图"侵凌诸侯",侵吞这次战争的果实,夺取领导地位,于是爆发了第三次战争,即黄帝与炎帝之间的"阪泉之战"。据《史记·五帝本纪》记载:黄帝经过"振德修兵,治五气,艺五种,抚万民,度四方"的认真准备,终于"三战而得其志"。从此,又经过多次大小征服战争,"五十二战而天下服",黄帝统一了黄河流域的各部落。

三次战争的结局,统一的实现,加速了古羌、戎和古夷人诸部的文化交流。仰韶文化晚期乃至甘肃马家窑文化都开始出现东夷文化特有的鸟形纹饰,而中原龙山文化更明显地表现出几种文化的混合,表明黄河流域各地区的文化开始互相融合而产生了早期的华夏文化。

中国古代文明的许多发明创造,诸如宫室、衣裳、蚕丝、舟车、臼杵、服牛乘马、弓矢,以至天文历法、甲子算数、文字书契等,都被归之于黄帝名下,反映出黄帝时代经济、文化的飞跃发展。值得注意的是古文献中关于黄帝采铜铸鼎的传说,《汉书·郊祀志上》:"黄帝采首山铜,铸鼎于荆山下。"《史记·五帝本纪》则称,黄帝"时播百谷草木,淳化鸟兽虫蛾,旁罗日月星辰水波土石金玉"。仰韶文化晚期姜寨遗址出土铜片和马家窑文化遗址出土的青铜制品,证明了当时不仅"以玉为兵",并且存在金、石并用的情况。虽然蚩尤"造冶"、蚩尤的八十一弟兄皆"铜头铁额"的传说,尚未得到大汶口文化的出土文物的证实,但经过"涿鹿之战"以后的文化大融合,冶铜术等生产技能必然得到大提高。正是这一生产力跃进的基础上,黄帝时代能够开始实现由氏族制度向国家的过渡。

氏族部落的征服战争,导致了国家的出现。恩格斯指出:"对被征服者的统治,是和氏族制度不相容的。……因此,氏族制度的机关便必须转化为国家机关,并且为时势所迫,这种转化还得非常迅速地进行。"①黄帝时代正是实现这种转变的时代。《史记·五帝本纪》说:"轩辕之时,神农氏世衰。诸侯相侵伐,暴虐百姓,而神农氏弗能征。于是轩辕乃习用干戈,以征不享,诸侯咸来宾从。"《商君书》曾区别"伏羲、神农,教而不诛"与"黄帝、尧、舜,诛而不怒"。强调由于黄帝"内行刀锯,外用甲兵""故时变也"。《史记·五帝本纪》称黄帝"以师兵为营卫,官名皆以云命""置左右大监,监于万国""举风后、力牧、常先、大鸿以治民"。这表明,黄帝时期对内压迫、对外征伐的军队、官吏等设施的出现,标志着氏族机关已转化为国家机器,"军事首长的权力变为王权"②,奴隶制已初步形成。

2. 颛顼到尧、舜、禹时代

这一时期是由铜、石并用正式进入青铜器时代,是部落奴隶主王国的发展和兼并时期。这一时期最重大的事件是两次"绝地天通",争夺神权的宗教改革。

第一次"绝地天通",是由颛顼完成的。颛顼即高阳氏,系东夷的一支,当蚩尤被黄帝战败被杀后,颛顼部曾托庇于少昊,后又紧随黄帝,结成联盟(《山海经·大荒东经》《国语·鲁语》)。后颛顼有才子八人,即拥有八个胞族,势力不断扩大,代黄帝而为部落联盟首领(《左传·文公十八年》《吕氏春秋·古乐》)。颛顼主要做了以下几件事:① 发展青铜冶炼技术。《世本》记载:"颛顼命飞龙氏铸洪钟,声震而远。"② 发展人为宗教,垄断神权。《庄子》记载颛顼作玄宫,实指颛顼营建玄宫,主持国家祭典,把神权掌握在自己手里,国家大事都通过玄宫举行宗教仪式来决定,从而把自然宗教转化成人为宗教。《大戴礼记·五帝德》记载:"颛顼履时以象天,依鬼神以制义,治气以教民,絜诚以祭祀。"把自然宗教转化为人为宗教,这是阶级压迫的一个方面。龙山文化遗址中发现不少卜骨、琮璧等贵重祭器,以及人和五牲的杀殉等,足以表明已有专职祭司和宗教祭祀活动,各种祭器上的纹饰图案已多有威严、恐怖的气氛。为了垄断神权,对所统辖或征服的氏族部落,实行"绝地天通"。《国语·楚语下》记载:"及少昊之衰也,九黎乱德,民神杂糅,不可方物。夫人作享,家为巫史。……颛顼受之,乃命南正重司天以

---

① 《马克思恩格斯选集》第4卷,第148页。
② 《马克思恩格斯选集》第4卷,第148页。

属神,命火正黎司地以属民,使复旧常,无相侵渎,是谓绝地天通。"颛顼以政权的威力,首次剥夺了其他部落的宗教信仰,夷毁其宗庙,火焚其祭器,强迫他们信仰统一的宗教。③ 发展国家机关,设官分职。《左传·昭公十七年》记载,孔子曾接见了郯子,听他叙述了其祖先少昊挚——颛顼时设立专管天文历法、土地法律、战争、手工业、农业等二十四个官职。颛顼时代是奴隶制国家形成和发展的重要阶段。

到了尧、舜、禹时代,经过无数次的征战和权力争夺,以及第二次"绝地天通",最终形成了统一的奴隶主王国。《尚书·尧典》《淮南子·本经训》记载:"流共工于幽洲,放驩兜于崇山,窜三苗于三危,殛鲧于羽山";并派羿先后征服了以凿齿、九婴和凤鸟、太阳、长蛇、野猪为图腾的部落奴隶主王国。在尧和舜、舜和禹之间,也展开了政治斗争。舜部落属高辛氏,出帝喾之后,以善制陶器而得到发展。龙山文化出土的精美黑陶即是一证。舜不仅组织夏禹、伯益等取得了治水的胜利,而且又进一步战败三苗,通过强迫改变苗民的宗教信仰,实现了第二次更大范围的"绝地天通"(《尚书·吕刑》),由此势力强盛,夺取了尧的地位,完善了奴隶制王国的经济、政治、刑律、文教等组织(《尚书·尧典》)。《竹书纪年》称:"尧之末年,德衰,为舜所囚。""舜囚尧于平阳,取之帝位。"《韩非子·说疑》也说舜偪(逼)尧而得天下。直到唐代诗人李白的名篇《远别离》也坚持此说。禹属夏后氏部落,姒姓,以鲧为祖,似与戎、羌、东夷的颛顼、共工都有姻亲关系,或系混血而成。禹治水九年成功,形成自己的强大势力,于是逼舜出走,舜死于苍梧之野。禹即位后,发动大规模的再征三苗的南北战争,大获全胜。此次战争,《墨子·兼爱》《战国策·魏策》均有记载,而以《墨子·非功》记载最详,所记战况,十分激烈,而称"禹既已克有三苗,……神民不违,天下乃静"。《太平御览》引《随巢子》也称:"禹乃克三苗,而神民不违,辟土以王。"这说明禹征三苗的胜利,实现了从黄河流域到长江流域的政治统一。

我国古代文明的黎明时期,从黄帝、炎帝与蚩尤之间的连环战争,到尧、舜、禹屡征三苗的南北战争,史前三大文化区,经过近两千年的斗争、融合,终于形成了统一的华夏文化,而南北大体同时跨入文明门槛的分散部落奴隶主王国,也终于统一为一个奴隶制的大王国。

3. 夏王朝建立后奴隶制发展时期

禹治水成功,征服三苗之后,曾经在涂山、会稽两次大会诸侯,史称:"禹合诸侯于涂山,执玉帛者万国"(《左传·哀公七年》)"昔禹致群神于会稽之山,防风氏后至,禹杀而戮之"(《国语·鲁语》)。这已显示出奴隶制王权的专制权威,同时,"芒芒禹迹,画为九州","敷下土方""任土作贡",把全国画为九州,制定贡赋①,并颁布历法,创立《禹刑》②,从而开辟了以华夏族为中心的统一的奴隶制王朝的新局面。禹成为我国文明史中备受崇敬的伟大人物,被称为"大禹""神禹"。私有制日益发展,奴隶主贵族的特权世袭制巩固,"大人世及以为礼",禹传子,家天下,成为必然趋势。从此,开始了夏、殷、周三代相继的统一奴隶制王朝的繁荣发展时期。

疑古思潮泛滥以来,长期被视为"传说"或"假设"的夏王朝和夏文化,已被近些年夏墟考古的新成果所基本证实。古文献中有关夏代的不少记录,并非无稽之谈,而是确凿有据。例如关于夏代"以铜为兵""铸鼎象物"③的史迹,登封王城岗夏初城堡遗址中新发现的青铜容器残片和二里头文化及龙山文化晚期所发现的大量的青铜器和冶铜作坊,都提供了证明。又如,关于"鲧作城郭""禹都阳城"(《世本》《竹书纪年》)的旧说,《水经注》关于阳城地望的描述,上述王城岗城堡遗址正与这些记述相符;二里头文化遗存中发现的总面积达一万平方米的宏伟宫殿基址,使《竹书纪年》所记夏桀"作倾宫,饰瑶台,作琼室,立玉门"等得到了证实。

至于夏代的文字、典籍,似无而实有,且作为科学文化的创造,质量甚高。如传世的《夏小正》一书,乃我国第一部综合物候气象和天文知识的历书,经科学史家考证,就其所记物候和星象,确系夏代历书④。《竹书纪年》曾记禹元年"颁夏

---

① 《左传·哀公四年》引《虞人之箴》《尚书·禹贡》;《孟子·滕文公》:"夏后氏五十而贡。"《史记·夏本纪》:"自虞夏时,贡赋备矣。"
② 《左传·昭公六年》:夏禹元年"颁夏时于邦国""夏有乱政而作《禹刑》"。
③ 《越绝书》《左传·宣公三年》《墨子·耕柱》《史记·封禅书》。
④ 夏纬瑛:《夏小正经文校释》,农业出版社,1981年。

时于邦国"，夏代历法作为三代文化的优异成果，得到春秋时代学者梓慎、孔子的高度赞扬。梓慎肯定"夏数得天"，孔子强调治国的首要措施是"行夏之时"。我国最早的也是人类文化史上最早一次日食记录、地震记录、流星雨记录，都是夏代科学家的观测所得而由古史文献保存下来。《左传·昭公十七年》记太史引证《夏书》关于那次日食记录："辰不集于房，瞽奏鼓，啬夫驰，庶人走。"仅十四个字，却生动地记录了人们首次观测到日食现象所引起的惊恐状况。二里头文化遗址中，虽仅发现二十多个陶文，尚未破读，但就其形构看，与殷墟甲骨文有近似之处。今本《尚书》中，《虞夏书》保留的《夏书》仅《禹贡》《甘誓》两篇，而先秦古籍，如《逸周书·大聚解》引《禹之禁》，《尚书》引《夏箴》，《墨子》《左传》《国语》等多次引《夏书》，《新书》引《大禹谟》，司马迁更综述各书而写《夏本纪》，足见夏代实有文字记录的典籍。如《国语·周语上》引《夏书》曰："众非元后，何戴？后非众，无与守邦？"仅十三个字，表达了对奴隶社会阶级矛盾关系的一种理论概括。文字的产生与演化，是一个漫长过程，现存《夏书》片断和殷墟文字，绝非"独化"而生。夏代的文字、典籍，未来将会被更多的考古发现所证实。

总括上述，从炎、黄之际到夏王朝建立，是我国奴隶制的产生形成时期，中经父权家长制中隐蔽的奴隶制向分散的部落奴隶制王国的复杂衍变，其年代约当公元前 30—前 20 世纪，就其上限而言，约比古印度早一千年，比古希腊早一千四百年，比古埃及迟一千年，大致与古巴比伦同时。夏、殷、周三代是我国奴隶制的繁荣发展时期，约当公元前 21—前 8 世纪，与古希腊繁荣时期差不多。公元前 7 至前 4 世纪的春秋战国时期，是我国奴隶制瓦解和封建制逐步形成时期。从我国奴隶制的产生、形成到衰亡，大约经过了两千七百年，是一个自本自根、多源汇合、独立发展的完整过程。在世界上，也是奴隶制高度发展的一个典型形态，与世界各民族所经历的奴隶社会相比，既表现了合规律的共性，又具有自己的特点。它与中国封建社会的两千三百年历史相衔，构成了中华民族五千年的文明发展史。

泥古派褒义地神化古史，疑古派则贬义地神化古史，把古史斥为神话传说的历史。其实，神话传说中本身也有它产生的历史，并必然是某种历史的投影。如果善于把地下考古资料与传世文献资料结合起来,把人类社会运动的一般规律和各个民族历史的具体特点结合起来,进行宏观和微观的深入考察和具体分析,透过历史的投影去把握历史的真实,是完全可能的。

(1984 年 8 月)

传统·儒家·伦理异化

一

传统，是一个沉重而模糊的概念。"古愁莽莽不可说"（龚自珍诗句），"青史凭谁定是非"（林则徐诗句）。传统在历史之流的滚滚风涛里形成，一个古老民族的历史传统，总给人以混茫幽窅的印象，似乎无比丰厚，而又无从把握。概念的模糊性并不妨碍它的认识功能。传统一词广泛流行，但人们对于传统的理解，往往流于把它过去化、凝固化。似乎传统仅仅属于过去，而与现代相距很远，只有离开现代的立足点，才能回头去理解或重现传统。所以，对传统，有恢复或抛弃之说。恢复论者视传统为民族旧文化中某种"一脉相承之统绪"，即三代以来"原于中国文化之一本性"而形成的"道统之相传"，并悲叹其在中国走向近代的文化历程中发生了"断裂"；因而大声疾呼，要以孔子作《春秋》之"存亡继绝"的精神来恢复中国文化中"一贯之传统"①。抛弃论者视传统为"沉重的枷锁"，为"陈旧的过时物"，强调必须挣脱传统之束缚，才能彻底重建新文化。

果真如此吗？不尽然。

传统并非已经死去的历史陈迹，而是至今活着的文化生命。它渊源于过去，

①　唐君毅、牟宗三、徐复观、张君劢四人于1958年联名发表的《我们对中国学术研究及中国文化与世界文化前途之共同认识》，见唐君毅《中华人文与当今世界》（下）附录。

汇注于现在(经过现实一代人的参与),又奔流向未来。人作为类存在的社会人,其类特性就在于自由自觉地参与创造历史的活动,人只能生活和思考在他自己不断创造的历史之中,而不可能"遗世而独立",也就只能承先启后地处在某种传统之中。"全盘西化"论和"保存国粹"论之所以必然落空,就因为两者都把自己身处于其中的历史传统误解为凝固化了的异己的外在物,似乎可以随意抛弃或须加抢救。事实上,传统内在于现实的人们及其对传统的心态中,并不断地被人们评判、理解、复制和重构而成为动态的流程。黑格尔说:"传统并不是一尊不动的石像,而是生命洋溢的,有如一道洪流,离开它的源头愈远,它就膨胀得愈大。"①

传统既然流动,必非铁板一块而是多元的。历史的长河宽容"殊途百虑之学"。所谓"罢黜百家""裁判异端"的嚎叫,正证明了"百家"和"异端"的顽强存在。纵观历史,正宗与异端,精英与大众,主流与支流,神奇与腐朽,从来是相待而有,并行不悖。故粗分为"两种文化"或"大、小传统"②者有之,旷观为"圣贤之血路,散殊于百家"③者有之。譬如水火,相反相生,龙血玄黄,杂以成文。因此,对传统文化整体泛观、单维进化的模式,势必为二分(或三分)剖判、多元衍变的模式所代替。

传统既然多元,总是新旧杂陈,或已死而未僵,或初生而尚丑,或托古以护新,或假新以复旧。正因为情态多样,所以主体参与的历史选择,文化上的整合、重组、熔铸、涵化,破旧立新或推陈出新,乃有可能。在主体自觉地参与下,历史沉积物中的"璞"与"鼠"、"砒"与"蜜"可能糅混,但不是不可分的,并非只能宿命地接受。传统既然与主体的参与意识相依存,就不可能"后继无人"。某些传统思想似乎感染了整个民族,化为民族性格,浸入了无意识深层,但也会因人而异、因事而异、因时而异地发生着分解和变异。

多元的传统在不同的历史条件下形成,也只能随历史条件的变化而产生变

---

① 黑格尔:《哲学史讲演录·导言》,商务印书馆,1978 年。
② 列宁:《关于民族问题的批评意见》;雷德斐(Robert Redfield):《农民社会与文化》。
③ 黄宗羲:《清溪钱先生墓志铭》,《南雷文定》三集卷二。

革和发展。因此,传统的继承并非文物的保管,也不是古学的复兴,更不是对古今文化的肤浅认同,而是按"人事有代谢,往来成古今"(孟浩然诗句)这一历史的客观进程,基于主体的自觉对历史中形成的传统去进行筛选和评判,去发现自己视为先驱者的开拓的足迹,去探索新旧文化代谢发展的机制、条件和历史根据,从而找到传统文化与现代化之间的历史接合点。对传统文化的选择和继承,与对现今文化的创建和对未来文化的设计及追求,三者是密切结合在一起的。

二

试以上述传统观来考察儒家传统,则应看到多元的、流动的传统文化洋溢乎中国,源远而流长,儒家仅其中一环。儒家产生以前,中国文化已历史地形成若干文化区,各自创建又互相汇合,已蓬勃发展数千年。儒家产生以后,虽曾列为"显学",实与并世诸家(如阴阳、墨、法、名、道等)并行,且互为采获;汉唐以来,所谓儒之独尊,乃指官学而言,且代有变迁,而其间佛、道屡盛,纂著宏富,仅唐代流行于朝野的佛教经论,已达八千余卷,超出当时儒家经典若干倍。至于墨侠、阴阳、神仙、方术一直在民间流行,绵延不绝。

儒家及儒家传统等词,论者习用之,其实名实颇多龃龉。因为历史上并不存在统一的儒家,也不存在一脉相承的儒家传统。儒门有所谓"道统"之说,假托孔子预言"董仲舒,乱我书"①,算是最早的神学谶记;韩愈自觉编造的"道统"②,尊孟贬荀,于史无据,与汉儒皆尊荀、传经多出荀门③之史实全然相背。韩愈编造的"道统"名单,到宋初石介、孙复等,还在孟轲之后加上荀卿、董仲舒、扬雄、王通、韩愈,并不全然排斥汉唐诸儒④。而到了南宋朱熹手里,则一方面上溯伏羲,又牵强附会把"道统"内容规定为所谓"十六字心传";另一方面又全然撇开汉唐

---

① 王充:《论衡·实知》。
② 韩愈:《原道》。
③ 汪中:《述学》补遗《荀卿子通论》。
④ 石介:《徂徕集》卷十二,见黄宗羲:《宋元学案》卷二《泰山学案》。

诸儒包括韩愈,而在孟子之后直继以二程,后又稍扩充为周敦颐、邵雍、张载、司马光等所谓"伊洛渊源",而他自己当然以"道统"嫡传者自居①。从此,由朱熹所虚构,由元明清三代皇权所钦定的所谓儒家道统,成为一种强制推行的思想史范式,遮蔽了历史的真实。

其实,儒家夙以"杂"见称。《荀子·法行》记南郭惠子早称"夫子之门,何其杂也!"《韩非子·显学》谓孔子死后儒分为八:"有子张之儒,有子思之儒,有颜氏之儒,有孟氏之儒,有漆雕氏之儒,有仲良氏之儒,有孙氏之儒,有乐正氏之儒。"再加上子夏在西河和曾子在武城也各立门庭,各有创建(或以为仲良氏乃仲梁子,传曾子之学,或以为乐正氏乃乐正子春,乃曾子弟子,或以为子夏为"传经"人物,或以为子夏乃"法家宗师"②)。反正各自成家,取舍不同;荀况后起,直斥子张、子夏、子游为"贱儒",对子思、孟轲更猛烈抨击,把他们斥为"偷儒惮事,无廉耻而嗜饮食""术谬学杂,呼先王以欺愚者"③。可见孔子之后的儒门各派,互相攻讦,势不两立。韩非所列八派中有"漆雕氏之儒",被称为"不色挠,不目逃,行曲则违于臧获,行直则怒于诸侯",以其"廉""暴"学风与孟、荀都敬重的宋钘的"宽""恕"学风相对立;章太炎尊"儒侠"一派,称其"刚毅特立"别树一帜。④ 试问,如溯及先秦而论儒家传统,究何所指? 是指孟轲氏之儒,抑指与孟轲持论相反的荀卿氏之儒? 或是指与孟、荀都大不一样的漆雕氏之儒? 如果概指各家,应绎其共性,如果仅指某一家,则举一废百,名不符实。

到汉代,初有儒、道互黜,稍后儒得独尊,且儒林与经师合一,似乎有儒经可据,易于趋同;事实上大不然,儒经一开始流传,就发生了文字训解、师说家法、思想原则等方面的种种分歧。突出的是经分今、古文,在一系列重大问题上互不相容。诸如对孔子的评价、对孔子与六经的关系、对六经的排列次序、对六经是孔子所作或是古代文献,都有截然不同的解释,而同是今文经学派内也有分歧,如

---

① 朱熹:《中庸章句·序》《沧州精舍告先圣文》《六先生画象赞》等。
② 《礼记·檀弓上》《后汉书·徐防传》、郭沫若《十批判书》。
③ 《荀子》:《非十二子》《儒效》。
④ 《韩非子·显学》、章太炎《訄书·儒侠》。

"三家诗义"与"公羊春秋"在政治主张上就互相对立,学术争论动辄发展为政治诛杀。汉廷尊儒,所尊者乃投其所好之儒,凡固执儒学原旨者,如申培公、辕固生等反遭拒斥,而赵绾、王臧、眭弘、盖宽饶等竟以思想罪被迫害致死。至于被儒门斥为"曲学阿世"者如公孙弘等人,则得贵显①。与此交织,稳定汉王朝的大批"酷吏"和"循吏",倒堪称儒法合流的汉家法度的真正实践者②,而大批标榜名教的"儒生""名士",反而成为儒学培养出的伪君子③。如论汉代儒家传统,究指申培公、辕固生之儒? 或指公孙弘、董仲舒之儒? 抑指眭弘、盖宽饶之儒? 如依孙复等独尊董仲舒为使"圣道晦而复明"的汉儒代表④,也难以排除传统中别有尊韩婴、尊刘歆、尊扬雄、尊王充而斥董仲舒为"淫巫瞽史""义和团之远祖"⑤等说法。

至于宋元明清时期,似乎三教分立,名成一系;儒家由经学发展为理学,不断得到皇权支持,作为科举考试定本,俨然成为思想正宗。明初编出三本《大全》——《五经大全》《四书大全》《性理大全》,诏颁天下,所谓"合众途于一轨,会万理于一原"⑥,似乎达到空前的稳定与统一。其实大谬不然,仅就北宋儒学而言,就有王安石的新学、司马光的朔学、张载的关学、二程的洛学、三苏的蜀学……诸学派之间,各种观点形成复杂的多角对立;到南宋,既有朱熹、陆九渊、吕祖谦之间的激烈争论,又有陈亮、叶适等从根本上反对理学家们的心性空谈;郑樵、马端临等更以空前的博学,别创文化史研究新风,而独步当时。明朝王阳明以对朱陆的双向扬弃而另创新说,王学又以良知说的内在矛盾而导致王门各派的多向展开;通过泰州学派的分化而由何心隐、李贽引向"异端",再通过东林学派的实践工夫而由黄宗羲完成对王学的否定;在明清之际的特殊历史条件下更崛起一代早期启蒙学者,各有师承、各具特色,但大都超越出儒家的藩篱。仅就儒门一家而论,已是异说纷纭,单是朱陆之争,就势同水火。如黄宗羲所云:

---

① 《史记·儒林列传》,《汉书》卷七十五《眭弘传》与卷七十七《盖宽饶传》。
② 《史记》:《酷吏列传》《循吏列传》。
③ 如《后汉书·陈菩传》附赵宜事等。
④ 孙复:《睢阳子集·与张调书》,见黄宗羲:《宋元学案》卷二《泰山学案》。
⑤ 柳宗元《贞符》、章太炎《菿汉微言》。
⑥ 胡广等进书表。

"师门宗旨,或析之为数家""大类释氏之源流,五宗水火,遂使杏坛块土,为一哄之市"(《明儒学案·自序》)。所谓《圣学宗传》《理学宗传》《皇明道统录》之类,当然不足为据。事实上,人们无不是按各自的先入之见和历史意识去建构、去诠释自己的儒家传统。

三

诠释的多样性不排斥诠释的对象仍有其历史的统一性。因为诠释者总生活、思考在统一的历史的行程中,被诠释的对象总有其历史的继承性;而历史又总是以自己固有的严峻方式,检验着、筛选着各式各样的诠释,增减其存在的历史合理性。

历史上所谓儒家思想,从晚周到清末,经过与中华固有的道、法、墨、名、阴阳家思想,蒙、满、藏、回等各族传统思想交相融合,又与外来的印度佛教各派思想、西方各家思想,先后汇合,屡经变异,分殊发展,但毕竟摄取各家,为我所用,而自有重心,蔚为中华文化中的主流学派之一,形成一个多向度而可供诠释者自我选择的丰富传统。

"历史,如果它有意义而并非空洞的回声,那它就都是当代的历史。"(克罗齐语)对历史上儒家传统的当代诠释,虽纷然杂陈,但某种诠释得以流行则并非偶然,往往由许多历史因素的结合而据有一定的客观根据。按流行的说法,由孔子奠基、以六艺为法的儒家学说,自汉至清,二千余年,确乎形成了传统。儒家传统的发展,自有其历史变化的原生、衍生、变异、衰落诸阶段。

儒学在其原生阶段,立论朴实,旨在重视人伦和人的实践智慧,追求理想的社会和谐秩序。孔子博学好古,总结三代文明的盛衰,提出"仁""礼"结合,"孝、悌"为本的伦理原则;孔门各派多元发挥,而颜(回)、曾(参)、孟(轲)、荀(况),颇能以人伦为中心,各有侧重而又互补地完成了"修己治人"的"仁义"之学体系的建构。所谓"以仁为恩,以义为理,以礼为行,以乐为和,薰然慈仁,然后君子"

《庄子·天下》);所谓"列君臣父子之礼,序夫妇长幼之别,虽百家弗能易也"
(《史记·自序·司马谈论六家要旨》),可说是对原始儒家独特贡献的切实概括。
这一概括实际表明,儒家思想的根基,乃是宗法伦理关系及其所产生的宗法伦理
意识,由宗法家庭的道德行为规范推广到宗法等级制的礼法名教等社会政治规
范,就是儒家所谓"成己成人""内圣外王"的思想体系的重心。宗法制的历史沉
淀就是这一思想重心的扎根处。

儒家传统在其衍生、变异阶段,形成多层的结构,并随时代发展而不断变化
其内容。如:

(1) 儒经的传统。孔子在文化下移中搜辑、整理、编纂了《诗》《书》《易》《礼》
《春秋》等古文献,功绩不朽,孔门子夏、荀卿及以后儒者多以传经著称,所谓"儒
者以六艺为法,六艺经传以千万数"(《史记·太史公自序》)。儒家以丰富的古文
献作思想载体,吸聚了历代知识精英,发挥了特有的文化优势,无论是"我注六
经"还是"六经注我"(两者实不可分),都同样在参与儒经传统的历史延续。从秦
博士浮丘伯、伏胜……直到皮锡瑞、廖平、章太炎,绵延二千余年,文分今、古,学
别汉、宋,各种笺注疏解,更是汗牛充栋,成为中国传统文化中最丰腴、最庞杂的
一份遗产。

(2) 儒行的传统。儒重行,"知之匪艰,行之惟艰","行有余力,则以学文"
(《古文尚书·说命中》《论语·学而》)。"冠、婚、丧、祭"等基本宗法礼仪和"入则
孝、出则悌"等基本行为规范,本依存于以小农为基础、以血缘为纽带的宗法制遗
留,与群体生活实践和群体价值意识脉息相通,这是儒家传统特具再生力的深层
社会基础。至于《荀子·儒效》《小戴礼记·儒行》中所申论,乃战国末到秦汉之
际的儒者对新人行为模式的理想设计,昂扬主体的自觉性,颇有"强哉矫"的生
气。而往后儒者对"视、听,言、动"的强制规范,如程颐的《四箴》、朱熹的《家礼》
等,则以"克己复礼""灭欲存理"为价值取向,使一切道德行为因主体沦丧而失去
活力。

(3) 儒学的传统。儒重文,"博学于文""好古敏求"被看作"修己治人""化民
成俗"的首要一环;所谓"观乎天文,以察时变;观乎人文,以化成天下"(《周易·

贲卦象辞》),故儒者强调文治教化的作用,主张"尊德行而道问学,致广大而尽精微,极高明而道中庸"(《小戴礼记·中庸》),注意对历史遗产的继承,对外来文化的汲取,对自身理论的加工,对异端思想的涵化,从而使儒学思想体系具有较大的包容性,得以长期居于统摄的正宗地位。

(4)儒治的传统。儒学的包容性体现在政治上既可以儒法合流、儒道互补;而儒行的内容尤重"安上治民""以天下为己任"的从政意识,从"三纲八目"到经世致用,从维护"皇极"到赞美"循吏",构成儒家传统的政治内核。治统与学统,政统与道统,相互依存、相辅而行,遂使历代王权既可以缘饰儒术、宣扬德治、自称圣王,又可以用卫道名义兴文字狱、诛心中贼,以理杀人。

上述几个层面,各成系统而又密切结合,故所谓儒家传统,并不仅是一种学术思想或精神资源,而是依附于一定的经济政治制度的伦理规范、社会风习、文化心态、价值理想等的综合体,涵盖面广、渗透力强,在历史上曾起过重大的支配作用,尽管经过百余年的历史沧桑,它在民族文化的深层结构中仍具有不可忽视的再生活力。

四

传统并不仅是一种精神力。当传统与一定的社会制度相融合就会产生特殊的社会功能。儒家传统主要依存于又服务于以自然经济与血缘纽带为支柱的宗法封建制,这种宗法封建制是由宗法农业家庭以及这样的家庭、宗族细胞分层隶属而构成。所以儒家思想传统的主要内容是以维护宗法关系及其等级秩序,确定和限制封建特权、调节宗族内外矛盾为中心的"礼教"——"所以定亲疏、决嫌疑、别同异、明是非"(《礼记·曲礼》)的一套价值规范。

这一套礼教规范,其源,可以远溯到古代血缘氏族的父系家长制;其流,更长期绵延,与文明同步。作为历史沉淀物的宗法制度,在进入文明时代即与国家体制及政治、法权、宗教等深相结合,形成中国特有的宗族奴隶制。到晚周时期的礼崩乐坏、社会蜕变过程中,原始儒家适时地对"郁郁乎文哉"的周代礼教进行了一番理论加工。礼,不单指器物、礼仪、制度,而是一种人文价值。因此,实之以仁,充之以孝,扩之为仁政、德治,证之以"明分使群"。孟、荀互补,孟主性善,"仁义礼智根于心""非由外铄,我固有之"①,把礼教内化为修己之道;荀主性恶,强调"人道有辨""礼以定伦""国之命在礼"②,把礼教外化为治人之经。原始儒家既论证宗法伦理根于人心,为人的类特征所固有,又强调宗法伦理规范为圣人所制定,是人类所必需。尽管孔、孟、荀还保留了某些天命神权或神道设教的传统思想,但从伦理实践的角度却肯定了人作为主体的道德自觉的意义,并没有把作为客体的社会必需的伦理规范绝对化。故有"邦无道则隐""闻诛一夫纣""从道不从君"③之论。

秦汉新儒家摄取阴阳家言,融合道法刑名思想,服务于宗法封建制的统一法度,实现了儒法的政治合流。韩非的"三纲"思想被纳入儒家的礼教体系,宗法伦理由相互的道德感情转变为绝对的伦常义务,由自觉的道德要求逐步变为强制的行为规范。于是,由董仲舒开始形成了"王道之三纲,可求于天""屈民而伸君,屈君而伸天"④的神学理论。往后,发展为"名教本之自然"的玄学正宗,再发展为"明体达用""理一分殊"的理学正宗,始终都在论证宗法伦理及其政治推广的纲常名教的神圣性和绝对性。绝对化的纲常名教,日益成为丧失了主体自觉道德的异化的伦理教条,其所维护的宗法等级隶属关系,日益变为人性的桎梏,变为道德自觉的反面,人的真正价值被全面否定。

这一历史事实,可以被理解为类似宗教异化的伦理异化现象。

人,为了实现人的本质,结为群体,组成家庭,创立社会,建构人与人之间必要的伦理关系及其他社会政治关系,为调节这些关系而产生了自律和他律的行为规范。人的价值正是在这些关系中自觉实践一定的道德规范而得以实现的。但是,当这些规范被架空,脱离了现实的人际关系,脱离了人的自我道德意识,而异化为一种强制、奴役、愚弄人的"天生铁定底道理";这"道理"反过

---

① 《孟子》:《尽心上》《告子上》。
② 《荀子》:《大略》《王制》。
③ 《论语·卫灵公》《孟子·梁惠王下》《荀子·大略》。
④ 《春秋繁露·基义》《举贤良对策》。

来钳制人心，革尽人欲，直到"身心收敛"，"坐如尸，立如斋，头容直，目容端……"（《朱子语类》卷十二）使人成为非人，结果，人在实践道德规范中反而丧失了人的本质。

儒家传统的礼教思想、伦理至上主义，有其重视道德自觉、强调教化、追求人际关系和谐等可取因素。但因其植根于我国奴隶制社会和封建制社会长期顽固保存的宗法关系之中，一开始对理想人格的设计，就以客观化的等级名分制度和人际依附关系为基准，而使个体的主体性消融于其中；个体的存在和价值完全隶属于超个体的整体，只有事父事君、尽伦尽职，才可能获得个人存在的意义和价值。因此，一个人的道德自觉性愈高，愈是最大限度地尽到伦理义务，也就愈是自觉地否定自我，乃至扼杀个人的道德意识。同时，把人之所以为人的本质归结为道德活动，蔑视人的其他一切价值，人不必去追求成为独立的认识主体、审美主体，政治、经济、科技、生产活动的主体等，而只需成为纲常名教的工具。这种伦理至上主义，绝非人文精神；相反地，乃是一种维护伦理异化、抹杀人文意识的伦文主义。它不仅取消了人的主体性，尤其抹杀了人的个体性，把个体消解于异化了的群体人伦关系之中。只有冲破伦文主义的网罗，才可能唤起人文主义的觉醒。

伦理异化是中国封建社会特有的历史现象。为之辩护者历代多有，前期多采神学说教，后期多采哲学论证。董仲舒、朱熹，堪称典型。抗议者亦不少，前期多梦游远古，后期始瞩望未来，鲍敬言、黄宗羲，可作显例。至于李贽歌颂"童心"，揭露"假人"（《焚书·童心说》），龚自珍呼唤"众人之宰，自名曰我"（《龚自珍文集·壬癸之际胎观第一》），王夫之反对"灭情而息其生"（《周易外传》卷三《损》），戴震怒斥"后儒以理杀人"（《孟子字义疏证》卷上《与某书》），谭嗣同声讨"无实之名"造成"三纲五常之惨祸烈毒"（《仁学》八），章太炎强调"依自不依他"、"一切虚伪，唯人是真"①，全是一派反抗伦理异化的叱咤声。"五四"时期"哀其不幸，怒其不争"的反传统，并非什么传统文化的"断裂"，而正是四百年来文化代

---

① 章太炎：《答铁铮》《国家论》。

谢中这一优秀传统的继承。

至于儒家传统中的积极因素,早已裂变为文化代谢中的新生面。"谢朝花于已披,启夕秀于未振"[①],春兰秋菊,千古永存。[②]

① 陆机:《文赋》。
② 屈原:《九歌·礼魂》。

道家·隐者·思想异端

江瑔《读子卮言》中有《论道家为百家所从出》一篇，谓："上古三代之世，学在官而不在民，草野之民莫由登大雅之堂。唯老子世为史官，得以掌数千年学库之管钥而司其启闭，故《老子》一出，遂尽泄天地之秘藏，集古今之大成，学者宗之，天下风靡，道家之学遂普及于民间。……道家之徒既众，遂分途而趋，各得其师之一端，演而为九家之学，而九流之名以兴焉。"江氏之言颇夸张，谓道家之徒演为九流，乃臆测；唯论到道家之学出于史官，后来流行于民间，徒众而分趋等，亦非全然无据。黑格尔在其《哲学史讲演录》卷首概述"中国古代哲学"时，虽甚简略但颇中肯地指出："孔子的哲学就是国家哲学，构成中国人教育、文化和实际活动的基础。但中国人尚有另一特异的宗派，这派叫做道家。属于这一派的人大都不是官员，与国家宗教没有联系，也不属于佛教。这派的主要概念是'道'，这就是'理性'。这派哲学和与哲学密切联系的生活方式的发挥者是老子，他生于基督前第七世纪末，曾在周朝的宫廷内作过史官。"黑格尔在这里既肯定了道家的理论贡献，也指出了道家思想的非官方性质。

关于老子其人其书和道家的起源，关于道家思想所依存的社会基础及其在中国传说文化中的地位和作用，长期以来已有过许多争论和各种歧解，至今难以得出定论。但有一种流行的偏见，即认为儒家文化似乎可以代替或代表整个中国传统文化，把传统文化单一化、凝固化和儒家化，这显然是不符合历史实际的。本文拟就上述问题略抒己见，以就正于方家。

一、传统文化的多维与两分

从文化发生学的角度来审视整个人类文化,从来是多源发生、多元并存、多维发展的。这从全世界的考古成果中已得到充分证明。旧石器和新石器时代的文化遗址,遍布五大洲,由史前多根系文化汇合而成的埃及、两河流域、印度、希腊、中国和墨西哥等大的文化系统,各自发展,各具特色,都曾达到高度繁荣。人类文化有趋同现象。但文化传播中的辐射、迁徙、涵化、融合等,实际上都以文化发生的多根系和文化发展的多向度为前提。

就中国作为东方大国而言,我们的祖先从猿分化出来在亚洲东部这大片土地上战天斗地的文化创造,也是多源发生、多维发展的。且不说新石器文化遗址已发现七千多个,遍布全国,经过长期斗争、融合,早形成海岱、河洛、江汉等三大史前文化区,又经过夏、殷、周三代的进一步发展,更形成了燕齐、邹鲁、三晋、秦陇、荆楚、巴蜀、吴越以及辽阳、西域等地区性文化,其传统文化心理的特点,至今在民俗、文风中尚有遗存。仅就上述区域性文化所凝结、交织而成的学术派别而言,在周秦之际已展现为诸子蜂起、百家争鸣的局面,当时的学者对各家思想的特点已有过简明的概括和总结。值得注意的是,在当时学者的概述中,如《庄子·天下》括为八家,除讲"阴阳数度"之学的阴阳家,讲"诗书礼乐"之学的儒家,以墨翟、禽滑厘为代表的墨家,以惠施及辩者为代表的名家外,其余四家——宋钘、尹文之学,彭蒙、田骈、慎到之学,关尹、老聃之学,庄周之学,皆属道家。《荀子·解蔽》所列六家,道家居三;《尸子·广泽》所列六家,道家亦居三;《吕氏春秋·不二》所列十家,道家居五。① 足见先秦诸子中道家独盛,徒众而分趋,同属道家而衍为数派,故比重特大。至汉初,司马谈首次综括先秦学术,归结为"阴

① 《荀子·解蔽》云:"墨子蔽于用而不知文,宋子蔽于欲而不知得,慎子蔽于法而不知贤,申子蔽于势而不知智,惠子蔽于辞而不知实,庄子蔽于天而不知人。"《尸子·广泽》云:"墨子贵兼,孔子贵公,皇子贵衷,田子贵均,列子贵虚,料子贵别囿。"《吕氏春秋·不二》云:"老聃贵柔,孔子贵仁,墨翟贵廉[兼],关尹贵清,子列子贵虚,陈骈贵齐,阳生贵己,孙膑贵势,王廖贵先,倪良贵后。"

阳、儒、墨、名、法、道"六家,在评论中也特别推崇道家。① 后班固依刘歆《七略》撰《汉书·艺文志》,在《诸子略》之外别出《六艺略》《兵书略》等,而将诸子括为"九流"(别增"小说",合为"十家"),而"九流"中道家的文献著录特多,达993篇(且不计其误列入他家者),数量为诸子各家之冠。②

《史》《汉》所括"六家""九流",撮其要旨,论其特点,似较先秦书为确;且已论到"九家之术,蜂出并作,各引一端,崇其所善,以此驰说,取合诸侯。其言虽殊,辟犹水火,相灭亦相生也"(《汉书·艺文志·诸子略》)。触及诸子各家多维并存和矛盾两分的关系,但对各家的兴衰、绝续、分合之故,未加细说。

就先秦诸子各家的具体的历史发展而言,阴阳家产生最早,集大成于战国末的邹衍;道家继起,凝成《老子》一书,衍为杨朱、宋钘、尹文、田骈、庄周等南北诸流派;儒、墨渐盛,且有"儒分为八,墨离为三"的蓬勃发展;名家出入于各家之中,法家成熟于各家之后;兵、农、纵横诸家应时勃兴而皆统摄于法家,流行于秦、晋。李悝"撰次诸国法著《法经》","商君受之以相秦。"(《晋书·刑法志》)秦依法家为政,兼用兵、农、纵横,因而能够"振长策而御宇内,吞二周而亡诸侯"③,实现封建主义的政治统一。汉承秦制,为惩亡秦之弊而一度重用黄老道家,继又独尊儒术而实为儒法合流,因而得以稳定和强化宗法封建制的政治统治。就理论思维水平的深广度而言,兵、农、纵横以至阴阳、名家,都以其理论上固有的局限而只能依附于儒、道、墨、法四家;而墨家在秦汉之际,以其所代表的"农与工肆之人"的政治地位的失落而归于中绝。真能独立发展,体用皆备,统之有宗的,实有儒、法、道三家。如以多维并存、矛盾两分的观点分别考察,则其离合变化的基本格局似可概括如下:

(一) 道、法由相依而分驰

道、法相依,源于齐学传统。周初,姜太公治齐,既因循齐俗,又注重法治,

---

① 司马谈所推崇的道家,实为总结了先秦道家各派,又吸取了阴阳、儒、墨、名、法思想的新道家,即流行于战国末、秦汉间的"黄老道家"。

② 据《汉书·艺文志》所列,儒家836篇,杂家403篇,阴阳家369篇,法家211篇,农家114篇,纵横家107篇,墨家86篇,名家36篇。

③ 贾谊:《过秦论》上。

"尊贤而上功""通工商之业,便鱼盐之利",雷厉风行,五月报政。① 相传姜太公著书甚多,《汉书·艺文志》"道家"著录"《太公》二百三十七篇",包括"《谋》八十一篇,《言》七十一篇,《兵》八十五篇",皆亡;但太公思想影响及于管仲。管仲相齐桓公,重贤任能,实行改革,"九合诸侯,一匡天下"(《论语·宪问》),今存《管子》书虽非全是管仲遗说,但其中多道、法合一思想,如:"明王在上,道法行于国""事督乎法,法出乎权,权出乎道""法者,天下之至道也,圣君之宝用也""治民有常道而生财有常法,……明君之重道法而轻其国也"②等。战国时,邹忌相齐威王,进一步实行封建化改革,为礼贤下士而创建"稷下学宫"。"稷下"学者中,不少人兼通黄老刑名,提倡道、法合一,以黄老道德为体,以刑名法术为用。故《史记》以老、庄、申、韩合传,自非偶然;其称"申子之学,出于黄老而主刑名",韩非"喜刑名法术之学,而归本于黄老"(《史记·老庄申韩列传》),更是明证。

但道、法两家在思想上本有分歧,尤其三晋法家与南方崛起的荆楚道家如庄子等更多舛背。集法家思想之大成的韩非,虽曾著《解老》《喻老》,史称其学"本于黄老",但韩非直斥"为恬淡之学而理恍惚之言"的道家为"天下之惑术",把道家推崇的"许由让天下"与"盗跖犯刑趋利"两者,同等地斥为破坏刑赏的"殆物";断然反对"不以天下大利易其胫一毛"的"轻物重生之士",认为这直接违反了"重殉上事"的忠君原则③。在秦统一前后的社会大变革中,法家依附于封建统治集团,以乘势夺利的当权派立场,迷信权势法术,在实践上一度取得成功;而道家则基本上植根于没落贵族下降而形成的逸民或隐士集团,以失势退隐的在野派自居,"全性保真,不以物累形"(《淮南子·氾论训》)"其学以自隐无名为务",主张"无为自化,清静自正"(《史记·老庄申韩列传》)。因而既反对"礼治"也反对"法治",更轻视权势刑赏,《老》《庄》都猛烈抨击依靠法家变革而上台的新统治者是

---

① 参见《史记·齐太公世家》《吕氏春秋·长见》《史记·鲁周公世家》。
② 《管子》:《法法》《心术上》《任法》《君臣上》。
③ 《韩非子》:《忠孝》《显学》。

"盗竽",是"窃国者"①。现实中激化的政治分化,促成了学术思想上的日趋对立;愈往后发展,愈发生尖锐冲突。当儒、法两家政治合流而跃居统治思想的正宗地位,道、法两家则更是背道分驰。

(二) 儒、法由相乖而合流

儒、法相乖,源于春秋战国时期社会变革中的对立势力,一主"礼治",一主"法治",路线不同,针锋相对。孟轲猛烈攻击秦孝公、商鞅等的社会变革是"漫其经界"的"暴君、污吏",抨击法家,兼斥兵、农、纵横,主张"善战者服上刑,连诸侯者次之,辟草莱、任土地者次之"②,反对法家主张的兼并战争和土地私有化。反之,商鞅则把儒家提倡的"礼、乐""《诗》《书》""孝、弟""仁、义"等斥为足以"亡国"的"六虱"(《商君书·靳令》);韩非也直斥儒家学说是"疑当世之法而贰人主之心"的"邦之蠹",并称儒家推尊尧舜、颂美三代是"非愚则诬"③。儒家亲亲而尚仁,宣扬德教仁政;法家尊尊而尚功,强调刑赏法治,在社会变革时期两者似乎冰炭不相容。

但到战国末年,荀况为封建统一所提供的政治理论,已强调了"法后王""美当今",兼重礼与刑。儒、法思想开始走向融合。秦汉之际的儒生们面对着"秦并海内,兼诸侯,南面称帝,以养四海,天下之士,斐然向风",而由于"仁义不施,攻守势异"④,仅二世而亡的大变局,不得不总结秦政得失,继承秦制,融摄法家。如韩非所云:"臣事君、子事父、妻事夫,三者顺则天下治,三者逆则天下乱,此天下之常道也。"(《韩非子·忠孝》)此类思想被汉初董仲舒等吸入儒家伦理政治体系,而形成"王道之三纲",建立起"杂霸、王道用之"或"阳儒阴法"的"汉家法度",并一直沿袭下去,成为历代封建专制主义政统的轴心。章太炎论及此事颇有见地,云:"至汉,公孙弘、董仲舒辈本是经师,其时经师与儒已无分别。弘习文法吏事,而缘饰以儒术,仲舒为《春秋决狱》二百三十二事,以应廷尉张汤之问。儒家

---

① 《老子》五十三、五十七章,《庄子·胠箧》。
② 《孟子》:《滕文公上》《离娄上》。
③ 《韩非子》:《五蠹》《显学》。
④ 贾谊:《过秦论》上、中。

法家,于此稍合。……儒者自耻无用,则援引法家以为己有。南宋以后,尊诸葛为圣贤,亦可闵已。然至今日,则儒、法、纵横殆后世之将合而为一也。"①其实,我国传统正宗思想并非儒门一系而是儒法合流,对此,近世先进学者已多有论述。如王夫之指出:所谓"君子儒""言治道者","于老庄则远之惟恐不夙,于申韩则暗袭其所为而阴挟其心","言则圣人而行则申韩也",他称之为"以申韩之酷政文饰儒术,以重毒天下"的"申韩之儒",并痛切揭露:"下至于申韩之儒,而贼天下以贼其心者甚矣!后世之天下死于申韩之儒者,积焉!"②戴震也痛切揭发:宋儒所谓"理欲之辨,适成忍而残杀之具","酷吏以法杀人,后儒以理杀人,浸浸乎舍法而论理,死矣,更无可救矣"!③谭嗣同更尖锐地指出:"自秦垂暴法,于会稽刻石,宋儒炀之。……独夫民贼,固甚乐三纲之名,一切刑律制度皆依为率","数千年来三纲五经之惨祸烈毒,由是酷焉矣"!他进而概括言之:"二千年之政,秦政也,皆大盗也;二千年之学,荀学也,皆乡愿也。惟大盗利用乡愿,惟乡愿工媚大盗!"④痛愤之词,不免偏激,却深刻揭示了二千年封建专制政统中儒、法合流的本质。

(三)儒、道由相黜而互补

儒、道异说,源于齐、鲁异政,更衍为荆楚学风与邹鲁学风之取向不同。战国时,孟子力辟杨、墨,庄子则剽剥儒、墨,孟、庄同时而未谋面,但思想路线早已形成对立。到汉初,儒、道互黜,在政治、思想领域的冲突更是尖锐。儒林博士辕固生与好黄老道的窦太后争论《老子》一书的评价,竟被令入圈刺豕,几乎丧生;申培公被迎来议明堂事,触怒了窦太后等,导致"隆推儒术,贬道家言"的赵绾、王臧等竟因而被政治诛杀(《史记·儒林列传》)。司马迁曾总括:"世之学老子者则黜儒学,儒学亦黜老子。道不同不相为谋,岂谓是邪?!"(《史记·老庄申韩列传》)此后,司马迁被斥为"论大道,则先黄老而后六经",因而《史记》一书竟有"谤书"

---

① 章太炎:《论诸子学》。
② 王夫之:《姜斋文集·老庄申韩论》《尚书引义·舜典二》。
③ 戴震:《孟子字义疏证》《与某书》。
④ 谭嗣同:《仁学》三十七、八、二十九。

之嫌①；而王充则自命"虽违儒家之说，但合黄老之义"，因而《论衡》一书长期被斥为"异端"②。

两汉时期在政见上儒道互黜，深化为"圣人（孔子）贵名教，老庄明自然"的学派分歧和思想对立；而东汉时由于大批伪名士的出现，使儒家名教大为贬值，需要起用"自然"观念来滋补其生机，于是夏侯玄、何晏、王弼等煽起玄风，强调"天地以'自然'运，圣人以'自然'用"，"君亲自然，匪由名教，爱敬既同，情礼兼到"③。在玄学思潮的发展中，曾自觉讨论过儒、道的异同、离合问题，而大体归宿于"儒道合"，或"将无同"④。无论是偏重于"以儒合道"，或偏重于"以道合儒"，其主旨都在"儒道兼综""情礼兼到"，以企求"自然"和"名教"的统一。玄学正宗，可以说是从学派形式上初步实现了儒道两家的兼容和互补。以后，经过佛道两教的激荡而形成宋明道学新思潮。中国化了的佛教哲学和道家及道教思想的渗透，实为宋明道学的哲理化思辨得以形成和发展的基本学术条件。历代学者多已指明，如王夫之认定：周、邵、程、朱"器外求道"，乃老氏之旨；陆、王之学，"消所入能"，乃阳儒阴释⑤。潘平格更一语道破："朱子道，陆子禅。"⑥所谓"朱子道"，乃指程朱一系思想多承袭于道家及道教理论；所谓"陆子禅"，乃指陆王一系思想多来自禅宗而中国禅宗思想实直承庄子之学。宋明道学正宗，可以说从理论内容上实现了较深层的儒道互补。

学术思想上所实现的儒道互补，反映了现实生活中某种社会心理的需要。中国封建社会中的士人一直有在朝和在野之分。但随着科举制的发展，朝野之间的流动性也不断加大，每个人随时都面临着所谓"穷达""出处"、跻身庙堂或退处山林的不同命运，因而决定其立身处世态度乃至价值观念等的不同选择。而儒道两家分别提供的思想体系及价值取向，恰好足以适应人们在不同境遇中的

---

① 《汉书·司马迁传》《后汉书·蔡邕传》。
② 王充：《论衡·自然》；纪昀：《四库全书总目提要》。
③ 何晏：《无名论》引夏侯玄语（见张湛：《列子注·仲尼》）；袁宏：《三国名臣颂》。
④ 《晋书·阮籍传》："阮瞻见司徒王戎，戎问曰：'圣人贵名教，老庄明自然，其旨同异？'瞻曰：'将无同！'"
⑤ 王夫之：《周易外传》卷五、《张子正蒙注·序论》。
⑥ 李塨：《恕谷后集》卷六。《万季野小传》引潘平格语。

精神需要,可以维持人们在处境变化中的心理平衡。冯友兰先生颇有实感地指明:"因为儒家'游方之内',显得比道家入世一些;因为道家'游方之外',显得比儒家出世一些。这两种趋向彼此对立,但是也互相补充。两者演习着一种力的平衡,这使得中国人对于入世和出世具有良好的平衡感。"他还认为"中国哲学的这两种趋势,约略相当于西方思想中的古典主义和浪漫主义这两种传统",并举杜甫与李白的诗,作为显例①。似乎也可以说,正如西方文化中有"日神"精神和"酒神"精神的对立和互补一样,中国文化主流中也有儒、道精神的对立和互补。

以上从三个层面对传统文化的多维与两分所作的简析,仅系一种宏观角度鸟瞰其基本格局,实际存在的许多过渡形态和中介环节,未遑细论。

二、道家·史官·隐者

单就道家,论其起源,似可概括地表述为出于史官的文化背景而基于隐者的社会实践,前者指其思想理论渊源,后者指其依存的社会基础。

此在史志中似已言之凿凿。如《史记·老子列传》云:"老聃,周守藏室之史也"(同书《张汤传》又谓"老子为柱下史",《庄子·天道》又称"周之徵藏史有老聃者"),盖周室史官兼管图籍文献。故《汉志·诸子略》称:"道家者流,盖出于史官。历记成败、存亡、祸福、古今之道,然后知秉要执本,清虚以自守,卑弱以自持……"此所谓"盖出于史官",乃概指之词,非仅实指老聃作为道家创始人曾做过周守藏史,而且泛指道家思想的重心乃渊源于对以往"成败、存亡、祸福、古今之道"的研究和总结。而《史记·老子列传》又称:"老子修道德,其学以自隐无名为务","居周久之,见周之衰,乃遂去,至关,关令尹喜曰:'子将隐矣,强为我著书。'于是老子乃著书上下篇,言道德之意五千言而去,莫知其所终"。"老子,隐君子也"。此所谓"以自隐无名为务"的"隐君子",非仅实指老聃见周之衰而自隐

---

① 冯友兰:《中国哲学简史》第二章。

去或庄周拒楚威王之聘而宁愿"曳尾于涂中"等具体史实,且泛指一部分古代士人自愿或被迫从统治层的政治斗争漩涡中跳出来,成为在野者,他们既具有博古通今的历史教养,又与现实权力斗争保持一定距离,因而有可能深观社会矛盾运动,冷静分析和总结历史经验;同时,他们退隐在野,贵己养生,不慕荣利,乃至傲视王侯,因而有可能较多地接触社会现实,了解民间疾苦,关心生产科学,乃至成为时代忧患意识、社会批判意识的承担者,或"以德抗权""以道抑尊"的代表人物。这类隐者代表人物,在《论语》中已成批出现。既有批评、讽刺孔子的长沮、桀溺、石门晨门、荷蒉者、荷蓧丈人、楚狂接舆等;也有孔子所称道的许多"逸民",如较早的伯夷、叔齐,同时代的虞仲、夷逸、柳下惠、朱张、少连、蘧伯玉等。对蘧伯玉,孔子赞扬说:"君子哉蘧伯玉!邦有道则仕,邦无道则可卷而怀之。"①对虞仲、夷逸,孔子赞扬他们:"隐居放言,身中清,废中权"②,说他们隐居不仕而放言高论,处身清高,废退合乎权变之道。战国时,齐国有位陈仲,义不食兄禄,逃隐於陵,为人灌园,号"於陵仲子"。被称为"上不臣于王,下不治其家,中不索交于诸侯"(《战国策·齐策》),但知名度很高。孟、荀都对他有所评论③,也是当时隐者之一。这类隐者,正是道家产生和依存的社会基础。老聃、老莱子、杨朱、子华子、列子、庄周,以及《庄子》书中所记伯昏瞀人、南郭子綦等道家人物,乃是这类隐者中的思想代表。

早期隐者发展为道家思想群,再发展为稷下学者群,日益充分而明晰地体现出道家的思想特征。稷下学宫虽为齐国君所设,集中反映了战国诸侯的养士之风;但游于稷下的学者群中,有不少人崇信道家思想,所谓"稷下先生喜议政事"、"不任职而论国事"④,但他们始终恪守隐者风范,不事王侯,高尚其事。"在布衣之位,荡然肆志,不诎于诸侯,谈说于当世,折卿相之权"(《史记·鲁仲连列传》),他们的议政,是"不治而议论",只是"各著书言治乱之事"⑤,并不希图进入政治

---

① 《论语》:《微子》《卫灵公》。
② 《论语》:《微子》《卫灵公》。
③ 《孟子·滕文公下》;《荀子》:《不苟》《非十二子》。
④ 刘向:《新序·杂事第二》;桓宽:《盐铁论·论儒》。
⑤ 《史记》:《田敬仲完世家》《孟荀列传》。

权力结构,反而力求与之保持一定的距离,因而能够表现某种"以德抗权""以道抑尊"的精神,并对现实政治保持一定的独立不阿的批判态度。诸如,颜斶以"士贵于王"的气概面折齐宣王的故事(《战国策·齐策》),鲁仲连为国立功而拒绝封赏、逃隐海上的故事①,田巴在稷下讲学敢于"毁五帝,罪三王,訾五伯,一日而服千人"以及他去世时有三千弟子来送葬的故事②,都被传为千古美谈。李白诗中就有一首赞美鲁仲连的名作:"齐有倜傥生,鲁连特高妙。明月出海底,一朝开光耀。却秦振英声,后世仰末照。意轻千金赠,顾向平原笑。吾亦澹荡人,拂衣可同调!"③

战国时期在社会变动中涌现的"士"阶层,处于不断沉浮分化之中,或仕或隐,或出或处,或上升为贵族,或下降为庶民,其间界限当难划定,故史籍中常称之为"游士"。而到了秦汉以后相对稳定的封建社会,士人则明显地分化为在朝与在野两大集团,总有一部分士人游离于封建统治集团之外,成为自觉或不自觉的隐者。他们退隐不仕的原因容或不同,或自愿"蝉蜕嚣埃之中,自致寰区之外"(《后汉书·逸民列传·叙》),或被迫"红颜弃轩冕,白首卧松云"④;其退隐后的心态也不一样,有的失意消沉,有的诗酒自娱,有的穷居著书而尚友古人,有的身在江湖而心忧天下,也有个别走"终南捷径"以谋取高官的假隐士(《新唐书·卢藏用传》),还有所谓"小隐隐陵薮,大隐隐朝市"⑤的说法。但总的说来,隐者或隐士(亦称"处士""征君""逸民""高士""山林隐逸""避世之士""不宾之士"等),构成中国封建社会中一个特殊的阶层或集团,一种特殊的社会势力。从范晔《后汉书》开始,便在正史中专门增设《逸民列传》,录本朝引起朝廷注意的隐士二十人,其叙论云:"《易》称'《遁》之时义大矣哉!'又曰:'不事王侯,高尚其事。'是以尧称则天,不屈颍阳之高;武尽美矣,终全孤竹之絜。自兹以降,风流弥繁,长往之轨未殊,而感致之数匪一:或隐居以求其志,或回避以全其道,或静己以镇其

---

① 《史记·鲁仲连传》及正义引《鲁连子》,又《太平御览》卷464。
② 《史记·鲁仲连传》及正义引《鲁连子》,又《太平御览》卷464。
③ 李白:《古风》。
④ 李白:《赠孟浩然》。
⑤ 《昭明文选》卷二十二,王康琚《反招隐诗》。

躁,或去危以图其安,或垢俗以动其概,或疵物以激其清。然观其甘心畎亩之中,憔悴江海之上,岂必亲鱼鸟、乐林草哉? 亦云性分所至而已。""汉室中微,王莽篡位,士之蕴藉义愤甚矣,是时裂冠毁冕,相携持而去之者,盖不可胜数。……光武侧席幽人,求之若不及。旌帛蒲车之所征贲,相望于岩中矣。……群方咸遂,志士怀仁,斯固所谓'举逸民,天下归心'者乎!"(《后汉书·逸民列传》)这篇史论,概述了形成隐士集团的社会的、政治的以及心理的因素,并指出了光武帝等笼络这些隐士的政策及其用心。其后,唐修《晋书》《隋书》,宋修《唐书》直至清修《明史》等,均专设《隐逸列传》,将各朝代著名隐士的事迹载入国史,语多褒扬。私家著作的专史中,更有晋皇甫谧撰《高士传》,录许由以下知名度最高的隐逸之士九十六人,而汉代约占一半。清代高兆又撰有《续高士传》,录魏至明的著名隐士一百四十三人。这些入选的知名隐士中,按其思想倾向,大多数都属于道家或道家所赞美的人物。

隐者中的道家,以巢父、许由为最高典范①,洁身自好,蔑弃荣利,傲视王侯,所谓"欲洁其身而乱大伦"②,"天子所不得臣,诸侯所不得友"(《后汉书·逸民列传》),在政治上不依附、不屈从于权力结构,"羞与卿相等列,至乃抗愤而不顾"(《后汉书·逸民列传》),试图保持人格的独立和尊严;在思想上按道家的理想人格和价值尺度来立身处世、讲学议政,并试图以"不治而议论"的特殊方式,影响时代思潮,干预现实政治。战国初已盛传魏文侯师事卜子夏、段干木、田子方的故事,《吕览》《淮南》等新道家论著特加渲染③,如《淮南子·修务训》在论述魏文侯敬重段干木事迹时,借魏文侯之口说出了"段干木光于德,寡人光于势,段干木富于义,寡人富于财。势不若德尊,财不若义高"的论断,并强调段干木等不居官、不受禄,所以他们与魏文侯的关系不是君臣关系而是师友关系。《庄子》提示以"大宗师"去"应帝王"的理想,历代道家颇欣赏"为帝王师"这一特殊的议政方

---

① 巢父、许由的传说,散见于先秦诸子,略谓:许由,尧时高士,隐于沛泽,尧以天下让之,逃隐箕山。尧又召为九州长,许由闻之,乃洗耳于颍水之滨。时其友巢父牵犊欲饮,问其故,许由告之。巢父急牵犊赴上游饮之,曰,勿污吾犊。《庄子》等书中更多增益,塑造出道家隐士的典型。

② 《论语·微子》记子路对隐者的评语。

③ 《史记·魏世家》《吕氏春秋·下贤》《淮南子·修务训》。

式。诸如,黄石公授书张良,教其为王者师,果助刘邦取天下,后张良又计邀"义不为汉臣"的"商山四皓"傅刘盈,稳定了汉初新政局(《史记·留侯世家》);隐居胶东、传黄老学的盖公,指点曹参治齐,其所教"治道贵清静而民自定"一语,竟成为汉初推行黄老治术的指导方针,并取得文景之治的最佳效益(《史记·曹相国世家》)。黄石公、盖公、商山四皓以及张良(以开国重臣而辞三万户之封,愿从赤松子游,自学道家养生术)等,便成为基于隐者的道家所向往的理想人格。退而思其次,不屈于汉光武的严光,"不为五斗米折腰"的陶潜,不愿意"卖论取官"的范缜,隐居茅山而被称为"山中宰相"的陶弘景,"天子呼来不上船"的酒中仙李白,虽被帝王礼重而拒绝走"终南捷径"的司马承祯等,也是道家的理想人物。他们可称作封建时代有意与当权者保持一定距离的自觉的在野派,不同程度地体现了道家的风骨和隐士文化的传统。

道家隐者们的言行和他们在各个文化领域中的创造活动,形成了中国历史上与历代庙堂文化相并立或对峙的山林文化传统。"山林"与"庙堂",在中国文化史上成为一对特殊的范畴。在文学艺术的创作风格、审美情趣等方面,从来有"庙堂文艺"与"山林文艺"之分;在学术思想的理论重心和价值取向上,则有"方外"与"方内"、"任自然"与"重名教"的明显区别;佛教初传入,依靠贵族上层,而在中国化的过程中也出现了与宫廷佛教立异的"山林佛教"[1];道教的发展也有类似情况,与贵族金丹道教相并立的有民间符水道教,宋元以来崛起的"全真道派"与山林隐逸相结合,被称为"有古逸民之遗风"[2]。当然,山林与庙堂、山林民间文化与庙堂贵族文化,并非截然分离绝缘,而是可以互相流动转化的,乃至在一个人的生活道路、思想、创作中也表现出这两种文化精神的流动转化。陶渊明在弃官归隐以后,刘禹锡、柳宗元在遭到"八司马冤狱""万死投荒"以后,苏轼、杨慎等在被长期流贬以后,由于受到山林民间文化的陶冶,他们的思想、创作都发生了重大的变化。

与山林民间文化相联系,还有"布衣"这一奇异的称号,似乎标志着一种特殊

---

[1] 吕澂:《中国佛学源略讲》第九讲《南北宗禅学之流行》,中华书局,1979年。

[2] 陈垣:《南宋初河北新道教考》卷一《全真教之起源》,中华书局,1962年。

的社会身份,在等级森严的封建社会里竟被普遍地看作是一种褒称。"布衣",本指平民俭朴衣着,后转为一般平民之代称,而在具有山林文化自觉的道家隐者口中,则变为一种颇足自傲的尊称。《庄子·山木》中描写庄子以贫自傲,称:"庄子衣大布而补之,正緳系履而过魏王。魏王曰:'何先生之惫邪?'庄子曰:'贫也,非惫也。士有道德不能行,惫也;衣弊履穿,贫也,非惫也。'"庄子丝毫不以布衣为耻。至于诸葛亮《出师表》中首称"臣本布衣,躬耕于南阳,苟全性命于乱世,不求闻达于诸侯",李白《与韩荆州书》中自荐"白陇西布衣,流落楚汉,十五好剑术,遍干诸侯,三十成文章,历抵卿相。虽长不满七尺,而心雄万夫"等,均已成为脍炙人口的名句。直到龚自珍,仍以"近来不信长安隘,城曲深藏此布衣"的美辞,来赞扬他的好友志士潘咨。他又曾撰《布衣传》一卷,并有诗云"登乙科则亡姓氏,官七品则亡姓氏,夜奠三十九布衣,秋灯忽吐苍虹气"(自注:撰《布衣传》一卷,起康熙迄嘉庆凡三十九人)。①

作为道家思想主要社会基础的布衣——隐者群中,常有一些"学而优却不仕"的各种奇才。他们的动向常引起封建朝廷的密切注意,聪明的统治者采取一些特别手段(如遣使征辟、旌表,以安车蒲轮卑辞礼聘,乃至皇帝亲自拜访等),加以网罗和控制。在封建盛世,"招隐""举逸民"或"入山林访隐逸",成为一项重要的政策措施;而在衰世,不仅统治者无心"招隐",而且政治腐败,必有大批失意士人遁入山林,从而会增强布衣——隐者群这一特殊的社会势力,乃至改变"山林"与"庙堂"的互补关系和各方面的力量对比。中国历史上每当王朝末叶,政局昏乱,民心解纽,就必然出现上述情况。龚自珍处于"日之将夕,悲风骤至"的晚清衰世,他以特有的时代敏感,注意到"山中隐者"这一社会势力的迅速增强,他为此而写了《尊隐》一文,并慨然自许:"少年《尊隐》有高文,猿鹤真堪张一军"②,即二十几岁时所写《尊隐》高文已指出,"猿鹤"即"山中隐者"这一在野势力已足以组成一个方面军。在《尊隐》这篇奇文中,他极为深刻地指出:由于清廷腐败不能广纳人才,反而扼杀人才,"圣智心肝,人功精英,百工魁杰所成,如京师,京师

---

① 龚自珍:《己亥杂诗》三三、七四。
② 龚自珍:《己亥杂诗》二四一。

弗受也；非但不受，又裂而磔之"，结果是"百宝咸怨，怨则反其野矣"。于是，形成了"京师"与"山中"的对立。文章又从政治经济实力、精神文化风貌各方面把双方进行对比，结论是："京师贫"而"四山实矣"，"京师贱"而"山中之势重矣"，"京师之日苦短"而"山中之日长矣"，京师朝士"寡助失亲"而"山中之民，一啸百吟，一呻百问矣"。因而预计不久的将来，"山中之民，有大声音起，天地为之钟鼓，神人为之波涛矣"！龚自珍这一大胆的预言，果被 19 世纪后半叶中国社会变革的大震荡所证实。

三、道家传统与思想异端

先有正宗而后有异端。在西欧，如恩格斯所论："一般针对封建制度发出的一切攻击必然首先就是对教会的攻击，而一切革命的社会政治理论大体上必然同时就是神学异端。"（《德国农民战争》二）在中国，自秦汉统一，汉承秦制，儒术渐尊，儒法合流，形成了封建法统与学统的正宗以后，道家思想以其被罢黜、受排斥的现实遭遇，更以其固执天道自然、抗议伦理异化的理论趋向，便一直被视为思想异端。秦皇、汉武的雄才大略，百年之中以思想罪兴两次大狱，一诛吕不韦集团，一诛刘安集团，株连镇压大批优秀学者，尤其道家（如"淮南八公"等）遭到严酷打击①。但道家并未因此而偃旗息鼓，相反地，历代道家学者仍然以与封建正宗相对立的异端身份，倔强地从事于学术、文化的创造活动和批判活动，不断地取得许多重要成果，尤其在发展科学、文艺和哲学思辨方面作出了超迈儒家的独特贡献，从而形成了我国历史上别树一帜的道家文化传统。

两汉时期，封建皇权缘饰儒术，依靠大批酷吏和循吏交织成封建专制主义的政治网罗与思想网罗，在大批儒林博士"曲学阿世"、奔竞利禄、"天下学士靡然向风"（《汉书·儒林传》）的情况下，班固承认"自武帝立五经博士，开弟子员，设科

---

① 《史记·吕不韦列传》《汉书·淮南王传》。

射策,劝以官禄,讫于元始,百又余年,传业者浸盛,枝叶繁滋,一经说至百余万言,大师众至千余人,盖禄利之路然也"(《汉书·儒林传》),顾炎武判为"汉自孝武表彰六经之后,师儒虽盛而大义未明"(《日知录》卷十三)。而当时独有身受腐刑的司马迁,卖卜为生的严君平,投阁几死的扬雄,"废退穷居"的王充等,这些卓立不苟的道家学者正因为被斥为异端而慨然以异端自居,故能在各自从事的学术领域奋力创造,取得辉煌成就。仅以王充为例,他在儒林博士们"高论白虎,深言日食"的气氛中,勇于举起"疾虚妄"的批判旗帜,自觉地"依道家"立论,"伐孔子之说"(《论衡·问孔》),"奋其笔端以与圣贤相轧"①,"作为《论衡》,趣以正虚妄,审乡背,怀疑之论,分析百端,有所发摘,不避孔氏"!② 乾隆帝愤斥为"背经离道","已犯非圣无法之诛"③。而章太炎则衷心赞美王充:"汉得一人焉,足以振耻。至于今,亦未有能逮者也!"④

魏晋时期,当朝名士所宣扬的玄学正宗,莫不主张"以儒融道",故坚持"圣人体无""孔优于老",强调"名教""礼制"的首要意义。而固执道家思想的在野名士,笑傲山林,则主张"非汤武而薄周孔""越名教而任自然",乃至直斥"六经为芜秽,仁义为臭腐"⑤,如嵇康、阮籍等则不可逃避地被斥为异端。玄学名士钟会向朝廷告发嵇康:"言论放荡,非毁典谟,帝王者所不宜容","轻时傲世,不为物用,无益于今,有败于俗。……今不诛康,无以清洁王道"!⑥ 嵇康竟因此而被杀。嵇、阮等原本贵族,但受道家思想的影响,走上了思想异端的道路,拒绝与当权者合作,而求友于当时著名隐士孙登,真心向往"采薇山阿,散发岩岫,永啸长吟,颐性养寿"⑦的隐士生活。虽未实现,却留下了奇妙的憧憬。这一时期,近似嵇、阮坚持道家思路的异端学者尚有不少,诸如,"清操自然"、征聘不就的杨泉(吴会稽处士,著有《物理论》《太玄经》等,发展了道家传统的气论),盛倡无君论的鲍敬言

---

① 纪昀:《四库全书总目提要》。
② 章太炎:《訄书·学变》。
③ 乾隆:《读〈论衡〉后》。
④ 章太炎:《訄书·学变》。
⑤ 嵇康:《与山巨源绝交书》《难自然好学论》。
⑥ 见《晋书·嵇康传》、《世说新语》注引《文士传》。
⑦ 嵇康:《幽愤诗》。

(被葛洪尊称为鲍生,其系统的无君思想,与阮籍、陶潜等相呼应),隐居著论、驳斥报应的戴逵(东晋处士,著名艺术家,著有《释疑论》等,存《弘明集》中),不惧围剿、坚持神灭的范缜(梁时处士,以"布衣穷贱之人"自居,著《神灭论》,坚持道家的自然观、形神观以驳斥佛教),等等,大都在当时的学术前沿和整个思想文化战线上能够开拓创新,作出贡献。

隋唐时期,在儒学正宗的统摄之下。佛、道两家均有发展。唐太宗虽然宣布:"朕今所好者惟在尧舜周孔之道,以为如鸟有翼,如鱼有水,失之则死,不可暂无耳!"(《贞观政要》卷六)但是唐王朝实行了三教平衡的宽松政策,道家思想得以因缘道教的兴盛而流行一时。唐王朝尊宠道教,崇道之风席卷朝野,信道术仙成为时髦,一些道士因走"终南捷径"而得官爵,成为皇权的附着物。但真心坚持道家思想风骨的士人,或自甘隐退,或总被排斥,他们中间出现了不少优秀学者、诗人、科学家,例如:赵蕤、孙思邈、成玄英、李荃、王玄览、刘蜕、李白、孟浩然、元结、罗隐、皮日休、陆龟蒙、谭峭等,他们的著作幸得保留,在中国传统文化的宝库中各有其独特的贡献。他们中的一些人虽非全属道家思想,但其批判锋芒却显示了明朗的异端性格。

宋元明时期,理学正宗居于统治地位,儒家关于伦理异化的说教,被强化到"人死于理,其谁怜之"的地步;而科举考试制的普遍化,更以严密的"文网世法"禁锢和毒化着整个知识界。但在当时,除了理学正宗、庙堂文化之外,异端学术、山林文化仍有较大的发展。例如,两宋之际的郑樵,隐居夹漈山中三十年,著书一千卷,其中《通志》二百卷,具有很高的学术价值;宋元之际的马端临,放弃举业,隐居不仕,著《文献通考》三百多卷,并批判流行的"欺天之学"与"欺人之学"。郑、马两人是当时最渊博的学者,其所开辟的"通史家风",远超宋元诸儒,影响尤为深远。又如,宋元之际的邓牧,隐居九锁山,终身不仕,自号"三教外人",著《伯牙琴》,富有社会批判内容;元末明初的刘基、叶子奇,隐伏民间时分别著《郁离子》《草木子》等,吸取道家思想而显示出异端性格。明代,在阳明心学的发展、分化和自我否定的潮流中,出现了颜钧、何心隐、李贽等活动于民间的思想家。他们大都把阳明心学中昂扬主体自觉的"狂者"意识,发展到对封建纲常名教的权威的否定。他们狂傲不羁,揭露"假人",呼唤"童心",主张个性解放,反对伦理异化的许多言论,虽属时代要求的反映,也有道家思想的渊源。

明清之际,"天崩地解"的社会震荡,"破块启蒙"的思想异动,在中国历史上是空前的。在这空前的变局中,学术思想出现了新的整合,活跃于整个中世纪的思想异端,开始蜕化为力图冲决网罗、走出中世纪的新的启蒙意识。这一思想的重新整合和蜕变的过程,是极为复杂的,但先秦子学的复苏,长期被视为异端的《老》《庄》《列》思想的引起重视和重新咀嚼,无疑是一个促进的重要因素。明末清初在时代风涛里涌现出的一大批灿若群星的思想家,大都富于历史教养,有过政治流亡或甘当遗民的生活经历,因而能够顺应时代思潮的动向,远继历史上的异端批判思想,开拓出新的启蒙意识。他们中间,就其思想蜕变与以往道家传统和异端性格的深刻联系而言,傅山可说是一个典型。

傅山思想的最大特点是自觉地继承道家,鲜明地批判"奴儒"。他明确宣称:"老夫学《庄》《列》者也。于此间诸仁义事,实羞道之。即强言之,亦不工!"①并直斥理学家们"一味板拗",全是"奴儒",后世之奴儒,"尊其奴师之说,闭之不能解,结之不能觿"②,主张坚决扫荡"奴性""奴物",表现了鲜明的启蒙意识。傅山于明亡后自隐岩洞,曾以抗清被逮入狱,不屈,几死;又被康熙强征入朝,峻拒,亦几死;终以"黄冠自放"得脱,遂着道流衣冠,自称"朱衣道人",行医卖字为生,俨然道家隐者。顾炎武赞之为"萧然物外,自得天机"③!傅山的《霜红龛集》及《荀子评》等子学著作,《红罗镜》等通俗传奇,则充分体现了17世纪中国早期启蒙者的思想锋芒和感情升华。傅山,可说是继承道家传统的思想异端挣脱封建囚缚而转化为早期启蒙者的典型人物。

中国历史上的异端思想和批判意识的承担者,虽非全出于道家,但确有不少是具有道家思想风骨的隐逸人物。这些人物及其思想,在中国传统文化中怎样

① 全祖望:《阳曲傅先生事略》。
② 傅山:《霜红龛集》卷三十一。
③ 顾炎武:《广师篇》。

定位？在中国文化的发展中起过什么历史作用？在中国走向近代化的文化历程中发挥过什么功能？对今天的社会主义文化建设有何借鉴意义？这些问题似乎值得进一步探索。

（1989 年 8 月）

《周易》与早期阴阳家言

先秦学术思想史上，究竟是否存在早期阴阳家言？或者说，是否存在先于邹衍而为邹衍所承继和发挥的阴阳数度之学？如果存在，这些早期阴阳家言对邹衍思想的形成，对《周易》从经到传的思想演变，有什么影响？这对于古代辩证法史的研究和《周易》源流的考辨，似乎都是值得探讨的问题。本文仅就此提出一些管窥之见，伫望方家指正。

一、"旧法世传之史"的"数度"之学

《庄子·天下》篇是一篇思想史料价值极高的奇文。不论被判为南方道家的作品，或被认作站在儒家的立场，该文对先秦主要思想流派所作的言之有据的评述，基本上反映了古代学术由统一到分化、由学在官府到散为私学的客观历史进程。当其论到"古之所谓道术"的最初分化时，首先指出："其明而在数度者，旧法世传之史，尚多有之。"①这是说，古代"道术"体现于"数度"方面的学问，由世代相传的史官掌握而保存尚多。其次，说到春秋时代学术下移，"其在诗、书、礼、乐者，邹鲁之士，搢绅先生，多能明之"。这是说，以孔子为代表的儒家在邹鲁地区兴起、整理和传授了《诗》《书》《礼》《乐》等古代文献。再次，说到战国诸子争鸣，

---

① 马叙伦《庄子天下篇述义》于此句断句为："明而在数度者，旧法世传之，史尚多有之。"可备一说。

"其数散于天下而设于中国者,百家之学时或称而道之",往下发挥了一通"百家往而不返""道术将为天下裂"的感慨,然后依次评述了墨翟、禽滑釐、宋钘、尹文、彭蒙、田骈、慎到、关尹、老聃、庄周、惠施及其他辩者等六大学派的学说。《庄子·天下》篇把"旧法世传之史"所讲求的"数度"之学,看作儒、墨之前出现的学术派别,而列于首位,是符合先秦思想发展的历史实际的。所谓"数度"之学,可以说就是早期阴阳家言。《庄子·天运》篇曾寓意孔子"未得道"而向老聃说:"吾求之度数,五年而未得","吾求之阴阳,十又二年而未得"。"度数""阴阳",正是早期阴阳家研究的主要内容。[①] 这从汉初最博学的司马谈所作《论六家要旨》可得到明确的印证。

司马谈把历来称为"百家之学"的学术流派首次概括为六家:阴阳、儒、墨、名、法、道,就各家的思想特点、理论贡献及社会作用等,作了简要中肯的说明,并隐然按六家出现的历史顺序,明白地把阴阳家放在儒、墨之前,这尤为卓识。(当然,他以道家殿后,似不合历史顺序,并带有某些学派偏见,但就其所论道家已经"因阴阳之大顺,采儒墨之善,撮名法之要",实为汉初流行的新道家,故也不无历史依据。)司马谈认为,阴阳家(包括早期阴阳度数之学及战国后期的邹衍等)主要研究的是"四时、八位、十二度、二十四节",即天文历法、星度、节气、物候之类,借以掌握"天道之大经""四时之大顺"等不可违背的自然法则;同时,也指明阴阳家言"大祥而众忌讳,使人拘而多畏",具有重要缺点。此后班固在《汉志·诸子略》中,按独尊儒术的时代偏见,把阴阳家移于儒、墨之后,但仍因司马谈之论而推演说:"阴阳家者流,盖出于羲和之官,敬顺昊天,历象日月星辰,敬授民时,此其所长也。及拘者为之,则牵于禁忌,泥于小数,舍人事而任鬼。"这里所谓"羲和之官",或推源于黄帝"命羲和占日,常仪占月……"(如《世本·作篇》《吕氏春秋·勿躬》),或溯本于帝尧"乃命羲和,钦若昊天……"(如《尚书·尧典》),实指古代传说中的羲氏与和氏两个氏族"世掌天地四时之官"(《尚书正义》第一卷孔

---

① 王夫之《庄子解》卷三十三王敔增注引方以智曰:"盖'数'自有'度',因而制之,秩序变化,尽于河图洛书矣。故曰,'数'为藏本末之端几,而'数'中之'度',乃统本末之适节也,道之籥也。"王夫之《庄子·天运》"吾求之度数、阴阳"句的解释:"天地人物之化,其阴其阳,其度其数,……有定无定,变与不变,皆有其极,而为其太常,皆自然也。"可参。

安国传)。按《周礼·春官》大宗伯所属"大史"之下有"冯章氏"和"保章氏",其职务是"掌岁月星辰之位""与大史同主天文"。前者分掌"日月星辰不变,依常度者",后者"掌日月星辰变动,与常不同,以见吉凶之事"(以上均见《周礼正义》十七卷、二十六卷贾公彦疏)。在古代,观象授时是头等大事,而天文历法的科学知识又与占星术之类的迷信必然混合在一起。天文学与占星术本是孪生的最早的知识领域。可见,从"羲和之官"发展到"与大史同主天文"的"冯章氏""保章氏"等,正是《庄子·天下》篇所谓"旧法世传之史"。他们不断积累的关于天文历法、节气物候等知识,使他们有可能总结和概括出带有自然哲学性质的阴阳度数之学,即早期阴阳家言。

我国天文历法发展很早,可推源于轩辕黄帝时代。据《史记·历书》司马贞《索隐》引《系本》及《律历志》:"黄帝使羲和占日,常仪占月,臾区占星气,伶伦造律吕,大挠作甲子,隶首作算数,容成综此六术而著《调历》。"(雷学淇校辑《世本》以此为《作》篇佚文)司马迁更肯定"黄帝考定星历,建立五行,起消息,正闰余"(《史记·历书》)。《淮南子·览冥训》也说:"昔者黄帝治天下,而力牧、太山稽辅之,以治日月之行,律阴阳之气,节四时之度,正律历之数。"汉初学者把黄帝时代的历法水平都估计较高。《汉书·律历志》谓春秋时"史官丧纪,畴人子弟分散,或在夷狄,故其所记有黄帝、颛顼、夏、殷、周及鲁历"。这六种历,在汉代还流行着。汉初,张苍曾主张用《颛顼历》,到武帝时,由邓平、落下闳等创造了《太初历》,此后,还有张寿王、李信等专治黄帝《调历》,挑起一场争论,并因而由单安国、梧育等推算出黄帝纪元(计黄帝纪元至汉元凤三年即公元前87年为三千六百二十九年)。到成帝时,刘向还"总六历,列是非",写了《五纪论》,成为刘歆《三统历》的理论基础(以上均见《汉书·律历志》)。当然所谓《黄帝历》(《汉志·数术略》曾载《黄帝五家历》三十三卷,《颛顼历》二十一卷)等,实系后人依托而并非"古历"。但古代天文历法依存于农牧业生产实践的需要而发展,与人类由原始社会进入文明社会的历史的发展,基本上是同时相应发生的。《易·贲卦·彖辞》说:"刚柔交错,天文也;文明以止,人文也。观乎天文,以察时变;观乎人文,以化成天下。"也可说是反映了"观乎天文"与"观乎人文"两者大体是同步的。中华民族在黄帝时代已创制了文字,有了原始的天文、历法、数学①,并"作为君臣上下之义,父子兄弟之礼,夫妇妃匹之合,内行刀锯,外用甲兵"(《商君书·画策》),开始步入文明社会。这从仰韶文化晚期和大汶口文化的考古新发现,愈来愈得到证明。唐兰等前辈学者关于我国文明史应从黄帝时代开始的论断,是有根据的。②

一种合理的推断:我国古代的天文历法,始于黄帝,经过颛顼、帝喾、尧、舜发展到夏代,以《夏小正》为标志已趋定型,殷、周两代更有新的发展。孔子推崇"夏时",并非妄评(《论语·卫灵公》《礼记·礼运》)。《夏小正》是我国第一部成文历,其特点是天文历与物候历相结合,确乎反映了夏代的天象和淮河中游的物候,是夏代的历书。③以后经过"四仲中星"的观测、干支记日法的使用,以置闰来调整朔望月和回归年的长度,进而以圭表测影来确定冬至、夏至等节气,二十八宿的参考系统的确立,星表的制定,到春秋战国时期出现的《月令》(《礼记》)、《十二纪》(《吕氏春秋》)、《时训解》(《逸周书》)等,把星象观测与物候考察结合得更紧密,记录得更完备。我国观象授时的历法,从原始社会末期到战国时代,经历了数千年的历史。古代天文历法家,同时具有广博的历史知识和自然知识,他们认真地仰观俯察,治历明时,必然广泛涉及自然现象的性质、自然规律的作用、人和自然关系等问题。这就使他们有可能"从意识的宗教形式中"挣扎出来④,而成为早期的自然哲学家。《史记·天官书》称:"昔之传天数者,高辛之前,重、黎;于唐、虞,羲和;有夏,昆吾;殷商,巫咸;周室,史佚、苌弘;于宋,子韦;郑则裨灶;在齐,甘公;楚,唐昧;赵,尹皋;魏,石申。"这些被称为"史巫"或"巫史"的人物,是最早分离出的精神劳动者,传授"天数"的专家。其中名人不少,重、黎,是颛顼、帝喾时华夏族征服了九黎、三苗后,两次大的宗教改革("绝地天通")的主持人,羲和是黄帝以来世掌天文的氏族领袖。尤其巫咸,是周公所称道的殷大戊

①　温少峰、袁庭栋同志近著《殷墟卜辞研究——科学技术篇》一书第二章已有此说,先得我心。
②　唐兰《从大汶口文化的陶器文字看我国最早文化的年代》(《光明日报》1977 年 7 月 14 日)、《再论大汶口文化的社会性质和大汶口陶器文字》(《光明日报》1978 年 2 月 23 日)。
③　夏纬瑛:《夏小正经文校释》。
④　马克思:《剩余价值理论》第一册第二章,《马克思恩格斯全集》第 26 卷,人民出版社,1972年,第 26 页。

时的名臣(《尚书·君奭》:"在大戊,时则有……巫咸乂王家。"),更是"筮"的发明者(《世本·作篇》:"巫咸作筮",《吕氏春秋·勿躬》同),被称为"大圣""神巫"(《诅楚文》《楚辞注》),名见于许多先秦著述,说明其影响之深广。巫咸所发明的"筮",既是变龟卜为筮占以后简化了的占卜工具,又是与天文、历法、数学相联系的运算筹码,以筹码进行数学运算,体现了抽象概念的作用,促进了逻辑思维的发展。《周易》的产生及其通过数理而形成卦象、滋生哲理,巫咸发明的"筮法",曾起过重要作用。至于史佚和苌弘,更是周代著名的思想家。史佚在周初与周公、太公、召公并称"四圣",其事迹言论见于《逸周书》《大小戴礼记》《左传》《国语》等,其《史佚之志》一书,被春秋时人常引为经典。而苌弘这位春秋时周室大夫,是当时最渊博的天数学者、占星术家,由于他贤智而冤死,更引起人们的怀念。《庄子·外物》:"苌弘死于蜀。"成玄英《疏》:"苌弘遭谮,被放归蜀,自恨忠而遭谮,遂刳肠而死,蜀人感之,以匣盛其血,三年而化为碧玉,乃精诚之至也。"《淮南子·氾论训》称:"昔者苌弘,周室之执数者也。天地之气,日月之行,风雨之变,律历之数,无所不通。"《汉书·艺文志》兵家阴阳有《苌弘十五篇》,注云"周史",又称"(兵)阴阳者,顺时而发,推刑德,随斗击,因五胜,假鬼神而为助者也"。《史记·封禅书》谓"周人之言方怪者自苌弘"。苌弘深通天文历数,而又杂以星占灾异,这种科学思维与宗教迷信的混合,正是早期阴阳家的思想特征。

除了巫咸、苌弘这样著名的巫史以外,西周末到春秋时期还有不少类似的人物。如《逸周书·周祝解》所记无名周祝的言论,《国语》所记伯阳父、单襄公及单穆公的言论,《左传》所记鲁梓慎、郑裨灶的言论以及晋史墨的言论等,都可说是属于早期阴阳家言。其中伯阳父以"阴阳"之气的矛盾解释地震(《国语·周语》),使"阴阳"范畴开始哲学化,正是阴阳度数之学有可能发展为哲学的一个契机。而史墨尤为典型,一方面他依据臆想的联系,占日食梦兆,发表一些神秘的预言(见《左传》昭公二十九年、三十一年,哀公九年);另一方面他又敏锐地观察现实的矛盾,阐述了"物生有两、有三、有五、有倍贰"的客观辩证法,清醒地论证了"季氏出其君"的合理性和"社稷无常奉,君臣无常位"的规律性,并归结到《周易》中"雷乘乾曰大壮"的卦象(见《左传·昭公三十二年》),透露出斗争势必引起事物转化的深刻思想。

基于天文历法及其他科学的实践而形成的"度数"之学,具有古老的传统,它从一个方面对《周易》的卜筮构架赋予新的解释,充实以数理的和哲理的思想内容。

二、"《易》著天地阴阳四时五行,或长于变"

现存《周易》(包括《易经》和《易传》)是经过长期筛选而逐步形成的一部书。传统旧说所谓"人更三圣,世历三古",无非表明《周易》一书经过多人加工,很长时期才定型。

迄今出土文物中类似卦画的装饰图像(如大汶口文化的骨梳上的六画图案)和数字卦形(如安阳出土的卜骨和周原出土的卜甲上六个数叠成的筮数或卦画),可能起源很早。而现存《周易》的卦象及卦、爻辞,则可能是"筮法"兴起以后才逐步形成的。《说卦传》对所谓"圣人作《易》"的次序,有一个说明:"昔者圣人之作易也,幽赞于神明而生蓍,参天两地而倚数(李鼎祚《周易集解》引虞翻曰:"倚,立也"),观变于阴阳而立卦,发挥于刚柔而生爻,和顺于道德而理于义,穷理尽性以至于命。"这个"卦出于筮"的说法,是合乎情理的。先有筮法中数的奇偶(参两)杂配,才有卦及爻的阴阳(刚柔)变化,然后才产生关于卦象及爻象的说明辞。筮,随手分蓍,变化莫测,所以说"蓍之德圆而神";筮之后所得出的卦象,是固定而明确的,所以说"卦之德方以智"。筮数奇偶(— - -)杂配而成的卦象,由四(⚌ ⚏ ⚎ ⚍)而八(☰ ☱ ☲ ☳ ☴ ☵ ☶ ☷),而再重为六十四,可以有多种排列的样式。《周礼·筮人》:"筮人掌三易以辨九筮之名。"所谓"三易":《连山》《归藏》《周易》,即三种排列的卦序。旧说:夏曰《连山》,以艮为首;殷曰《归藏》,以坤为首;周曰《周易》,以乾为首。"九筮"即九种筮法。而由此产生的卦、爻辞,实际很多。《周礼·占人》称:"凡卜筮既事,则系币(帛)以比其命,岁终则计其占之中否。"大概经过逐年总结,把一些所谓"占中"了的筮辞保留下来,流传到秦汉时期也很不少。据《太平御览·学部》引桓谭说:"《连山》八万言,《归藏》四千三百言。"又据《汉志·数术略》"蓍龟"一类所录即别有"《周易》三十八卷,《周易明堂》二十六卷,《大筮衍易》二十八卷",均佚,或即这类筮人所保留筮辞记录的各种汇编。

如此大量的筮辞资料,经过整理、筛选,终于在殷周之际这一政治变革时期,基本形成了现存《易经》这一专供筮占用的简明定本。其中所反映的史实(如"帝乙归妹""箕子之明夷""王用享于岐山""康侯用锡马蕃庶"等),大都是殷末周初故事;其中所反映的思想(如矛盾对立,转化的观念,朝乾夕惕、居安思危、自强不息的思想,扩大同人、克服困难、先否后喜的思想等),主要是周初统治集团的精神趋向和政治心理。《左传·昭公二年》记载韩宣子聘鲁,"观书于太史氏,见易象与鲁春秋,曰:'周礼尽在鲁矣。'吾乃今知周公之德与周之所以王也"。韩宣子虽特别高明地从"易象"中看出了"周之所以王"的政治代数学;而《周易》从周初到春秋,一直是作为一本卜筮之书流传的。《左传》《国语》引用《周易》共二十余处,大多数用于筮占(主持筮占的史巫,虽引用已成定本的《周易》中的卦、爻辞,但大都是借题发展,随意解释)。值得注意的是,有几处却系引申《周易》之理来论事评政。如《左传·昭公元年》载秦医和评晋平公疾,以为"疾不可为,是谓近女室,疾如蛊",进而引用《周易·蛊卦》的卦名和卦象来分析:"于文,皿虫为蛊。谷之飞亦为蛊。在《周易》:女惑男,风落山,谓之蛊☶,皆同物也。"这种类推,是把《周易》的卦象看作是体现了某种规律,因而不需筮占而可以直接引作分析其他物理人事的指导原理。再如前引史墨评论"季氏出其君"这一政治事件,直接引用"在《易》卦,雷乘乾曰大壮☳"来分析,即把"雷乘乾"的卦象看作是普遍起作用的"天之道也",是君臣易位这类社会变革现象的客观根据。又如《论语·子路》记孔子肯定地引用《周易》"恒卦"九三爻辞"不恒其德,或承之羞",而又说"不占而已矣";以后荀子就断然宣称"善为《易》者,不占"(《荀子·大略》)。这就更明显地把《易经》中的某些卦爻辞看作具有独立意义,可以引为论据的公理、格言之类,而不管它的占卜作用。表明到了春秋时期,经过整理筛选而成为定本的《易经》,虽仍保持着卜筮书的神秘形式,却被研读者不断地赋予以理性思维的新内容。《易传》的作者们正是把上述这些对《易经》赋予的新解释、发挥的新思想加以扩充,加以系统化,以更高的思维水平和理性自觉,把《易经》固有的和前人赋予的某些零星的哲学含义加以发挥、利用和改造,作为先行思想资料的旧形式与旧范畴,而实际创了一个新的哲学思想体系。《周易》一书从简约的《易经》到充实以繁富的《易传》,从卜筮书到改造为哲学书,正如《易经》成书反映了殷周之际的时代特点一样,这一演变反映了周秦之际的时代精神。

这一演变,并非偶然,有其内在的根据。首先,《周易》筮占系统中早已包容有早期阴阳度数之学的科学内容。例如筮数,由许多数字抽象为奇和偶,再记录为爻象,交错而成八卦,再重为六十四卦,可以排列组合成许多数列,蕴含着级数、函数、各种矩阵,乃至二进位制等许多数学关系。又如八卦的卦象,不仅可以象征天地以及雷、风、水、火、山、泽等自然物类和象征父母以及长、中、少三男女等宗法关系,而且还与方位上的八方、气候上的八风或八气、乐律上的八音等有一定的关系;至于重卦后有些卦的爻象,也反映某些自然知识,如乾卦从初九到上九六爻里,有"五爻"讲到"龙",由"潜"到"见",由"跃"到"飞",既可象征任何事物的变化发展过程,也可能实指天文学上苍龙星七宿从春到冬的出没规律。中国古代自然科学的许多学科如天文、历法、方位、气候、乐律、数学、医药、气功等,都与《周易》结下不解之缘,从一开始就互相渗透,并长期互相影响。早期阴阳家所积累的自然科学成果,对于脱胎于宗教巫术的《周易》,实现从经到传的演变,即从宗教巫术中挣扎出来,是一个重要的内在因素。

但是,在历史上自然科学知识并不能自发地摆脱与之孪生的宗教的束缚,也不能直接地升华为哲学理论,还需人们在特定的历史实践中锤炼和发展自己的哲学思维,而哲学思维的发展要能自觉地排斥宗教意识,消化科学成果,反映时代精神,就必须建立和琢磨自己的范畴体系。《易经》作者们,在周秦之际的战国并争时代,充分吸取了百家争鸣的学术成果,特别注意总结以往阴阳度数之学,建立了以"阴阳"范畴为基石,以"一阴一阳之谓道"为核心的朴素辩证法体系,从而实现了先秦哲学发展中这一重大的飞跃。

筮数的奇偶,最初仅是一种数学的抽象,画为爻象"— --",也并不反映什么物理(天地、日月、刚柔)或生理(且也、牝牡、男女)等的具体内容,更谈不上具有哲理的含义。《易经》乃至殷墟卜辞中，无对举的阴阳字，阴阳范畴的逐步形成，乃是早期阴阳家和其他哲学家的精神劳动成果。字源学上的"易"和"雀，霁"等，仅有气象学的意义。而"既景乃岗，相其阴阳"（《诗经·大雅·公刘》），则反映了生产和生活经验的总结，"惟兹三公，论道经邦，燮理阴阳"（《尚书·周官》），可说是政治经验的总结。可见，"阴阳"已逐步成为人们观察事物、总结经验的一对重要概念。到西周末，一方面是社会矛盾的激化，另一方面是阴阳度数之学的发展，从自然观开始，初步把"阴阳"用作概括各种矛盾现象的哲学范畴。周宣王时的虢文公认为：春天"土膏其动"是由于"阳气俱蒸"，"震雷出滞"是由于"阴阳分布"。周幽王时伯阳父更把阴阳归结为"天地之气"，用两者的矛盾运动，"阳伏而不能出，阴迫而不能蒸"，来解释地震（《国语·周语上》）。"阴阳"概念开始具有了自然哲学范畴的意义。大体上是用"阴阳"两气消长的"失其序"或不平衡来说明自然灾害，形成一种阴阳消长论。春秋末越国大夫范蠡把阴阳范畴由自然现象推广到社会矛盾运动，用以解释战争规律，并强调阴阳转化论，"阴至而阳，阳至而阴"，"赢缩以为常"（《国语·越语》）。这一时期对阴阳消长和转化思想的积极成果，进行总结和深化的是《老子》一书，首次提出"反者道之动"的矛盾转化观，但又强调"万物负阴而抱阳，冲气以为和"，主张"挫锐""解纷""和光""同尘"，归结为阴阳和谐论。正是在这样一些人的哲学劳动的基础上，《易传》的作者才有可能把"阴阳"作为中心范畴，把自然运动和社会运动结合起来考察，从而对《易经》原有构架的基石"— --"两爻始以新的哲学规定，对其中关于数理、物理、事理的矛盾关系的分别抽象（诸如奇偶、参两、乾坤、刚柔、否泰、剥复等）给予新的系统化说明。《周易》因《易传》作者的哲学加工而获得了新的理论生命，同时，也经商瞿、馯臂子弓等孔门学者的宣扬而被升为儒家的六艺之一，并后来居上，超乎诸经而列于首位。

《庄子·天下》篇称："《易》以道阴阳。"《礼记·祭义》说："昔者圣人建阴阳天地之情，是以有《易》。"司马迁更肯定："《易》著天地阴阳四时五行，故长于变。"（《史记·太史公自序》）这些说法，对于《周易》一书的思想核心作了本质的概括。《易传》提出"一阴一阳之谓道""立天之道曰阴与阳"，认为以"阴阳"为最高范畴的《易》理，可以"范围天地之化而不过，曲成万物而不遗"；至于阴与阳的关系，一方面，"阴阳合德，而刚柔有体"；另一方面，"分阴分阳，选用柔刚"，强调"刚柔相推，变在其中""以动者尚其变""惟变所适"。并把天地万物的变化的动因，归结为阴阳之间的"相感""相摩""相荡"。但最后，《易传》把阴阳矛盾所引起的变化局限于"变则通，通则久"，并归宿于"往来不穷"的变化循环论和"天尊地卑"的阴阳定位论。"《易》以道阴阳"所发挥的这一朴素辩证法的宇宙观，琢磨出一套"洁静精微"的范畴体系，在先秦哲学的总结阶段独树一帜，影响极其深远。

三、《易传》和邹衍

《周易》以《易传》成书而哲学化。但《易传》成书年代，自从欧阳修提出疑问以来长期未决。据《晋书·束皙传》与杜预《左传集解后序》，魏襄王（前317—前294）墓中出土的书已有《易繇阴阳卦》两篇，与《周易》略同，《繇辞》则异；又有《卦下易经》一篇，似《说卦》而异，还有《阴阳说》。说明像《说卦》之类的易传，战国中期已流行。现存《易传》的基本思想的形成，恐不会迟于战国中期，成书或先于邹衍和荀况。既非出于一人一时，各篇先后，必有参差，成书之后，也会有所增删。从《荀子》《乐记》、宋玉、司马谈、陆贾等均称引过《易传》，足证其成书于战国时期。但有的论者或认为《易传》与邹衍同调，甚至可能成于邹衍后学之手，或以为《易传》大讲阴阳，当为战国晚期邹衍等盛倡阴阳说之后为易学家所采用而写的。[①] 则邹衍与《易传》作者的思想的异同及其在先秦哲学发展的逻辑进程中的先后，尚有待论定。

邹衍是公认的先秦阴阳数度之学的集大成的总结者，是把此前并行发展着的阴阳说与五行说首次结合起来并加以创造性发挥的思想家。邹衍在稷下所创立的学派，旗帜鲜明，思想新颖，著作宏富。《汉书·艺文志》阴阳家所录《邹子》四十九篇，《邹子终始》五十六篇，惜均亡佚。据各书所转引，邹衍学说中最引人

---

① 侯外庐等：《中国思想通史》第1卷，人民出版社，1957年，第651—654页。

注目的"五德终始"说、"异木改火"说,都与天文历法密切相关。

先说"五德终始"。邹衍所称"五德从所不胜,虞土、夏木、殷金、周火"(《文选·沈休文〈齐故安陆昭王碑〉》李善注引《邹子》),"政教文质者,所以云救也。当时则用,过则舍之,有易则易也。故守一而不变者,未睹治之至也"(《汉书·严安传》载安上书引《邹子》)。这明显地反映了战国时期的社会变革思想,不过是用"五行相胜"的自然哲学观点加以论证。正如《史记·孟荀列传》所概述,邹衍"先序今以上至黄帝,学者所共术,大并世盛衰,因载其祥制度,推而远之,至天地未生,窈冥不可考而原也。……称引天地剖判以来,五德转移,治各有宜,而符应若兹"。这是一种歪曲反映社会运动中否定之否定规律的循环史观,旨在论证当前变革的合理性,而推演出"五德转移"、文质相救的历史必然性。司马迁评论邹衍学术思想的特点是"深观阴阳消息",并在《史记·历书》中论述"黄帝考定星历,建立五行,起消息,正闰余"以来的历法史,指明春秋时已"史不记时",历法混乱,到战国并争,更无暇及此,但充分肯定"是时独有邹衍,明于五德之传,而散消息之分,以显诸侯"。这也就是《盐铁论》中肯定的"邹子以儒术干世主不用,即以变化始终之论,卒以显名"。这里,所谓"五行""五德"以及"变化始终""阴阳消息",大都是渊源于或直接来自天文历法,是当时天文数度之学的专用名词。如《历书》中所谓"名察度验,定清浊,起五部,建气物分数",《集解》引应劭曰:"皆叙历之意也";《考证》引孟康曰:"五部,五行也。天有四时,分为五行也。"又引晋灼曰:"蔡邕《天文志》:浑天名察发敛,以行日月,以步五纬。"《史记·天官书》更论及"天有五星,地有五行","五星者天之五佐,为经纬,见伏有时,所过行,赢缩有度","为天数者,必通三五(即三辰、五星的行度),终始古今,深观时变,察其精粗,则天官备矣"。所谓"变化始终",即《历书》所引《左传》文"履端于始,举正于中,归邪(余)于终",杜预注云:"步历之始,以为术之端者,期之日三百六十有六日,日月之行,又有迟速,故言归余于终。"《史记》集解引韦昭说:"谓正历必先称端始也,若十一月朔旦冬至也。气在望中,则必时日昏明皆正也。邪,余分也;终,闰月也。中气在晦,则后月闰在望,是其正中也。"所谓"散消息之分",即《历书》司马贞《索隐述赞》所云"推步天象,消息母子"和《历书》集解引孟康注:"分,历数之分也"。可见，邹衍"五德终始"说的立论之本，全属天文历法中建正、立闰、推算日月五星的行度等的专门历数之学。

再说"异木改火"。邹衍有"春取榆柳之火，夏取枣杏之火，季夏取桑柘之火，秋取柞楢之火，冬取槐檀之火"的议论（《周礼·司爟》郑玄注引郑众说引《邹子》）。关于"改火"，是古代按季节行火的一种措施。《周礼·司爟》说："司爟掌行火之政令，四时变国火，以救时疾"，似为一种原始的行火节日。《艺文类聚》火部引《尸子》曰："燧人上观星辰，下观五木以为火"，即燧人（古代的火正官）以大火星定季节，四季分别取异木钻火。《管子·禁藏》有"当春三月，荻室熯造，钻燧易火，杼井易水，所以去兹毒也"。似乎"改火"和"换井水"，均属于古代月令中的卫生防疫措施。曾有学者对邹衍此说考订的结果，认为如依"改火"说，"改火之木随五行之色而变"，其次序为木火土金水，则属于《月令》系统的五行相生说，因而认为邹衍初主"相生"说，以后另创五德转移的次序，乃主"相胜"说。①

至于邹衍的"大小九州"说，反映了当时航海发现与地理知识的扩大，《盐铁论·论邹》记桑弘羊说："邹子疾晚世之儒墨，不知天地之弘，昭旷之道，将一曲而欲道九折，守一隅而欲知万方，……于是推大圣终始之运，以喻王公。"然后转述大九州说。这位为汉武帝的雄才大略搞经济基础的实干家对邹衍的"九州"说给予了充分的肯定和高度的赞扬。

拨开儒学正统偏见所加给邹衍的"积毁"，可以看到，邹衍在战国时期，以深广的自然科学知识为基础，所创建"五德终始"的历史观、"大小九州"的地理观及其"先验小物，推而大之，至于无垠"的方法论，是"闳大不经""颉亢"不群的，吐露了不少天才思想，打开了人们的狭隘眼界，对以后航海、开拓中外交通事业和科学发展都起了引发作用。但必须指出，邹衍的思想特点，在于直接从当时天文历法、阴阳五行的"度数"之学中，企图推衍出概括天道人事的普遍规律来。他的"先验小物"，然后"推而大之"的方法，有一定的科学性，但任意推演，就会"用纯粹的幻想来填补现实的空白"。"依靠经验自然科学本身所提供的事实"，就想借

---

① 杨向奎：《五行观念的起源》，顾颉刚：《五德终始说下的政治和历史》（《古史辨》第五册）。

以构造出一个统一的宇宙观,这只能陷于自然哲学的思维模式。① 这就是邹衍思想的根本局限。正因如此,邹衍在哲学思维的水平上赶不上《易传》的作者。《易传》的作者们,同样注意总结当时阴阳度数之学的成果,但他们区别了"形而上者谓之道,形下者谓之器",强调了哲学的任务在于"探赜索隐,钩深致远",掌握"弥纶天地""曲成万物"的普遍规律,需要从"天下之至赜"和"天下之至动"的事物的复杂性和变动性中,抽象出"易知""易从"的"理"来,"易简而天下之理得","神而明之,存乎其人"。这样,才能运用普遍规律去掌握变化,推行主张,做成事业,"化而裁之谓之变,推而行之谓之通,举而错之天下之民谓之事业"。这就是《易传》与邹衍在思想路数、思维水平上的不同。《易传》不可能成于邹衍后学之手。

至于邹衍在先秦辩证法思想发展的"圆圈"中应占的地位,应当运用历史与逻辑一致的方法,剥去其学说的外在形态和特殊应用,从中揭示出作为认识矛盾运动中承先启后的必经的理论环节。这就是邹衍在他的学说中表达的"阴阳消息""五德转移"的矛盾运动每一阶段都经过斗争而"递废兴,胜者用事"(《吕氏春秋·荡兵》),强调的是对立、斗争。这恰好是从《老子》到《易传》的辩证矛盾观的螺旋发展中的一个必经环节。如果说《月令》等著作曾透露出"五行相生"的观点,邹衍则贡献了"五行相胜"的观点,而后期墨家又提出"五行无常胜"的观点……《易传》则以"一阴一阳之谓道""柔刚相推而生变化"的观点来"观其会通",作出总结。不是说《易传》成书可能在邹衍之前吗? 似乎可以引列宁的话来回答:"哲学上的圆圈,〔是否一定要以人物的年代先后为顺序呢? 不!〕"②

(1984 年 5 月)

---

① 恩格斯:《费尔巴哈与德国古典哲学的终结》,《马克思恩格斯选集》第 4 卷,人民出版社,1972 年,第 242 页。
② 列宁:《谈谈辩证法问题》,《列宁全集》第 38 卷,人民出版社,1959 年,第 411 页。

中国《周易》学术讨论会开幕词

同志们、朋友们：

由武汉大学哲学系、湖北省社会科学院哲学研究所、湖北省哲学史学会联合发起的《周易》学术讨论会现在开幕了。

这次会议在中共湖北省委、湖北省社科院、湖北省社联和武汉大学的关怀指导下，又得到中国哲学史学会和全国文、史、哲、文物考古、自然科学各界专家们以及一些《周易》业余研究者的具体支持，经过一年多筹备，终于得以开成。

今天参会的，除了我省的一些党政领导同志和学术工作者外，还有来自北京、上海、福建、四川、湖南、山东、陕西等全国 21 个省市和自治区的 150 多位专家学者；北大、中大、安大、武大等校一些研究生和在华学习的一些外国进修生、留学生也来与会。我代表筹办单位，对他们表示热烈的欢迎！

关于这次《周易》学术讨论会发起的宗旨，1983 年 6 月我们发出的预约通知上曾有所说明：

"《周易》是我国古代一部珍贵文献。它对我国哲学、史学、文学、民俗学、宗教学以及天文、历法、数学、医学等自然科学的发展，都产生过重要影响，至今有着多方面的研究价值。数千年来，阐释《周易》的著作数以千计，言人人殊；从 17 世纪起，《周易》又陆续被译成多种外文，引起西方学者的注意，在世界文化史上也有一定地位；'五四'以后，郭沫若等许多现代学者，对《周易》成书年代、史实内容的考辨,对历代易学源流及其思想实质的剖析,从社会史、哲学史、科学史等不同角度对其历史地位的评价,各有收获,作出不少成绩。这些,都有待马克思主义的系统总结。而近些年来,地下考古的新发现,现代科学的新发展,对《周易》研究更提出了不少新课题,有待进一步探讨。"这里提出的任务,一方面对以往易学研究的成果和经验要进行科学的总结,另一方面对许多新资料、新课题要展开新的研讨。这可说就是这次会议的宗旨。同志们提交会议的论著(初步统计共有专著 5 种、论文 120 多篇,译文 2 篇)和最近发表在报刊上的文章看,也大体集中在这些方面。

第一,就《周易》思想和易学史的研究来说,这方面是富有成果的。谈到《周易》研究,自然想起 1930 年问世的郭老《中国古代社会研究》一书。这部拓荒性的著作中,马克思主义的科学方法初试锋芒,首次打开了《周易》这一座"散发着神秘的幽光"的殿堂。不再用迷信去解释历史而是用历史来解释迷信。从此,《周易》的研究开始走向了科学化的道路。虽然这仅是"筚路蓝缕,以启山林"。半个多世纪过去了,党领导中国人民革命事业取得翻天覆地的胜利,马克思主义的中国史研究和《周易》研究也不断提高到新的水平。新中国建立前,吴承仕、范文澜、闻一多、于省吾、杨树达、顾颉刚、李镜池、高亨等老一辈学者早有开拓性著作,新中国建立后又继续出版了他们的新旧论著。尚秉和先生的"以象释易"的专著,也得以在新中国出版,近几年还出了一些中青年学者的新著。仅就我们这次会上提供交流的这方面研究成果就不少,一方面有专题性、总结性的大部头著作,如刘蕙荪教授献出的《周易曲成》乃刘季英先生和刘蕙荪教授两代学者继承发展清代太谷学派《易学》思想的呕心之作,近三十万言;又如杨柳桥先生的《先秦易学精议述稿》曾九易其稿而成,近十五万言;周士一同志主编的《周易参同契集注》仅印出的上卷即七十万言,下卷是全文今译和英译。这些都是作者多年辛勤劳动的结果。另一方面除有关专人、专书、专题的论文外,还有如朱伯崑、潘雨廷等先生的论著,反映出易学史研究的新进展。易学史的研究和编纂这一课题的广泛提出,可说是标志着整个《周易》学的研究已进入一个新阶段。

第二,就有关《周易》的地下考古新发现来说,诸如 1973 年长沙马王堆汉墓出土的帛书《六十四卦》及卷后佚书《二三子问》和别本《系辞》,1977年岐山出土的周原甲骨上的卦画(数字卦)及卜辞,同年安徽阜阳汉墓出土竹、木简《周易》四十多卦,1984年湖北江陵天星观战国楚墓出土的竹简"卜筮记录"等,都是非常宝贵的地下保存的历史文献,提供了研究《易》卦起源的新资料,也提出了许多新的研究课题。应当感谢北京《文物》杂志编委会,为支持我们这次《周易》学术讨论会而及时发布了马王堆出土的帛书《六十四卦》释文和张政烺、于豪亮先生的重要论文,这无疑会引起学术界的极大重视,必将促进八卦起源、数与爻象的关系、《周易》成书年代等问题的深入探究。20世纪70年代这批考古新发现,国内外的一些学者已有初步的研究成果,许多问题尚待深入。值得高兴的是,张政烺先生已答应寄来他的新成果,国家文物局韩中民同志、陕西考古所徐锡台同志、安徽阜阳博物馆韩自强同志都应邀来参加我们的会议,并带来了他们的专题论文、珍贵图片和考古信息。我们将听到他们的发言,并看到大会秘书组临时赶出的一个相关图片的展览。

结合考古和新中国建立后所开展的对西南少数民族的社会学、民俗学的调查研究,从一个侧面促进了占卜诸形式、筮占和卦画的起源等问题的研究,不少同志就这方面而发表的独得之见,已引起普遍注意。上述这些出土的新文物和研究的新动向,在我们这次会上均有所反映,必将得到与会同志们的重视。

第三,就现代自然科学的新发展所引起的对《周易》的新认识来说,这是近些年中外不少学者注目的新课题。不少人认为古代东方哲学的一些概念、范畴和思维模式,似乎更符合现代自然科学所揭示的宏观与微观的宇宙图景。因此,一些科学家对《周易》《老子》等另眼相看,有的竟从《周易》象数体系中找到了与现代科学相对应的数列和原理。

中国古代自然科学诸如天文、历法、方位、气候、乐律、数学、医药、气功等,都与《周易》结下不解之缘,一开始就互相渗透,并互相影响。这是无疑的。《四库总目提要》所谓"易道广大,无所不包,旁及天文、地理、乐律、兵法、韵学、算术,以逮方外之炉火,皆可援易以为说,而好异者又援以入易,故易说至繁。"纪昀所无法解释的中国科技史上这一特异现象,应由我们给以科学的解释。

至于现代自然科学的最新发现,诸如核物理学的原子结构模式、分子生物学的遗传密码编排以及信息、系统、网络理论等与《周易》似乎也有某种关系。国外学者议论颇多,国内科技界也有业余研究者取得一定的探索性成果。会上,我们将饶有兴趣地读到厦门大学物理系沈持衡教授、重庆特殊钢厂赵庄愚工程师、南京紫金山天文台赵定理等同志的论文。当然,这个问题的探究,必然涉及一系列方法论问题。我想,主观附会的"古已有之",或简单粗暴地割断历史,都是不足取的;抽象地肯定现代科学概念正向朴素辩证法的思维模式复归,也还不能说明问题。在方法上,我们似乎需要对中西、古今的哲学范畴、科学概念、思维模式进行深入的对比分析,揭示其异中之同与同中之异,真正把握哲学思想与科学思想的历史发展所固有的"圆圈",找出这些"圆圈"("螺旋式")发展中前后联系的诸环节和转化的中介。只有经过这样具体的历史分析和逻辑分析,才有可能具体阐明某一现代科学概念是通过什么中间环节,与古老的《周易》符号系统或思维模式发生联系而"仿佛是向旧东西复归"的。

关于《周易》与古今科学的关系,会上将有一个专门组进行多学科的交流和综合性的探讨,必将启发出许多新意。

除了上述几个大的方面外,由于《周易》一书的特殊性质,既作为六经之首、三玄之一而形成了一部相对独立的易学史,又与诸意识形态相渗透而包容了历代的政治伦理思想、社会历史思想、文艺美学思想等,这些方面的研究新进展,在会议提供的论文中也都有所反映。会上还将交流两篇译文及国外易学研究的情况介绍。

总之,这次《周易》学术讨论会,得到同志们的多方面支持,提供了大量优秀的科研成果,使会议的学术内容,足以反映当代《周易》研究的新水平。通过学术思想的互相交流,疑难问题的互相研讨,这次会议对马克思主义《周易》学的发展必将起到一定的推动作用。

同志们,《周易》中有个《革》卦,一贯被认为是一个"元亨利贞"的大吉卦,"革而当,其悔乃亡""天地革而四时成",圣人革人心而天下和平,革之时义大矣哉!这次《周易》学术讨论会,正是在中央正确路线指引下改革之风吹遍全国的大好形势下开的,无疑也应当贯彻改革精神,改革学风,改革会风。关键在于坚持思想解放路线,实践百家争鸣方针,坚信"真理是在争论中确立的""历史的事实是在矛盾的陈述中清理出来的"。因此,在学术问题上,我们一定要勇于开展争鸣,善于破旧立新,乐于听取"一偏之见""相反之论",连黄宗羲也懂得"以水济水,岂是学问"。

这次会议在党的领导下,有许多专家亲临指点,经与会同志共同努力,我们一定能开得很好。

祝讨论会圆满成功! 祝同志们心情舒畅!

(1984 年 5 月 30 日)

"道家（道教）文化与当代文化建设"
学术讨论会开幕词

朋友们、同志们：

这次以道家（含道教）文化及其与当代文化建设的关系为主题的学术讨论会，经过一年多的筹备，得到多方面的支持，今天，终于在襄阳隆中——诸葛孔明羽扇纶巾、隐居学道的卧龙圣地正式开幕了！

这次会议是由湖北省哲学史学会、湖北省道教学术研究会、荆楚文化书院道家思想研究所、黄山文化书院、湖北省社科院科研处、武汉大学哲学系、华中师大中文系、湖北大学政治系、湖北中医学院科研处、湖北师院政治系、襄阳师专等十一个单位共同发起，由襄阳师专主办召开的。在筹备过程中，我们得到了中共湖北省委宣传部、湖北省社科院、省社联、省宗教局、省文化厅的指导和关怀；得到了海内外许多专家、学者的热情支持，有的学者临时有事不能与会，写来了贺信，送来了题词，寄来了论文；九江京剧团著名表演艺术家丁志鹏同志闻讯特别赶来亲送他所主演的《张天师传奇》电视连续剧八集的录像带；华中理工大学电教中心黄心武同志闻讯也将他所创作的五十米长的《武当山全景》组画送来，在会中首次展出。旅华日本学者、东京大学教授蜂屋邦夫先生闻讯后来信祝贺并表示要向大会献赠他的近著；日本东北大学青年学者山田俊先生，跨海赶来与会，并早早寄来了论文。这些都是对我们会议的极为宝贵的支持。今天，参加我们会议的，有襄樊市各方面领导同志，有来自全国各地的学者和理论工作者七十余人,为本次会议提供了不少重要科研成果。请允许我在此代表筹办单位,向他们、向所有与会的师友们,表示衷心的感谢和热烈的欢迎!

主办单位的襄阳师专的党政领导和有关同志们,他们特别辛苦,为我们提供了如此优美的开会场所和如此热情周到的服务,在此我谨代表来此与会的同志们,向他们深深道谢,并致以崇高的敬意!

同志们,道家思想文化(包括道教思想文化)在我们传统思想文化的发展中占有重要的地位,发挥过独特的作用,对于我们今天社会主义精神文明的建设和现代科学技术的发展也有不容忽视的意义。尽管长期以来,在国内外都流行一种模糊观念,似乎儒家文化即可以代替或代表整个中国传统文化。一谈到传统文化,无论褒之者,或贬之者,都注目于儒家,把传统文化单一化、凝固化、儒家化。这显然是不符合历史实际的。这一观念的流行,自有其形成偏见的历史根源。尽管传统偏见仍在起作用,"儒热道冷"的局面尚未根本改变,但 20 世纪 80 年代以来,随着马克思主义指引下的"拨乱反正"和改革开放的不断发展,道家及道教的研究也有了许多方面的新进展,研究领域扩大了(由老、庄扩展到稷下道家、黄老道家,以及新出土的《帛书四篇》《文子》《鹖冠子》等,由先秦道家延伸到后世的道家及道教学者,从严君平到傅山,都有论述),研究内容加深了(摆脱了"两军对战"的模式,着力于道家的范畴体系、思维方式的特点,以及道家的大小宇宙观、正负价值观、生死观、自由观、真理观、道德观、审美观等的研究,都有所开拓),研究方法更新了(许多学者不再采取孤立、静止的研究方法,而力图纵向地作动态研究,把握道家思想的史的衍变和发展,或横向地作各种比较研究,网络式地把研究扩展到道家与传统文化各层面,并力图在阶级分析的基础上运用历史分析方法、逻辑分析方法、心理分析方法,在概念绎解上吸纳现代诠释学方法,在文献疏证上试用穷举对比和统计分析方法等),因而吸引了更多的人们对道家(以及道教)思想文化刮目相看,并普遍增长了研究的热情和兴趣。有同志粗略统计,近十年新出版的道家(及道教)研究的专著不下三十种,论文数百篇,专门的学术会议举行过不下十次,表明道家和道教的研究已逐步由冷趋热,出现了兴旺的势头。我们这次盛会,也就是在这种新形势下召开的。我们希望,通过这次会议能把道家研究的兴旺势头再往前推进一步。

但是,就道家所处的客观历史地位及其曾发挥的文化功能而言,就道家思想文献的丰富但长期被漠视、道家文化传统可能具有现代意义但急待发掘而言,再就道家及道教研究的某些方面与日本、西欧某些机构的研究进展相比较而言,则我国目前的研究现状,无论是计划、规模、力量的投入,还是研究的成果等,都是远不相称的。再就国内对传统文化中儒、道、释三大主流思潮的研究而言,发展也极不平衡。近几年,在海内外现代新儒家的鼓荡下,儒学研究已形成热潮;佛教研究早有基础,近来更有大的发展,单是禅学的专门刊物就新出了两种。对比之下,道家及道教文化的研究就相形见绌了。为了全面理解中国传统文化的多维格局,为了全面推进传统文化的研究并使之走向世界、走向未来,当前道家思想文化的研究,似应特别着力,急起直追,应当从根本上破除尊儒贬道,即把儒家奉为正统而把道家斥为异端的传统文化偏见,应当还历史以本来面目,对于儒、道各家思想的理论价值和现代意义,更需要依马克思主义为圭臬、以现代文化意识为参照,重新加以评定;而不能依传统中的正统观念(正统的"治统"观念与正统的"道统"观念)去人云亦云。这就需要我们坚持科学态度,培养理论勇气,付出巨大努力。

例如,对于结束了先秦百家争鸣的两汉学术思想的朝野各家,怎样分疏,怎样评判,怎样确立评判者的价值尺度和历史爱憎,就有一个对传统观念的决择取舍问题。有人依传统中的正统观念,大肆表彰董仲舒"为儒者宗"的"天人三策"及其"罢黜百家,独尊儒术"的思想路线的巨大的积极的"贡献",而同时贬低其他以"杂"为特点的异端思想,对道家更斥之为"消极"或"逆转"。但也可以另立一个评判的尺度,如把秦皇、汉武的统一大业和文化专制加以分别评价,而由宫廷政争演为以思想罪兴两次大狱,则显然失当,一诛吕不韦集团,一诛刘安集团,都株连镇压了大批优秀学者,而特别使道家遭受到残酷打击。汉代自武帝采纳了董仲舒的独尊儒术的献策之后,大批儒林博士,奔竞利禄,"高论白虎,深言日食",使儒家也彻底笺注化、教条化、庸俗化。如顾炎武所斥"师儒虽盛,而大义未明"。当时,道家虽遭残酷打击,而并未偃旗息鼓,如司马迁,被斥为"论大道则先黄老而退六经",身受腐刑,打入蚕室,仍然奋力写成《史记》这一辉煌巨著。此外,还有卖卜为生的严君平,投阁几死的扬雄,直言遭贬的桓谭,废退穷居的王充等卓立不苟的道家学者,都在学术上取得许多重要成果,作出了超迈儒林的独特贡献。这样来评判两汉学术,则会发现道家在当时表现了苗壮的学术生命力,司马迁的《史记·自序》和王充的《论衡·自纪》等,更充分体现了我们民族传统精神文化中最可贵的时代忧患意识和社会批判意识。这是道家思想的重要特点,是道家学者对我们民族精神文化的内蕴所作出的历史贡献。至于历代道家以其固执天道自然、抗议伦理异化的理论趣向,在科学、文艺、哲学思辨等方面所贡献的许多有价值的成果,毫无疑问是值得我们马克思主义者加以认真研究和科学总结的。

又如,道家的学风及其文化心态,与儒法两家的拘谨、独断和狭隘相比较而言,显然具有更多的开放性、包容性和前瞻性。如对于"万物并作"、诸子蜂起、百家争鸣的基本态度,老子提出"知常容,容乃公"的原则,主张"和光、同尘、挫锐、解纷";宋钘、尹文提出"别囿""不苟于人,不忮于众""以聊合欢,以调海内",都表现出一种宽容、和解的气度。庄子继之,提出齐"物论",去"成心",更从理论上论证"道隐于小成,言隐于荣华,故有儒墨之是非",而主张"和之以是非而休乎天钧,是之谓两行"。《易传》《中庸》正是汲取了这些而形成"道并行而不相悖,物并育而不相害"等优秀思想。《秋水》篇等深刻揭示了真理的相对性、层次性和人们对真理的认识不同层次都有其局限性,生动的"井蛙、河伯、海若"对话的寓言,通过认识的三个层次,把人们引向日趋广阔的视野,引向一种不断追求、不断拓展、不断超越自我局限的崇高精神境界。孔子自称:"朝闻道,夕死可矣";庄子却说:"指穷于为薪,火传也不知其尽"。《庄子》上记载颜回对孔子毕恭且敬,称"夫子步亦步,夫子趋亦趋,而夫子奔逸绝尘则回也瞠乎其后矣"!学生永远赶不上老师。而庄子却说:"送君者自其涯而返,君自此远矣!"显然是两种真理观,两种学风,两种胸怀。司马谈总结先秦学术时,正是从学风的角度赞扬道家能够"因阴阳之大顺,采儒墨之善,撮名法之要,与时迁移,应物变化","以虚无为本,以因循为用,无成势,无常形,故能究万物之情"。王充所坚持的"虽违儒家之说,但合黄老之义"的学术路线和学风,也主张像"海纳百川"一样"胸怀百家之言",才能成为博古通今的"超奇"的"通人"。足见,道家的学风及其对于异己学术的文化心态是较为宽容、开放而具有广阔的胸怀的。这是中国传统文化中很值得注意的优秀思想遗产。我们注意并欣赏这种历史上的优秀思想传统是理所当然的。因为马克思主义科学学风,正要求我们以开放心态来对待古今学术成果,对待真理发展的客观辩证法。马克思在写《剩余价值学说史》时曾定下一个原则:"我设立了一个历史法庭,对每个人论功行赏。"列宁强调马克思主义绝没有任何狭隘的宗派性、保守性,而是在人类文明发展的大道上吞吐百家而不断发展。毛泽东制定"双百"方针及其理论基础,也提醒我们要有不断开辟认识真理的道路的远大胸怀。所以,我们认为道家的学风是有可取之处的,道家文化心态及其留下的思想遗产,值得我们去发掘、研究,并给以马克思主义的批判总结。

至于道家文化的现代意义、道家文化与现代文化建设的关系问题,我们这次会议并非偶然地选择了这个主题。因为,这方面确有广阔的理论内容和重要的现实意义,值得探讨。道家立论的根本点是贵己养生,全性保真,更强调养生之主、德充之符,强调"知天之所为,知人之所为"的"真人"的"真知",就在于了解自然与人之间统一、协调的关系。道家从自然哲学深入到生命哲学,再转到人体功能的深入研究,从宇宙大生命和个体小生命、大宇宙与小宇宙的互动与同构的角度,揭示出许多生命的奥秘和人体功能的自然节律。近些年,海内外不少学者对道家及道教的这一方面的贡献,作了不少实证性或唯象学的研究,并给以现代医学、现代生命科学的诠释,发掘出道家养生学的现代科学的意义。从这里,可能生长出中国式的人体生命科学(继承道家文化传统而又是现代化的气功学、内丹学等)。当然,养生学只是道家思想的一个小侧面,道家思想的其他方面,社会政治观、道德伦理观、文化价值观以及思维方式、人格境界、审美情趣等,都富有可以发掘并重新评定的现代意义。这次会议,以此为主题,并已有论文或专门或部分涉及此问题。我们相信,通过交流和互相切磋、互相辩难,一定会迸发出更多的"朝彻、见独"的智慧火花。

朋友们,同志们,这次以道家文化为主题的学术会,自当提倡道家传统的濠上论辩的学风,更要在马克思主义的指导下加以发展,弘扬优秀文化传统,以改革开放的心态,实践百家争鸣的方针。这样我们的会就不会开成"独弦哀歌"的会,而定会开成一个"众妙之门"的会! 只要我们善于开拓,勇于创新,善于"别囿",又勇于争鸣,通过讨论,一定可以把道家及道教文化的研究向前推进。

谨预祝大会取得圆满成功!

并祝朋友们、同志们目击道存,心情舒畅!

(1990 年 7 月 10 日)

秦汉之际学术思潮简论

　　1956 年冬,曾侍坐已婴风疾而仍谆谆诲人不倦的汤用彤先生,有一次我请教如何读王充书,汤先生蔼然指点应注意王充与秦汉道家的关系,应考察王充晚年所著《养性之书》存今本《论衡》中究系哪些篇,养性即养生乃道家思想的重要一环,由贵己养生而推到天道自然。因论及蒙文通先生有先秦道家分为南北两派之说甚精,至于秦汉之际道家似更有新的发展,或衍为神仙家、医家(如《楚辞·远游》《黄帝内经》)或衍为黄老之学,王充书中累称黄老,值得注意。当时初学,难体深意,迄今二十余年,自愧德业蹉跎,对前修指点,浅尝辄止,过耳或忘,未能闻一以知十。后读马王堆汉墓出土帛书《经法》等篇,益信司马谈所论六家要旨,实为秦汉之际发展的新思潮而并非先秦名家旧旨。比类通观,异同可见。忆及蒙文通先生于《儒学五论》中曾指出:"盖周秦之季诸子之学,皆互为采获,以相融会。韩非集法家之成,更取道家言以为南面之术,而非固荀氏之徒也。荀之取于道法二家,事尤至显……《吕览》《管书》,汇各派于一轨,《淮南子》沿之,其旨要皆宗道家。司马迁之先黄老而后六经,亦其流也。六艺经传之事,盖亦类此。汇各家之学,而综其旨要于儒家。"深感汤、蒙诸前辈硕学所论,常中肯綮,足以启迪来学。只可惜《老子》甲乙本及《经法》等帛书出土时,汤先生、蒙先生均已先后谢世,再不能向他们问难、请教了。善歌者使人继其声,善教者使人继其志。王夫之把《易传》"继之者善也",解释为"学成于聚,新故相资而新其故"。兹篇所述,苟能"继其声"而"新其故"于万一,盖汤先生当时娓娓数语实有以启之。

秦汉之际的中国,封建制已在全国确立,而历史又经历了一次社会大动荡、大分裂才趋向大统一的曲折。在这一历史的曲折中,先秦各家思想虽经《庄子·天下》作者、荀况、韩非试作过总结,却又进一步分化、改组、汇合而形成了不同倾向的新的学术思潮。

秦汉封建统治集团实现了全国政治统一之后,面临着为巩固政权而营造新的上层建筑的历史任务,但以什么思想理论作为指导,对封建统治思想及其理论重心的选择,却经历了一个过程。从秦皇到汉武,摸索了整整一个世纪。这一时期,各种学术思潮的互相激荡,迭为废兴,又各有承转,非仅战国诸子争鸣的余波,且为秦汉学者适应时代要求的新的理论创造。

秦及汉初,新兴地主阶级内部的不同集团,对于怎样巩固封建集权统治和营造新的上层建筑,怎样创立新的"法度"及其理论基础,曾发生多次思想政治路线的分歧和争论,学派形式上则表现为道、儒、法之间的互黜。

秦统一前夕,秦相吕不韦召集宾客著了《吕氏春秋》一书,显然以道家思想路线为中心,兼采儒、墨、名、法及阴阳、兵、农家言,适应历史发展的客观要求,提供了一个实现封建主义的政治统一和思想统一的初步方案。战国末,思想发展的总趋势已要求通过"吹万不同"的争鸣而互相摄取、趋向统一。《庄子·天下》《荀子·非十二子》《韩非子·显学》均已表现出这一趋向,而《吕氏春秋》更以兼容并包的积极态度,"齐万不同"的指导思想,采"人著所闻"的"集论"方式,形成了一个以八览、六论、十二纪为构架,以新发展的道家无为思想为中心的理论体系。书中强调以"义兵"统一天下,然后推行"无为"政治,"主执圜,臣处方","大圣无事而千官尽能",主张德治、法治并举,"凡举事必先审民心",突出地重视发展农业生产,注意天文、历法、物候、乐律等自然规律,归结到哲学上强调"贵因""知一""名实相保"。(见《荡兵》《圜道》《君守》《顺民》《贵因》《执一》《上农》等篇)凡此,表现了新道家的思想特征。《吕氏春秋》曾于秦始皇八年公布于咸阳市门,并以"有能增损一字者予千金"的号令以显示其权威,因而得以在秦汉之际流传,被汉初学者目为"圣贤发愤之所为作"的第一流著作。不久,在秦统治集团内部的权力争夺中,秦始皇以罪诛灭吕不韦集团,虽未涉及思想争论,但事实上否定了《吕氏春秋》为代表的思想政治路线。秦始皇集团以武力实现了"振长策而御宇内"的政治统一,推崇韩非,信用李斯,独尊法家。秦虽"设博士七十人,掌通古今",有伏生、叔孙通、鲍丘令之(即浮丘伯)、淳于越、黄公(名疵)、正先等人,而不予重视。秦统一不久,讨论"官天下"或"家天下"问题,秦始皇与鲍白令之即发生过尖锐冲突(见《说苑·至公》)。接着,在"师古"或"师今"问题上,儒生淳于越等与秦皇、李斯展开了激烈争论(见《史记·秦始皇本纪》),争论涉及营造上层建筑的指导思想。秦皇、李斯坚持商鞅以诗、书、礼、乐为"六虱"的思想路线,认为"不燔六艺,不足以尊新王",因而导致焚书坑儒、禁废私学的严重事件。秦统治集团迷信法家思想,把君主的意志及其所掌握的权势夸大为具有决定一切的作用,陷入极端的唯心史观。实行"以法为教,以吏为师",忽视对前代文化思想遗产和政治统治经验的批判继承,陷入盲目的主观独断。这样违反历史要求的指导思想,简单粗暴地黜道、坑儒,"偶语《诗》《书》者弃市,以古非今者族",结果导致了秦王朝在农民大起义的风暴中迅速覆亡。

章太炎认为:"秦虽钳语、烧《诗》《书》,然自内外荐绅之士与褐衣游公卿者,皆抵禁无所惧。"(《秦献记》)他所例举《汉志》所录儒家羊子、名家黄公各著书四篇,两人皆秦博士;又成公生游谈不仕,著书五篇;零陵令信一篇,专难丞相李斯等,乃战乱之后的散篇孑遗。事实上,秦王朝的镇压手段,并未能阻止儒、道各家思想的流传和在理论上的新发展。正是秦汉之际,被称为"黄老之学"的新道家,以比《吕氏春秋》更精炼、更成熟的形态在齐、楚各地民间代代相传,并以更鲜明的政治态度由"轻物重生""全性葆真"而转向研究"成败存亡祸福古今之道",为新兴封建统治者提供"君人南面之术"。至于"祖述尧舜,宪章文武,宗师仲尼,以重其言"的儒家学说,由秦博士和邹鲁地区的儒生们整理、保留了大批古代经籍文献,并顺应时代潮流而有新的发挥,吸取墨家而有《礼运》之篇、《孝经》之作,博采道、法、刑名、阴阳诸家而有《易传》及大小戴《礼记》中系统的哲理和政论,逐步形成了为封建大一统提供伦理政治原则的新儒家。其他,阴阳方士、权谋纵横也与时俯仰或与儒、道两家思想掺和而有新的发展。

秦统治者择定指导思想、制定文化政策的失败教训,引起汉初统治者的高度重视,促使他们对文化学术问题采取了慎重和开放的方针。汉初,首先废除了秦朝的"挟书律",多次派人"求亡书于天下",礼聘秦博士和邹鲁儒生,为设博士弟子员,请他们传经讲学、制定朝仪,对盖公、陆贾、黄生、司马谈等治黄老之学的新道家学者,也表示特别尊重。所以,在汉初,儒家、道家都以服务于新统治者的新姿态而活跃起来;至于法家,作为新兴地主阶级夺权、统一运动的思想旗帜,虽经"秦二世而亡"的政治挫折,但在汉承秦制和总结秦政得失中,仍保持着一定的思想活力。

但汉初统治者,对于怎样营造新的上层建筑、确立新的统治思想及其理论重心,仍在摸索之中。封建统治阶级内部的不同集团之间,争论在继续着。汉高祖刘邦其人,本来"不好文学",鄙视儒生。当他初定天下,却不得不接受叔孙通和一伙鲁诸生为之制定的朝仪。但就巩固政权应当如何确立指导思想的问题,他和谋臣陆贾发生过一次著名的争论。史称:"陆生时时前说称《诗》《书》,高帝骂之曰:'乃公居马上得之,安事《诗》《书》?'陆生曰:'居马上得之,宁可以马上治之乎?且汤武逆取而顺守之,文武并用,长久之术也。……向使秦已并天下,行仁义,法先圣,陛下安得而有之?'高祖不怿而有惭色。乃谓陆生曰:'试为我著秦所以失天下,吾所以得之者何,及古成败之国。'陆生乃粗述存亡之征,凡著十二篇。每奏一篇,高帝未尝不称善,左右呼万岁,号其书曰《新语》。"(《史记·郦生陆贾列传》)这一生动的描述,表明刘邦是"好谋善听"的聪明人。争论的开始,刘邦显得幼稚、粗鲁,陆贾所提出的"文武并用"等也颇笼统。而争论的结局,倒是刘邦承认了不能"以马上治之",进而提出了总结秦亡教训这个要害。陆贾以后所上《新语》,重点也在总结秦亡的教训在于:"蒙恬讨乱于外,李斯法治于内,事逾烦,天下逾乱,法逾滋而奸逾炽,兵马益设而敌人逾多。秦非不欲治也,然而失之者,乃举措太众而刑罚太极故也。"(《新语·无为》)因此,有针对性地较早提出了"无为而治"的政治原则,"夫道莫大于无为,行莫大于谨敬"(同上)。"君子之为治也,块然若无事,寂然若无声,官府若无吏,亭落若无民"(《新语·至德》)。他所强调的主要是统治者要宽刑简政,不要苛扰人民,要休养生息,恢复被破坏了的封建经济;然后,注重教化,统一政令,"举一事而天下从",做到"不言而信,不怒而威"(同上)。这样的"无为",实际上是"有为"。陆贾《新语》所提供的以道兼儒的"无为"原则,虽尚粗浅而未形成明确体系,但符合形势需要,反映了时代思潮。所以,陆贾在中央的这一建议与盖公在齐地对曹参的指教竟不谋而合,表明秦汉之际崛起的新道家思想,适应了当时封建统治者的迫切要求。

曹参初为齐相时,曾召集长老诸生征询"安集百姓"的施政方针,遇到了"诸儒以百数,言人人殊"的各种争论。曹参终于选择了黄老道家思想。"闻胶西有盖公善治黄老言,使人厚币请之。既见盖公,盖公为言治道贵清静而民自定,推此类,具言之。参于是避正堂,舍盖公焉。其治要用黄老术,故相齐九年,齐国安集,大称贤相。"(《史记·曹相国世家》)这位盖公,是齐地学有师承的黄老学者。据司马迁记述:"乐臣公善修《黄帝》《老子》之言,显闻于齐,称贤师。""其本师号曰河上丈人,不知其所出。河上丈人教安期生(这位安期生,在秦、楚之际很活跃。据皇甫谧《高士传》说,秦始皇东游时曾见过他,以后他与蒯通又游说过项羽),安期生教毛翕公,毛翕公教乐瑕公,乐瑕公教乐臣公,乐臣公教盖公。盖公教于高密、胶西,为曹相国师。"(《史记·乐毅列传》)盖公根据战国末以来在齐地形成了学派的黄老学,向曹参提出的"清静无为"的为政方针与思想原则,在汉初实际政治生活中起着重大作用。因为曹参相齐九年之后又继萧何任汉相国,继续推行"清静无为"的方针,被史家赞为:"参为汉相国,清静极言合道。然百姓离秦之酷后,参与休息无为,故无不称其美矣!"司马迁特记录了当时百姓的一首颂歌:"萧何为法,觏若画一。曹参代之,守而勿失。载其清静,民以宁一。"(《史记·曹相国世家》)自陆贾提出"道莫大于无为",汉高帝虽口头"称善",但并未付诸实践,甚至还未意识到为巩固政权有择定新的指导思想的必要。张良曾受黄石公书,用谋略佐刘邦定天下,以开国重臣而辞三万户之封,愿从赤松子游,自学辟谷道引的养生术,又巧妙地荐"商山四皓"辅太子刘盈,避免了汉初废立太子的危机,局部地起了某种稳定作用。而"曹参荐盖公言黄老",开始切实推行"无为而治"的指导方针,并取得显著成效,史称:"当孝惠、高后时,百姓新免毒蠚,人欲长幼养老,萧、曹为相填(镇)以无为,从民之欲而不扰乱,是以衣食滋殖,刑罚用稀。"(《汉书·刑法志》)此后,文帝、景帝、陈平、汲黯等人,尤其是参与文、景两朝朝政四十余年的窦太后,能够自觉地坚持以黄老道家思想作为巩固封建政权的指导理论,并在学术思想领域大大扩展阵地,形成了新道家在当时与儒、法互黜中的理论优势地位。这种优势地位的取得,有政治上的原因,更主要的是新道家在理论上的成熟发展。

自秦统一前夕,《吕氏春秋》以黄老道家为中心,兼采儒、墨、名、法、阴阳、兵、农诸家,形成了一个粗糙的体系,未得到秦统治集团重视;中经秦皇、李斯坚持法家路线而招致败亡;汉初统治者吸取秦亡教训而逐步自觉地采取黄老道家思想作为巩固政权的指导方针。新兴地主阶级的政治实践经历了这样一个"之"字路程,促使新道家思想得到理论上的锤炼、丰富和发展。楚人陆贾通过分析秦亡教训而明确提出了"道莫大于无为""无为者乃无不为也"的思想原则。齐地学者更精炼出"治道贵清静而民自定"的总的论纲。经过文、景两代的顺利执行,积累了一定的政治实践经验和思想斗争成果,到武帝初年,规律地出现了较系统的理论总结。淮南王刘安组织门下宾客,"讲论道德,总统仁义","弃其畛挈,斟其淑静",写成《淮南鸿烈》一书,展开了"无为"和"有为"的辩证关系的论证,较彻底地扬弃了先秦道家"无为"思想中的消极倾向,对《吕氏春秋》以来发展着的新道家思想的积极成果作了较全面的总结。由于体系庞大,不免浮杂。稍后,太史公司马谈,作为当时最博学的思想家,以更广阔的视野和更高的理论思维水平,对秦汉之际流行于朝野的各派思想进行了深入剖判而归宗于新道家,并具体分析了新道家其所以取得理论上的优势地位,就在于能够"因阴阳之大顺,采儒墨之善,撮名法之要,与时迁移,应物变化,立俗施事,无所不宜,指约而易操,事少而功多"。即是说,托名黄帝、渊源《老子》的新道家,对阴阳、儒、墨、名、法各家的思想精华都有所吸取,并顺应秦汉之际的时代变迁而有新的发展,所以在实际运用中能够取得"事少而功多"的成效。这是对汉初在黄老"无为"思想指导下曹参、陈平等取得的政绩所作的理论总结。司马谈更深一层从哲学上概括出了新道家的理论要点，首先，在处理主客观关系上，"其术以虚无为本，以因循为用。无成势，无常形，故能究万物之情，不为物先，不为物后，故能为万物主。有法无法，因时为业，有度无度，因物与合"。即虚心体察外物的实际情况，注意遵循事变的客观规律，先"究万物之情"，然后"因循为用"就能"为万物主"，对事物的"势""形""法""度"的把握，并没有一成不变的公式，只能"因时为业""因物与合"。这是清醒的唯物论和辩证法。其次，在考察名实关系上，"实中其声者谓之端，实不中其声者谓之窾。窾言不听，奸乃不生，贤不肖自分，黑白乃形。在所欲用耳，何事不成，乃合大道，混混冥冥，光耀天下，复反无名"。即要求名副其实，不听假话空话，就可以防止奸邪，分清是非，这样冥合大道，按规律办事，就可以不事声张而成就大事业。最后，在分析形神问题上，认为"凡人所生者神也，所托者形也。神大用则竭，形大劳则敝，形神离则死。死者不可复生，离者不可复反，故圣人重之"。承袭道家一贯的贵生、养神思想，但以此论证"无为而治"的原则，反对"任术"，强调要"先定其神"，才能去"治天下"（《史记·太史公自序》引司马谈"论六家之要指"）。

司马谈作为新道家的最后学者对新道家思潮的概括，是简明扼要的。他对儒、法各家思想得失的评判，也反映了当时流行的儒、法等思潮的新特点，表明新道家对其有所取和舍的基本内容。这也是汉初道、法、儒三种主要思潮竞长争高、并行而互黜的矛盾状况的如实总结。

秦汉之际，法家思想是否也有新发展？是否形成了新的法家？回答应当是肯定的。韩非、李斯之功在助秦统一，而其学术思想并未因秦亡而中绝。如河南吴公与李斯同邑，曾学于李斯，汉初为河南郡守，"治平为天下第一"，因而被汉文帝征为廷尉；他又推荐其门下的青年贾谊于汉文帝，一度受到特殊的信任。（见《史记·屈原贾生列传》）。又如轵县张恢曾以"申商刑名之学"教授于民间，晁错等多人曾往就学（见《汉书·晁错传》）。以后，贾谊、晁错以其主要论著和政治实践表明他们是汉初新法家的思想代表。司马迁判定"贾生、晁错明申、商"（见《史记·太史公自序》）。刘向称"贾谊言三代与秦治乱之意，其论甚美，通达国体，虽古之伊、管，未能远过"（《汉书·贾谊传》）。班固《汉志》录晁错论著列入法家，而将贾谊论著则列入儒家、阴阳家，实不当。宋黄震已辩贾谊"无得于孔子之学，盖不过智略之资，战国之习，欲措置汉天下尔"（《慈溪黄氏日钞》卷五十六）。就文、景时期道、法、儒并存而互黜的史实看，贾谊以年少英才，被吴公推荐而得到"本好刑名之言"的汉文帝的任用，一年就超迁为太中大夫。他所陈政论，主要在总结秦之兴亡的历史经验，分析汉初社会矛盾和政治得失，提出内削诸侯王势力，外抗匈奴侵扰，扫除旧制度残余，巩固封建经济，强化中央集权等一系列政见，经过汉文帝的"深纳其言"，对当时的实际政治产生过重要影响。但贾谊以申韩法家思想为指导所提出的一些尖锐的矛盾分析和激进的改革主张，诸如认定分封制下的诸侯王必然分裂叛乱，"疏者必危，亲者必乱""负强而动""强者先反"，因而主张运用"权势法制"这一"人主之斤斧"，"排击剥割"，大刀阔斧地削藩等（见贾谊《陈政事疏》），则与当时朝廷奉行的黄老道家思想路线发生了根本分歧。所以，贾谊被斥为"年少初学，专欲擅权，纷乱诸事"。汉文帝也只好"疏之"，贾谊旋被贬谪长沙（《史记·屈原贾生列传》）。稍后，晁错初被景帝信用，也由于坚持新法家的激进改革主张，"为国远虑，祸反及身"，竟被谗杀。贾谊、晁错等以其面向现实的尖锐的矛盾分析预见到当时的政治事变，他们不少具体主张实际被采纳施行，但他们"不别亲疏，不殊贵贱，一断于法"的思想路线则受到排斥，被斥为"严而少恩"，"可以行一时之计，而不可长用也"（《史记·太史公自序》）。这表明汉初的新法家，尽管融合了更多的儒家思想，但与掺和着刑名法术的新道家，仍处于互黜的地位。

至于秦汉之际的新儒学，虽然政治上长期被黜，而在理论上却不断地得到发展。这一方面由于古代文献被作为儒经，而有其承袭的丰厚基础；另一方面也由于秦汉儒生努力吸收各家思想，而使儒家理论不断有所创新。秦汉传经的博士，代代相承，民间还有不少讲经、习礼的儒者，形成一股不小的社会势力。当汉初统治者大都"好黄帝、老子之术"，新道家思潮盛极一时。而这时的新儒家，也毫不示弱地在积极发展，如儒林的著名学者申培公、辕固生等也影响一批朝臣，赵绾、王臧都受《诗》学于申培公，因而"隆推儒术，贬道家言"。道、儒互黜的事件，在景、武时期连续发生。按司马迁的概述："世之学老子者则黜儒学，儒学亦黜老子,道不同,不相为谋,岂谓是耶?""道不同"的两种思潮,势必发生冲突。首先,景帝时爆发了新道家代表黄生与儒林博士辕固生的一场尖锐的争论。史称:"辕固生……以治《诗》,孝景时为博士。与黄生争论景帝前。黄生曰:'汤武非受命,乃弑也。'辕固生曰:'不然。夫桀、纣虐乱,天下之心皆归汤武,汤武与天下之心而诛桀纣,桀纣之民不为之使而归汤武,汤武不得已而立,非受命而何?'黄生曰:'冠虽弊,必加于首,履虽新,必关于足。何者,上下之分也。今桀纣虽失道,然君上也;汤武虽圣,臣下也。夫主有失行,臣下不能正言匡过以尊天子,反因过而诛之,代立践南面,非弑而何也?'辕固生曰:'必若所云,是高帝代秦即天子之位,非邪?'于是景帝曰:'食肉不食马肝,不为不知味;言学者无言汤武受命,不为愚。'遂罢。"(《史记·儒林列传》)这位司马谈都向他学过"道论"的黄生,服务于新兴地主阶级巩固政权的需要,按照兼容了儒法的新道家思想,强调君臣上下之分不可颠倒,驳斥了辕固生所持的儒家齐诗说的观点,得到了汉景帝的支持。这场争论可能当时影响不小,由于儒学被屈,以致一段时间"学者莫敢明受命放杀者"(《史记·儒林列传》),说明有关"汤武革命"等儒家旧义,已不符汉初政治形势的要求。接着,窦太后更与辕固生就《老子》一书的评价问题展开了直接的交锋。史称:"窦太后好《老子》书,召辕固生问《老子》书,固曰:'此家人言耳。'太后怒曰:'安得司空城旦书乎?'乃使固入圈刺豕。景帝知太后怒,而固直言无罪,乃假固利兵,下圈刺豕正中其心,一刺豕应手而倒。太后默然,无以复罪,罢之。"(《史记·儒林列传》)这次争论,直接涉及对黄老道家的理论基础的评价问题,所以触怒了窦太后,辕固生几乎丧生于野猪之口。新儒家并没有因此畏缩,而是通过各种渠道积极活动,由学术争论发展为政治体制之争,因而到武帝初年,矛盾终于激化到对儒生倡议采取了镇压措施。当时,支持儒学的郎中令王臧与御史大夫赵绾趁武帝初即位,建议"立明堂",并推荐其师、《诗》学专家申培公主持其事。申公"至,见天子(汉武帝)。天子问治乱之事,申公时已八十余,老,对曰:'为治者不在多言,顾力行何如耳。'是时天子方好文词,见申公对,默然。然已招致,则以为太中大夫,舍鲁邸,议明堂事。太皇窦太后好老子言,不说(悦)儒术,得赵绾、王臧之过以让上,上因废明堂事,尽下赵绾、王臧吏,后皆自杀。申公亦疾免以归,数年卒"(《史记·儒林列传》)。司马迁这一简洁的记述,表明学术之争已发展为政治斗争。因为"议明堂事",非同小可。秦汉新儒家思潮,有取于墨家与法家。蒙文通先生曾论及:"凡儒家之平等思想皆出于墨。法家之平等,为摈弃世族、扩张君权而壹刑法。墨家之平等,为废抑君权而建民治。儒家之义,莫重于明堂。班固言'墨家者流,盖出于清庙之守……'清庙者即明堂也。知明堂之说,创于墨家而儒者因之。凡儒者言禅让、言封禅、言议政、言选举学校,莫不归本于明堂,其为本墨家以为说,不可诬也。墨家非乐,而六艺佚乐经,墨以孝视天下,而儒者于汉独尊《孝经》,是皆秦汉之儒,取于墨家之迹。斯今文说者实兼墨家之义。"(《儒家政治思想之发展》《儒学五论》)按吸取了墨家的今文经师说,明堂乃大学,类似监督执政的议政机关,这是汉初部分儒生违反封建专制原则的政治幻想。今文《诗》学、《尚书》学中有不少类似的奇论。申培公、辕固生等正是这部分"不达时务"的儒生的代表。被"病免"的辕固生,曾固执地告诫新被征用的公孙弘:"公孙子,务正学以言,无曲学以阿世!"这一系列事件表明,汉初新儒家曾本孟、荀旧义而谈桀纣为独夫,汤武为革命,又曾吸取墨学而发挥了一整套所谓井田以均贫富、封禅以选天子、明堂以议时政之类的"非常异义可怪之论",由于"不达时务"而一再被黜。稍后的公孙弘、董仲舒则大不一样,抛弃今文经学中一些不切实际的幻想,更多吸取刑名法术及阴阳家言,重新营造了一套以《春秋》公羊学为中心的新儒学,逐步适应了巩固封建大一统的现实政治需要,从而在汉武帝当权以后取代新道家,一跃而为封建统治思想的正宗。如班固所总结:"孝文本好刑名之言,及至孝景不任儒,窦太后又好黄老术,故诸博士具官待问,未有进者。……及窦太后崩,武安君田蚡为丞相,黜黄老刑名百家之言,延文学儒者以百数。而公孙弘以治《春秋》为丞相,封侯。天下学士靡然乡风矣。"(《汉书·儒林列传》)

综上所述,秦及汉初,新兴地主阶级为巩固政权而营造新的上层建筑,选择封建统治思想及其理论重心,经历了曲折过程。秦代"以法为教",黜道、贬儒,终于失败;汉初统治者,吸取教训,适应形势需要,采取了黄老之学的新道家思想作为施政方针,取得了"文景之治"的实际效果。而思想领域则比较活跃,道、法、儒并存而互黜中，各自营造学术体系，思想上互相吸取，原则上各有重心，事实上形成了三种具有新的时代特征的主要思潮，即新道家、新法家和新儒家，都属于秦汉之际的新兴地主阶级的理论创造。司马迁对此曾作过总结性的概述：

> 周道废，秦拔去古文，焚灭诗书，故明堂石室金匮玉版图籍散乱。于是汉兴，萧何次律令，韩信申军法，张苍为章程，叔孙通定礼仪，则文学彬彬稍进、诗书往往间出矣。
>
> 自曹参荐盖公言黄老，而贾生、晁错明申商，公孙以儒显，百年之间，天下遗文古事靡不毕集太史公。（《史记·太史公自序》）

前一段主要说秦不重视上层建筑的营造，汉初营造政治、法律、文化等上层建筑的成就。后一段则概述汉初学术潮流的发展，简要明确地勾画出当时学术领域中三种主要思潮及其代表。盖公所言的"黄老"，即战国末在齐地兴起、代有师承的黄老之学的新道家，在汉初流行于朝野而得到大发展，其哲学思想源远流长。从《吕氏春秋》到《淮南鸿烈》显示了新道家博采众长的学术路线，其所论证的理论核心乃是"无为"和"有为"，即事物的客观规律性和人的主观能动性之间的辩证关系。其间，陆贾、盖公揭示其总纲，司马谈、司马迁总结其要点，惜语焉不详。新出土的汉墓帛书与《老子》乙本合卷的《经法》《十六经》《称》《道原》等四篇，提供了重要思想资料，其所阐明的"虚同为一"的"道"即规律的客观性，"人事之理"的"顺逆"的复杂性，以及"执道""循理""审时""守度"就可以在客观规律面前反"客"为"主"的能动性等，反映了新道家据以立论的哲学世界观根据，补足了秦汉哲学发展史上重要的一环。贾谊晁错所明的"申、商"，实指通过总结秦之兴亡的历史经验对法家路线的发展，如贾谊对"攻守异势""攻守异术"的战略分析所得出的"礼法并用"的主张，特别是"按之当今之务"，对社会新矛盾的不同性质、不同阶段、不同处理方针的具体分析，达到了较高的思想水平。新法家在哲学上的新贡献，以贾谊的辩证矛盾观为代表，发展了韩非和《易大传》各个方面的矛盾学说。至于儒家，在秦汉之际长期处于被黜的地位，反而作了大量的历史文献研究和理论准备工作,整理、传授和阐释了《易》《诗》《书》和《春秋》以及《孝经》等,并不断吸取各家思想来充实自己,虽然"六艺经传以千万数","博而寡要",但准备了丰富的思想文化资料。通过"公孙弘以白衣为天子三公",在政治上使新儒家显露头角,再到董仲舒以"专精一思"的努力,集秦汉之际新儒学思潮之大成,在理论上使新儒学形成体系,当他的"天人三策"为汉武帝所接受,封建地主阶级终于找到了自己统治思想的理论重心。

封建社会初期的三种思潮,看来迭为废兴,互相否定,实际上相辅相成。所谓"黜黄老刑名"而"独尊儒术",不过由道法合流而发展为儒法合流。"汉家自有制度,本以霸王道杂之"(《汉书·元帝纪》),汉以后长期封建社会的正宗思想大体承继这一传统。王夫之处于封建社会开始没落并进入自我批判时期,因而能够揭露所谓"儒术",不过是"于申韩则暗袭其所为而阴挟其心","自宋以来,为君子儒者,言则圣人而行则申韩也","后世之天下死于申韩之儒者积焉"(《姜斋文集·老庄申韩论》)。王夫之所抨击的"以申韩之酷政,文饰儒术,而重毒天下"(《尚书引义·舜典二》)的"申韩之儒",当然不是指先秦的法家及秦汉之际的新法家,而是指宋明以来维护封建法统、把封建专制主义之"法"神化为主宰天地人物之"理"而又以"理"杀人、重毒天下的理学家们。至于汉初黄老之道,王夫之也有所评析,如推许汉文帝比贾谊、晁错高明,"知时""知几",认为"夫天有贞一之理焉,有相乘之几焉。知天之理者,善动以化物;知天之几者,居静以不伤物,而物亦不能伤之。以理司化者,君子之德也;以几远害者,黄老之道也,降此无道矣"(《读通鉴论》卷十七《文帝》)。王夫之的这些议论,对我们研究和评价秦汉之际的新道家思潮,似乎也有某些借鉴意义。

(1984 年 10 月)

略论杨泉及其《物理论》

杨泉,是三国、西晋时期反映当时江南一带新学风的一位深究"自然之理"的优秀思想家,在哲学史和科学史上都应有一定地位。但因他隐居不仕,正史无传,著作久佚,宋以后即长期湮没无闻。清代辑佚家曾对其久佚的著作有所辑录,但不够精审,近世学者刘汝霖、杜国庠等对其思想贡献开始有所论列,又大都不甚翔实。为了全面考察三国、西晋时期的学术思想流变,无疑应当重视北方士族名士"大畅玄风"所掀起的风靡一时的玄学思潮,探究其产生的基础、发展的逻辑以及如何与佛教思辨相汇合而发生过巨大影响等。但同时,也应当看到当时江南地区崛起的、与玄学思潮相对立的另一种思潮,即直接对抗唯心主义与宗教的联盟而以自然科学为凭依的唯物主义无神论思潮。这后一种思潮,在前已有扬雄、桓谭、王充、张衡等扬其波于汉代,在后复有何承天、范缜、祖冲之等衍其流于南朝;而当这时,这一思潮的典型代表,杨泉适足以当之。就这个意义上说,杨泉的著作由于被诸家征引而得以部分保存,并非历史的偶然,保存下来的尽管是断璧残圭,也值得我们珍视。

一

杨泉,字德渊,三国时吴会稽郡人,其生卒年代、生平事迹已无可考。只知道晋太康元年(280)灭吴后,会稽相朱则曾上书向晋武帝推荐说:"杨泉清操自然,徵聘不移心。"西晋朝廷诏拜他为郎中,他拒不就任。[①]《隋书·经籍志》称之为"晋徵士""处士",表明他在东吴和西晋都与士族统治集团不合作,甘心隐居著书,是一个江南在野的庶族知识分子。

杨泉继承和发展了当时荆州和江南一带的新学风,曾仿扬雄著有《太玄经》十四卷,又著有重要哲学著作《物理论》十六卷,另有集两卷,录一卷。这些论著,《隋书》、《旧唐书》的《经籍志》均著录。值得注意的是,从梁庾仲容《子钞》、萧衍《金楼子》、北魏郦道元《水经注》、唐马总《意林》、虞世南《北堂书钞》、徐坚《初学记》、欧阳询《艺文类聚》、司马贞《史记索隐》、陆德明《经典释文》、李善《文选注》、李贤等《后汉书注》、慧琳《一切经音义》等,直到北宋的《太平御览》《事物纪原》《埤雅》等书,均曾广为引述。足见杨泉的著作,尤其是《物理论》一书,曾经流传全国,从南北朝、隋、唐直到北宋,一直为学术界所重视,在文化思想战线上发生过特定的影响。

但是,从南宋以后,杨泉的著作全都散佚,官私目录均不再著录。直到清代乾嘉时期,又稍有人注意,对《物理论》一书,先是章逢之曾有辑本,孙星衍又"重加校正,补所不备",辑成一卷,刻入《平津馆丛书》乙集之三。又马国翰《玉函山房辑佚》中辑有杨泉《太玄经》十余条。严可均在《全三国文》中也辑得杨泉的赋五篇、文一篇。同时,严可均在从《意林》中校辑《傅子》时,发现了一个问题,即《道藏》本《意林》中所引《傅子》与杨泉《物理论》"多羼越",他在《傅子》辑本的《按语》中特指出:"以各书互证之,知《意林》所载《傅子》,乃杨泉《物理论》也","所录《物理论》,仅前四条是《物理论》,其第五条至九十七条乃《傅子》也"。这一问题,在孙星衍所辑《物理论》中也同样存在,原因在于孙星衍所据的武英殿本《意林》也与《道藏》本同,其中《物理论》与《傅子》多相混杂,所以孙辑本的杨泉《物理论》中,多条与《傅子》重复。这原是孙辑《物理论》时所依据《意林》版本不善所造成的混淆,而马瑞辰为孙辑《物理论》所写的《序》中却说:《物理论》"盖博采秦汉诸子之说为之,而引《傅子》为尤多,……其不言《傅子》者亦多出于《傅子》。……杨

---

① 《北堂书钞》卷六十三引《晋录》。

子是书,正足与《傅子》相表里。"由于这个原因,有的学者便认为,傅玄和杨泉两人著作"原书既皆佚失,而辑本又多羼越,势难强为分别,只有认两书为一家之学,合称傅玄—杨泉的思想,较为稳妥"①。嗣后一些哲学史论著,也常将傅、杨两人合论。由于辑本不够精审而造成的思想资料的混杂,便贸然把傅、杨两人合为"一家之学"或称为"傅杨学派",似并不稳妥。因为傅玄和杨泉,虽和魏晋时期许多较清醒的思想家一样,都有某些抨击玄学的言论,但两人的社会政治地位迥异,其著书立论的宗旨以及思想渊源、学术路线,均有所不同。其实,严可均在《铁桥漫录》中有《重订傅子序》,称他见过宋本《意林》,其中的《傅子》和《物理论》并不相混,可以订正武英殿本《意林》的错误。因此,清末叶德辉据所见宋本《意林》,重辑了《傅子》三卷,《傅子订讹》一卷,将武英殿本《意林》误作《傅子》的《物理论》十二条查出,又将武英殿本窜入《物理论》的《傅子》若干条单独辑出②。据此,以校正孙星衍所辑《物理论》,即可还唐代马总所选录的《物理论》的原貌。

杨泉的著作,现存状况如此。从他的论著曾被唐、宋各大型类书及诸家注释所广泛引用看来,很可能尚有漏辑的佚文。如以孙辑《物理论》、马辑《太玄经》、严辑文集为基础,重加辑校订补,合编为一本《杨泉集》,将会有助于杨泉思想的研究。仅就清代学者从各种著名类书中辑出的重要言论,已可以看到杨泉思想的基本风貌,可以判定杨泉的《物理论》是一部中世纪优秀的自然哲学著作,它以对天文、历法、地理、物候、农学、医学以及手工工艺等自然知识的广泛探究和认真总结,丰富和推进了当时与清谈玄学相对立的唯物主义思潮。至于杨泉的另一部著作《太玄经》,既是仿扬雄作,当与扬雄思想有继承关系;而稍前的荆州新学中,研究扬雄《太玄》,似蔚然成风,宋忠、陆绩、王肃等均有《太玄经注》,杨泉与他们是否有直接的思想联系,由于遗存的文字太少,尚难论定。

---

① 侯外庐等:《中国思想通史》第三卷,人民出版社,1962 年,第 340 页。
② 叶辑《傅子》卷三《傅子订讹》,刊入《观古堂所著书》第二集。

二

"每一时代的理论思维,都是一种历史的产物。"(恩格斯《自然辩证法》)杨泉《物理论》的产生,有其客观历史条件;《物理论》表达的哲学思想,更有其历史形成的深厚的自然科学基础。

汉末黄巾起义之后经过军阀混战而逐步形成的三国鼎立,是全国恢复统一的一个准备阶段。赤壁之战以后,三国都各有一段相对安定的巩固时期。汉末以来被破坏了的社会生产力,这时得到了恢复,并在一些地方有了新的发展,突出地表现为劳动群众对江南地区的大开发。汉末以来,由于北方豪强混战,生产凋残,大批北方人民不断移殖江南。东吴建国以后,为了巩固政权和保证军粮及器械供应,也曾着力于发展农业和手工业生产,一方面招徕或掠回大批境外农业和手工业人口,解决北方南下流民与土地的结合问题,实行大规模的屯田(兵屯和民屯);另一方面鼓励开垦荒地,改进当时江南地区"火耕水耨"的落后耕种方法,普遍推广了牛犁耦耕和水利灌溉。终于使长江三角洲上,迅速出现了"四野则畛畷无数,膏腴兼倍,……国税再熟之稻,乡供八蚕之绵"①的富庶景况。开发地区,从江淮、两湖、江浙地区直至广西、广东、海南岛。同时,冶铸、造船、煮盐、纺织等官营手工业,也有很大的发展。

孙吴以水军立国,江湖航运和海上交通空前发达。公元130年,孙权遣卫温、诸葛直等率万人舰队"浮海求亶州、夷州",到达了夷州(台湾)(《三国志·吴书·孙权传》);此后,多次派出使者去南洋各国,如康泰、朱应等曾到扶南、林邑诸国,"所经历及传闻,则有百数十国"(《梁书·南海诸国传·总叙》)。归国后,康泰著《扶南异物志》,朱应著《吴时外国传》,传播许多海外地理知识,大大扩展了人们的眼界。大秦(罗马帝国)商人秦论远渡印度洋,于公元226年来到中国,到达吴都建业,孙权接见询问"方土风物",秦论"具以事对",留驻七八年才返回

---

① 左思:《吴都赋》。

罗马。①

农业生产和海上航运，有力地促进了天文学及其他科学技术的发展。这时的东吴地区，成为自然科学繁荣的中心，特别是与观测天文学相联系的天体学说方面，更呈现出百家争鸣的局面。

天体学说涉及宇宙的本原、结构以及天体演化和运行规律等方面。在中世纪，天体学说与世界统一于什么的哲学根本问题紧密地联系一起。天体学说的每一步发展，总与哲学上两种宇宙观的斗争息息相关。

在汉代，关于天体和地球的运行，早有"天旋、地动"的直观猜测。通过历法的研究，更形成了相继出现的关于天体学说的三个体系，即由"盖天说"而"浑天说"，再发展出"宣夜说"。汉代唯物主义思想家司马迁、扬雄、桓谭、王充、张衡等，都具有丰富的天文历法知识，对此问题进行过专门的研究和热烈的讨论。其中，集汉代天文学之大成的张衡，以其"数术穷天地，制作侔造化"②的巨大成就，既富有科学实践，又兼能哲学概括，影响特别深远。还有被唐人纳入《黄帝内经·素问》的《阴阳大论》七篇，大体出于东汉中期，其中包含的有关天体运行的理论，如《天元大纪论》云："太虚廖廓，肇基化元，万物资始，五运终天。布气真灵，总统坤元，九星悬朗，七曜周旋。"《五运行大论》云："上者右行，下者左行，左右周天，余而复会也。""七曜纬虚，五行丽地。""地为人之下，太虚之中者也，……大气举之也。"接近"宣夜说"，而更具有哲学概括的意义，从理论上对后代学者富有启发。到东汉末年，刘洪、蔡邕、郗萌等，或依"浑天说"而创新历（"乾象历"），或传师说而阐明"宣夜之理"（《晋书·天文志上》），都卓然成家。

到了三国时，魏、蜀所用历法，均较落后，唯吴有中书令阚泽、中常侍王蕃等对刘洪《乾象法》的认真研究，保持着最先进的水平（《晋书·律历志中》），而且集中在东吴地区，汉以来天体学说的各派理论都有新的发展，并创立了新的学派。

首先，继承荆州新学风的陆绩，既研究扬雄《太玄》，又精通天文历法，在天体

---

① 《南史·夷貊传》《梁史·诸夷传》。
② 崔瑗：《河间相张平子碑》。

理论上坚持"浑天说",以为"求形验于事情,莫密于浑象",据说他"所作浑象,形如鸟卵",不是正圆而是椭圆,对天体运行学说似有所推进。庐江王蕃(228—266年)精通历算,继承刘洪的"乾象历",更"依其法而制浑仪,立论考度",以实测推算,论证"天体圆如弹丸,地处天之半",批驳盖天,斥责谶纬。①

同时,姚信(吴太常,约3世纪中)也创立一种"昕(轩)天论",认为"天北高南下,若车之轩",基本上仍旧利用"盖天"原理来解释冬夏寒暑与昼夜长短,比较粗疏,又试图调和浑、盖两法,认为"天行:寒依于浑,夏依于盖"②。

其次,会稽虞耸(吴廷尉,约3世纪中)创立"穹天论",认为"天形穹窿,如鸡子幕;其际,周接四海之表,浮于元气之上。譬如覆奁以抑水,而不没者,气充其中故也。日绕辰极,没西而还东,不出入地中"(《晋书·天文志上》)。这显然吸取了王充以来的元气学说,虽依"盖天"立说而在理论上有所发展。

稍后于杨泉的虞喜(约4世纪初),推翻其族祖虞耸的"穹天论",因"宣夜之说"更立"安天论",以难浑、盖两说,认为"天高,穷于无穷;地深,测于不测。天确乎在上,有常安之形;地魄焉在下,有居静之体。当相覆冒,方则俱方,圆则俱圆,无方圆不同之义也。其光耀布列,各自运行,犹江海之有潮汐,万品之有行藏也"(《晋书·天文志上》)。天高无穷,明确肯定宇宙空间的无限性;又指出日、月、五星等天体的运行,各自有其规律。这对郗萌所传的"宣夜之说",又有所发展。

正当北方士族名士手持麈尾,从事清谈,"得意忘象""振起玄风"的时候,面向自然天象的科学思潮却在江南地区由于生产的推动而蓬勃兴起。劳动群众的生产实践所孕育出的这些自然科学新成果,乃是杨泉《物理论》得以产生的客观基础。

三

杨泉及其《物理论》在哲学上的贡献,根据现存的思想资料,纳入当时的时代

---

① 严可均辑:《全三国文》卷六十八;陆绩:《浑天仪说》,卷七十二;王蕃:《浑天象说》。
② 《晋书·天文志上》《宋书·天文志一》。

思潮,似乎可以概括为以下几个方面。

第一,《物理论》综合了"浑天""宣夜"两派天体学说的积极成果,推进了唯物主义气一元论的宇宙观。

战国时的惠施,似已有地圆的猜测。直到张衡制成水运浑仪,使"浑天说"得到观测天体运动的实验证明,而具有极大的权威。"浑天说"主地圆,但认为天有体,即设想了一个天球。如张衡所说:"天体圆如弹丸,地如鸡[子]中黄,孤居于内","天之包地,犹壳之裹黄"①。既有天球的设想,于是出现对天球大小的推测,有的说天球直径为"三十八万七千里",有的说"天地相去六十七万八千五百里"②。承认天有体而导致的宇宙有限论,会给"有生于无"的唯心主义和造物主的信仰留下余地。张衡似乎意识到这个问题,一方面宣称"八极之维,径二亿三万二千三百里";另一方面又说:"过此以往,未之或知也,未之或知者,宇宙之谓也。宇之大无极,宙之端无穷"③,这在理论上不免自陷于矛盾。

"宣夜说"试图摆脱这个矛盾,按郗萌所传师说:"天了无质,仰而瞻之,高远无极,眼瞀精绝,故苍苍然也。……日月众星自然浮生虚空之中,其行其止,皆须气焉。"出现在这一时期的《列子》一书,借"杞人忧天坠"的故事,提出了一种更明确的观点,否认了天有体,而认为"天,积气尔;亡处亡气""日月星辰亦积气中之有光耀者"④。天体不仅浮游气中,而且本身也是"积气"而成的发光的气团。稍后,虞喜所立"安天论",逻辑地得出"天高穷于无穷"的结论,否定天有形质,在当时是重大的思想突破。

杨泉的贡献,在于从理论上综合了"宣夜说"的积极成果,坚持气一元论的思路,作出了"地有形而天无体"的明确论断。他指出:

> "夫天,元气也。""元气皓[浩]大,则称皓天。皓天,元气也,皓然而已,无他物焉。"

---

① 张衡:《浑天仪图注》《灵宪》,洪颐煊辑:《经典集林》卷二十七。
② 《尔雅·释天》《河洛纬·甄耀度》。
③ 张衡:《浑天仪图注》《灵宪》,洪颐煊辑:《经典集林》卷二十七。
④ 《晋书·天文志》《列子·天瑞》。

"所以立天地者水也,成天地者气也。水土之气,升而为天。夫地有形而天无体,譬如灰焉,烟在上,灰在下也。"①

"地有形而天无体",宇宙空间充满元气,别无他物,这是对"宣夜之理"的哲学概括。灰、烟之喻,颇粗拙,但区别了固体与气体两种不同的物质形态。进而用阴阳两气的不同性状和相互作用来说明各种天象的形成及其原因:

"天者,旋地,均[钧]也。积阳为刚,其体回旋。"

"日者,太阳之精也。""太阳则能照,太阴则无光。""月与星,至阴也。有形无光,日照之乃光。""月水之精,潮有大小,月有亏盈。"

"星者,元气之英也。""气发而升,精华上浮,宛转随流,名之曰天河,一曰云汉,众星出焉。"

阳气凝而为日,阴气凝而为月,众星出自银河,而银河是水土之气蒸腾上去的精华所形成的。这些解释很简朴,大都是综合了当时的自然知识,而杨泉的历史贡献,主要在于用"气"或"元气"来说明杂多的自然现象有其统一的物质根基。

《物理论》残篇中有一些关于"水"的作用的论述,如:"夫水,地之本也。吐元气,发日月,经星辰,皆由水兴","地发黄泉,周伏回转,以生万物。地者,天之根本也"。这是把地中之水看作是蒸吐元气的具体来源,判断是幼稚的。但不能据此判定杨泉是"水一元论"者。他主要吸取了当时流行的关于天地"乘气载水"的思想,如张衡曾认为:"天表里有水,天地各乘气而立,载水而浮。"②汉晋间流行的一部《黄帝书》也有类似的说法:"天在地外,水在天外,表里皆水,两仪运转,乘气而浮,载水而行。"至于水和气的关系,谁更根本?《黄帝书》回答说:"地乘气而载水,气无涯,水亦无涯。水,亦气也。"③这说明"水"也是"气"所凝成,因而能蒸

① 杨泉:《物理论》,据孙星衍辑本,校以各书所引。下引《物理论》文,均同,不再一一注出。
② 张衡:《浑天仪图注》。
③ 王应麟:《困学纪闻》卷九,又翁元圻注引魏鹤山:《师友雅言》。

吐出"气","水"能转化为"气"。按杨泉的实地观察："余昔在会稽,仰看南山,见云如瀑练,方数丈,其声如硠磕,须臾山下居民惊骇,洪水大至。"似乎天上的云气也能直接转化为地上的洪水。局限于当时自然科学的水平,杨泉关于地水和天水、气和水的关系的解释是臆测性的,但他认真吸取自然科学知识,重视面向自然的直接观察,从哲学路线上坚持了朴素唯物主义。

杨泉在面向自然的广泛研究的基础上,还进一步概括出了"气积自然""盖气,自然之体也"(《物理论》)、"惟阴阳之产物,气陶化而播流,物受气而含生,皆缠绵而自周"(《蚕赋》)①等命题。把自然界中的一切看作都是"阴阳"两气"陶化"所生,都是"积气"而成,都是以"气"为体。贯彻这一观点,解释各种现象:

> "风者,阴阳乱气激发而起者也。……方土异气,疾徐不同,和平则顺,违逆则凶,非有使之者也,气积自然。怒则飞沙扬砾,发屋拔树,喜则不动技摇草,顺物布气,天[下](疑当作地)之性,自然之理也。"
>
> "激气成风,涌气成雨。"②
>
> "积风成雷","热气散而为电。"
>
> "游浊为土","土精为石","石,气之核也。"
>
> "土气和合,庶类自生。"
>
> "人,含气而生,精尽而死。"

这些具体论断,并不科学,但试图说明一切自然物都以"气"为体,这与玄学家们"天地万物皆以无为本"的世界观,显然是对立的。又把"气"的播流、积散、运动、变化,都看作是遵循着一定的"自然之理",没有任何超自然的神力在支配,"非有使之者也",继续王充的思路,捍卫了与自然科学相结合的唯物主义无神论路线。

第二,《物理论》概括了农业、手工业及其他科技、生产知识,丰富了朴素辩证

---

① 杨泉:《赋》,见严可均辑:《全三国文》卷七十五,下引其他《赋》文,均同。
② 这两句为《意林》引杨泉《太玄经》文。

法的"天人关系"学说。

天人关系问题是前期封建社会哲学斗争的一个焦点。服务于封建特权统治的神权理论,无论是汉代神学所总括的"三纲可求于天",魏晋玄学所鼓吹的"名教本之自然",及稍后佛教所宣扬的"贵贱决于因果",其思想本质都是把自然压迫力量和社会压迫力量加以神秘化,要人们屈从于异己力量的支配,无所作为。汉代集唯物主义大成的王充,坚决否定神权,驳斥"天人感应",强调"天道自然无为",但在自然规律的决定性和人的能动作用的关系问题上,由于时代条件的束缚,陷于形而上学的割裂理解,乃至由自然决定论而滑到自然命定论。

杨泉处在另一时代条件,从东汉后期到孙吴立国这一时期,江南地区的大开发和农业生产的跃进,促进了当时农业科学的大发展。如东汉杨孚的《异物志》,已记载交趾传入的双季稻,"农者一岁再种";西晋初郭义恭的《广志》中,提到了南方有许多新稻种及"苕草"等绿肥作物;嵇含的《南方草木状》,更是专门介绍南方物产的代表作。这一时期,江南地区修复和修建许多水利灌溉工程。杨泉家乡的会稽郡,就有著名的镜湖工程。《物理论》残篇中保留了较多的农业科学知识的总结,完全不是偶然的。例如:

关于耕种和收获的规律:"稼(耕种),农之本;穑(收获),农之末。农,本轻而末重,前缓而后急。稼欲少,穑欲多,耨欲缓,收欲急。"善于处理好耕作过程中的这些矛盾关系,就是"良农之务"。

关于土壤形态的分类:"夫土地皆有形名,而人莫察焉。有龟龙体,有麟凤貌,有弓弩势,有斗石象,有张舒形,有塞闭容。有隐真(稳镇)之安,有累卵之危,有膏英之利,有峥埈之害,此四形者,气势之始终,阴阳之所极也。"就土壤性质说,"地,形有高下,气有刚柔,物有巨细,味有甘苦"。再就夏秋地气的变化说,"炎气郁蒸,地之张也;秋风荡生,地之闭也"。这一土壤形名(地貌学)及土壤变化法则的探究,显然是农业生产先进经验的总结。

关于土、种之间的关系:"凡种有强弱,土有高[刚]柔。土宜种强,高茎而疏粟,长穗而大粒。"深入农业生产实际,才能总结出这样的农业辩证法。

至于湖泽灌溉工程的作用,他更写了一篇《五湖赋》来大加赞扬:"睿矣大哉,于此五湖，乃天地之玄源，阳阴之所徂……受三方之灌溉，为百川之巨都，居扬州之大泽，苞吴越之具区。底功定绩，盖寓令图。……右有平原广泽，曼衍旁薄，原隰陂阪，名有条格。……"

这些记述反映了当时劳动人民开发江南、改造自然的巨大成就。正是在特定条件下的群众实践的基础上，杨泉通过对生产实际的观察，认为掌握了自然规律，"事物之宜，法天之常，既合利用，得道之方"（《织机赋》），就可以发挥人的作用，利用和改造自然，夺取丰收。这比王充的"岁之饥穰""皆在时命"的自然命定论，在哲学思维的历史进程上往前跃进了一步。广大群众的生产斗争实践是推动哲学发展的一个重要动力。

正是同样的历史动力，推动杨泉把目光转向先进的织机制造、造船、冶炼等手工工艺，而得出结论说："夫蜘蛛之罗网，蜂之作巢，其巧妙矣，而况于人乎？故工匠之方圆规矩出乎心，巧成于手。非睿敏精密，孰能著勋形、成器用哉？""夫工匠经涉河海，为舳舻以浮大渊，皆成乎手，出乎圣意。"（《物理论》）"伊百工之为技，莫机巧之最长，似人君之列位，象百官之设张，立匡廓之制度，如城隔之员方，应万机以布错，实变态之有章。"（《织机赋》）杨泉如此赞扬工匠，在古代思想家中实不多见。把工匠的"方圆规矩出乎心"的科学智慧，视为"圣意"，把工匠们的巧手，看作能够创造一切。同时，杨泉还总结了当时医学的成就（正当华佗、张仲景等把我国医药科学推向一个新阶段的时刻），认为真正的良医，能够"处虚实之分，定逆顺之节，原疾疹之轻重，而量药剂之多少，贯微达幽，不失细微"；提出了遵循生理、病理的规律，"凡病可治"的观点。

这一切，表明杨泉在探讨自然规律和人的能动作用的关系问题上，没有因为否定神学目的论而陷入自然命定论，相反地，在肯定"自然之理"的客观性的同时，充分注意到了人们利用和改造自然的活动所具有的自觉能动性。可贵的是，他特别注意到"良农之务""工匠之巧"，能够睿敏创造，卓著功勋。杨泉基于科技和生产知识所发挥的人能胜天的思想，丰富了朴素唯物辩证法的"天人关系"学说，与玄学家们所鼓吹的"无为无造""顺命而终"的宿命思想显然是直接对立的。

第三，杨泉思想的批判性。

　　杨泉与王充，具有大体相似的社会地位、阶级性格和思想倾向，他们在学术路线上确也有承继关系。但由于所处时代条件不同，王充生活在东汉中叶相对稳定时候，面对着白虎观会议前后嚣张一时的神学思潮，举起"疾虚妄"的旗帜，对汉代儒学与谶纬的合流，对维护特权统治的神权理论，展开了较系统的批判。杨泉生活在汉末战乱之后的江南经济复苏阶段，更多地面向当时兴起的科学思潮，他选择了坚持唯物主义思想与总结自然科学成果相结合的学术路线，必然地对当时北方兴起的玄学思潮及正与之合流的佛教神学，抱着抵制和反对的态度。

　　现存《物理论》残篇中，保有少量有关政论的词句，如反对豪门士族专政而主张"审官择人"，认为"人主以政御人，政宽则奸易禁，政急则奸难绝"，听任豪强军阀宰割一方，则是"武士宰物，犹使狼牧羊、鹰养雏也"，透露了一些下层庶族地主的改革愿望。《后汉书·五行志》刘昭注引《物理论》，更有一条，记述了"黄巾被服纯黄，不将尺兵，肩长衣，翔行舒步，所至郡县无不从"。这样描述黄巾起义军，是颇为奇特的。但杨泉思想的批判性主要不表现在这些方面，而表现在他继续坚持桓谭、王充以来神灭论的思想传统，启迪着以后何承天、范缜等的反佛教的理论斗争。徐坚《初学记》保存下《物理论》的一个重要论点：

　　　　人，含气而生，精尽而死。死，犹澌也，灭也。譬如火焉，薪尽而火灭，则无光矣。故火灭之余，无遗炎矣；人死之后，无遗魂矣。

　　火灭无遗炎，人死无遗魂，坚持了唯物主义无神论的形神观和生死观，对正与玄学合流的佛教神不灭论，是明确的否定。《全三国文》中保留下的杨泉唯一的一篇短文《请辞》，也明确地揭露了当时"酋豪大姓"大搞厚葬与墓祭的奢靡与荒诞，指出："夫死者骨肉归乎土，神而有灵，岂肯守乎败坏而在草莽哉！"

　　至于北方士族名士所扇起的清谈玄风，杨泉在《物理论》中给予了尖锐的批判，他揭露当时"望风""承声"的选举所形成的浮华风气，实际是"士非玉璧，谈者为价"，全靠"谈者之口""爱憎之心"来品题、褒贬人物，发现不了真正的人材，倒培养了一批"冠尧之冠，行桀之行""雄声而雌视"的"虚伪人"。至于玄学家们对儒、道异同的争论,不过是"见虎一毛,不见其斑"。玄学家们的放言高论,乃是"解小而引大,了浅而伸深"的故弄玄虚,虽然"饰以华辞,文以美言",实际上是"论事比类,不得其体",也就是一种脱离实际、违反逻辑的比附和空谈。他以一种理论上的自信,对喧嚣一时的玄学思潮,作出了颇为藐视的总评断:

> 夫虚无之谈,尚其华藻,无异春蛙秋蝉,聒耳而已。①

有了上述杨泉对良农、工匠等群众生产经验的重视和对多方面的科学成果的总结,他对玄学的这一总评断,就不是无根之谈,也不像乐广、裴顾等人仅是"矫虚诞之弊"的纠偏之论,而具有哲学路线上斗争的含义。

杨泉的系统论著,全都散佚,保留下的仅系断简零篇,因而对其在哲学史上的贡献,只能窥其大要,颇难详论。但诸书所引,或正是他的具有代表性而引人注目的一些重要言论。就以上略加析论,多少可以说明,杨泉思想是三国、西晋时期与玄学思潮相比较而存在的另一种思潮的一个优秀代表,是当时哲学上两条路线相斗争而发展中的一个环节,甚至是一个重要环节。

(1965 年 2 月初稿,1979 年 11 月改定)

---

① 王应麟:《困学纪闻》卷十八引此,无"尚其华藻"四字,谓黄山谷《演雅》诗中"春蛙夏蝉更嘈杂"句本于此。陆佃《埤雅》二引此,有"尚其华藻"四字,又"无异"作"此犹"。

略 论 鲁 褒

　　鲁褒,字元道,西晋时人,《晋书·隐逸传》称其"好学多闻,以贫素自立。元康之后,纲纪大坏,褒伤时之贪鄙,乃隐姓名而著《钱神论》以刺之……盖疾时者共传其文。褒不仕,莫知其所终"。足见鲁褒是一位隐居不仕的在野庶族分子中的愤世派。他的其他著述,早被湮没。《钱神》一论,由《太平御览》《艺文类聚》《晋书》本传等的摘引,得以部分保存,已非全篇。但其愤世嫉俗的批判锋芒,依旧跃然纸上,好像一把发光的匕首,戳开清谈玄学家们为封建社会所蒙上的神圣外衣,暴露出它的脏肮本质。

　　手持白玉柄麈尾的玄学家们,为两晋的统治阶级描绘了一个清高玄远、超凡绝俗的理想境界。正是在它的掩护下,统治阶级所经营的实际上却是一个钱神挂帅、利欲熏心的恶浊世界。

　　西晋开国皇帝司马炎,就以极端的贪、淫著称。士族统治集团中的官僚名士,大都是贪财好货、荒淫纵欲的能手。一方面,他们过着极度腐化的衣冠禽兽生活;另一方面,为满足无穷贪欲,不惜用各种手段来聚敛财富。而他们又用所谓诗礼世家、玄学清流等特制的"灵光圈"把这一切卑鄙、肮脏的行径包裹起来。作为封建统治阶级的精神支柱的神学,更撒下漫天大谎,说什么"死生有命、富贵在天",一切现实的不合理都说成是神意的合理安排;于是,真正支配人民死活、保障士族既富且贵的现实经济、政治关系,却被隐瞒起来。鲁褒的《钱神论》,正是针对这一社会现实进行了解剖、批判。它以特有的敏锐性,揭发了封建社会的黑幕和封建统治者的丑恶灵魂。

《钱神论》首先指出：封建士大夫所谓"学诗""学礼"以及"清谈""机神"，都不过是敲门砖、遮羞布，不过是奔走贵人之门的"币帛筐篚"。而西晋元康以后的士族官僚，连这些装点门面的东西也不要了，他们不学无术，赤裸裸地只会要钱：

> 京邑衣冠，疲劳讲肄，厌闻清谈，对之睡寐，见我"家兄"（即钱），莫不惊视。"钱"之所佑，吉无不利，何必读书，然后富贵！

在士族统治下的社会，表面上提倡礼教文德；而骨子里，富有者就是尊贵者，而贵了也就会更富。

> "富者荣贵，贫者贱辱，……钱多者处前，钱少者居后，居前者为君长，在后者为臣仆，君长者丰衍而有余，臣仆者穷竭而不足。"

这是说：富者和贫者的两极化，就是封建社会的等级分立。在封建社会中，"阶级的区别被固定在居民的等级分立之上"[①]。鲁褒在这里，朦胧地认识到了"君、长、臣、仆"等社会等级的分立，是根源于财富占有的关系。

《钱神论》作者进一步揭露贪赃枉法的封建社会，人们实际崇拜着"实际需要和自私自利的神"——"钱"[②]。钱，成为这个社会最有势力的"神物"。他说：

> 大矣哉！"钱"之为体，有乾有坤，内则其方，外则其圆；其积如山，其流如川……难朽象寿，不匮象道，故能长久，为世神宝。亲爱如兄，字曰"孔方"，失之则贫弱，得之则富强。无翼而飞，无足而走，解严毅之颜，开难发之口……由是论之，可谓"神物"！无位而尊，无势而热，排朱门，入紫闼。钱之

---

① 列宁：《论工农联盟》，莫斯科中文版，第65页注。
② 马克思：《论犹太人问题》，《马克思恩格斯全集》第1卷，人民出版社，1956年，第448页。

所在，危可使安，死可使活；钱之所去，贵可使贱，生可使杀。是故，忿诤辩
讼，非"钱"不胜；孤弱幽滞，非"钱"不拔。洛中朱衣，当涂之士，爱我"家兄"，
皆无已已；执我之手，抱我终始，不计优劣，不论年纪，宾客辐辏，门常如市。
谚云："钱无耳，可闇使。"岂虚也哉！又曰："有钱可使鬼。"而况于人乎？

这段名文，真够淋漓尽致！封建官僚名士，其所以爱钱如命，因为这位"孔方
兄"具有莫大的魔力。它可以使道貌岸然的板面孔眉飞色舞（"解严毅之颜"），它
可以使故作哑巴的嘴口沫四溅（"开难发之口"），它可以买通官府，打进皇宫（"排
朱门，入紫闼"），暗中操纵着生杀予夺的封建法权。贵族官僚，莫不见钱就把眼
打开；封建衙门，都是有理无钱莫进来。正因如此，所以"洛中朱衣，当涂之士"，
抓的抓，抱的抱，大家都在抢钱。这里的描写，并不是夸张，而是写实。例如，官
居司徒、名列"竹林七贤"的王戎，都"积实聚钱，不知纪极，每自执牙签，昼夜算
计，恒苦不足"。"女适裴頠，贷钱数万。女归，戎色不悦，女遽还钱，然后乃欢"。
这是一种丑态。又如"妙善玄言、唯谈老庄为事"的王衍，口头上故意不说"钱"
字，其妻郭氏却"刚愎贪戾，聚敛无厌"，故意想考验他一番，"令婢以钱绕床，使不
得行"。衍晨起，见钱，只好大叫："举阿堵物却！"这又是另一种丑态。[①] 鲁褒对
"钱神"的鞭打，实则是打中了玄学名士灵魂深处的小王国。

封建社会的政治、法律、伦理等、都蒙上了一层"礼义廉耻"等冠冕堂皇的外
衣，实际上却都在"有钱可使鬼"的法则的统治支配之下。如马克思所说："虽然
在观念上，政治权力凌驾于金钱势力之上，其实前者却是后者的奴隶。""钱是一
切事物的普遍价值，是一种独立的东西，因此它剥夺了整个世界——人类世界和
自然世界——本身的价值。"[②]鲁褒对封建社会黑幕的暴露中，触及这个问题。
《钱神论》深刻地指出：

若臧武仲之智，卞庄子之勇，冉求之艺，文之以礼乐，可以为成人矣。

① 均见《晋书》本传。
② 《论犹太人问题》,《马克思恩格斯全集》第 1 卷,人民出版社,1956 年,第 448 页。

（按：语出《论语》，孔子所讲完美人格的标准。）今之成人者何必然。唯"孔方"而已！夫"钱"，穷者能使通达，寒者能使温暖，贫者能使勇悍，故曰："君无财，士不来，君无赏，则士不往。"谚曰："官无中人（在朝中的内线），不如归田！"虽有中人，而无"家兄"，何异无足而欲行，无翼而欲翔！使才如颜子，容如子张，空手掉臂，何所希望？不如早归，广修农商，舟车上下，役使"孔方"。百君子，同坐和光，上下交结，名誉益彰。

原来封建社会中所谓道德、荣誉、理想的人格，所谓君臣大义，所谓选举贤才等，全是些好听的谎言：内幕实是"孔方"主事，"钱神"挂帅。只要有了"钱"，"君"可以收买一批"士"，而"士"也就可以"上下交结"，买得名誉、官品、地位等。这使人自然联想到马克思的《资本论》中讲到"货币权力"时引用过的莎士比亚的诗篇：

> 金子，黄黄的，发光的，宝贵的金子！只这一点点，就可以使黑的变白，丑的变美，邪的变正，贱的变贵，老的变少，怯的变勇……
>
> 神啊！这是为什么？为什么？它可以从你旁边把你的牧师和仆人引走，把逞强者的枕头抽去。
>
> 这个黄色的奴隶，可以使异教联盟，同宗分裂；它可以使被诅咒者得福；可以使白癞者变成高人；揖盗贼入座，给他地位，给他跪拜，给他名誉，使他与元老院议员同坐。
>
> 它可以使悲泣绝望的寡妇愿意再作新娘……
>
> 哼！你这该死的东西，你这人类共同的娼妓！
>
> ——莎士比亚：《雅典的隐者》①

---

① 《资本论》第一卷，第152页注引。

不同的时代,不同的笔调,但闪耀在笔端上的批判光芒,同样地照穿了中世纪的丑恶现实。

鲁褒的《钱神论》在思想史上具有重要意义,并不止于它对封建恶浊世界的揭露。它的立足点,在于坚持了战斗无神论的世界观;它的落足点,则是对于封建统治思想的神学说教,进行了无情的讽刺和打击。莎士比亚说,金子"这个黄色的奴隶""可以使异教联盟,同宗分裂";鲁褒则从另一角度指出,铜臭熏天的"钱神",才是封建社会中主宰一切的真正的上帝,至于其他一切圣经贤传所说的"天命""神意"等,全是谎言。他明白宣称:

> 子夏云:"死生有命,富贵在天。"吾以死生无"命"富贵在"钱"。何以明之? 钱能转祸为福,因败为成,危者得安,死者得生。性命长短,相禄贵贱,皆在于"钱","天"何与焉!

这是对圣贤经典的公开反叛,至于"死生无命,富贵在钱""性命长短,相禄贵贱,皆在乎钱,'天'何与焉"这样的论断,可以说是中世纪异端思想最尖锐的战斗无神论的命题,一针见血戳破了历代统治阶级所苦心经营的神学骗术。

《钱神论》由于"疾时者共传其文",其影响是深远的。从思想内容上说,像《钱神论》这样从社会现实的揭露、批判出发,深入到剖视某些经济现象和阶级对抗等事实,又上升到世界观上自觉地同正宗神学思想对立起来,可以说是我国封建社会中异端思想发展的一个优秀传统。有司马迁的《史记》之类的实录巨著,有鲁褒《钱神论》之类的寓言短篇,几千年来,相继不断,它们都以对社会生活观察的深度和对封建正宗权威的鞭打,不断地推进了我国人民文化的发展。就表述形式上来说,我国历史上优秀的思想家,为了和中世纪的黑暗作战,采取多样的、生动的形式,来写出具有深刻思想性的理论著作,这也是一个好的传统。尤其像《钱神论》这样匕首式的战斗杂文、写意短篇,更为许多进步思想家所运用。干宝就曾评论:"览傅玄、刘毅之言,而得百官之邪;核傅咸之奏、《钱神》之论,而睹宠赂之彰。"①这一战斗的批判传统,从未中断,直到新中国成立前"鲁迅处在黑暗势力统治下面,没有言论自由,所以用冷嘲热讽的杂文形式作战,鲁迅是完全正确的"②。这种在艰苦斗争中生长的异端思想传统及其批判武器,有时并不表现为完备的理论形式,却是值得重视的思想遗产。

(1963 年 9 月)

---

① 干宝:《晋纪总论》。
② 毛泽东:《在延安文艺座谈会上的讲话》。

略论何承天

何承天(370—447)生活的时代是晋末到刘宋一代。这时东晋偏安已一百年,劳动人民对长江、珠江流域的开发已使江南生产水平有了迅速的提高,适应了农业生产掌握季节的需要,天文、历数等科学也得到发展。何承天继承东吴以来虞喜、王藩等天文、历法的研究传统,对其舅父徐广经四十年观察所造的"既往七曜历",又进行了四十年的"比岁考校",根据浑天原理新创了比旧历精密的"元嘉历",公元445年由刘宋王朝正式施行,同时,他还著有《历衍》《测月食法》《漏刻经》《论王藩浑天体》等科学著作,成为一代优秀的科学家。他死后十多年,同时代的另一位伟大科学家祖冲之,继续发展他的研究成果,确定了岁差推算和回归年、交月点等天文数据,更造新历——《大明历》,完成了我国历法史上一次重大改革。南北朝时期出现了许多著名科学家如医药学家陶弘景、地理学家郦道元、天文数学家祖冲之及其子祖暅、农学家贾思勰等,何承天是他们中间的一个。科学和宗教是两不相容的。晋、宋间却正是佛教依附于豪门士族而得以流行泛滥的时代,与何承天同时的慧远、道生等佛教理论家,在当朝权贵的扶持下,名震一时,到处讲经说法。刘宋初,道生至建业,宋文帝即亲去寺院举行大筵会接待,士族大官僚王弘、颜延之等都"从之问道"。何承天这样一位优秀的科学家,却由外藩幕下一位"记室"小官,几次被免职,又被诬陷坐过一次牢,"会赦免"以后,从六十高龄才转到中央任"著作佐郎"。"诸佐郎并名家年少,颍川荀伯子嘲之,常呼为'媬母'('老婆子')",经受了一般庶族地主知识分子在门阀制度下的坎坷遭遇。他虽以"博见古今,为一时所重",但"为性刚愎,不能屈意朝右,颇以所长侮同列,……与士人多不协",终于坐罪"免官,卒于家"(《宋书》本传)。他激于爱国热情,曾上过有名的《安边论》;激于正义感,曾为贫民尹嘉的冤案仗义执言①,他还写过这样同情人民的诗句:

> 奈何汉魏主,纵情营所私。疲民甘藜藿,厩马患盈肥。人畜皆厌养,苍生将焉归!

更重要的是,基于这样"卑贱者"的等级地位,何承天勇敢地以自己"所长"的科学知识,高举起神灭思想的异端旗帜,和那批被佛教迷了心窍的"同列""士人",连续三次展开了针锋相对的论战,掀起了南朝初期理论战线上第一次反佛斗争高潮。

元嘉初,正当道生所倡涅槃学在南朝风靡一时,何承天发表了《报应问》一文,针对佛教基本教义的因果报应说,向佛教正式挑战。首先,他指出:"西方说报应,其枝末虽明,而即本常昧,其言奢而寡要,其譬迂而无征。"抓住"报应说"这一要害,先揭露佛教庞大、烦琐的"枝末"论证,并不能掩盖其根本立论点的荒诞"无征"。其次,他用当时天文、物理科学所用的实验方法已证实了的事实,来驳斥佛教的虚构。他说:

> 夫欲知日月之行,故假察于璇玑;将申幽冥之信,宜取符于见事。故鉴、燧悬而水、火降,雨宿离而风云作,斯皆远由近验,幽以显著者也。

指明现实世界中日、月、水、火、风、云等运动变化的因果规律,都是用"远由近验、幽以显著"的实验方法证明了的,所以是真理;而佛教的"幽冥"世界的"因果"法则,则是没有事实根据的任意虚构。他举出生物界的现象作证:鹅吃水

---

① 《安边论》《尹嘉罪议》,均见严可均辑《全宋文》卷廿二。

草,并不杀生,而被人杀来吃;燕专吃飞虫,而人却爱之,让其住在屋内。以此类推,"非直鹅、燕也,群生万有,往往如之。是知杀生者无恶报,为福者无善应",佛教所谓"杀生"等"恶业"会受到"恶报"等,全是"迂而无征"的谎言。最后,他尖锐地揭露整个佛教经典,全都是"假设权教""无关实叙",而佛教得以流行的原因,则是乱世人心惶惶,感情容易受骗,佛教"诱掖近情,故得信于季俗"。

《报应问》是一篇战斗的檄文,发表以后立即遭到了刘少府等佛徒、官僚的驳诘。何承天毫不畏缩,通过对当时一位具有异端倾向的和尚慧琳所写的"白黑论"的讨论,再接再厉发起了对佛教阵营的第二次进攻。

第二次论战的对象,何承天直接找到了当时佛教领袖慧远的大弟子、南方佛教中心庐山"白莲社"的理论家——宗炳。和宗炳反复论战中,由因果报应问题、有无鬼神问题深入到神灭与否之争。神灭与否或形神关系问题的争辩,是中国古代哲学战线上两条思想路线对立斗争的具体形态。在这一论争中,何承天坚持了神灭论的鲜明立场。

在《与宗居士书论释慧琳白黑论》《答宗居士书》《再答宗居士书》,以及坚决反击宗炳的《明佛论》所作的《达性论》等现存文献中,表现了何承天神灭思想的战斗性格。首先,他对于因写了《白黑论》而被众僧围攻、几乎受到宗教裁判迫害的慧琳,公开表示支持说:"琳比丘……深识真伪,殊不肯忌经讳师,崇饰巧说,吾以是敬之。"接着,他针对宗炳反击慧琳、为佛教辩护的谬论,一一驳斥。一方面破:具体揭露佛教各种教义的欺骗性和理论上的矛盾百出,例如:佛教既主张要"除贪心",而实际上"在生虑死,心系无量,志生天堂",乃是"诱所尚以祈利",是用重大的贪欲来诱骗人们。如果说"泥洹(涅槃的另译)以无乐为乐",那又何必勤苦修行? 如果说"获利于无利",则修行是空事,这正是"形神俱尽之证"。又佛教鼓吹佛"善知救物",又有"神光灵变",为什么"不见其灵变以晓邪见之徒"? 为什么只说大量空话,而"吝俄顷神光"呢? 这些质问和揭露,都具有一定的逻辑威力。另一方面立:对于宗炳所谓"人形至粗,人神实妙,以形从神,岂得齐终"之类的神不灭论的诡辩,明确地得出了神灭论的结论:"身死神灭,是物之真性!""形神相资,古人譬以薪火,薪弊火微,薪尽火灭,虽有其妙,岂能独传?!"从桓谭、王充、杨泉到何承天,以薪火喻形神关系这一素朴但明确的神灭论断,打击神学世界观。最后,宗炳曾作了长篇的《明佛论》,只能以神学的武断,从虚伪的前提来进行荒谬的推理,如说:"神也者,妙万物而为言矣,若资形以造,随形以灭,则安得妙以言乎?"何承天又针锋相对,作《达性论》,用"人"的权威来打击"神"的权威,他借用"天、地、人"三才的旧范畴,提出了两个反对佛教的新论点:(一)把整个世界归结为"天""地"和"人",根本没"神"的地位。针对宗炳的"精神四达,并流无极,上极于天,下盘于地"的神学本体论,何承天提出了"天以阴阳分,地以刚柔用,人以仁义立,人非天地不灵,三才同体,相须而成者也"的反对论题。并且认为"人"因为"禀气清和,神明特达,……妙思穷幽赜,制作侔造化",所以天地间真正"灵""妙"的是现实的"人",而不是莫须有的"神"。由自然界产生出的"人"有"妙思"、"制作"的智慧,因而是天地万物之"灵"。(二)强调"人"绝不能与"飞沉喤蠕"等生物等同,反对佛教把人贬低为"众生"之一而又虚构一个超乎"众生"之上的"神"的谬论。认为人只要"顺天时""爱人用",就可以"庇物殖生,罔不备该",这就是"济治之务",根本不用去遵守"五戒"、求神拜佛。何承天高抬"人"的地位,是为了取消"神"的权威,而又没有把"人"神化,结论仍然是神灭思想的贯彻,他说:

生必有死,形毙神散,犹春荣秋落,四时代换,奚有于更受形哉?

接着第三次论战展开了,因《达性论》的发表,又遭到大官僚佛教徒颜延之等的反击,何承天仍然奋起应战。他坚持上述一些反佛观点,自称"少信管见,老而弥笃",表示了决不妥协的态度,进一步斥责颜延之十分荒诞的有鬼论,乃是"惑于天竺之书""慕夷眩妖,违通人之致"!

总的说来,何承天的反佛斗争是坚决的。在具有强大政治压力的论敌围攻中,始终屹立,没有动摇。这一场激烈的论战,虽然形式上胜负未分,但从宗炳、颜延之等取得皇权的备加赞赏,"宋文帝谓何尚之曰:'……颜延之之折《达性》,宗少文之难《白黑论》,明佛法汪汪,尤为名理,并足开奖人意!若使率土之滨,皆纯此化,则吾坐致太平,夫复何事?'"足以充分说明何承天的理论批判的社会意义。至于他把神灭理论和唯物主义的自然哲学结合起来,乃是他在无神论史上的卓越贡献。但是,何承天的神灭思想还存在着严重的历史局限和理论上的缺陷。首先,他反对佛教以神不灭为基础的"报应轮回"论,而束缚于儒家经典,却又承认了祖先崇拜的有鬼有神的"祭义",因而表现了神灭理论的不彻底性。佛教徒曾抓住这一弱点进行反诘。如梁僧佑在《弘明集后序》中即借口"信鬼于五经,而疑神于佛说"的矛盾,来讥刺反佛教的神灭论者是"聋瞽之徒"。其次,在形神关系这一根本问题上,何承天的许多论证是粗糙的,用薪火来喻形神关系,也不够确切,不够严密。慧远即曾利用这一点公然得出反证:"火之传于薪,犹神之传于形,火之传异薪,犹神之传异形。"

何承天的反佛论著,大都散佚,现存残篇,是佛教徒当作待铲除的"毒草"被收集在《弘明集》及《广弘明集》中的。但真理的光辉是扑不灭的,而且,真理必然随着斗争实践而发展,何承天的神灭论上的某些缺点,由范缜在继续战斗中弥补起来。

(1963 年 9 月)

禅宗慧能学派

禅宗是隋唐佛教诸宗之一。在佛教史上有所谓僧稠旧禅与达摩新禅之别①，达摩禅学传到唐代，又曾有所谓"北宗"与"南宗"之分及其他许多分派②，而其中，慧能（638—713）所创"南宗"，作为中国独创的佛教哲学，独盛于中、晚唐直至两宋，风靡全国，并传播到朝鲜、日本，在思想史上产生了特别深远的影响。禅宗慧能学派，和与之同时兴起而以后基本合流的华严宗，可以说是中国封建统治思想由前期的神学正宗到后期的理学正宗之间一个承转、过渡的中间环节。

马克思曾指出："宗教是人类理论斗争的目录"③；"而对宗教的批判，是其他一切批判的前提"④。如果说，在欧洲，要清算传统思想，必须对基督教神学进行彻底的批判，那么，在中国，为了清算思想遗产，就有必要系统地解剖中国化了的佛教哲学。禅宗慧能学派，是佛教哲学中最有理论深度的。他曾渗入许多文化意识领域，产生了广泛的影响。

---

① 道宣《唐高僧传·习禅篇》曾区别僧稠与达摩的禅法不同："观彼两宗，即乘之二轨也。稠怀念处，清范可崇；摩法虚宗，玄目幽赜。可崇则情事易显，幽赜则理性难通。"这指南北朝时早期禅学的分派。

② 一般分唐代禅宗为"北渐""南顿"，即指弘忍（601—674）在唐初开创"东山法门"以来，其弟子神秀在北方传播的"北宗"，主"渐修"；慧能在南方创立的"南宗"，主"顿悟"。这种分法是不确切的。据宗密（780—814）在《禅源诸诠集》中说："宗义别者，就将十室；他在《圆觉经大疏》中又列举禅门七家，宗旨不同；另在《拾遗门》中，又分为五宗，而在《禅源诸诠集都序》则从思想特点判为三家，即"息妄修心宗""泯绝无寄宗""直显心性宗"，较有理论意义。

③ 马克思：《论犹太人问题》，《马克思恩格斯全集》第一卷，人民出版社，1956年，第471页。

④ 马克思：《黑格尔法哲学批判导言》，《马克思恩格斯全集》第一卷，人民出版社，1956年，第452页。

　　这里,谨就唐代禅宗慧能学派的某些基本思想,作一初步的分析,并不拟对它的历史发展作全面的论述。

一、禅宗慧能学派产生的社会基础及其思想渊源

　　隋唐佛教所依存的社会阶级基础,在中国封建制由前期向后期转化中,有一个演变过程。"任何一个时代的统治思想,都不过是统治阶级的思想"。[①] 东晋南北朝以来,与玄学合流并取而代之的佛教,依存于和服务于门阀士族大地主专政的政权及其经济基础,成为一代的统治思想。到隋唐之际,极端腐朽的门阀士族集团经过农民战争的打击,在经济势力和政治地位上日趋没落,但他们不甘心于现实的没落命运,转而寻求精神上的自我解救;他们震恐于隋末农民革命的怒火,希图强化能够"柔化人心"的精神武器。于是,大批没落士族知识分子转入了佛教阵营。他们大都是"家世儒宗""博通经史"的人物,通过对宗教上层建筑的经营和寺院经济的扩张,他们又得到皇权的尊宠,而重新获取到某些现实的权利。[②] 在这一基础上,综合南、北佛教教义而新创的三论宗、天台宗、唯识宗等正宗佛教宗派,适应于隋、唐统一大帝国的经济、政治局面,纷纷建立起来。再到武周时期,封建品级结构的再编制,渐趋于完成;在政治统治集团中,除了旧的豪门士族、新兴官品贵族及僧侣贵族以外,挤入了大批被武周皇权破格提拔的"近世新族"。为了服务于封建等级制这一新编制好的统治秩序,以协调矛盾、粉饰现实为思想特征的华严宗,应运而生;同时,以"革新"佛教教义姿态出现的禅宗,更迅速取得了封建品级改编中部分已经和正在上升的庶族地主的广泛支持。昨天的庶族寒士,可能一跃而变为当朝权贵,武周时期这一政治生活的演变,在禅宗所进行的宗教活动和教义"革新"中得到了相应的反映。不只北方的神秀学派,以宣扬所谓"东山法门"的禅宗新佛教而作了"两京法主,三帝国师",活跃一时;

---

　　① 马克思、恩格斯:《共产党宣言》,《马克思恩格斯全集》第四卷,人民出版社,1958年,第488页。
　　② 隋唐有不少"高僧",被封为"国师",出入宫廷,干预政治;拥有大量土地的寺院庄园,始终享有免税、免役等特权。

而且在南方隐伏的慧能学派,以大胆的教义"革新",在一般庶族地主的政治意识中,更找到了广阔的传播市场。例如慧能门下大师神会在传教时便经常说:

> 世间有不思议事,出世间亦有不思议事。世间不思议者,若有布衣,顿登九五,即是世间不思议。出世间不思议者,十信初发心,一念相应,便成正觉。于理相应,有何可怪?
>
> 如周太公、傅说,皆竿钓板筑,简在帝心,起自匹夫,位顿登台辅,岂不是世间不思议事?出世不思议事者,众生心中具贪爱无明宛然者,遇真善知识,一念相应,便成止觉,岂不是出世不思议事!
>
> (《神会语录》卷一)

神会把当时世俗的进身道路和禅宗所宣扬的"顿悟成佛"的道路两者相比,指出这种类似是"于理相应",恰好表白了禅宗慧能学派的思想秘密及其现实基础。

据《六祖坛经》记载:慧能出身贫贱,生于岭南"百姓"之家,小时"艰辛贫乏,于市卖柴"(《坛经·行由品》)。王维所撰《六祖能禅师碑铭》也说他"不生族姓之家,……混农商于劳侣"(《王右丞集》卷廿五)。他在岭南一带隐伏十多年,直到声名大振以后,还拒绝了武则天和唐中宗的两度朝命招请(《宋高僧传·慧能传》),这表明禅宗传教对象及其所依存的社会基础,区别于旧有佛教各宗而有所扩大和转移。但慧能学派所以高举起"革新"佛教的旗帜,并不在于他们是所谓"平民派",而在于当时寺院经济和佛教势力的发展,内部存在着严重危机。这是他们从事"革新"运动的真正动力。南北朝以来,随着寺院经济的发展,佛教日益成为一股巨大的社会力量。隋唐统治者对佛教势力采取依靠、利用、联合的政策,不少上层僧侣直接参加了统治集团的政治斗争以及镇压"叛乱"的活动,被皇帝封以爵位,赐以官品,赏以"法腊",变成了披着紫袈裟乃至食邑几千户的显贵官僚。① 这些

---

① 例如:华严宗创始人法藏被武则天封为"康藏国师",唐中宗时参加平定"叛逆"有功,还被赏以"三品";又如所谓"开元三大士"之一的不空,被唐代宗封为肃国公,食邑三千户;不少的僧侣由皇帝赐"法腊"(佛教僧侣用以表示资历的出家岁数)、赐紫袈裟、银鱼袋等。

"高僧"们,奔竞利禄,奢淫享乐,日趋腐化,逐步丧失了在群众中的诱惑作用,而各宗日趋烦琐的教义和浩繁的经卷(到武周时代,刊定众经目录,已有3 616部、8 641卷)①,也日益令人烦厌,失去对广大群众的吸引力。同时,寺院经济的扩张,影响到了唐王朝的财政收入,也不断遭到皇权的限制、淘汰和打击。为挽救上述佛教发展中的这些危机,在佛教阵营内部,出现了以禅宗慧能学派为代表的"革新"派。它以"教外别传"的独特理论和简易通俗的传教方式,和旧有佛教宗派相抗衡,这既投合了一般庶族地主特别是所谓"近世新族"的精神倾向,也适合于在新条件下重振佛教的旗鼓。慧能学派表面上摆脱一些已经僵化的佛教传统教条和宗教仪式的束缚,主张"不读经""不礼佛""不坐禅",采用"直指人心"的通俗说教,甚至公开发表所谓"超佛越祖""呵佛骂祖"的偏激言论来宣扬佛教的根本精神。这样它为佛教开拓了新的思想领域,为朝野士人重新构建一根精神支柱。

正因为如此,在佛教内部和外部的危机中,在唐末五代社会震荡的条件下,佛教其他各宗势力大都衰落,而禅宗慧能学派却反而得到迅速发展,经过慧能门下菏泽神会、永嘉玄觉、南阳慧忠、青原行思(及其弟子石头希迁)、南岳怀让(及其弟子马祖道一)等所谓"五大宗匠"的扩展阵地的弘法活动,进而在全国蔚为五大支派——即沩山灵佑(771—853)及其弟子仰山慧寂(814—890)所开创的"沩仰宗",临济义玄(?—867)所开创的"临济宗",洞山良价(807—869)及其弟子曹山本寂(840—901)所开创的"曹洞宗",云门文偃(?—949)所开创的"云门宗'",法眼文益(885—958)所开创的"法眼宗"。这些支派所宣扬的大同小异的中国化了的佛教思想和禅门独有的学风,在晚唐五代风行南北,形成一代思潮。

这一思潮的历史渊源,被慧能学派自己附会、臆造的神话传说弄得模糊不清。慧能学派自称是得了释迦牟尼和摩诃迦叶在所谓"灵山会上,拈花微笑"所传下的"心印之法"(这本是出于佛教《大梵天王问佛决疑经》中的一个神话),不过表明它所进行的"革新",乃是佛教世界观内部的别树一帜,并希图用祖师真传

① 明佺:《大周刊定众经目录·自序》。

的名义来夺取佛教正宗的法统地位,又假托所谓"达摩西来"(按菩提达摩系南印度僧人,约于梁武帝时来华,提倡一种"理入"或"壁观"的新禅法,当时影响很小),传入了真正佛教的精髓,实质上乃是慧能学派在大力简化佛教教义中,充分利用了达摩的"虚宗"禅法及其门下慧可直到弘忍传教时所依据的《楞伽经》及《金刚经》等简明的佛学思想资料。至于所谓弘忍"传教付法"的宗教故事,相传慧能在弘忍门下把当时教授神秀的"身是菩提树,心如明镜台,时时勤拂拭,勿使惹尘埃"一偈,改为"菩提本无树,明镜亦非台,本来无一物,何处惹尘埃",从而得了"法衣"等,我们"用历史来说明迷信",只不过表明慧能对佛教理论的"革新"的实质,乃在于想把佛教理论进一步精炼化、哲学化;企图摆脱烦琐的修证过程和经论词句的解释,而把作为宗教本体论的客观唯心主义体系,进一步发展为主观唯心主义的神秘体验论,由思辨推理转入超验直觉。慧能学派的真正思想渊源,乃是基于当时思想斗争的实际需要,承袭了南朝竺道生(? —434)"孤明先发"的"顿悟成佛"之说而赋予了新的时代内容;并充分吸取和发展了魏晋玄学所提炼过的庄子的思想中的直觉体验论,用以会通佛教教义,使之进一步中国化,从而构成中国思想史上一个独特的宗教哲学学派。

再从思想斗争史看:南北朝以来,佛教唯心主义依附豪门士族而成为统治思想,但何承天、范缜等为代表的无神论战士在思想战线上曾给以猛烈的冲击。隋及唐初,由于统治阶级的支持,佛教又得以空前发展,但与之对抗的唯物主义无神论思潮,在唐代科学文化繁荣的基础上也有极大的发展。佛教内部的宗派纷争,互相攻击,也在削弱着它自己的理论阵地。这种思想斗争的形势,要求佛教在理论上必须进一步往前发展。但是历史上宗教哲学的发展,按颠倒世界观本身的认识运动规律,在唯物主义和科学思潮的不断冲击下,总是从客观唯心主义转向主观唯心主义,再堕入神秘主义。这是合乎规律的现象。这一发展趋向,不过是唯心主义世界观"自己内部的旋转",从自我意识出发,再回到自我意识本身,"结束了思辨的循环,从而也结束了自己的全部生涯"[1]。因此,禅宗思想的

---

[1] 马克思、恩格斯:《神圣家族》,《马克思恩格斯全集》第 2 卷,人民出版社,1957 年,第 181—182 页。

出现,在一定意义上可以说是中国佛教哲学发展的顶峰,同时也就标志着中古哲学史上佛教这一整个思潮的发展"圆圈",达到了它的终点。这就是禅宗慧能学派所进行的佛教"革新"运动的思想实质。

二、禅宗慧能学派的思辨结构及其方法论的秘密

隋唐佛教,作为一种理论思维的形式,一般说来是一种特殊形态的宗教唯心主义,是一种唯心主义的本体论以及对于"本体"的证悟论。在其庞杂、烦琐的体系中,在其颠来倒去的迂回论证中,总的说来,主要试图回答两个哲学上的重要问题:一个是"本体"和现象之间的关系问题,另一个是主体和"本体"之间的关系问题。前一个是试图解决所谓"本体"是什么,以及"本体"怎样变为现实世界等唯心主义迷恋的本体论问题;后一个,则试图解决认识的主体怎样才能把握绝对的"本体",与"本体"冥合等导入神秘直觉的认识论问题。环绕这样两个核心问题,隋唐佛教各宗,基于唯心主义世界观的共同本质,极力开展绝对主义和相对主义的哲学思辨,按不同的哲学思辨途径,又引到共同的宗教归宿,从而各自建立起五光十色的烦琐体系。哲学思辨和宗教归宿的深相结合,就是这些体系的共同特征。

就思想实质看,佛教基本上是一种自我意识的哲学。自我意识的循环、相对主义的诡辩和神秘主义的证悟,三种不同方式的结合,构成了佛教哲学的一般思辨结构。

首先,佛教和一切唯心主义本体论一样,为抽空现实世界的物质统一性和客观实在性,总是力图在现实世界之外去构想一个超现实的"本体";这个"本体"(佛教各宗给它取上"真如""实相""真谛""佛性""法性""空性""理""心""识""菩提道""第一义""萨波若海""不思议界"等名字),实质上不过是"自我意识的外化"或"无人身的理性"。在佛教,"本体"被规定为是绝对的、无限的、永恒的、唯一真实的、无所不包的;它本身,"超过一切限量、名言、踪迹、对待","不可思议、不可言说"。于是,所谓"非有非无""非常非断""不生不灭""不一不异"等一大堆

"关于绝对的呓语",便构成佛教理论体系的主要内容。但佛教认为,它最后的目的是在于"证真如""入涅槃""得解脱",也就是通过正常认识之外的"证悟"途径,而达到主体的自我与绝对的"本体"互相冥合。这就必须开展一个思辨循环:作为主体的人的"自我意识",首先"从人的属性变成了独立的主体";再从独立的主体"神秘地变成了想象的'无限的自我意识'",即绝对的"本体";然后主体与"本体"对峙起来而又再通过某种神秘的途径,达到互相冥合①。在这里,或者按华严宗等客观唯心主义的思路,是让主体融入"本体"之中(流入"大涅槃海""息波入水"等),从而使主体获得永恒性;或者如唯识宗等主观唯心主义的讲法,则是把"本体"归结到主体之内("转识成智""见性成佛"等),从而使"本体"人格化;最后,都进入神秘主义。这就是隋唐佛教在客观唯心主义、主观唯心主义和宗教神秘主义之间颠来倒去的一般思辨途径。正如马克思和恩格斯在揭露思辨哲学的本质时指出的:"这是一幅讽刺人脱离自然的形而上学的神学漫画","自我意识通过这种运动首次把自己制造成绝对的东西,因为绝对的唯心主义者要想成为绝对的唯心主义者,就必须经常地完成一种诡辩的过程,就是说,他先要把他身外的世界变成幻觉,变成自己头脑的单纯的突发之念,然后再宣布这种幻影是真正的幻影——是纯粹的幻想,而最后便宣告它是唯一的、至高无上的,甚至不再为外部世界的假象所限制的存在"②。佛教的思辨,本质上也属于这一类绝对唯心主义者的自我意识哲学。

其次,佛教哲学在方法论上的特点,主要是运用相对主义的诡辩。所谓"缘起论""中道观"等,都是用貌似辩证法的诡辩方法,来歪曲和虚构事物的联系和认识的矛盾,力图论证客观世界及主观认识都完全是虚幻的。而在认识论上,由于佛教理论所处理的对象,既不是现实的客观世界,也不是反映客观世界的主观世界,而是把所谓"真如""法性"等神化了的绝对——"本体"作为对象,这就必须归结为神秘主义的证悟论。否定人类正常的认识能力,企图通过彻底的自我否

---

① 马克思、恩格斯:《马克思恩格斯全集》第二卷,人民出版社,1957 年,第 176 页;第四卷,人民出版社,1958 年,第 140 页。

② 马克思、恩格斯:《马克思恩格斯全集》第二卷,人民出版社,1957 年,第 178—179 页。

定、"自我虚空""能所双忘""内外俱遣"等,另外找寻一条可以把握"本体"的所谓"证悟"的认识途径。这种"证悟论",以不可知论为前提,并用不可知论来作为论证的工具,但并不归结为不可知论。佛教大讲所谓"不知之知""寂而恒照"等,事实上乃是为它的宗教归宿开辟去路,暴露出自命为"无神论"宗教的宗教本质。恩格斯指出:"宗教就是人的自我空虚的行为。""宗教按其本质来说就是剥夺人和大自然的全部内容,把它转给彼岸之神的幻影,然后彼岸之神大发慈悲,把一部分恩典还给人和大自然。只要对彼岸幻影的信仰还很强烈很狂热,人就只能用这种迂回的办法取得一些内容。"①佛教强调要既空"我执",又空"法执""人境俱夺""究竟无得",然后才能得到所谓"般若多罗密",即渡到彼岸的"智慧"。实质上,也就是依靠"彼岸之神大发慈悲"而得到所谓"解脱"。由"自我虚空"到坚持"彼岸幻影",这恰好是宗教意识的根本标志。是否设置一个具体的人格神,那还是次要的。佛教的一些宗派自称为是"无神论",但仍然是一种宗教。②

以上极其简略地对佛教一般思辨结构的概括,目的仅在于进而分析禅宗慧能学派的思想特征时,可以更好地了解它的共性和个性。

禅宗慧能学派,从思想到学风,区别于佛教其他各宗,具有很大的特点。但它所进行的教义"革新",始终没有脱离佛教世界观的范围,只可说把宗教唯心主义发展到极致,并不属于"宗教异端"。禅宗自称是"教外别传,不立文字,直指人心,见性成佛"。这表示禅宗要求摆脱正统佛教的文字烦琐;而在理论上,却是以更明确、更洗练的论纲,宣扬了佛教最根本的思想原则。禅宗着重于展开认识论问题上的诡辩,在当时的条件下,可以说是抓住了在人们认识运动中宗教唯心主

---

① 恩格斯:《英国状况,评托马斯·卡莱尔:"过去和现在"》,《马克思恩格斯全集》第一卷,人民出版社,1956年,第647—648页。

② 在苏联、印度、中国有一部分学者认定,佛教是"无神论",并且不是宗教,如苏联姆·烈斯涅尔在其《东方思想体系》一书中说:佛教"甚至不是宗教,而是半神秘、半理性的特殊的哲学体系,并且它的特点还是无神论性质的"。(原书第219页,此处转引自阿·恩·科切托夫著《佛教的起源》一书,民族出版社译本第21页)又如印度拉胡尔·桑克里特雅扬所写《佛教辩证法》一文,一开始就论断,"佛教学说没有神(宇宙的创世主)也没有启示神意的经典"(《学习译丛》1957年第三期)。又印度巴罗拉曼摩尔蒂所写《佛教哲学》一文中,也肯定"佛教完全否定神和灵魂",是一种"出自现实主义"的"高级形式的辩证法"(《学习译丛》1956年第八期)。印度的佛教传入中国以后,在理论上的发展,可以说是更加变为"有教养的哲学形态"了,所以中国不少学者也曾认定"佛法非宗教非哲学"等。但我们从佛教思辨的本质倾向上看,很难同意上述这些意见。

义得以寄生的某些成分和环节。它在思想史上的巨大影响,不能说是偶然的。

按照这一理解,关于禅宗慧能学派的思辨,似乎可以从以下主要的环节来分析:

第一,关于"即心是佛"的本体论。

关于所谓"本体"和现实世界的关系问题,即把实是自我意识的外化的"本体"和现实世界对峙起来,再迁回地论证两者关系,论证本体如何变现为现实世界,论证本体的绝对真实性和现实世界的虚幻性等,本是佛教哲学烦琐体系的核心。禅宗慧能学派按"革新"佛教的要求,抓住了这一问题的思想核心,企图摆脱种种迁回论证的烦琐性,明确地回答:"心"就是"本体",别无"本体",现实世界的一切,都依存于"心"。慧能明白宣称:

> 心生,种种法生;心灭,种种法灭;一心不生,万法无咎。""心量广大,犹如虚空,无有边畔。……
>
> 世界虚空,能含万物色象,日月星宿,山河大地,泉源溪涧,草木丛林,恶人善人,恶法善法,天堂地狱,一切大海,须弥诸山,总在空中。世人性空,亦复如是。……自性能含万法是大,万法在诸人性中。
>
> (《坛经·般若品》)

正是这样大胆而明确地宣扬主观唯心主义,使这位相传"不识字"的禅宗祖师慧能在南方佛教阵营中顿露头角:

> ……至广州法性寺,值印宗法师讲《涅槃经》。时风吹幡动,一僧曰"风动",一僧曰"幡动",议论不已。慧能进曰:"不是风动,不是幡动,仁者心动。"一众骇然。
>
> (《坛经·行由品》)

客观世界一切事物的存在和运动,是由"心生"或取决于"心动",这本是佛教的老生常谈。慧能学派的特点,是企图把传统佛教的抽象思辨和烦琐论证以及对"本体"的讲法,越讲越烦琐也就越僵化的情况,加以改变。一方面,把"本体"直接安置在人心上,对这个"神学掩盖起来的僵死的抽象概念",试图把它从人的本质的歪曲抽象,放回到现实的人的心理活动中去恢复它的生命力;另一方面,把作为主体的"自我意识"("心"),直接提升为作为"本体"的"无限的自我意识",尽量缩短在自我意识的循环中主体与"本体"互相冥合的途程。因此,禅宗所谓"成佛"("证真如""得解脱"等),便不在于追求另一个辽远的"彼岸世界",而在于了彻现实世界(禅宗术语叫"本地风光")所依存的"心体",也就是了彻人人都具有的现实的"自我意识"本身。禅宗把这个自我意识本身,叫做"本源清净心""念之体""心体"等,认为它就是"真如""本体",也就是"佛"。慧能说:

> "万法尽在自心,何不从心中顿见真如。"
>
> "汝今当信,佛知见者,只汝自心,更无别佛。"
>
> "般若无形相,智慧心即是。"
>
> "菩提只向心觅,何劳向外求玄?听说依此修行,西方只在眼前。"
>
> "真如是念之体,念即是真如之用。……真如自性起念,虽即见闻觉知,不染万境,而常自在。"
>
> (均见《坛经》)

这就是说:"心"就是"佛","心体"就是"真如"。但"心"却要区别为"心体"(或"念之体")和它的作用("见闻觉知"等)。所谓"心体"接近于列宁所指出的,这个"最初的心理的东西",乃是"某种臆造的,不属于任何人的感觉,一般感觉,神的感觉"[①];而且,还是脱离了它自己的作用的,"不染万境而常自在"的一个"纯我"的抽象。

慧能及其门徒从这一前提出发,展开一种"将心捉心"的思辨推理,即认为

---

① 列宁:《列宁全集》第 14 卷,人民出版社,1963 年,第 238 页。

"心体"本身乃是一个绝对体,不可能用具有相对局限性的心的作用(见闻觉知)去把握。据说:"向心觅心,一觅便失。"因为意识永远不能直接意识到意识本身,一经意识,它就变为对象化了的意识,而不再是自我意识本身了。黄檗说:

> 此"心"无始以来,不曾生不曾灭,不青不黄,无形无相,不属有无,不计新旧,非长非短,非大非小,超过一切限量名言踪迹对待。当体便是,动念即乖。犹如虚空,无有边际,不可测度。唯此一"心",即是"佛"。"佛"与众生,更无别异。但是众生著相外求,求之转失,使佛觅佛,将心捉心,穷劫尽形,终不能得。……若不决定信此"心"是"佛",而欲著相修行,以求功用,皆是妄想,与道相乖。此"心"即是"佛",更无别"佛",亦无别心。……即"心"是"佛",如今学道人,不悟此"心体",便于心上生心,向外求佛,著相修行,皆是恶法,非菩提道。

> (《传心法要》)

这里,为了论证"即心是佛",黄檗把认识的主体,直接提升为绝对的"本体",指出"将心捉心,终不能得",似乎在人的意识现象中发现了某种奇妙的秘密,想借以恢复佛教本体论的一些"僵死的抽象概念"的生命力。事实上,所谓"心体"本身,乃是主观唯心主义所构思的"一个赤裸裸的抽象的自我",只是表示宗教唯心主义想把派生自然界以及人的意识的"神"的观念,变换为"更抽象,更模糊,同时(为了显得更真实)更接近于'心里的东西'"而已。[1]

佛教关于"性"和"相"、"体"和"用",即本体和现象的关系问题的思辨推理,被禅宗慧能学派用来处理所谓"心之体"和"心之用"之间的关系问题。神会说:

> 一切众生,心本无相,所言相者,并是妄心。何者是妄?所作意、住心、取空、取净,乃至起心求证菩提涅槃,并属虚妄。但莫作意,心自无物,

---

[1] 列宁:《列宁全集》第14卷,人民出版社,1963年,第240页。

即无物心,自性空寂,空寂体上,自有本智。……故《般若经》云:"应无所住而生其心。""应无所住"本寂之体,"而生其心"本智之用。但莫作意,自当悟入。

(《神会语录》卷一)

这里所谓"本智""无物心""本寂之体",即是"心体";而所谓"妄心"等,即作意取相的常人的见闻觉知等,则是"本智之用"。神会认为,两者既是矛盾,又可统一,统一于所谓"莫作意"。以后黄檗更机智地推论:

此"本源清净心",常自圆明遍照。世人不悟,只认见闻觉知为心,为见闻觉知所覆,所以不睹精明"本体"。但直下无心,"本体"自现。……学道人唯识见闻觉知、施为动作,空却见闻觉知,即心路绝无入处,但于见闻觉知处认"本心"。然"本心"不属见闻觉知,亦不离见闻觉知,但莫于见闻觉知上见解,亦莫于见闻觉知上动念,亦莫离见闻觉知觅心,亦莫舍见闻觉知取法。不印不离,不住不著,纵横自在,无非道场。……不可将心更求于心,历千万劫,终无得日,不如当下无心,便是本法。

(《传心法要》)

在"见闻觉知"以外,另有一个作为"本体"的"本心"。"本心"和常人的"见闻觉知"是矛盾的,但也可以统一,统一于所谓"直下无心"。这里所谓"直下无心""莫作意"等,据慧能学派说,"此心即无心之心,离一切相"(黄檗),并不是"百物不思"或"空心静坐"(那是禅宗所反对的所谓"修空住空被空缚"),而是"于念而无念""于相而离相""不于境上生心"的精神境界,是一种通过不认识而得到的"认识"。这种认识能力的改变,一下子达到主体之"心"与"本体"之"心"互相冥合,乃是一种精神状态的突变。这便是禅宗"亲证领悟"的成佛方法的理论根据。"直下无心,本体自现",由此转入禅宗思辨的第二个环节——"顿悟成佛"的方法论。

第二,关于"顿悟成佛"的方法论。

在宗教实践意义上如何"成佛"的问题和哲学思辨意义上如何"使主体与本体直接冥合"的问题,一直是佛教各宗认作是头等重要而长期反复论辩的问题。有所谓"渐"(渐修成佛)"顿"(顿悟成佛)之争,"当常"(现世修行,准备来世成佛)与"现常"(现世即可成佛)之争。南朝时,竺道生提倡"顿悟成佛"的教义,并从认识论上阐述,其所以"悟"必须"顿",是因为只有"以不二之悟",才能"符不分之理"①。他说:

> 至象无形,巨音无声,希微绝朕之境,岂有形言哉?
>
> (《法华经疏》)
>
> 悟夫法者,封惑永尽,仿佛尽除,妙绝三界之表,理冥无形之境。形已既无,故能无不形;三界既绝,故能无不界。
>
> (《维摩经注》)
>
> 夫象以尽意,得意则忘象,言以论理,入理则言息。……若忘筌取鱼,始可与言道矣。
>
> (《高僧传》引)

这些言论,虽然是在糅合玄学与佛教中发挥了庄子思想中的神秘体验论,但所处理的对象,还是客观唯心主义所设置的"脱离了物质、脱离了自然、神化了的绝对",即绝对的精神本体——真如。

禅宗慧能学派继承了这一条思维途径,却把所处理的对象转变为主观唯心主义所构想的"心体"即自我意识本身。既然"心即是佛",而"将心捉心,终不能得",于是只能通过"顿悟",才能"成佛"。在这里,禅宗以一种特殊的手法,展开一系列的认识论问题上的诡辩。禅宗站在主观唯心主义立场上,以颠倒、歪曲的形式,直接、间接提出了关于克服认识的相对局限性问题,关于主观认识与客观真

① 见慧达《肇论疏》中述道生顿悟之旨。

理的矛盾如何统一的问题，关于绝对真理与相对真理的关系问题，关于逻辑思维与形象思维的关系问题等，这在哲学思想发展史上的意义，是特别值得重视的。

首先，禅宗慧能学派抓住了人类认识的相对局限性和固有矛盾性，而加以尽量夸大；认为人们来自生活、实践的认识能力、认识活动，是它所谓的"彻悟"（即对"真理"的把握）的最大的敌人。从而彻底否认人们正常的认识作用，宣称一切"见闻觉知，施为动作"及一切语言文字、表述工具，全是障碍"真理"、产生"颠倒谬误"的根源。不只一般人对现实的一切认识和判断，是"妄生分别""根本颠倒"，而且连佛教的一切教义，一经说出，也都成了多余的废话。他们把佛教教条，有时也称之为"粗言""死语""戏论之粪"。他们宣称：对于"真理"，"说即不中"，"拟议即乖"，坚持彻底的不可知论（及"不可说"论）。

其次，禅宗歪曲、割裂绝对真理和相对真理在认识过程中的联结，而把人们认识的相对性和真理的绝对性绝对地对立起来，从而认为必须彻底抛弃人们现有的认识作用，在人们正常认识能力之外去找寻另一条神秘的认识途径，才可能把握所谓"真理"。这条神秘的认识途径，禅宗慧能学派认为唯一可能的就是"顿悟"，即通过一种神秘的契机而达到精神状态和认识能力的突变。"一念相应，便成正觉"。据神会说：

> 迷即累劫，悟即须臾。……譬如一缕之丝，若合为绳，置于木上，利剑一斩，一时俱断，丝数虽多，不胜一剑。发菩萨心人，亦复如是。若遇真正善知识以巧方便，宜示真如，用金刚慧断诸位烦恼，豁然晓悟。……证此之时，万缘俱绝，恒沙妄念，一时顿尽。

（《神会语录》卷一）

这种"快刀斩乱麻"、一下子豁然贯通的"顿悟"境界，是不可言传的，只能"亲证"，"如人饮水，冷暖自知"。禅宗坚持不可知论，是用以剥夺和取消人们正常的认识活动，但它并不归结为不可知论，反而十分肯定地说，通过"亲证""顿悟"，所谓"真理"（在禅宗是指对于"真如本体"，即"心体"的了彻，或是指历代祖师相传的"心印之法",即所谓"第一义""西来意"等佛法的"精髓")是可知的,而且是可以一下子全面掌握的。但是,这种由"亲证""顿悟"所领会、掌握的内容,却不属于逻辑思维的间接性知识,而只可能是一种神秘直觉的直接性知识,因而也就不可能用逻辑思维的语言文字来表达、交换,而只能"默契""默照",或者借助于形象思维,用诗的语言来象征说明。

禅宗从各个方面来颠倒、歪曲人类正常的认识能力和认识活动,割裂感性认识和理性认识的联结,割裂逻辑思维和形象思维的统一,彻底否定思维及其物质外壳在认识中的作用。从而在基于宗教意识的主观真理论的基础上,臆造出另一条所谓"亲证顿悟"的认识途径,宣扬非理性或超理性的神秘直觉。

再次,正如一切唯心主义和不可知论必然自陷于不可解的矛盾一样,禅宗取消了认识真理的可能性而又要制定自己体悟真理的认识论,自己肯定"心体"的真象或"第一义"的真理"不可说""不可传",而又大力讲说所谓代代相传的"心印之法",于是自陷于进退两难。正是这些矛盾,促使禅宗慧能学派大力展开认识方法上的唯心主义诡辩,集中在试图"解决"所谓"第一义不可说"这一自语相违的矛盾。说"第一义不可说",这本身是对所谓"第一义"作了一定说明(这有似于逻辑学上所谓"悖论")。关于这一类认识问题上的矛盾,禅宗慧能学派在理论上和实践上所采取的解决方法,便构成他们的方法论及其独特的学风。例如:

僧问:"如何是西来意?"

师(马祖道一)便打,乃云:"我不打汝,诸方笑我也。"

(《传灯录》卷六)

问:"如何是第一义?"

师(法眼文益)云:"我向尔道,即是第二义。"

(《文益禅师语录》)

药山(惟俨)上堂云:"我有一句子,未尝说与人。"

僧问药山曰:"一句子如何说?"

药山曰:"非言说!"

师（园智）曰："早言说了也。"

（《古尊宿语录》卷十四）

僧问大梅："如何是西来意？"

大梅曰："西来无意！"

师（齐安）闻乃曰："一个棺材，两个死汉！"

（《古尊宿语录》卷一）

诸如此类，禅宗所谓著名"公案"，无非反复表明它所要表明的佛教真理，只能"顿悟亲证"，不能正面说明。第一、二例，说明所谓"第一义"根本不可说；第三、四例，则进一步指出，说"不可说"，也算说了。这一方面可理解为，本是"不可说"的对象，但也可以适当加以说明（这种说明，被禅宗称为"应机接化""活语"等）；另一方面也可理解为，凡是对"真理"的任何肯定的说明，都是谬误（这种说明，被禅宗称作"戏论之粪""死语"等。如上例，关于"西来意"本是既不能问，也不能答，某僧和大梅有问有答，便被讥评为装在"一个棺材"里的"两个死汉"）。后期禅宗便专门发展所谓"接化""应机"的禅门学风，在正常的理性思维和语言文字之外，力图找到一种特殊的认识、表显"真理"的途径和方法，禅门宗师采用了所谓"机锋""棒喝"、隐语、念诗、画圆圈、竖指头、大笑乃至拳打足踢等教学法，用以促使和启发他们的信徒们得到所谓"顿悟"的境界。据说，开创临济宗的义玄就是这样"顿悟"的：

师（义玄）初在黄檗会下，行业纯一。

首座问："曾参问也无？"

师曰："不参问，不知问个什么？"

首座云："汝何不去问堂头和尚如何是佛法的大意？"

师便去。问声未绝，黄檗便打。……如是三度发问，三度被打。……

师到大愚；大愚问："什么处来？"

师云："黄檗处来。"

　　大愚问："黄檗有何言句?"

　　师云："某甲三度问佛法的大意,三度被打,不知某甲有过无过?"

　　大愚云："黄檗恁么老婆心切,为汝得彻,困。更来这里问有过无过!"

　　师于言下大悟。

(《古尊宿语录》卷五)

又如:

　　道悟问："如何是佛法大意?"

　　师(石头希迁)曰："不得,不知。"

　　曰："向上更有转也无?"

　　师曰："长空不碍白云飞。"

　　道悟于言下顿悟。

又如:

　　庞居士初谒石头(希迁),乃问："不与万法为侣者是什么人?"

　　头以手掩其口,庞豁然有省。

　　后参马祖(道一),问曰："不与万法为侣者什么人?"

　　祖曰："待汝一口吸尽西江水,即向汝道。"

　　庞于言下顿领玄旨。

(《古尊宿语录》卷一)

这类"顿悟"的故事,充满了禅宗几百卷的《语录》。这里的"打""用手掩口",表示"佛法"不能问,不可说;"待汝一口吸尽西江水",表示这类问题根本不可能得到回答。"长空不碍白云飞"以及其他禅师常用的诗句,如"孤轮独耀江山静,长啸一声天地惊"(义玄答凤林),"有时直上孤峰顶,月下披云笑一声"(药山偈)等,则是在取消了逻辑思维之后用形象思维来象征所谓"彻悟"了的精神状态。这种"应机接化"的方法的发展，便形成禅门五宗有所谓不同的"禅风"，所谓"临济势胜""曹洞丁宁""云门突急""法眼巧便""沩仰回互"等。其中，特别是以后极为盛行的临济宗，被称为"临济家风，全机大用，棒喝齐施，虎骤龙奔，星驰电掣。负冲天意气，用格外提持。卷舒纵擒，杀活自在"。所有这些所谓"禅门机锋"，目的在于制造人们认识上的迷乱，进而否定人们正常的认识作用，宣扬为主观真理论服务的神秘体验论。

禅宗慧能学派试图把宗教唯心主义本体论、神秘主义认识论和宗教实践的修证方法，三者统一起来。但在理论和宣传上陷入"第一义不可说"而又不能不说的矛盾，后期禅宗为多方解除这一矛盾，制定了各种宗教宣传的方式方法。这些所谓"应机接化"的宣教方式中，体现了禅宗的认识论的主要原则，同时也体现了禅宗在向人们灌输宗教意识、剥夺人们正常认识能力和进攻朴素实在论的几个主要手法。

例如，曹洞宗提出所谓"五位君臣"的表显法，总结出禅宗表显所谓"第一义"的方法论原则，也就是通过正面、侧面来诱导、启发人们进入所谓"悟境"的五个根本方法。"君"，指"正面"表达，对"本体""真理"等"第一义"要正面表达，只能用"无语"；"臣"，指侧面表达，通过某些能暗示"第一义"的事象，也可以"有语"。两者结合，随机应变，便有五种方式，即"正中偏""偏中正""正中来""偏中至""兼中到"。对这五条，洞山良价、曹山本寂及其弟子各有许多不同的解释。大体说来：

（一）"正中偏"的表显法。如马祖问百丈："汝以何法示人？"百丈竖起拂子；又问："只这个为当别有？"百丈抛下拂子。（《古尊宿语录》卷一）慧忠国师与紫璘议论，既升座，紫璘曰："请师立义，某甲破。"师曰："立义竟。"紫璘曰："是什么义？"师曰："果然不见，非公境界。"便下座。（《传灯录》卷五）这是所谓"无语中有语"，是一种没有说明却正是说明的方法。

（二）"偏中正"的表显法。如僧问省念和尚："如何是佛心？"曰："镇州萝卜重三斤。"（《传灯录》卷三）这是所谓"有语中无语"，答非所问，表示根本不该问此类问题。

（三）"正中来"，则是根本不回答，只用当头一棒或一喝，促使问者自己去领悟。所谓"德山棒，临济喝"，成为后期禅宗最流行的方法。如水潦禅师问马祖："如何是西来的意？"祖乃当胸踏倒。师大悟。起来拊掌，呵呵大笑。后告众曰，"自从一吃马祖踏，直到如今笑不休。又如前引黄檗对临济义玄"三问三打"的"公案"等。这是所谓"无语中无语"，是根本取消问题的方法。

（四）"偏中至"，则是一般企图用言语去说明，如说"即心是佛""真如是念之体"等，是所谓"有语中有语"。后期禅宗认为这是最不好的方法，甚至批评这种方法"如把屎块子向口里含过吐与别人"（义玄语）。

（五）"兼中到"的表显法，据说是最好的"圆转法"，这种机锋答语，也可说是有话，也可说是无语，任人去自觉体会。如："天台德韶以遍参丛林，无所契人。后到临川谒法眼，但随众而已，无所参谙。有问法眼者曰：'如何是曹源一滴水？'法眼曰：'是曹源一滴水！'德韶于这话下大悟，平生疑滞，涣若冰释"（《文益禅师语录》）。这里，说"曹源一滴水"（按指曹溪慧能所流传下的佛法）就是"曹源一滴水"，可说是无语，但包含着"真理"就是事物的"本来面目"，或佛教所谓"真如"是不生不灭、不增不减等含义，也可说是有语。

主观真理论加上神秘体验论，就是这些宣教方法中所体现的认识论原则的思想实质。又如临济宗所制定的"四照用"或"四料简"的因材施教的手法，针对了主观认识和客观对象的关系这一认识论的核心问题，提出一整套剥夺人们正常认识能力和否定唯物主义世界观的方法。临济宗认为要树立和巩固宗教唯心主义世界观，必须彻底剥夺人们来自生活实践的朴素实在论的认识原则，其中最根本的一个是认定有现实存在的客观物质世界和客观真理（这种认识对象，禅宗称为"境"或"法"）；另一个是认定自己有正确反映客观世界和把握客观真理的主观认识能力（禅宗称为"人"或人所执着的"我执"及"法执"等）。因此，临济宗提出了对"境"和"人"两方面进行剥夺的四种方法。义玄说：

"如诸方学人来山僧此间作三种根器断：如中下根器来，我便夺其境而不除其法（指'法执'）；如中上根器来，我便境、法（指'法执'）俱夺，如上上根器来,我便境、法(指'法执')俱不夺。"

"有时夺人不夺境,有时夺境不夺人,有时人、境俱夺,有时人、境俱不夺。"

"我有时先照后用,有时先用后照,有时照用同时,有时照用不同时。先照后用有人在,先用后照有法(指'境')在;照用同时,驱耕夫之牛,夺饥人之食,敲骨取髓,痛下针砭;照用不同时,有问有答,立宾立主,合水和泥,应札接物。"

(《古尊宿语录》卷四、五)

这是说,针对几种对象,采取不同方法,但目的都在于一方面否定人们所坚持的事物对象的客观实在性("境"),另一方面剥夺人们正常的主观认识能力("人")。特别是对于所谓"中上根器"的一般人,往往坚持既有客观的"境",又有主观的"我","抵死不放"。临济宗认为对这种坚持唯物主义观点的人,必须进行残酷的思想斗争,"敲骨取髓,痛下针砭",好像"驱耕夫之牛,夺饥人之食"一样给以无情的剥夺。用临济宗常用的形象说法,要"拟犯吹毛剑,特地斩精灵",达到"云散水流去,寂然天地空"的境地,才能使这些人接受佛教唯心主义世界观。反之,如果是所谓"上上根器"的"聪明"人,很快接受了禅宗的教义,树立了宗教唯心主义世界观,则互相心领神会,只是"应机接物",人还是人,境还是境,"人境俱不夺"。但由于世界观突变了,自己觉得"顿悟成佛"了,也就在这个现实世界中变为一个逍遥自在的"解脱人"了。

"人境俱不夺",被禅宗慧能学派宣称为是"顿悟成佛"以后的最高境界、最后归宿。他们从本体论到方法论展开一系列诡辩,完成了宗教对人进行"自我空虚"的任务之后,宣布:"语默动静,一切声色,尽是佛事。""不起一切心,诸缘尽不生,即此身心是自由人。"(黄檗语)由此,禅宗的思辨便转入第三个环节,即"凡夫即佛"的宗教归宿。

第三,关于"凡夫即佛"的宗教归宿。

哲学思辨和宗教归宿的结合,是整个佛教哲学的一般特征。以往佛教为了抬高"佛性"(即神性)的尊严,把"佛"安置在遥远的"西方极乐世界"的彼岸,把

"修心成佛"这张进入天国的门票的兑现日期开得太远。如玄奘所创唯识宗,即认为"转识成智"的修炼过程,必须经过所谓"五位""十地"等复杂阶段和"三大阿僧祇劫"的漫长时间,这显然会使人望而却步。(唯识宗在玄奘死后不久就衰歇了,这是重要原因之一。)禅宗慧能学派对佛教教义的最重要的"革新",就在于它的全部理论和方法,都归结到论证:"佛"不在遥远的彼岸,就在你"心"里;只消在认识上来个简单的突变,你就"顿悟成佛"了;"成佛"以后,一切还是老样子。"人境俱不夺",但你却变成"自由人"了。慧能学派反复强调:

> 凡夫即佛,烦恼即菩提。前念迷,即凡夫;后念悟,即佛。前念著境,即烦恼,后念离境,即菩提。
>
> （慧能）
>
> 未悟未解时,名贪嗔;悟了,唤作佛慧。故云,"不异旧时人,异旧时行履处"。
>
> （百丈怀海）
>
> 终日吃饭,未曾咬着一粒米;终日行路,未曾踏着一片地。与么时,无人我等相,终日不离一切事,不被诸境惑,名"自在人"。念念不见一切相,安然端坐,任运不拘,名"解脱"。
>
> （黄檗希运）
>
> 佛法无用功处。只是平常无事,屙屎送尿,著衣吃饭,困来便卧。愚人笑我,智乃知焉。
>
> （临济义玄）

这一来,佛与众生的区别,只是"一念之差";现实苦难世界和彼岸安乐佛土的距离,只有"一纸之隔"。禅宗慧能学派的大师们,就这样以廉价抛售可以立地进入天国的门票的手段,来苦心孤诣地为封建政治服务。对统治阶级来说,不只可以"放下屠刀,立即成佛";而且,"不放屠刀,也可成佛"。因为成佛以后,"人境俱不夺",只要"心不起分别",同样地可以杀、盗、淫、妄,胡作非为。对于被压迫、被剥削、被奴役的阶级来说，丝毫不必"著相外求"以图改变现状；只消一转念，烦恼就变成了"菩提"，苦难世界就变成了"清静佛土"，在"披枷带锁"中也就成为"解脱"了的"自由人"了。

列宁曾经指出："一切造神说"在思想上都根源于不健康的、脆弱的灵魂的"自我直观"。禅宗的"即心是佛""顿悟成佛""凡夫即佛"等，可以说也属于这种"自我直观"的"造神说"之类，是一种宗教意识的表现。列宁揭露这种宗教意识的本质说：

> 一切从事造神的人，甚至只是容许这种做法的人，都是以最坏的方式侮辱自己，他们所从事的不是"实际活动"，而恰巧是自我直观，自我欣赏，这种人只"直观"自我身上种种被造神说所神化了的最肮脏、最愚蠢、最富有奴才气的特点。[1]

禅宗慧能学派的思辨结构及其修养方法的社会功能，在一定意义上可以说，正是最廉价地出售天国门票和在"自我直观"中幻想得到"解脱"和"自由"。

三、禅宗哲学思想的历史评价问题

总的说来，禅宗慧能学派的"即心是佛"的理论及其"顿悟成佛"的方法，首先是一种特殊形态的宗教哲学。禅宗运用认识问题上的唯心主义诡辩来巩固宗教世界观的阵地。

禅宗以佛教"革新者"的姿态，宣扬一种所谓"教外别传"的理论，既深入浅出而又讲究方法的、善于"应机接化"因而"雅俗共赏"的新佛教。并且独出心裁，为了巩固宗教意识，挽救佛教危机，不惜"呵佛骂祖"；甚至说"莫将佛为究竟，我见犹如厕孔。菩萨罗汉，尽是枷锁缚底物。"并常讲"释迦牟尼佛"是"乾屎橛"，是

---

[1] 《1918.11 给高尔基的信》，《列宁全集》第 35 卷，第 106—107 页。

"老骚胡"。后期禅宗最大支派临济宗的开山祖师义玄公开宣称："你如欲得如法见解，但莫受人惑。向里向外，逢着便杀，逢佛杀佛，逢祖杀祖，逢罗汉杀罗汉，逢父母杀父母，逢亲眷杀亲眷，始得解脱。"（《古尊宿语录》卷四）作为佛教徒，这类惊人之谈，究竟是什么用意呢？就其原意所指，乃是在强调禅宗所坚持的一条神秘主义的认识原则，即必须坚决取消一切认识的对象（包括把"佛""菩萨"作为对象），再取消一切关于对象的认识（包括一般人关于"佛"及"佛法"的认识），只有"人境俱夺"才能彻底摆脱一切"见闻觉知"，而达到纯粹自我直观的"顿悟成佛"的境界。就其思想实质，乃是：

> 破除了对权威的信仰，却恢复了信仰的权威。他把僧侣变成了俗人，但又把俗人变成了僧侣。他把人从外在宗教解放出来，但又把宗教变成了人的内在世界。他把肉体从锁链中解放出来，但又给人的心灵套上了锁链。[①]

马克思对德国农民战争时期马丁·路德宗教改革实质的这一著名的批判，对我们判定禅宗在我国思想史上的地位和作用，虽然时代条件和具体对象不同，但却具有深刻的启示。禅宗"呵佛骂佛"式的、"推倒权威"的"批判"，就其思辨途径，在一定意义上也可以说是：

> 从宗教的外壳下剥出了构成这种神性的内核的极端自命不凡或自我意识，把它看作独立的存在，把它变成独立的在物，并在"无限的自我意识"的幌子下把它提升为批判的原则。[②]

马克思这里所揭发的，是作为"一个批判的神学家或神学的批判家"的鲍威尔，指出他在批判基督教中却宣扬主观唯心主义的唯我论的思想本质。但从禅

① 马克思：《黑格尔法哲学批判导言》，《马克思恩格斯全集》第一卷，人民出版社，1956年，第461页。
② 马克思、恩格斯：《神圣家族》，《马克思恩格斯全集》第二卷，人民出版社，1957年，第181页。

宗思想中,如他们常讲的"囿脱尘根,灵光独耀",以及"上天下地,唯我独尊"等,云门宗的"三句"有所谓"函盖乾坤句""截断众流句"等,临济宗风有所谓"负冲天意气""作无位真人"等,乃至以后陆象山继承禅宗思想大讲:"吾心便是宇宙,宇宙即是吾心",并抄袭禅宗僧侣的诗句:"仰首攀南斗,翻身倚北辰,举头天外望,无我这般人"等,不正好是这种自我意识哲学的"极端自命不凡"和主观唯心主义的狂妄自大的共同表现吗? 所以,禅宗对正统佛教的"批判",不是背叛,而是打强心针;所以,禅宗并没有"革命",也不是佛教"异端",而是经过一番"革新"把自己提升成为佛教的正统。这一切,除了佛教史已作了事实证明以外,在中国转入后期封建社会的政权性质、阶级关系的相对变化中,也可找到相应的说明。从这里,也才能理解禅宗和华严宗为什么会成为后期封建社会理学正宗的直接思想来源。

我们认为,迷于表面现象和局部现象的形式主义方法,不可能对历史,尤其是思想史的复杂现象作出科学的说明。马克思主义全面的历史的唯物主义观点和辩证分析的解剖刀,才可能深入地揭示各种类型的宗教哲学的社会本质,并如实地估计其中不同性质的"异端"在不同历史条件下的客观作用。

就思想史螺旋前进的一个环节看,禅宗在中国哲学思想的矛盾发展史上,以歪曲的形式加深和发展了认识论的问题,提高了宗教意识形态的精炼程度,这在哲学矛盾发展过程中,对于促进我国唯物主义、辩证法思想的发展是具有客观历史作用的。有了禅宗及华严宗(两者在宋以后基本合流)这样的宗教哲学思想体系出现,中国后期封建社会中的哲学唯物主义反对唯心主义及宗教神学的斗争,就不得不在更高的水平上进行。借用马克思的分析:"现在问题已经不是俗人同俗人以外的僧侣进行斗争,而是同自己内心的僧侣进行斗争,同自己的僧侣本性进行斗争。"[①]韩愈、李翱的新儒学和以后宋明理学唯心主义,大都采取非宗教的哲学形态,他们甚至还在"排斥佛老"即"同俗人以外的僧侣进行斗争";可是,他们自己却变成为俗人内部的"僧侣本性"的代表者,由辩护宗教异化转变为辩护伦理异化,起到真正僧侣所不能起的给广大人民的心灵套上锁链的作用。因此,

---

① 马克思:《黑格尔法哲学批判导言》,《马克思恩格斯全集》第一卷,人民出版社,1956年,第461页。

中国后期封建社会中,理学唯心主义(无论是程、朱客观唯心主义流派或是陆、王主观唯心主义流派)直接吸取了禅宗及华严宗哲学体系中的主要思辨材料,通过这一思想演化的过渡环节,把前期封建社会中作为统治思想的宗教意识形态,熔炼改造为更有教养的,主要采取哲学形态的唯心主义理学或心学。这样,唯物主义思潮反对理学和心学唯心主义的斗争,便代替了反对一般宗教神学的斗争。当然,唯物主义无神论直接冲击宗教神学的斗争,仍然在继续发展,统治思想已由神学正宗变为理学正宗,是由粗糙的宗教形态提升为精巧的哲学形态。因而唯物主义的、进步的批判思潮,为了和统治思想相对抗,也就不能不提到更高的水平。由于这样的客观需要,就使得我国后期封建社会哲学斗争转入了更高阶段,而在斗争中锻炼、成长的唯物主义和辩证法思想的发展,也就达到了典型的高度。

此外,也应该看到,禅宗慧能学派在"革新"佛教中有极端化发展的倾向,使它自陷于矛盾,并孕育着自我否定的因素。由于禅宗从极端唯心主义出发,企图用主观的"心"来吞并客观的物质世界,事实上却只能在幻想中去"函盖乾坤",于是把所谓"真如""佛性"等加以尽量地扩大。"一切声色,尽是佛事",神秘主义就孕育着泛神论的倾向,从而潜伏了无神论的萌芽。由于禅宗尽量压缩思辨循环的路程,尽量缩短天国和人世的距离,把"佛"安置在人心上,并宣布"凡夫即佛",这就不免过分冲淡了宗教意识关于"彼岸世界的幻影",而模糊了它超现实的本质。由于禅宗强调神秘的"亲证顿悟",自我体验而否定佛教经典的权威,贬低修行、说教的意义,在理论、方法上它为了表示彻底性而提出了一些唯心主义和诡辩根本不可能解决的认识论和逻辑上的矛盾和问题,这在思想斗争中造成了一次宗教唯心主义世界观固有的各种混乱、破绽的自我暴露。正是由于这些因素,在特定的条件下,过去不少的进步思想家,接受了禅宗这一方面的影响,促进了他们基于进步政治立场或正确思想方向的真正"异端"思想的成长。"相反的东西有同一性。"(毛泽东《矛盾论》)宗教唯心主义按一定条件向着它的对立面——无神论、唯物主义转化,是哲学思想在斗争而发展中螺旋前进的固有规律。

(1961 年 2 月)

刘禹锡的"天与人交相胜"学说

    作为诗人的刘禹锡，在文学史上似已有了定评；而作为思想家的刘禹锡，在哲学史上的地位和贡献，目前却还在研究。本文仅就刘禹锡的"天与人交相胜"的思想，作初步分析，以说明刘禹锡在我国唯物主义、无神论发展史上的地位。

一

    刘禹锡(772—842)字梦得，出身于一个"世为儒而仕"的一般地主家庭，祖父和父亲都是"仕历州县令、佐"的中下层官吏。① 唐德宗贞元九年(792)，他和柳宗元(773—819)同时考取进士，以后同官至监察御史。他们都以"忧国不谋身"的抱负，投身于当时进步的政治改革运动，并在反权贵的斗争中结下了深厚友谊。在哲学战线上，他们以同样的批判锋芒和理论创造，服务于革新运动的政治实践，猛烈抨击中世纪的神学统治，对唯物主义、无神论的发展，作出了杰出的贡献。就理论探讨的深度来说，刘禹锡的贡献，较之柳宗元在某些方面更突出一些。

    刘禹锡的思想是他所处时代的产物。他生活的时代，正是唐帝国经过"安史

---

① 《子刘子自传》，《刘梦得文集外集》卷九；《旧唐书·刘禹锡传》。

之乱"以后逐步走向衰落之际,也是前期封建社会各种矛盾日趋激化、酝酿着大规模农民革命风暴的时期。

天宝以后,由于贵族大地主兼并土地和封建国家的沉重赋役,使大批均田户小农纷纷破产流亡;唐王朝在"均田制"遭到破坏的基础上颁行了"两税法"(公元780年)。但施行的结果,是"科敛之名凡数百,废者不削,重者不去"(《唐会要》卷八十三),严重地增加了人民的租税负担。这一封建经济的危机,在唐肃宗以后,由于中央政治的日趋腐败、阉宦专权、藩镇割据所造成的政治危机而更加严重了。到德宗时,唐帝国就陷入了普遍的混乱状态中。这种经济、政治的危机,是当时封建社会向前推移的内在矛盾的反映。由于社会生产力的发展,这时开始了中国封建制由前期向后期的过渡。这在经济关系上的表现是:当时旧有豪门士族及新兴官品特权贵族的土地垄断,已成为阻碍生产力发展的严重桎梏,迫切要求发展的、适应于封建制向前推移的要求的是被排斥在品级特权之外的庶族地主阶层和部分小农的私有经济。这种情况在阶级斗争形势上的表现是:具有品级特权的新、旧豪族地主日趋腐朽反动而仍然盘踞在社会上层,处于水深火热中的广大农民日益加强了反抗斗争,由挣脱封建依附关系的要求进而酝酿着以"均平"作为号召的大起义;同时,正在兴起的庶族地主阶层,在反对豪门贵族的等级特权的斗争中也增强了自己经济、政治以及文化上的势力。中唐以后的社会震荡,深刻地反映出这样的经济变动和经济关系变化中各种社会势力的矛盾冲突。当时在政治战线和文化战线上比较活跃的庶族地主阶层中的某些人,特别是其中同下层人民有一定联系的"左翼",他们所要求的政治革新,客观上往往反映了一些劳动群众的愿望,他们结合政治斗争所进行的理论批判,往往成为中世纪神学统治下"异端"思想的旗帜。刘禹锡和柳宗元一生的政治实践和主要理论活动,都表明他们是这样的"异端"思想阵营中的旗帜。

公元805年,唐顺宗即位初,王叔文、王伾等庶族地主阶层的代表,依倚皇权,掀起了一次重大的政治改革运动。刘禹锡及其战友柳宗元等积极参加了这次政治运动,并且成为其中的核心人物。史称:"禹锡尤为叔文知奖,以宰相器待之。……引禹锡及柳宗元入禁中,与之图议,言无不从。"上述四人当时号为"二王、刘、柳"(《旧唐书·刘禹锡传》)。他们拥护顺宗执掌政权,实行了一系列有利于生产发展和符合人民要求的经济政治措施,严重打击了宦官、藩镇及整个官品贵族集团势力。他们在取得政权、掌有实权以后,还计划夺取宦官掌握着的中央兵权,"摄天下之财赋兵力而尽归之朝廷"①,以形成一个中央集权的新政治局面。但是,这次改革运动还不到八个月,就由于宦官勾结外藩和权贵等反动势力的联合反攻而失败了。唐顺宗被迫让位于唐宪宗,王叔文、王伾被处死,刘禹锡及柳宗元等八个革新政治家,被一贬再贬三贬,受到残酷的政治迫害。这就是历史上有名的"八司马"冤狱。

刘禹锡和柳宗元一样,在长期贬谪中,始终坚贞不屈,坚守革新路线。这位"少年负志气,信道不从时"②的革新家,不怕挫折失败,不愿向权贵低头。在唐宪宗元和十年(815)贬居朗州十年之后、唐文宗太和二年(828)再贬连州等地十四年之后,他曾经两度被"召还京师",但他都"衔前事未已""恃才褊心",不肯屈服(《旧唐书·刘禹锡传》),因而旋又被贬逐,以至潦倒终身。在长期贬居荒远州县的过程中,刘禹锡更多地接近了下层人民,使他从劳动群众的民歌俚词中找到了发展自己诗文创作的深厚源泉,同时从劳动人民的生产实践和反抗意识中得到了智慧和力量,更加坚定地举起了唯物主义的旗帜,针对当前的正宗神学体系及其神秘主义天命论的核心,展开了不调和的抗争。

刘禹锡在政治改革运动失败以后,在思想战线上所进行的抗争,是由当朝史官韩愈挑起来的。韩愈在政治上依附宦官权贵、敌视革新运动,在思想上是神秘主义天命论和唯心主义道统说的积极鼓吹者。当刘禹锡、柳宗元等被贬黜被迫害时,韩愈写了《永贞行》《顺宗实录》等,对"二王、刘、柳"集团的政治改革进行贬斥。

他对一贬再贬而"诅盟于心,不复自白"的刘禹锡表示"同情",劝告刘禹锡不能"箝口自绝",沉默抵抗;更不能"可言而辩",公然抗议;说只要刘禹锡低声下气地去"呼于有力而呻于有术",就依旧可以免祸得福。这一番话,曾引起刘禹锡的

---

① 王鸣盛:《十七史商榷》第七十四卷《新旧唐书》六。
② 刘禹锡:《效阮公体》诗,《刘梦得文集》卷二。

极大愤慨。① 韩愈还对谪居柳州而写出了一系列战斗的无神论著作的柳宗元,反复进行了有神论和"明哲保身"的说教。用"人祸""天刑"等来进行恐吓,暗示柳宗元最好放弃对传统神学的批判,受到了柳宗元的严厉驳斥。② 进一步,韩愈又写了《天之说》一文,送给柳宗元,从理论上提出挑战。在《天之说》中,他极力宣扬神学目的论的世界观,肯定"天"是有意志的人格神,能"赏善罚恶",一切违反了"天意"的活动,都是得罪了"天",是"天地之仇"。他以荒谬的类比,说"虫之生而物益坏,……虫之祸物也滋甚",从而推论出劳动人民"垦田原,伐山材,……燧木以燔,革金以镕"等征服自然的斗争,都是"悴然使天地万物不得其情",严重地违反了"天意",还由此得结论说:"吾意有能残斯人,使日薄岁削,祸元气阴阳者滋少,是则有功于天地者也;繁而息之者,天地之仇也。"③韩愈这里所宣扬的神秘主义的天人相仇的观点,与他经常鼓吹的天人感应论和服从"天命"的思想,根本上是一致的。

针对韩愈这种谬论,柳宗元写了《天说》一文"以折韩退之之言";刘禹锡也拍案而起,投入战斗,大张唯物主义无神论的旗鼓,反攻韩愈所代表的神学阵营,从而掀起了一场关于"天人关系"问题的大论战。这次论战中刘禹锡所写的《天论》上、中、下三篇,集中阐述了他的"天与人交相胜"的思想,成为中古哲学史上无神论的光辉文献。他在《序文》中说:

> 余友河东解人柳子厚,作《天说》以折韩退之之言,文信美矣,盖有激而云,非所以尽"天人之际",故余作《天论》以极其辩云。④

这表明他在理论上比柳宗元有所发展,对于"天人之际"(自然和人的关系)这一重大哲学问题,他企图作进一步说明。同时应当指出:刘禹锡后来还朦胧

---

① 见刘禹锡:《上杜司徒书》中所引,《刘梦得文集》卷十四。
② 柳宗元:《与韩愈论史官书》,《柳河东集》卷三十一。韩愈原给柳宗元《论史事书》今不存;存《答刘秀才论史书》,见《韩昌黎文外集》卷上。
③ 见柳宗元:《天说》所引,《柳河东集》卷十六。
④ 《天论》上,《刘梦得文集》卷十二;亦载《柳河东集》卷十六。以下凡《天论》引语,不再注出。

地意识到,他在反权贵斗争失败以后,在"权豪来侮、人虎我鼠"的条件下,同韩愈进行的那场"天人之学"的论战,是一场"持矛举盾"的思想斗争①,说明他对自己所从事的理论斗争的意义,具有一定的自觉性。

刘禹锡的哲学论著,除了《天论》三篇以外,现存《刘梦得文集》中还有其他一些论著,如《因论》七篇、《辨迹》《机汲》《答道州薛侍郎论方书》《答饶州元使君论政书》《高陵令刘君遗爱碑》等。这些论著与他在《天论》中所发挥的中心思想,可以互相发明。

二

天人关系问题,是我国古代哲学斗争的焦点之一。但以往的唯物论、无神论战士,局限于一定的历史条件和当时的科学水平,基本上还分不清自然和社会两者的质的区别,而且往往为了强调自然规律的普遍性和绝对性,而轻视或抹杀了社会生活的特殊性和人的自觉的能动性,以致这样那样地陷入了历史宿命论(如王充"时命论"中的某些观点)和遭遇偶然论(如王充的"时命论"中的另一些观点和范缜在否定神秘因果时所执的偶遇观点等)。在这一问题上,荀子和杨泉等曾有过合理的观点,而直到刘禹锡,才综合前人的思想成果和当时的科学成就,在哲学路线上直接和庄子的"天与人不相胜"的观点对立起来,创立了"天与人交相胜"的系统学说,把对真理的认识向前推进了一大步。

刘禹锡的《天论》,开宗明义,首先明确揭示出天人关系问题上历来存在着两条路线的根本对立:一条是唯心主义的神秘路线,以"阴骘之说"为代表;另一条是唯物主义的无神论路线,以"自然之说"为代表。他说:

> 世之言天者,二道焉:拘于昭昭者则曰:"天与人实影响。祸必以罪降,福必以善徕;穷厄而呼必可闻,隐痛而祈必可答。"如有物的然以宰者,故"阴

---

① 《祭韩吏部文》,《刘梦得文集·外集》卷十。

骘之说"胜焉。泥于冥冥者,则曰:"天与人实刺异。霆震于畜木,未尝在罪;春滋乎堇荼,未尝择善。跖、跻焉而遂,孔、颜焉而厄。"是茫乎无有宰者,故自"然之说"胜焉。

这里的"阴骘之说",不仅指"天人感应"的传统宗教,显然把以"因果报应"作为核心的佛教教义也包括在内。刘禹锡根本否定这类"祷神佞佛"之说,指斥其诬妄,先划清有神与无神、唯心与唯物的根本界限,而对于"自然之说",刘禹锡认为,自然观和社会观中贯彻无神论的思想路线,当然是正确的,但有必要克服它的简单化、片面化的缺点。以往唯物主义的"自然之说",包括柳宗元在内,也只是简单地肯定"天与人"渺不相干,"二之而已,其事各行,不相预"。柳宗元在读到《天论》之后,也不甚了解刘禹锡"天与人交相胜"的提法的深意,反批评刘禹锡不应强调"人胜天"。认为"彼不我谋,而我何为务胜之耶?"[1]表明他还只是停留在"非天预乎人""苍苍者焉能与吾事"等一般认识上。刘禹锡却前进了一步。一方面他坚决反对"天与人"具有神秘感应的关系,另一方面他也不满意"天与人"毫不相干的说法。他力图在唯物主义基础上更全面地阐明这一问题。

首先是关于世界的物质统一性,以及一切事物都有其客观的必然联系和发展规律的问题,他继续了柳宗元曾论述过的由"元气""自动"而形成宇宙万物的观点,进而指出:

> 天之有三光悬宇,万象之神明者也。然而其本在乎山川五行。浊为清母,重为轻始,两位(指阳阴二气)既仪,还相为庸(互相作用),嘘为雨露,噫为雷风。乘气而生,群分汇从,植类曰生,动类曰虫。倮虫之长,为智最大,能执人理,与天交胜,用天之利,立人之纪。纪纲或坏,复归其始。

这是明确的唯物主义的气一元论和朴素的辩证发展观。阴阳两气的互相作

---

[1] 柳宗元:《答刘禹锡天论书》,《柳河东集》卷三十一。这封信中,柳宗元对刘禹锡《天论》的几点批评,基本上都是错的。

用,演化成整个自然界;逐步产生了生物,产生了人;作为"倮虫之长"的人类,能够作用于自然、改造自然,建立起人类社会("立人之纪")。即使人类社会崩坏消灭了,统一的物质世界"复归其始",仍是永恒存在着。他把人类社会看作是自然发展的产物,是自然所产生的人反过来用"人理"向自然作斗争的结果,根本上仍统一于物质自然界。他试图把一元论的唯物主义宇宙观贯彻到底。

自然和社会统一于物质世界的现实客观存在,而理论化了的佛教以及玄学化了的道教,却在设计一个超现实的"空""无"本体,来否定世界的物质统一性和客观实在性,在他们千方百计地论证一切有形的现实事物之外,有一个无形的、没有任何规定性的、超现实的绝对本体——"空"。刘禹锡针锋相对指出:

> 若所谓"无形"者,非"空"乎?——"空"者,形之希微者也。为体也不妨乎物,而为用也恒资乎有,必依于物而后形焉。今为室庐,而高厚之形藏乎内也;为器用,而规矩之形起乎内也。音之作也有大小,而响不能逾;表之立也有曲直,而影不能逾。非"空"之"数"欤?

这是说,物质世界的一切事物,互相间必有其固有的联系和关系("数")。由于彼此联系和互相作用便形成了事物发展变化的必然趋势和客观规律("势")。这些"数"和"势",是"附乎物而生"的。因而统一的物质世界中,根本不存在佛教唯心主义等所说的"空""无"本体。唯物主义者所理解的"空",只是物质存在的一种空间关系的形式。刘禹锡指明:所谓"无形"的"空",就其"体"来说,虽看不见,并不影响它本身就是一种"形之希微"的"物";就其"用"来说,则必须依存于物质实体而表现为具体存在物所固有的空间形式。他用具体的物理现象来论证:如发音的大小,规定了回声的量度;表尺(用以测日晷的本标)的曲直,规定了投影的形态。这种必然联系,正如物质实体及其空间的关系一样,有一定的规定性,可以测度,可以认识。

进一步,刘禹锡从认识论角度来分析无形之"空"和有形之"有"的关系,肯定所谓"无形",只是人的感官,直接感觉不到,而并不是"无物",基本否定了佛教所捏造的"不可思议、不可言说"的"空""无"本体。他说：

> 夫目之视，非能有光也，必因乎日月火炎而后光存焉。所谓晦而幽者，目有所不能烛耳。彼狸狌犬鼠之目，庸谓晦为幽耶？吾固曰：以目而视，得形之粗者也，以智而视，得形之微者也。乌有天地之内有"无形"者耶？！古所谓"无形"，盖无常形尔，必因物而后见(现)尔，乌能逃乎"数"耶？

刘禹锡把"空"看作物质存在的固有形式，认定宇宙间没有无形的虚空，所谓"无形"，只是说它"因物而后现"，故无"常形"，并且把"空"看作可以通过理智来考察的一种细微的物质存在形式。这些观点是深刻的，是在认真批判当时流行的佛教唯心主义的"空"论中对唯物主义的重要发展，是基于一定自然科学知识基础的天才的预测。刘禹锡对佛教世界观的批判达到了一定的理论深度，并对以后张载、王夫之的思想，产生过明显的积极的影响。

其次，在"人天关系"问题上，刘禹锡力图在唯物主义基础上区分开自然现象和社会现象，区分开"天之所能"和"人之所能"，并进而阐明两者之间的实际关系。他指出：

> 大凡入形器者，皆有能、有不能。天，有形之大者也；人，动物之尤者也。天之能，人固不能也；人之能，天亦有不能也。

他还进而指出，自然现象和社会现象各有其特征：

> "天之道在生植，其用在强弱；人之道在法制，其用在是非。"
> "天恒执其所能以临乎下，非有预乎治乱云尔；人恒执其所能以仰乎天，非有预乎寒暑云尔。"

刘禹锡深刻发展了荀子的"明于天人之分"的光辉思想，并加以具体论证：

就"天"方面说——"阳而阜生,阴而肃杀,水火伤物,木坚金利。"这是非生物界的自然性能。"壮而武健,老而耗眊,气雄相君,力雄相长。"这是生物界的自然性能。生存竞争,弱肉强食,乃是自然演化的规律。总结起来,这些是"天之所能"。

就"人"方面证——"阳而薮树,阴而擎敛,防害用濡,禁焚用酒〔应作洒〕,斩材窾坚,液矿硎铓。"这是人类利用和改造自然的生产斗争,"义制强讦,礼分长幼,右贤尚功,建极闲邪。"这是人类独有的社会生活,人类的生存依靠劳动生产,在生产活动的基础上形成了一定的社会关系,这是人类历史的特征。总结起来,这些是"人之能也"。

在这里,刘禹锡不仅把自然界和人类社会基本正确地区分开来,并且深刻地指出了自然界各种生物和非生物的性能和规律,是客观存在的;但人类满足物质要求的生产活动和组织社会生活的政法活动,却可以在认识和掌握自然事物的性能和规律之后,转而利用自然、改造自然。例如,在农业、水利、木工、冶金等劳动生产过程中,便表现出"人之能";而组织和健全社会生活小的"法制"等,更表现出了人类"能执人理,与天交胜,用天之利,立人之纪"。自然界产生了人类,人又和自然作斗争,不断地创造了各种事物。结论是:

> 天之所能者,生万物也;人之所能者,治万物也。吾固曰:万物之所以为无穷者,交相胜而已矣,还相用而已矣。

"天之所能"和"人之所能",被明确地区分开来,又被看作是互相制约、互相联系的,在生产过程中,自然界和组成了社会的人类之间的关系,是"交相胜""还相用"的关系,也就是互相斗争又互相依存的对立统一关系。他认为这种人类和自然的彼此制约、互相作用,是世界上种种事物产生和发展("万物之所以为无穷")的泉源。

刘禹锡以他对自然和社会的观察,形成自己的关系。天人关系问题的独创理论,明确地把自然界和人类社会区分开,并认识到"人之能,天亦有所不能",肯定"人能胜天"。这是他能够更好揭穿以外界压迫力量的幻象作为依据的宗教欺骗的理论前提。正是在这一点上,刘禹锡在无神论的发展史上作出了杰出贡献。

在人为什么能够战胜自然、"人之能胜天之实"这一关键问题上,刘禹锡还作了进一步的探讨和分析。

刘禹锡认为,人所能战胜的"天",不只是外部的自然界,还包括人类社会生活中违反"人道"的某些生物本能的表现;这种人的生物性或自然性,他认为也属于"天"的范畴。这一论点,也不为柳宗元所理解[①],但这正是刘禹锡思想较深刻、细密的地方。他对"人之能胜天之实",是分别以人与自然界的关系和人与人的关系这两个方面,用两类例证来说明的:

就人和自然界的关系说,他指出:人之所以能够"胜天",即利用自然规律、征服自然以服务于人的目的,是由于自然事物各有其特殊的性质和规律,而不同事物的规律互相交叉联结和互相制约、互相作用,则产生新的规律和新的趋势。刘禹锡把产生于事物特殊规律的交接点上的新规律或新趋势,称之为"二物合并"所产生的"数"或"势"。他认为人们一旦掌握了这种"数"或"势",就能在适应自然规律的基础上,支配和利用自然。在《机汲》这篇文章中,他生动地记述了一个技术工匠建造一部自动水车的过程,最后得出结论说:"观夫流水之应物,植木之善建,绳以柔而有立,金以刚而无固,轴卷而能舒,竹圆而能通,合而同功,斯所以然也。"自动水车其所以能利用水的性能、改变水的流向,使"浩澜东流,赴海为期,斡而迁焉,逐我颐指",这是由于"任人之智",使各具特性的"流水""植木""柔绳""刚金""卷轴""圆竹"等互相交叉联结、"合而同功"的结果。在《天论》中,他根据对于这类事实的考察,进行了哲学的概括:

夫物之合并,必有"数"存乎其间,"数"存,然后"势"形乎其间焉。……彼"势"之附乎物而生,犹影响也。

---

① 柳宗元在《答刘禹锡天论书》中,不同意刘禹锡在《天论》中用旅行事例所作的人类生活中也有"天胜"或"人胜"的分析,认为那只是"力胜"或"智胜"的区别,都属于"人"的问题,与"天"无关。

他结合"操舟"的实例说明了这一观点:"舟与水,二物也";二物合并,在不同条件下,就产生不同的"数"和"势"。"本乎徐者其'势'缓,故人得以晓也;本乎疾者其'势'遽,故难得以晓也。彼江海之覆,犹伊淄之覆也。'势'有疾、徐,故有(晓、有)不晓耳。"无论是在长江大海或在伊、淄等小河上,覆船或得济,关键都在于是否通晓和掌握舟、水、风、浪等"合并"后所产生的"数"和"势"。如果"适当其数而乘其势",则"恬然济";相反,则会"黯然沉"。但这种"附乎物而生"的"数"和"势",既是现实的客观存在,也就完全可能被认识和掌握。他根据当时天文学的新成就,指出天体运行也有其必然规律,完全可以被人掌握:"天形恒圆而色恒青,周回可以度得,昼夜可以表候,非'数'之存乎? 恒高而不卑,恒动而不已,非'势'之乘乎? 彼苍苍者,一受其形于高大,而不能自还于卑小;一乘其势于动用,而不能自休于俄顷,又恶能逃乎'数'而越乎'势'耶?""天",被还原为科学实践的对象,完全失去了神秘性。一切生产和科学实践,如机汲、操舟以及天文测度等,其所以可能,在于大小事物都不能"逃乎数而越乎势",在其互相制约中,有其必然规律;这种客观规律性,普遍存在于一切事物的交互联结中。"大凡入乎数者,由小而推大必合,由人而推天亦合,以理揆之,万物一贯也。"事物的联系和规律,是多样的;但"一贯之理",却是普遍的、必然的,因而可以"任人之智"、推证而得。由此得出的结论是:

> "人"诚务胜乎"天"者也,何哉?"天"无私(服从"万物一贯"的普遍、必然的规律),故"人"可务乎胜也。

刘禹锡根据实践知识,综合当时的科学技术成果,比较深刻地认识到了物质世界的统一性和多样性及其发展规律的可观性和可知性,正是人能够发挥自觉的能动性以认识和改造自然,即人能够"与天交胜"的客观基础。

就人和人的关系说,刘禹锡把人的生物本性也归入"天"的范畴。他以山野旅行为例,试图说明在人类社会生活中,由于部分人违反"人道",也还有"天与人交相胜"的现象。他说:

夫旅者,群适乎莽苍,求休乎茂林,饮乎水泉,必强有力者先焉,[否]则虽圣贤莫能竞也。斯非"天"胜乎?群次乎邑郭,求荫于华榱,饱于饩牢,必圣且贤者先焉,[否则]强有力莫能竞也。斯非"人"胜乎? ……是一日之途,"天"与"人"交相胜矣。

他把人们在荒野地区("莽苍")或在文明地区("邑郭")、社会道德的约束无效或有效,看作是"天胜"或是"人胜"的标志。进一步,他还认为,如果社会"法制"健全,一种理想的道德规范普遍发生作用,则"是非存焉,虽在野,人理胜也",相反一些强权统治的社会,道德败坏,则"是非亡焉,虽在邦,天理胜也"。刘禹锡认为只有依靠"公是公非"的社会立法,使人们的活动都受共同道德准则的约束和支配,才能克服某些违反"人道"的人的自然性或生物性,而达到"人胜天"的目的。他又反复强调:"人能胜乎天者,法也。""人之能胜天之实",就在于"人道明"——建立起"义足以制其强","刑足以胜其非"的"法制"。刘禹锡这种抽象的"人道"观念,无疑是片面的,是一种唯心史观。但它在区分自然和社会,指出了人为了战胜自然还有改造人本身的任务等理论探究的进程中,也有其历史意义,在反抗灭绝人性的封建特权法律的斗争中,更有其积极的进步意义,通过"人能胜乎天者,法也"这一思想环节,转入到对有神论产生的社会根源的揭露,使刘禹锡的"天与人交相胜"的学说,更具有了深刻的战斗无神论的意义。

列宁曾经指出:"神,首先是(在历史上和生活里)由人的受压抑状态,外部自然界和阶级压迫所产生的那些观念的复合,是巩固这种受压抑状态和麻痹阶级斗争的那些观念的复合。"[①]刘禹锡多少认识到这一点。他之所以要从人与自然的关系和人与人的关系这两个方面来探讨"天与人交相胜"的规律,就是想从外部自然界的压迫和社会恶势力的压迫这两个方面来找寻宗教有神论产生的根源。在他看来,当人们对于自然规律茫无所知和在社会恶势力面前束手无策时,"天"就被神秘化而产生有神论,所谓"人不幸,则归乎天"。相反,人们一旦认识

① 《给阿·马·高尔基》,《列宁全集》第35卷,第109页。

到"非天预乎人""人能胜乎天",就是无神论思想的胜利;而这一胜利,只有在人们掌握了自然规律和消灭了社会恶势力、建立了理想的"法制"这两个条件下,才能得到保证。后一个社会条件,刘禹锡认为是更为重要的。

一方面,他以"操舟"为例,从人们向自然作斗争这一方面进行了具体分析:

> 夫舟行乎潍、淄、伊、洛者,疾徐存乎人,次舍存乎人。风之怒号,不能鼓为涛也;流之沂洄,不能峭为魁也。适有迅而安,亦人也;适有覆而胶,亦人也。舟中之人,未尝有言"天"者,何哉?理明故也。
>
> 彼行乎江、汉、淮、海者,疾徐不可得而知也,次舍不可得而必也。鸣条之风,可以沃日;车盖之云,可以见怪。恬然济,亦天也;黯然沉,亦天也;阽危而仅存,亦天也。舟中之人,未尝有言"人"者,何哉?理昧故也。

这是说,当人们认识了一定的自然规律("理明"),能够战胜小河里的风浪,掌握自己的命运,就能树立起无神观的信念;相反,当人们限于科学技术水平,对自然规律茫无所知("理昧"),被自然的力量所支配时,就会陷入有神论的泥坑。刘禹锡按照自己的阶级要求,希望发展生产和科学,用"明理"的方法来消灭有神论的认识论根源。

另一方面,关于社会政治生活,他提出了一个和封建贵族特权统治下的现实相对立的"法制"理想,认为只有实现理想的"法制",战胜社会恶势力,改革社会,取消特权法律,才是"人能胜乎天"的标志。因为,"法制"崩坏,是非颠倒,正是有神论产生的社会根源。他把天上统治者的神权和人间统治者的特权结合起来,并设想了三种情况来论证他的这一观点。

(一)"法大行:则是为公是,非为公非。天下之人,蹈道必赏,违之必罚。……故其人曰:'天'何预乃人事耶?唯告虔报本、肆类授时之礼,曰'天'而已矣。福兮可以善取,祸兮可以恶召,奚预乎'天'耶。"——这样的社会,虽保留着传统的祭天礼仪,无神论思想却得以普遍兴起。

（二）"法小弛：则是非驳。赏不必尽善，罚不必尽恶。或贤而尊显，时以不肖参焉；或过而僇辱，时以不辜参焉。故其人曰：彼宜然而信然，理也；彼不当然而固然，岂理邪？天也！福或可以诈取，而祸或可以苟免。人道驳，故天命之说亦驳焉。"——这种情况，人们就会产生对无神论的动摇。

（三）"法大弛：则是非易位。赏恒在佞，而罚恒在直。义不足以制其强，刑不足以胜其非，人之能胜天之实，尽丧矣。夫实已丧而名徒存，彼昧者方挈挈然提无实之名欲抗乎言'天'者，斯数穷矣。"——这样，现实生活的黑暗，使有神论得到滋长蔓延。

他把宗教问题归结为社会政治问题，看出了天上的神权得势是地上的强权得势的反映。他所处的时代，一方面是宗教流行，另一方面是豪权统治下政治腐败，社会混乱。从这种现实出发，他清醒地得出了宗教批判和政治批判相结合的无神论结论：

生乎治者，人道明，咸知其所自，故德与怨不归乎"天"；生乎乱者，人道昧不可知，故由"人"者举归于"天"。非"天"预乎"人"尔！

刘禹锡对有神论产生的社会根源的揭发，深入到对封建特权统治的批判。他提出维护"人道"的、"公是公非"的"法制"标准，来否定当时特权统治的神权；通过对神权的否定，来否定当时特权统治阶层的颠倒是非的虚构法权。刘禹锡的战斗无神论的认识道路和批判锋芒，鲜明地表现了当时庶族地主阶层的政治要求。因此，他反对"以一己之穷通，而欲质天之有无"的个人消极抗议的态度，而主张要以建立"法制"的积极措施，来达到"以人胜天"的目的，从而消灭有神论的社会根源。

所以，刘禹锡能由神学批判再转到政治批判。在《高陵令刘君遗爱碑》《答饶州元使君论政书》《因论·讯甿》《救沉志》等政论文中，他都从"知天而不泥于神怪，知人而不遗于委琐"出发，坚持革新路线，提倡有为政治，反对"以清一身为廉,以守旧弊为奉法",坚决主张"摘奸犯豪""诛锄豪右""以法卫民";认定"善人在患,不救不祥;恶人在位,不去亦不祥",要求打倒那些骑在人民头上作恶多端的"硕鼠""瘈狗""巨盗""虎而冠""鹤而轩"之流的特权人物,改变"邑居多豪,政出权道"的现状。

由此可见,刘禹锡的"天与人交相胜"的学说,不但是在唯物主义基础上对当时劳动群众的生产斗争经验和天文、历数、医药、水利等科学技术成就的新概括,他的学说中"以人胜天"这一核心思想所包含的政治内容还是他和柳宗元等反权贵斗争的社会政治实践的总结。

三

刘禹锡的"天与人交相胜"学说,是中晚唐时期的社会批判思潮中的一面旗帜。只有把它放在当时的历史时空中去考察,才能对它的历史意义作出正确的评价。他的哲学活动直接服务于他所参加的改革运动的政治实践,是十分明显的。

刘禹锡是一个地主阶级的思想家,一个中世纪的政治反对派,但他活动的年代,正处在封建历史转折时期,处在大规模农民革命的前夜。他死后不到二十年,唐末农民大起义就爆发了。农民起义的结果,基本上冲毁了豪门大地主的专政和大土地所有制的基础,成了中国史上前期封建社会转入后期封建社会的转折点。刘禹锡和柳宗元——作为中晚唐时期崛起的社会批判思潮中的优秀旗手——他们在哲学战线上所提供的批判武器,和接踵而来的农民革命战争所进行的武器批判,合乎规律地形成了一种遥相呼应的关系。

刘禹锡在理论上的突出贡献,首要的是在天人关系问题上,继承和发展了荀子以来的优秀思想传统。他概括了当时的科学成果和生产经验,在一定程度上把自然和社会按其固有的特点区分开来,并试图在唯物主义基础上把自然史和人类史、客观规律性和主观能动性等按照辩证思维的途径来加以考察。他对于佛教唯心主义本体论的"空"观,对于一切宗教有神论得以寄生、蔓延的认识根源和社会基础,所进行的解剖和批判,基本方向也是正确的。在这些方面,比起王充、范缜等先行者以及同时代的思想家,他都向前跨进了一步。他的贡献是我国唯物主义发展中的一个承转的重要环节,他的理论丰富了我国战斗无神论和辩证法思想的传统的历史内容。

当然,作为当时的一个地主阶级思想家,刘禹锡在思想上的局限性也是十分鲜明的。他的著作和思想中有许多封建传统观念的糟粕和杂质,就是例证。就以他对哲学史作出重要贡献的"天人交相胜"的学说来看,在理论思维发展进程上也还处于比较幼稚的阶段。他对物质世界的客观规律性和人的自觉能动性的理解,基本上还是直观的、粗糙的。他用"天"和"人"、"天之能"和"人之能"、"天理胜"和"人理胜"等简单的范畴,来分析和论证自然史和人类史、人的自然性和社会性之间区别和联系等极端复杂的现象,只能得出一些具有盖然真理性的笼统结论。他把抽象的"人"作为具有"人之能"的实践主体,对人的社会性也只是抽象的理解,根本不了解在阶级社会中只有阶级性才是人的社会本质。他不懂得"人的本质是一切社会关系的总和"①,而社会生活在本质上是实践的②,只有生产者阶级通过社会性的实践活动才能实现人对自然界的反作用,表现出人的自觉能动性。他由抽象的人和抽象的社会性的理解,导出抽象的"人道"观念,幻想有一种符合普遍"人性"的所谓"公是公非"的道德"立法",用来消除社会矛盾和宗教愚昧,这是根本不可能的。因为,在阶级社会里根本不存在普遍的"人道"或"人性",各个阶级都有自己的是非道德观念,也就根本不存在所谓"公是公非"。刘禹锡所提出的理想"法制",其实质内容,不过是中世纪庶族地主所想往的贤明政治。虽然这种朦胧的"公是公非"的理想中,部分地反映了当时广大农民的"平等法权"的要求,但这和劳动群众所直接提出的消灭压迫剥削的社会理想还有质的差别。在理论上,这种把所谓符合"人性"的完美立法看作是决定社会治乱的最后根据的观点,基本上也还是属于唯心主义的社会历史观。

刘禹锡在哲学上,虽然明确地和整个神学阵营相对抗,并对佛教唯心主义本

---

① 马克思:《关于费尔巴哈的提纲》。
② 马克思:《关于费尔巴哈的提纲》。

体论的"空"观进行了深刻的批判，但在个人的思想中还有矛盾的一面。在他的著作中在和科学家讨论医方、药性时，他斥责了"祈神佞佛"的愚昧①；在和一些佛教僧侣交游时，却又自称："予策名二千年，百虑而无一得，然后知世所谓'道'，无非畏途；唯'出世间法'，可尽心尔！"②而且他曾经研究过以至信奉过佛教，特别是中唐以后风靡一时的禅宗。在他的文集中，有整整一卷是为禅宗祖师慧能、法融等所作的碑、铭、记、赞等，用佛教的语言赞扬过禅宗的思想和学风。这和当时佛教阵营内部的分化以及禅宗思想的某些特点有关，更和他个人长期受到政治迫害、穷愁潦倒的生活遭遇有关。刘禹锡的这些思想矛盾是可以理解的，应当分清他的思想中的主流和支流，而不能夸大哲学家的某些个人言行，用来掩盖他的思想的社会本质。

（1962 年 4 月）

---

① 《答道州薛侍郎论方法》，《刘梦得文集》卷十四。
② 《海阳湖别浩初师引》，《刘梦得文集》卷七。

傅山三百周年祭

甲子初秋，山西省学术界举行学术讨论会于太原，纪念傅山先生逝世三百周年。谨缀心花数瓣，略抒景慕之忱。至于考其宗旨，辨其学脉，察其醇疵，论定其在明清学术史上的客观地位，积学求真，期诸来日。

1984 年 8 月记于东湖之滨

一

白发朱衣两袖风，萧然物外脱牢笼。坎坷道路惊回首，愧向山翁说启蒙。

傅山(1606—1684)，字青主，自号朱衣道人，17 世纪中国北方崛起的早期启蒙思想家。中国反对封建蒙昧的启蒙运动，在傅山死后三百年，经历了坎坷曲折的道路，至今尚在马克思主义的指引下摧枯拉朽，破旧立新，继续和封建蒙昧作斗争。缅怀前驱，思之慨然。顾炎武在《广师篇》中赞许傅山："萧然物外，自得天机。"傅山一生"不登宦人之堂"，而顺治十一年以参加抗清活动，入狱受刑，几死；康熙十七年又被强征入朝，峻拒，亦几死，终以"黄冠自放"得脱。所以亭林此赞语，亦可作挣脱封建牢笼解。

二

抗疏揭帖斥权奄，燕市悲歌一少年。自啖黄精耿侠骨，敢呼雷电破霾天。

傅山青年时，喜任侠、啖黄精，为山西提学袁继咸被权阉诬陷事约集通省诸生赴京上书，揭帖请愿，袁案终得雪。其后论诗文，常以"风云雷电，林薄晦冥，惊骇胸臆"（孙郅所藏手稿）等喻诗文中的奇气。

三

土穴难埋剑气横，黄冠自隐岂沉沦。"仰天画地"谁能会，遥听夔东战鼓声。

全祖望《阳曲傅先生事略》云："甲申，梦天帝赐之黄冠，乃衣朱衣，居土穴以养母。……甲午以连染遭刑戮，抗词不屈，绝粒九日，几死，门人有以奇计救之者得免。然先生深自咤恨，以为不如速死之为愈，而其仰视天、俯画地者，并未尝一日止。"此事，赵俪生先生据邓之诚《骨董琐记》有所考订。盖有宋谦者，系永历总兵，又受夔东十三家郝摇旗、刘体纯所给"副札"，曾到太原两访傅山，密谋起兵事泄，故傅山被下狱（见《寄陇居论文集》中，《清初明遗民奔走活动事迹考略》一文）。近又有何高民同志在《晋阳学刊》所发表《关于朱衣道人案的题本》一文，考订更详。

四

莽莽榆园鼓角悲，山东崛起好男儿。润山不负戴山教，此日闻风拜义旗。

明末山东榆园义军起于曹、濮两州，曾用"闯王"旗号，甲申后坚持反清斗争。濮阳叶廷秀，字润山，又字润苍，刘宗周学生，参加了榆园军。傅山有《风闻叶润苍先生举义》一诗甚壮："铁脊铜肝杖不糜，山东留得好男儿。囊装倡散天祯俸，鼓角高鸣日月悲。咳唾千夫来虎豹，风云万里泣熊罴。山中不诵无衣赋，遥伏黄冠拜义旗。"（《霜红龛集》卷十）

五

劫余痛定思悠悠，萧瑟松庄四望愁。云暗神州缘底事？"囫囵理学"尽"沟犹"。

傅山隐居处，在太原城东七八里之松庄。（见《遂初堂集》）他自称"值今变乱，购书无复力量，间遇之，涉猎之耳，兼以忧抑仓皇，蒿目世变，强颜俯首。……或劝我著述，著述须一副坚贞雄迈心力，始克纵横。我庚开府萧瑟极矣。"（《霜红龛集》卷二十五）

傅山于甲申后总结明末政治腐朽、学风衰败的原因，集中在"囫囵理学"之流毒。"奴儒尊其奴师之说，闭之不能拓，结之不能鼺，……沟犹瞀儒者，所谓在沟渠中而犹犹然自以为大，盖瞎而儒也。"（同上卷三十一）"沟犹，如本音读，则谓如沟渎之中而讲谋猷，是瞀儒之大概也。"（《荀子评注》）

六

失心缠理堕迷途，故纸堆中养蠹鱼。朱陆异同如说梦，声容可笑是"奴儒"。

傅山论学,痛斥:"失心之士,毫无餐采,致使如来本迹大明中天而不见,诸子著述云雷鼓震而不闻,盖其迷也久矣。"(《霜红龛集》卷十六)"宋儒好缠理字,理本有义,好字而出自儒者之口,只觉其声容俱可笑匹。"(孙藏手稿)"后世之奴儒,生而拥皋比以自尊,死而图从祀以盗名,其所谓闻见,毫无闻见也,安有所谓觉也?"(《霜红龛集》卷三十一)"只在注脚中讨分晓,此之谓钻故纸,此之谓蠹鱼。"(同上卷三十六)傅山对李颙兄弟谈论王学正统颇为不满,说:"我闻之俱不解,不知说甚。正由我不曾讲学、辨朱陆买卖,是以闻此等说如梦。"(同上卷四十)但其思想路数,实有取于阳明,故多斥程朱之流道学家们为"失心之士""好缠理字""一味板拗"。

七

庸庸奴性最堪哀,安得"神医"扫荡哉。老去折肱蓄真气,长歌当哭唤奇才。

傅山思想最能反映时代脉搏者,为反奴性、反奴气、反奴俗、反奴才,诗有"天地有腹疾,奴物生其中。神医须武圣,扫荡奏奇功"(《霜红龛集》卷九)。大声疾呼,要把"奴俗龌龊意见,不知不觉打扫干净"(孙藏手稿)。亭林赠诗"老去肱频折,愁深口自缄",而他的和诗云:"天涯之子对,真气不吾缄。"又阎尔梅赠诗:"茫茫四海似无声,且把长歌代痛哭。"傅山读诗、作诗,常"泪如雨下",其《寄上艾人》诗序云:"杂诗约有四五十首,面时尽呈,共当痛哭耳。"(《霜红龛集》卷二十三)

八

闲瞩慧眼注荀卿,揭露埤庸理学群。敢道兰陵兼墨法,铮铮《性恶》辨天人。

《荀子评注》手稿:"长夏蒸溽,闲坐不住,取昔所点荀卿书再一瞤之。"其评注多精义,如《非相篇》注:"好实不恤文,不免坤污庸俗,是理学一流人。"《非十二子篇》注:"儒真多瞎子。"又总评《荀子》三十二篇,不全儒家者言。而习称为儒者,不细读其书也。有儒之一端焉,是其辞之复而啴者也。但其精挚处,则即与儒远,而近于法家,近于刑名家;非墨而又有近于墨家者言。《性恶》一篇,立义甚高,而文不足以副之。'伪'字本别有义,而为后世用以诈伪,遂昧'从人从为'之义"。允为千古的论。

九

学如蝉蜕日趋新,打破"蒙笼"别有情。庄、释参同中墨辩,此中消息倩谁论?

傅山论学,贵在"蜕"字。"君子学问不时变化。如蝉脱壳,若得少自锢,岂能长进。"(《霜红龛集》卷二十五)《荀注》手稿中也赞扬荀子"君子之学如蜕,幡然迁之,妙喻"! 又强调"博学广闻",既重管、老、庄、列、墨、荀、淮南、鬼谷等,又注意吸取佛学思辨,认为"凡此家蒙笼不好问答处,彼皆粉碎说出"(同上),"吾以《管子》《庄子》《列子》《楞严》《唯识》《毗婆》诸论约略参同,益知所谓儒者之不济事也"(同上卷二十六)。特别注意到《公孙龙子》"旨趣空深,全是楞严",因而评释《白马》等四论与《墨子·大取篇》,精义甚多。侯外庐、汪奠基等前辈学者稍申论之。实开近代逻辑思维模式之先河,仅汪容甫、章太炎能继其声,但他们却未能自觉地继承和发展。中国的《新工具》之所以长期"难产"者,以此欤? 或非耶? 谁能析之?

十

学海汪洋隐巨人,"反常之论"见精神。多才多艺多奇趣,笔底"情华"孕好春。

傅山作为17世纪中国资本主义萌芽时代的早期启蒙学者,多才多艺,性刚情挚,完全够得上恩格斯所说的文艺复兴时代的"思想巨人",只是尘埋未显,隐而未彰,尚待有"大声音出"为之"钟鼓波涛"而已。傅山自白:"贫道昔编《性史》,深论孝友之理,于古今常变,多所发明。……遭乱失矣,间有其说存之故纸者,友人家或有一二条,亦一斑也。然皆反常之论,不存此书者天也。"(《霜红龛集》卷二十五)又论文艺乃"性情之华","情动中而发于外,是故情深而文精,气盛而化神……"(同上)侯外老断为"具有启蒙期个性解放的进步性",乃不刊之论。

十一

晋阳初设"卫生堂",医史珍传傅氏方。"票号"流通新信息,弄潮原是濯缨郎。

阮葵生《茶余客话》载:"古晋阳城中,有傅先生卖药处,立牌书'卫生堂药饵'五字,先生笔也。"傅山医学著作甚多,如《傅青主女科》《大小诸证方法》等在中国医学史上有重要地位。

章太炎《书顾亭林轶事》:"近闻山西人言亭林尝得李自成窖金,因设票号,属傅青主主之。始明时票号规则不善,亭林与青主更立新制,天下信从,以是饶于财用。清一代票号制度,皆亭林、青主所创也。"此说果确,殊堪玩味。

十二

彤管风尘记异人,犁娃苦恋注深情。"钱神"不敌"花神"力,惊蛰春雷第几声。

傅山曾写作乐府《方心》《犁娃从石生序》等,歌颂四条绳索下受压迫最深的妇女追求婚姻自由、"不爱健儿、不爱衙豪、单爱穷板子秀才"的纯贞爱情,对被封建礼教吞噬、残害的妇女,深表同情,"吾实怜之,每欲取常所亲见,略为风尘异人杂记,俾此辈不以不幸终湮没无闻"(《霜红龛集》卷十六)。傅山尚有《红罗镜》等传奇,惜未刊。明中叶以来,戏曲、小说、诗词等文艺作品中所反映的反封建的人文主义觉醒,触处皆是。汤显祖《四梦》中所塑造的"钱神"与"花神"的对立,颇典型。侯外老有论,甚精。(见《论汤显祖剧作四种》)

十三

  苍龙行雨海生涛,老树新花著嫩条。鹃血招魂招未得,野人天际盼春潮。

顾炎武赠傅山诗中的名句:"苍龙日暮还行雨,老树春深更著花。"傅山手稿中有:"歃地杜鹃啼滴血,燕山真有未招魂。""沧海碧云天际意,丹霞明月野人心。"(孙藏手稿)亦可称为名句。诗是心声。名句,更是心深处迸射出的时代及个人的生命的呼唤声。诗无达诂,允许读者作多种理解。

十四

  船山青竹郁苍苍,更有方、颜、顾、李、黄。历史乐章凭合奏,见林见树费商量。

傅山又号青竹。他与王夫之、方以智、颜元、顾炎武、李颙、黄宗羲以及同时崛起的许多学者、诗人,确乎都在明清之际的时代潮流中各有创造而又合奏了一曲中国式的启蒙者之歌的第一乐章。他们既有同中之异,又有异中之同。果能同异交得,见树又见林,庶几乎可免夫黑格尔所谓听见音调而不闻乐章之讥。

黄宗羲的真理观片论

一、"寒芒熠熠,南雷之村"

黄宗羲晚年自号"南雷",似乎别有深意。康熙二年癸卯(1663)他53岁时写成《明夷待访录》一书的《题辞》,自署"梨洲老人识","梨洲"一号以后并不常用。康熙十五年丙辰(1676)他66岁时在《留别海昌同学序》这篇名文中,慨然自称"余南雷之野人也,气质卤莽";同时,猛烈抨击当时道学圈子中空疏狭隘、"封己守残"的学风。此后,他编定自己的文集、诗集以及《黄子留书》等,均冠以"南雷"两字。全祖望就其处于"贞元之运"的一生学行,赞之为:"鲁国而儒者一人。矧其为甘陵之党籍,厓海之孤臣。寒芒熠熠,南雷之村。更亿万年,吾铭不泯。"且谓其"建续钞堂于南雷,以承东发之绪"①,即有承继远祖宋元之际思想家黄震学术的意向。"南雷"本地名(余姚市南有南雷峰,其下有南雷里,距黄宗羲故居黄竹浦不远,他曾奉母移居)。全氏这一引申,使人自然联想到《易传》所云:"震为雷","动万物者莫疾乎雷"。黄宗羲在《明夷待访录·题辞》中寄望于"大壮之交"(《左传·昭公三十二年》记史墨语:"雷乘乾曰大壮"),在《缩斋文集序》等文中他又一再呼唤着"元气鼓荡而出"的"风雷之文"。有同志细考黄宗羲由自署"梨洲老人"改为用"南雷"别号,实透露出他抗清失败后一度退隐消沉而再

---

① 全祖望:《梨洲先生神道碑文》,《鲒埼亭集》卷十一。

转向奋发有为，晚年走上更光辉的人生道路，表现出对"雷"的特殊爱好。① 也有同志总其一生的学术贡献，肯定他"为中国近代勾画了一幅民主主义的理想蓝图，用'风雷之文'召唤着'豪杰之士'起来冲破'囚缚'，……实是一位立足于当时的现实而又一脚跨进了未来的伟大思想家"②。我想，这些评断，并非出于臆测或过誉。

黄宗羲是 17 世纪中国特殊历史条件下诞生的早期启蒙思想家。他以东林遗孤、复社领袖、"冷风热血、洗涤乾坤"的个人特殊经历和晚年博通经史、吞吐百家、抛弃"语录糟粕"而"别开天地"的巨大学术成就，成为明清之际时代运动的旗手，成为破除"讲堂痼疾"、转变一代学风的带头人，成为中国走出中世纪的思想启蒙道路的最早的探索者。一部《明夷待访录》，振聋发聩，石破天惊，表现了他冲决封建"囚缚"的勇气和剖判封建专制的深度，从君主与万民的经济政治利益的对抗来揭露君主制实"天下之大害"，封建法乃"非法之法"，进而主张把封建君民关系中的主客地位根本上颠倒过来，实现"天下为主，君为客"的社会原则，以"天下之法"代替"一家之法"，实现"有治法而后有治人"的法制理想。③ 这部书中反映的东方近代化的思想萌芽，尽管因时代不成熟和历史包袱沉重而带有各种局限，但以其植根于民族文化传统中深沉的民主意识而特有生机，在近代中国变法维新和民主革命运动中一直起着特殊的酵母作用，至今仍有其启蒙意义。另一部《明儒学案》，实开断代学术史论的先河，疏观其综述有明一代的理学思想，"言行并载，支派各分，择精语详，钩玄提要，一代学术源流，了如指掌"（《明儒学案》莫晋序）。隐然把握到以心学的产生、发展、分化到总结为时代思潮的主线，但又"论不主于一家"（《明儒学案》贾润序），虽"以大宗属姚江"，而"凡宗姚江与辟姚江者，是非互见，得失两存"（《明儒学案》莫晋序），确系优秀史作。如果密察其贯穿全书的指导思想和评判诸家得失是非的准则，参以其他论学衡文之旨趣，则可以发现其学术史论中寓有特别可贵的哲学观点，诸如真理的探索是一个历史过程，学术真理是在"殊途百虑"的多元化形态中发展，时代精神寓于文化创造的诸领域之中等观点，就如"明月之珠，尚沉于大泽"（《孟子师说·题辞》），值得珍视和发掘。

二、"言性命者，必究于史"

"言性命者，必究于史"，这是章学诚经过博学慎思，对黄宗羲所开创的浙东学术所作出的一句赞语，可谓片言居要，足以传神。

旧说多以黄宗羲的哲学思想为其政治思想的光华所掩，甚或以他在哲学路线上赞白沙，宗阳明，承蕺山，陷入心学窠臼，无可取，见其"盈天地皆心也""圣人之学心学也"等语，即斥为谬说。其实，黄宗羲的哲学思想正与其政治思想脉络贯通，互为体用。正因为敢于在政治上否定"以天子之是非为是非"（《明夷待访录·学校》），所以能够在学术上提倡"殊途百虑"的真理史观，尊重"一偏之见"、乐闻"相反之论"，坚决反对"执定成局""好同恶异""必欲出于一途"①的传统的僵化思维模式。他生当旧制度刚出现崩解征兆的"夷之初旦，明而未融"（《明夷待访录·题辞》）的时节，只能在"晨光熹微"中自发地探索着中国哲学启蒙的去路。这种探索的苦心及其新开辟的学术途径，前人直书所见，往往足资启发。如全祖望颇见其"于广大之中求精微"②的意旨，确有会心地指出："有明以来，学术大坏，谈性命者迂疏无当，穷数学者诡诞不精，言淹雅者贻讥杂丑，攻文词者不谙古今。自先生合义理、象数、名物而一之，又合理学、气节、文章而一之，使学者晓然于九流百家之可以返于一贯。"③若就理学一环而言，"公以濂洛之统，综会诸家，横渠之礼教，康节之数学，东莱之文献，艮斋止斋之经制，水心之文章，莫不旁推交通，连珠合璧。"④这里，两个"合而一之"，一个"综会诸家"，显示出他所见到的黄宗羲学术堂庑之广大，超出了汉学、宋学以及宋学诸流派的藩篱；至于"九流

① 《明儒学案·自序》《明儒学案·发凡》。
② 《甬上证人书院记》，《鲒埼亭集·外编》卷十六。
③ 《二老阁藏书记》，《鲒埼亭集·外编》卷十七。
④ 《梨洲先生神道碑文》，《鲒埼亭集》卷十一。

百家之可以返于一贯"，则表露出黄宗羲所追求的新哲学体系，对于九流百家的思想都试图融摄包容，驰骋古今，不拘家派，"其于象纬图数，无所不工，以至二氏之藏，亦披抉殆尽"①。这正是启蒙学者的探索精神和恢宏气象。章学诚似乎更透一层，意识到黄宗羲开创的浙东学风，"通经服古，绝不空言德性"，谓"梨洲黄氏出蕺山刘氏之门，而开万氏兄弟经史之学，以至全氏祖望辈尚存其意，宗陆而不悖于朱"，虽与顾炎武所创的浙西之学并峙，而"较之顾氏，源远而流长"，不仅跳出了"朱陆门户"之争，而且强调"天人性命之学，不可以空言讲"，应当与"经世史学"相结合。独具只眼地评判："浙东之学，言性命者，必究于史，此其所以卓也。"②"言性命者，必究于史"这句话，含义颇丰。此语似从黄宗羲的"不为迂儒，必兼读史"脱胎而来，实指浙东学术的基本路向在于寓义理于史学，与顾炎武的"经学即理学"、言性命必本之经、寓义理于经学的学术路向恰相对应；就其反对理学而言，且具同等意义，即都以一定的时代自觉力求摆脱统治思想界五百年的理学桎梏。尽管他们都脱胎于理学，所谓"顾氏宗朱而黄氏宗陆"③，所承学脉不同，不免带上印记。顾氏恪守"读九经自考文始"④的治学门径，"博学于文"⑤"援古证今"⑥，又重视亲身实地调查，反对"明心见性之空言"⑦，强调"见诸行事"⑧，"验于事物"⑨，颇近于经验论的思路和方法。黄氏则坚信"学者不可不通知史事"⑩，以"读《明十三朝实录》《二十一史》"为治学入门，虽声称"以六经为根柢"，而实重史学⑪；但受过心学宗旨陶冶，而又能超出朱陆门户，故又主张"读书不

---

① 《甬上证人书院记》，《鲒埼亭集·外编》卷十六。
② 《文史通义》内篇二《浙东学术》。
③ 《文史通义》内篇《浙东学术》。
④ 《顾亭林文集》卷四《答李子德书》。
⑤ 《顾亭林文集》卷三《与友人论学书》。
⑥ 潘耒：《日知录·序》。
⑦ 《日知录》卷七"夫子之言性与天道"条。
⑧ 《顾亭林文集》卷四《与人书三》。
⑨ 《日知录》卷七"夫子之言性与天道"条、卷十八"心学"条。
⑩ 全祖望：《梨洲先生神道碑文》。
⑪ 浙东本有"五经皆史"之说，首发于阳明《传习录上》："以事言谓之史，以道言谓之经，事即道，道即事。《春秋》亦经，五经亦史。"经黄宗羲到章学诚大畅其旨，"六经皆史"，"经"不过是"三代之史"，实有把"经学"降为"史学"之一分支的意味。

多,无以证斯理之变化,多而不求于心,则为俗学",强调的是"深求其故,取证于心"①,则恰与顾氏相区别,而颇近于唯理论思路。章学诚再申言,浙东的"史学",并非"史纂""史考",而在于"浙东贵专家",得与"浙西尚博雅"(指亭林所倡考据之学)相区别。② 所谓"专家"之学,指的是"不徒以词采为文,考据为学","而独取三千年来遗文故册,运以别识心裁,盖承通史家风,而自为经纬,成一家言"③。这是借褒扬郑樵,阐述浙东特有学风,所谓"别识心裁""自为经纬",正与宗羲反对"肤论瞽言"而主张"深求其故,取证于心"的意旨相合。故前揭章氏"言性命者,必究于史"一语,可以理解为研究"天人性命之学",绝不能再走宋明道学家的老路,停留于"朱陆异同"的争论或调和已毫无意义,必须另辟蹊径,改变学风,舍性理空谈而转向经世实学;也还可以再引申一层,理解为"义理"研究当与史学相结合,坚持历史主义态度,运用历史分析方法,网罗文献资料而又特重"别识心裁",以"通史家风"来对待学术异同,跳出门户圈子和道统偏见,把历史上各家各派"学术之不同",看作是正显示出"此心之万殊""道体之无尽",真理的展开本为一个过程。《明儒学案》正是这样"自为经纬,成一家言"的专著的标本。章学诚所见到的浙东"言性命者必究于史"④的"专家之学"的卓越之处,正是黄宗羲在哲学启蒙方面推陈出新的独特贡献。

三、"心无本体,工夫所至,即其本体"

黄宗羲寓义理于史学,"运以别识心裁"的巨著《明儒学案》写成之后十七年,为北地贾醇庵愿刻印此书而郑重撰写的自序文,现存至少有三种版本,说明曾经反复修改,时年已八十四岁,堪称晚年哲学定论。序首开宗明义声言:

① 黄宗羲语,见全祖望《梨洲先生神道碑文》与《南雷文定》卷一《恽仲升文集序》。

② 《文史通义》内篇二《浙东学术》。

③ 《文史通义》内篇四《申郑》。

④ 章学诚也曾将寓理学于史学的浙东学风,上推到南宋,如说:"南宋以来,浙东儒哲讲性命者多攻史学,历有所承。"(《邵与桐别传》,《章氏遗书》卷十八《文集》三)

"盈天地皆心也。变化不测，不能不万殊。心无本体，工夫[文集本作'功力']所至，即其本体。故穷理者，穷此心之万殊，非穷万物之万殊也。[穷心则物莫能遁，穷物则心滞一隅。]"（此据紫筠斋刻本，无末两句，据文集本补。）另德辉堂刻本作："盈天地间皆心也。人与天地万物为一体，故穷天地万物之理，即在吾心之中。后之学者，错会前贤之意，以为此理悬空于天地万物之间，吾从而穷之，不几于义外乎？此处一差，则万殊不能归一。夫苟工夫著到，不离此心，则万殊总为一致。"

这一段话，颇滋歧解。或以为宗羲承蕺山曾多次讲过"盈天地间皆气也""盈天地间一气而已"，而此处却又断定"盈天地皆心也"，足见其思想矛盾混乱，终于"陷入主观唯心主义"。或分析"盈天地皆心"与"盈天地间皆气"这两个命题，在黄宗羲思想体系中并非对立而是统一的，因他认定"心即气"或"心即气之灵处"，即心即气，把物质与精神视为一体，在本体观上趋向泛神论。或指出他沿着阳明心学思路，强调"人心"的"主宰"作用，而又修正阳明，否定了"心"是宇宙本体之说，把"心"作为认识主体，认为"心无体"，通过"意""知"去认识事物，从而获得其内容，这在认识论上属于唯物主义反映论。在这里，可以暂不去较论判别唯心、唯物的准则与是非，也暂不去分解一个命题在本体论与认识论中确有不同的含义，但明显的事实是，"盈天地皆心也"以及下文所展开的诸命题，出于《明儒学案》一书自序，其所论述的是学术思潮衍变或真理发展进程的问题，属于探讨哲学史上展示的精神发展的链条或人类理性的反思等方面的命题，似乎并未涉及世界本原或心物关系的问题。

按此理解，"盈天地皆心"这一命题，可否破译为："充满哲学发展史（或哲学发展的天地里）乃是心灵的创造活动及其成果。""天地"本可泛用，指特定时空范围；"心"系陆王心学的中心范畴，虽时有夸张失误之处，但不外乎因过分强调而夸大了认识主体的能动性和人类理性对外部世界的统摄作用。如阳明所谓"心即理"，"心之所以为心，不在明觉而在天理"，"致吾心良知之天理于事事物物，则事事物物皆得其理"，"向外寻理，终是无源之水，无根之木，总[纵]使各得，本体上已费转手,故沿门乞火与合眼见暗,相去不远"①。这是黄宗羲推崇的阳明心学大旨。就其以"心"来泛指人类心灵(精神)的创造活动,运用于学术史领域则特指各个思想家的穷理工夫及其所达到的理论成就、精神境界等,并不难理解。下文推证,这种"心"的穷理活动,"变化不测,不能不万殊",即各家所达到的理论成就、精神境界不可能是一律的。进一步分析,这是由于"心无本体,工夫所至,即其本体"。阳明本有"心无体,以天地万物感应之是非为体"的说法,故强调"知行合一",以力行为工夫,富有合理因素。宗羲更承蕺山观点,明确认定:"心无体,以意为体;意无体,以知为体;知无体,以物为体。物无用,以知为用;知无用,以意为用;意无用,以心为用。"②认识主体的"心",守此明觉,并无内容,必须通过"意"和"知"的积极活动,以对象作为内容,才能对"本体"("道体"、真理)的内容有所把握。"心以物为体,离物无知"③,但物又要"以知为用,⋯⋯以心为用",即物的性能等,要通过人的认识才得以显示出来,自在之物才能变成为我之物。所以,"心"的主体作用实现的过程,也就是"本体"(真理)被发现或被把握的过程。这就是"工夫所至,即其本体"的基本含义。关于"工夫",由于宋明道学把认识论问题伦理化,把理性认识与道德意识糅混为一,故常涵两义:"成德"工夫与"致知"工夫。前者包摄存心、返约、发明本心、致广大、极高明等,属"尊德性"一义;后者包摄致知、博学、格物穷理、尽精微、道中庸等,属"道问学"一义。两者往往混杂不清,而学者又必然各有偏重,朱陆分歧,由此发轫。阳明把道德意识的主体作为"良知",其"致良知""知行合一"等议论,多偏重于"成德"工夫。蕺山虽主"慎独",为救阳明之失,已强调"离物无知","吾儒自'心'而推之'意'与'知',其工夫实地却在'格物'"④。宗羲则更是强调博学,扩展为"儒者之学,经纬天地"⑤,"元元本本,可据可依"⑥,要求通过"读书"来"证斯理之变化""格物务极其

---

① 《明儒学案》卷十《姚江学案》。
② 黄宗羲:《子刘子学言》卷一,《黄宗羲全集》第一册,浙江古籍出版社,1985年。
③ 黄宗羲:《子刘子学言》卷一,《黄宗羲全集》第一册,浙江古籍出版社,1985年。
④ 黄宗羲:《子刘子学言》卷一,《黄宗羲全集》第一册,浙江古籍出版社,1985年。
⑤ 《赠编整弁玉吴君墓志铭》,《南雷文定》后集三。
⑥ 全祖望:《甬上证人书院记》,《鲒埼亭集·外编》卷十六。

至①，以求达到"深求其故"②的目的。其所讲"工夫"，实偏重于"致知""道问学"方面。但又强调在博学的基础上还要独立思考，"务得于己""取证于心"③。全祖望赞之为"于广大之中求精微""杂而不越"，有一定见地。但主要的是善于汲取陆王心学精华，又蕴含着理性觉醒的新意。

"工夫所至，即其本体"，表明真理的被认识是一个过程。就个体说，"精神胚胎学"的发育有一个过程，"诸先生学不一途，师门宗旨，或析之为数家；终身学术，每久之而一变"④。经他对王阳明一生学术变化的细心个案研究，揭示其早年思想经历，由"泛滥于词章"而"遍读考亭之书"，又"出入于佛老者久之"，然后才"忽悟格物致知之旨"，形成"心即理"的系统观点。"其学，凡三变而始得其门。"此后，思想继续发展，由"默坐澄心"，到提出"致良知"，再发挥为"知行合一"、寂感不二，达到圆熟。"是学成之后，又有此三变"⑤。这样对个人思想发展的动态研究，使他体会到"夫圣学之难，不特造之者难，知之者亦难"，因为"诸儒之言，有自得者，有传授者，有剽窃者，有浅而实深者，有深而实浅者"，如果不是"工夫积久，能见本体"，达到很高的思想境界和认识水平，是很难作出准确评断的。(《移史馆论不宜立理学传书》)纵观人类的认识史，就"精神的古生物学"而言，更是展开为一个复杂的过程。如他自叙：

> "某为《明儒学案》，上下诸先生，浅深各得，醇疵互见，要皆功力所至，竭其心之万殊而后成家，未尝以懵懂精神冒人糟粕。于是为之分源别派，使其宗旨历然。由是而之焉，固圣人之耳目也。"
>
> 德辉堂本另作："诸先生不肯以懵懂精神冒人糟粕，虽浅深详略之不同，要不可谓无见于道者也。余于是分其宗旨，别其源流，与同门姜定庵、董无休操［文集本作"撮"］其大要，以著于篇，听学者从而自择。"(《明儒学案·

---

① 全祖望：《甬上证人书院记》，《鲒埼亭集·外编》卷十六。
② 《恽仲升文集序》，《南雷文定》卷一。
③ 《恽仲升文集序》，《南雷文定》卷一。
④ 《明儒文集》德辉堂本序。
⑤ 《明儒学案》卷十《姚江学案》。

自序》)

可见,学术史上"竭其心之万殊而成家"的学者,"功力所至",浅深不同,只要不是"以懵懂精神冒人糟粕",对于"道"或多或少总有所"见"。换言之,真理("本体""道体")之被发现,随学者们不同角度,不同层面的"工夫(功力)所至"而展开为一个过程。所谓"穷理者,穷此心之万殊,非穷万物之万殊","先儒之语录,人人不同,只是印我之心体,变动不居"(《明儒学案·自序》)。一方面,这是由"心即理""心外无理"所导出的关于认识成果的"理"的多样性的观点,纳入学术史观,是试图解释各家思想宗旨的不同,乃根源于"心之万殊",当然有其局限;另一方面,着眼于认识主体的心态的多样性,借以说明各个"成家"学者所取得的认识成果的多样性和"分其宗旨,别其源流"的可能性,也并不完全悖理。

学术真理展开为一个过程,是否有其固有的规律性?黄宗羲无力回答这一问题。但他在撰写学案的实践中,注意到"宗旨杂越""风光狼藉"的学术思想史,并非杂乱无章,而是"苟善读之,未始非一贯也"①(借汤斌语)。他面对"各家自有宗旨"的经验事实,扬弃了前人固执"一人之宗旨"与"杂收不复甄别"两种偏向,花大工夫从"使其宗旨历然"入手,对"明室数百年学脉"作了清理②,看作是"白沙开其端,至姚江而始大明"③;此后,阳明心学经过大发展、大分化,而终于走向自我否定;最后,经东林师友"冷风热血"的洗礼,由蕺山总其成。④《明儒学案》所展现这一合规律的过程,"导山导水,脉络分明"⑤,至今仍有参考价值。他从晚明思潮的起伏,似乎推测到思想运动往往是在补偏救弊中沿着"之"字路发展。蕺山曾论及晚明学术流弊说:"呜呼!学术之难言也。王守仁之言良知也,无善无恶,其弊也必为老庄,顽钝而无耻;顾宪成之学朱子也,善善而恶恶,其弊也必为申韩,惨刻而不情。佛老之害得宪成而救,臣惧一变复为申韩,自今日

---

① 《明儒学案·自序》《明儒学案·发凡》。
② 《明儒学案·自序》《明儒学案·发凡》。
③ 《明儒学案》卷十《姚江学案》。
④ 《明儒学案》卷三十二《泰州学案》、卷五十八《东林学案》、卷六十二《蕺山学案》。
⑤ 汤斌致黄宗羲书,《南雷文定》附录。

始。……"①宗羲也曾论及阳明和蕺山"皆因时风众势以立教":"阳明当建安格物之学大坏,无以救章句训诂之支离,故以良知之说,倡率一时,乃曾未百年,阳明之学亦复大坏,无以绝葱岭异端之夹杂,故蕺山证人之教出焉。阳明圣门之狂,蕺山圣门之狷。"末两句,被全祖望赞为"其评至允,百世不可易"②。其实,值得注意的是,他把思潮的更迭,看作针对流弊,代谢更新。不仅对"此一亦述朱,彼亦一述朱"的陈腐学风深恶痛绝,且对自己师承的阳明之学,也认为久必"大坏"。进而利用"元亨利贞"传统范畴,在神秘的形式下朦胧地臆测到学术思想的发展通过否定性环节而形成某种"圆圈"。蕺山曾说:"贞下起元,是天道人心至妙至妙处。"(《子刘子学言》卷二)妙在何处,未加阐明。宗羲加以发挥说:

> 道之在天地间,人人同具,於穆不已,不以一人之存亡为增损。……然无添减而却有明晦,贞元之会,必有出而主张斯道者以大明于天下,积久而后气聚,五百岁不为远也。

借孟子关于"五百年必有王者兴"的论题,阐述学术思想史似乎五百年也必有一次"贞元之会",出现继往开来的划时代的大思想家。按"贞下起元"的周期模式,他认为,从尧舜到孔孟是一个周期,"若以后贤论:周程,其元也;朱陆,其亨也;姚江,其利也;蕺山,其贞也"(《孟子师说》卷七),是又一个周期。在臆测中,大体勾画出宋明五百年道学发展的"圆圈"。然后,他以启蒙者的胸襟,面向未来,大声呼唤:"孰为贞下之元乎!?"(《孟子师说》卷七)

四、"圣贤之血路,散殊于百家"

《明儒学案·自序》还有一段关于学术真理多元化问题的论述:

---

① 刘宗周上书,载《子刘子行状》上。
② 全祖望:《甬上证人书院记》,《鲒埼亭集》卷十六。

学术之不同,正以见道体之无尽。[即如圣门,师、商之论交,游、夏之论教,何曾归一?终不可谓此是而彼非也。]奈何今之君子,必欲出于一途,剿其成说,以衡量古今,稍有异同即诋之为离经叛道,时风众势,不免为黄茅白苇之归耳。

"心之万殊",形成"学术之不同",正显示真理展开的过程是无穷尽、无止境的。上举《论语》所载,孔门中子张与子夏论交、子游与子夏论教就主张不一,互相争论,难于说"此是而彼非"。面临宋明以来道学内部的朱陆之争,阳明与朱门后学之争,阳明心学内部的分化和论争,当时不少人各陷门户,互相攻讦,造成所谓"使杏坛块土为一哄之市"的局面。宗羲虽也学宗阳明,师事蕺山,但由于他在真理观上有其独见,因而能够摆脱一些门户偏见和道统观念①,对封建传统文化意识的专断、庸妄、狭隘,有较多的突破,对指向未来的文化启蒙,有较多的开拓。

他以一种理论上的自信,特别反对"必欲出于一途"的专断和固守"一定之说"的愚昧。按他的观点,推动学术真理的发展,正是靠独立思考的学者"穷此心之万殊",由于他们"工夫所至"不同,所走途径不同,对于"本体"的体认把握只能是"深浅各得,醇疵互见";特别是具有创造性、开拓性的学者,"宁凿五丁之间道,不假邯郸之野马,故其途亦不得不殊"。因此,独断地坚持"必欲出于一途",就只能窒息创造性思维、扼杀智慧的生命,"使美厥灵根,化为焦芽绝港",最后出现的只能是"黄茅白苇"似的一片枯槁和萧条。(《明儒学案·自序》)扼杀真理的"一定之说",总是凭借"时风众势",特别是科举仕途的需要,"抄其成说以衡量古今,稍有异同即诋之为离经叛道"(《明儒学案·自序》),"执其成说,以裁量古今之学术,有一语不与之相合者,愕眙而视曰:'此离经也! 此背训也!'于是六经之传注,历代之治乱,人物之臧否,莫不各有一定之说"②。在当时,这种"一定之说"

_____

① 郑性、全祖望都认为黄宗羲"门户之见未化","党人之习气未尽"[见全氏《五岳游人(郑性)穿中柱文》《答诸子问南雷学术贴子》],或指宗羲在政治上多为东林、复社辩护,写《汰存录》以驳夏允彝的《幸存录》等。恰好在《汰存录》中,宗羲提出了在学术上"议论不可专一"而在政治上必须分清"流品"的观点。学术上的门户偏见,宗羲似比亭林、船山均少得多。

② 《恽仲升文集序》,《南雷文定》卷一。

就是钦定一尊、奉为科举考试准则的官方理学。宗羲尖锐地揭露："此一定之说者，皆肤论瞽言，未尝深求其故，取证于心，其书数卷可尽也，其学终朝可毕也"，实际是"庸妄"之学。① 这样的"庸妄"之学流行的恶果是，"数百年亿万人之心思耳目，俱用于揣摩抄袭之中，空华臭腐，人才弔茸"②，"穿穴经传，形灰心死"③。

通观儒门内的学术分歧，虽学有宗主而不堕门户；鄙弃日趋僵化的"一定之说"，"不以庸妄者之是非为是非"④，当时进步的学术界大都能做到。但对于儒门外的学术派别，长期被视为"异端"的道家、佛家，以及"下至九流六艺切于民生日用者"，承认其作为真理发展的一环，在学术上给予平等的地位，这在当时就难能可贵了。有的虽也承认"出入于佛老"的意义，但旨在入室操戈，以破显立。刘宗周虽仍固执"圣学"与"异端"之辨，但提出"所谓异端，即近在吾心"之说，认为诸子各家，乃至"凡人""乡愿"，都不过是"起念"不同而已。⑤ 黄尊素曾对《孟子》的"知言"一词意解为"全将自己心源，印证群迹""知得群心之变，亦只养得吾心之常"（《孟子师说》卷二、卷七）。宗羲或由此出发，推衍出："古今诸子百家，言人人殊，亦必依傍圣门之一知半解而后得成其说，何曾出此范围。"（《孟子师说》卷二、卷七）把"圣门"理想化为真理之全，但毕竟承认了"古今诸子"也是真理之分。更进一步，还发挥出了"圣贤之血路，散殊于百家"的创见。他说：

> 昔明道泛滥诸家，出入于老释者几十年，而后返求诸六经。考亭于释老之学，亦必究其归趋，订其是非。自来求道之士，未有不然者。盖道，非一家之私，圣贤之血路，散殊于百家。求之愈艰，则得之愈真。虽其得之有至有不至，要不可谓无与于道者也。⑥

---

① 《恽仲升文集序》，《南雷文定》卷一。
② 《传是楼藏书记》，《南雷文定》三集卷一。
③ 《进士心友张君墓志铭》，《南雷文定》前集卷八。
④ 《恽仲升文集序》，《南雷文定》卷一。
⑤ 《子刘子学言》卷一："夫子所云异端，即近在吾心。从人欲起念者，是凡；从生死起念，便是佛；从成毁起念，便是老；从名实起念，便是申韩；从毁誉起念，便是乡愿；从人我起念，便是杨墨；从适莫起念，便是子莫。四下分消，粹然立中正之极，当下便是圣人体段。"
⑥ 《清溪钱先生墓志铭》，《南雷文定》三集卷二。

这里,对"出入于老释"的肯定,再不是赞为迷途知返或研究乃是为了批判,而是另作新的解释,认为研究"老释"也是"求道"的一环。因为,"道非一家之私",学术真理并非某一家一派的垄断物,真理的追求,理想境界的攀登,途径是多样化的,分别体现在各家学说之中。佛、道各家,也都曾"竭其心之万殊而后成家",也就不同程度地有见于道,"不可谓无与于道"。因此,必须重视"一偏之见",承认"相反之论",坚持"殊途百虑之学"①,才符合并有利于真理多元化的客观发展。否则,"成说在前。此亦一述朱,彼亦一述朱,宜其学者之愈多而愈晦也"(《孟子师说·题辞》)。

"圣贤之血路,散殊于百家"的观点,在 17 世纪中国具有巨大的思想启蒙意义。它打破了儒家道统一尊以及"正宗"与"异端"的等级对立,试图改变"举一废百""好同恶异"的传统思维模式。黄宗羲以这种真理多元化的观点为指导,进而放眼于更广阔的学术原野,认为除了"散殊于百家"的哲学理论以外,文化思想各个领域里的创造性成果,都寄寓着反映时代脉搏的"豪杰精神"。他所说的"豪杰"也可以说就是历史上的文化巨人或知识精英。

> 从来豪杰之精神,不能无所寓。老、庄之道德,申、韩之刑名,左、迁之史,郑、服之经,韩、欧之文,李、杜之诗,下至师旷之音声,郭守敬之律历,王实甫、关汉卿之院本,皆其一生精神之所寓也。苟不得其所寓,则若龙孥虎跛,壮士囚缚,拥勇(涌)郁遏,奎愤激讦,溢而四出,天地为之动色,而况于其他乎?②

这段名文,以高度浓缩的信息表达了他的中国文化史观(或微型的"精神现象学")。这里列举的哲学、政治、史学、经学、科学、散文、诗歌以及音乐、戏剧等九个方面,代表了文化意识形态的诸方面,说明作为文化精英的不朽的精神创造,是通过多样化的文化形式表现出来的。宛如龙腾虎跃,冲破"囚缚",惊涛激浪,

---

① 《明儒学案·自序》《明儒学案·发凡》。
② 《靳熊封诗序》,《南雷文定》后集卷一。

洶涌而出,绝不可能使其拘守某一种规格。如果"欲使天下之精神,聚之于一途,是使诈伪百出,止留其肤受耳"①。文化创造,精神生产,如果强使一律,只许唱一个调子,就只能制造出大量的虚伪、庸俗和肤浅。

值得注意的是,此处作为"豪杰之精神"的例证,黄宗羲不仅从老、庄哲学举到郭守敬的律历科学,而且,竟同时提到了"王实甫、关汉卿之院本",透露出一种17世纪中国才可能出现的新的文化价值观。他晚年另有《偶书》六绝之一,论及汤显祖剧中表达的人性观。

> 诸公说性不分明,玉茗翻为儿女情。不道象贤参不透,欲将一火盖平生。(自注:"玉茗堂四梦之外,又有他剧,为其子开远烧却。")(《南雷诗历》卷四)

诗意灼然,对"玉茗堂四梦"所抒发的"儿女情",许为优越于理学家们的"说性",对汤显祖其他剧作遗稿得不到理解而被焚,深表惋惜和同情。

上述真理的多元化观点及其所开拓的广阔的文化视野,是黄宗羲作为早期启蒙思想家中的佼佼者所特有的真理史观和文化价值观,至今仍保有"莫邪出匣"的光芒。

五、"此意无穷,海怒鹏骞"

基于上述真理发展观,黄宗羲针对时弊,对于阻滞真理发展的科举之学、语录之学、乡愿(特别是"道学之乡愿")之学,以及把"肤论瞽言"奉为"一定之说"的庸妄之学等,特别予以愤斥。

《明夷待访录》中,早对"学校害士""科举嚣争""取士之弊,至今日制科而极矣"的状况有所剖析,继又一再指出:

---

① 《靳熊封诗序》,《南雷文定》后集卷一。

　　"举业盛而圣学亡,举业之士亦知其非圣学也,第以仕宦之途寄迹焉尔!"①

　　"嗟乎! 自科举之学盛,世不复知有书矣! 六经子史,亦以为冬华之桃李,不适于用。……愈降愈下,传注再变而为时文,数百年亿万人之心思耳目,俱用于揣摩剿袭之中,空华臭腐,人才罥茸。至于细民亦皆转相模镂,以取衣食,遂使此物汗牛充栋,障蔽聪明。"②

　　科举考试制度早已使人奔竞于利禄,醉心于时文,不仅消磨许多人的聪明才智,而且败坏了整个学风,培养出一大批不关心国计民生而只热衷于卖弄语录、空谈性命、欺世盗名的"道学之乡愿"。他痛切地指出:

　　"儒者之学经纬天地,而后世乃以语录为究竟,仅附答问一二条于伊、洛门下,便厕儒者之列,假其名以欺世。……徒以'生民立极,天地立心,万世开太平'之阔论,钤束天下。一旦有大夫之忧,当报国之日,则蒙然张口,如坐云雾。"③

　　"千百年来,糜烂于文纲世法之中,皆乡愿之薪传也。即有贤者,头出头没,不能决其范围,苟欲有所振动,则举世目为怪魁矣。以是,诗文有诗文之乡愿,汉笔唐诗,袭其肤廓;读书有读书之乡愿,成败是非,讲贯纪闻,皆有成说;道学有道学之乡愿,所读者止于《四书》《通书》《太极图说》《近思录》《东西铭》《语类》,建立书院,刊注《四书》,衍辑语录,天崩地坼,无落吾事。"(《孟子师说》卷七)

　　这番揭露,真够淋漓痛快,情见乎词。锋芒所向,直指宋明道学家们的欺世丑态和腐朽学风,并把"所读者止于《四书》……""刊注《四书》",也大胆地列为嘲

---

① 《恽仲升文集序》,《南雷文定》卷一。
② 《传是楼藏书记》,《南雷文定》三集卷一。
③ 《赠编修弁玉吴君墓志铭》,《南雷文定》后集卷三。

讽的对象。但贯注其中的,不仅是对"伊洛门下"一大群"道学之乡愿"的鄙薄和批判,而且表现了一种理性的激情,要求冲决千百年来"弥缝周至"的"文纲世法",向往着"有所振动""决其范围"的改革和创新。

学术真理必须在创新中得到发展。"日新不已",才不致"以已往之理为方来之理",才能从"已往之理"中推陈出新,引出"方来之理"①。因此,学术的钻研,真理的追求,是永无止境的,"仿佛其涯涘而不可得"。这是黄宗羲的真理观中一个可贵的卓见。他虽言之不详,但用以论学取友,身体力行,确乎是他"自用得著者为真"的重要宗旨之一。

《明儒学案》首列"师说"二十条,摘自刘宗周《皇明道统录》,显然表示对先师的尊重,但细察《学案》中对各家评断,与"师说"不同乃至抵牾者甚多。如引"师说"论陈白沙指为"学宗自然",又斥其"欲速见小","似禅非禅,不必论矣";而《学案》则盛赞"有明之学,至白沙始入精微,其吃紧工夫,全在涵养","作圣之功,至先生而始明",并反驳"或者谓其近禅",竟称"此庸人之论,不足辩也"②。尊师而不盲从师说。③ 至于他对刘宗周学术贡献的尊重和表彰,几乎全着眼于刘的学说中"不能不与先儒抵牾""与洛闽龃龉"④的创见。为了保护这些"先师所以异于诸儒"⑤的创见,他坚决反对刘伯绅整理刘宗周遗书时拟将"其言有与洛闽龃龉者"加以"删削"的意见⑥,并拒绝给同门好友恽仲升所辑《刘子节要》一书作序,因为恽仲升迷信《论语》上有"勿意"一语,竟把"先师之言意者一概节去"。他对此作法不以为然,并从真理史观的高度,批评恽仲升说:"是则仲升于殊途百虑之学,尚有成局之未化也。"⑦黄宗羲与同门陈确交谊特深,关于天理人欲问题上两人曾有过争论(争论中黄曾站到"天理人欲正是相反"的旧说一边,来批驳陈确"天理正从人欲中见,人欲恰好处即天理"的新解(《与陈乾初论学书》),可到晚年

① 《明儒学案》卷七《河东学案》。
② 《明儒学案》卷首《师说》和卷五《白沙学案》。
③ 陈荣捷先生有《论明儒学案之师说》一文(载《王阳明与禅》一书中),辨此颇详。
④ 《先师戢山先生文集序》,《南雷文定》后集卷一。
⑤ 《明儒学案·自序》(紫筠斋本)。
⑥ 《先师戢山先生文集序》,《南雷文定》后集卷一。
⑦ 《明儒学案·自序》(紫筠斋本)。

黄宗羲日益敬重陈确思想,为陈确所写墓志铭,三易其稿,承认当初对陈确的创见"不能深究","今详玩遗稿,方识指归,有负良友多矣,因理其绪言,以谶前过",因而充分表彰陈确"其学无所倚傍,无所瞻顾,凡不合于心者,虽先儒已有成说,亦不肯随声附和,遂多惊世骇俗之论"①的独立创新精神,赞其"力行所至,自信其心,不须沿门乞火,即以《图书》为怪妄,《大学》为别传,言之过当,亦不相妨,与剿袭成说者,相去远矣"②。这种不徒空言,见诸行事,在尊师重道、交友论学的实践活动中所形成的蔑视剿袭成说、支持立异创新的观点,在宗羲所撰学案中得到了体现,他强调:"学问之道,以各人自用得著者为真,凡倚门傍户,依样葫芦者,非流俗之士,则经生之业也。……学者于其不同处,正宜著眼理会,所谓一本而万殊也。以水济水,岂是学问!"(《明儒学案·发凡》)这种观点,也使他一生勤奋,直到晚年,仍笃学不倦(如对好友陈确遗著认真细读得到许多新的启发),绝不停步自满。他有诗自警,足见风怀:"彭泽闲情付酒杯,孤山风韵契寒梅。老来文笔多枯槁,借取波澜向玉台。""六家指要灿陈编,每件应须数十年。却恨一生穷目力,自知尚在半途边。"(《南雷诗历》卷四《偶书》)正因有这样的风怀,所以他能保持学术生命的活力,不断地开阔视野,借取波澜,八十四岁高龄时,写出了《明儒学案·自序》这样新意盎然的文字,以海纳百川的妙喻,阐述了朴素辩证法的真理史观。他坚信学海无涯,真理无限,"学者穷年矻矻,仿佛其涯涘而不可得"③。他曾这样表达自己跳出中世纪庸人意识和传统章句禁锢、走向真理追求的开放心态:

> 龂龂章句,锢人性命。
>
> 视一科名,以为究竟。
>
> 正如海师,针经错乱。
>
> 妄认鱼背,指曰洲岸。

---

① 《陈乾初墓志铭》,《南雷文定》后集卷三。
② 《思旧录》,《黄宗羲全集》第一册。
③ 《进士心友张君墓志铭》,《南雷文集》前集卷八。

所以古人,举头天外。

些少得志,曾不芥蒂。

此意无穷,海怒鹏骞。

希圣希贤,以至希天。①

"此意无穷,海怒鹏骞",何等壮美! 而"举头天外"所希的"天",又何等渺茫!这是 17 世纪中国早期启蒙者不可自解的矛盾和两难。

(1985 年 10 月)

---

① 《进士心友张君墓志铭》,《南雷文集》前集卷八。

略论晚明学风的变异

　　在中国当前文化问题的研讨热潮中,普遍涉及文化寻根问题。对"寻根"的含义,歧解甚多。而其中一义,即中国的现代化及其文化更新仅是西方文化冲击下的被动回应? 还是在中国悠久文化的发展中有其历史的内在根据或"活水源头"? 而这种民族文化生命得以更新的内在根源,是存在于远古或形成于近世? 如何去探寻? 能否从儒学正宗的传统中去开出科学与民主以求得"返本开新"? 或者只有彻底抛弃一切旧传统才能重建民族文化的新生命? 这些问题,涉及面广,争论尤多。笔者坚持,尽管 17 世纪以来的西学东渐在中国近现代的文化代谢中起过重大的引发作用,但从根本上说,中国的现代化及其文化蜕变只能是中国历史长期发展的必然结果。长期以来,我们总陷在"全盘西化""保存国粹"以及各种形式的"体用错置"的思想泥淖及两难选择之中,总是跳不出中西分途、古今对立、体用割裂的思维模式,没有深入辨识中西文化发展轨迹的同中之异与异中之同,没有认真去探寻中国思想启蒙的特殊道路。因而在西方文化的猛烈冲击下,往往忙于引进而忽视消化和会通,也更少注意去发掘民族传统中与之同质而异态的文化根芽,始终未能准确而切实地把握传统文化与现代化的历史接合点。当前文化问题的讨论中,其所以涉及中国走出中世纪的文化历程究竟起点何在,中国明清之际文化思潮的异动是否具有启蒙性质,中国式的启蒙道路具有什么特点等问题,并成为争论的热点之一,我想,因为这是中国近代的社会发展畸形和文化革命"难产"所遗留下的历史课题,有待后人从不同侧面去加以研究,咀嚼出新的结论。本文谨为重新审视这一课题而提供一点参考性的历史注释。

明末清初,在我国文化思想史上是一个特殊的发展阶段。当时,中国封建制已发展到烂熟而进入它的末期,商品货币经济的活跃催生着资本主义的萌芽,而衰朽的封建生产关系及其强固的上层建筑,却多方阻抑着新生产力的生长,使社会诸矛盾空前激化,尽管在明末农民大起义失败的血泊中以清代明的王朝更迭,曾使封建旧体制得以延续,新经济和新思想遭到摧折,形成了一段"死的拖住了活的"的历史洄流,但正是在明清之际的政治变局中,社会矛盾运动所促进的文化思想的发展,显露出"新的突破了旧的"的特色,涌现出一大群文化精英,掀起一代批判思潮。这一批判思潮,首先从宋明道学的内部分化中滋生出来,同时遍及各个学术领域又都有所突破,"破块启蒙","别开生面",从而引起整个学风的变异和学术路线的转轨。

一

晚明阳明心学的急剧分化,显示出儒门学风的变异及其活力。

儒学,作为中国中世纪的主流思想,其发展大体可分为两个时期。儒学的前期发展,从汉代定为一尊,实际上经过三教并立,融摄佛道,自营"道统",回归《易》《庸》,终于系统地哲理化为理学,宋初开始儒学的后期发展,由周敦颐、张载开其端,二程及其弟子衍其流,集大成于朱熹,形成了理学的严整体系。但在朱熹逝世之后理学了无进展,其后学陈陈相因,所谓"师承有自,矩矱秩然"(《明史·儒林传一》),不敢越朱学雷池一步,形成近三百年的所谓"述朱"时期。模式化了的朱熹理学,作为辩护"三纲五常"的伦理异化的成熟理论,愈充分发挥其对人们行为的外在强制力,也就愈丧失其对行为主体的内在驱动力。正如黄宗羲所揭露,"此亦一述朱,彼亦一述朱""剿其成说以衡论古今"[①],成为思想僵化、学风庸伪的病根。明中叶,阳明心学的勃兴,绝非偶然。

---

① 《孟子师说·题辞》,《明儒学案·自序》。

阳明心学,作为儒学哲理化体系的最后一个形态,似有所承于陆九渊、陈献章之学,而针对当时朱熹理学对思想界的长期禁锢,以"狂者"精神,高扬"致良知"的主体性原则,起到了"震霆启寐,烈耀破迷"的巨大作用。究其实,阳明心学在理论上是对朱、陆的综合,其创建"致良和"新说,既异于朱的"格物致知",复别于陆的"一了百了",实为双向扬弃而具有对宋明儒学哲理化的逻辑终结的意义。一个值得注意的史实是,与朱学定型化后一统数百年的景况全然不同,阳明学在阳明去世之后数十年中,急剧分化,迅猛发展,王门各派都以"致良知"论为出发点,而各自发挥,多向展开。择要而言,有"现成"派与"工夫"派两大趋向之分。如王畿力主现成良知,"一念灵明,自作主宰",乃至反对"为名节所管摄,道谊所拘持"①。近乎确信主体自具良知,而取消外在的规范;王艮及泰州学派则更突出良知"人人具足""百姓日用即道""满街都是圣人",并因而肯定情、欲合理,"造命由我",要求"解缆放船,纵横任我"②。被称为王学左翼的"现成"派,确乎在孕育着突破封建名教网罗的批判意识。至于"工夫"派中的聂豹等反对现成良知,强调"归寂以致知"的"主静"工夫,把活泼的良知通过所谓"静定工夫"还原为"寂然不动"的本体(《明儒学案·江右王门学案》),显然是王学主旨的偏离;邹守益、欧阳德等及其所影响的东林志士,则强调"戒慎恐惧"的"主敬"工夫与"事上磨炼"的"主事"工夫,主张"学务实践,不尚空虚"③,认定"致吾心之良知于事事物物",乃是体与用、知与行、本体与工夫两者动态统一的日履过程。这正是阳明心学固有的践履精神向经世致用之学过渡的契机。以上王学的分化预示着晚明学风的变异和理学的式微。

黄宗羲曾概括:阳明心学有泰州、龙溪而风行天下,亦因泰州、龙溪而渐失其传,原因是"泰州、龙溪时时不满其师说",力图有所突破,尤其"泰州之后,其人多能以赤手缚龙蛇,传至颜山农、何心隐一派,遂复非名教之所能羁络矣"(《明儒学案·泰州学案》)。阳明学风行天下而并未僵化停滞,其后学"时时不满师说"

---

① 《龙溪全集》卷十二《与魏敬吾书》。
② 《王心斋先生遗集》卷二《答朱思斋明府》《又与徐子直》《语录》,《明儒学案·泰州学案》。
③ 《东廓邹先生文集》卷五《答曾新之》,《明儒学案·浙中王门学案》《明儒学案·东林学案》,《明史·儒林传二》。

而使之变化日新,终于超迈王学,"掀翻天地",把王学固有的昂扬主体自觉的"狂者"意识,发展到对封建纲常名教的权威的否定。王学理论的这种自我分化发展,竟走向了自己的反面。如从阳明的"万物一体之仁""天植灵根,自生生不息"(《传习录》中、下)的"良知"出发,王畿、李贽、何心隐等都强调"心中一点灵明"的道德主体的自觉性,并用以抵制强加于主体的伦理约束;强调以"朋友"式的平等关系代替君臣、父子、夫妇之间的等级隶属关系。从阳明"日用间何莫非天理流行"(《明儒学案·姚江学案》)的观点出发,王艮、李贽等提出"百姓日用即道","穿衣吃饭即是人伦物理",进而肯定私欲,提倡功利,要求"人本自治"、"各遂其千万人之欲",而否定一切"条教禁约"①。从阳明的"良知是尔自家底准则"、"求之于心而非也,虽其言出于孔子不敢以为是也"(《传习录》下、中)出发,发展到怀疑儒家经典,公开反对"以孔子之是非为是非"②,藐视权威,反对盲从,提倡独立思考。这一切,对晚明思潮的进一步演变,显然起着重要的引发作用。

二

晚明学风的变异,儒门王学内部的演化仅其一端,作为时代思潮的反映,实遍及社会意识诸领域。

社会意识或时代思潮的整体是个"全牛",为了剖视它,只能采取一定视角,运用一定方法,按照一定尺度去"批郤导窾",去芜存菁,举一反三。对历史的理解只能受制约于理解者的历史感和对多元文化传统的历史选择。

文艺,一直被认为是时代的晴雨表,最能灵敏地反映时代思潮的变动。明中叶以后,随着城市工商业的繁荣,资本主义萌芽的滋长,文艺思想酝酿着激烈的变化。一反明初流行的庙堂文学和拟古文风,涌现出以抒发性灵、突出个性、描绘社会风情、反映人文觉醒的新文艺蓬勃兴起的局面。渊源于阳明心学的李贽"童心说"及其影响下的袁宏道"性灵说",是这一新文艺运动的理论旗帜。李贽

---

① 《王心斋先生遗集》卷二《答朱思斋》,李贽《焚书·答邓石阳书》《明灯道古录》。
② 李贽:《藏书》卷首《世纪列传总目前论》。

认为"天下之至文"全是出自"童心",而道学所讲礼教却在毒染"童心",使人"失却真心"而成为"假人"。并指斥《六经》《语》《孟》,乃道学之口实,假人之渊薮"①。在李贽思想影响下,以袁宏道为首的公安派,则主张文艺必须"独抒性灵,不拘格套,非从自己胸臆流出,不肯下笔";反对被传统束缚、"死于古人语下",而提倡"任性而发""宁今宁俗"②的俗文学。除"公安三袁"以及竟陵诗派等外,汤显祖的"临川四梦"以及吴江派的剧作,冯梦龙、凌濛初的"三言""二拍"以及大量的民歌俚曲,石涛以及"扬州八怪"等许多艺术家,既达到很高的艺术水平,又表现出鲜明的个性,几乎在同一时期群星灿烂般涌现出来。而在精英文艺圈里,也反映了这一时期文艺思潮的异动,如李贽、金人瑞等赞扬《西厢》《水浒》的文艺评论,傅山等歌颂妓女对爱情忠贞的通俗剧作。时代在呼唤新的个性解放的文艺,文艺家们也在向往追求"掀天揭地之文,震电惊雷之字,呵神骂鬼之谈,无古无今之画"③。

　　质测之学的兴起是当时的新事物,对于"徒言宰理""空穷其心"④的儒门学风是一个突破,在中西文化早期交流中是重要触媒。明中叶以来,随着社会经济的变动,海外市场的开拓和新生产力的滋长,兴起了科技研究的热潮,涌现出大批具有空前专精水平的科学论著,如李时珍的《本草纲目》(1578 年写成)、朱载堉的《乐律全书》(1606 年刊行)、徐光启的《农政全书》(1628 年完稿)和《崇祯历书》(1643 年成书)、宋应星的《天工开物》(1637 年刊行)、徐宏祖的《霞客游记》(1637 年左右写成)、王锡阐的《晓庵新法》与梅文鼎的《中西算学通》(17 世纪中)、方以智的《物理小识》(1640 年左右写成)等,不到一百年中,如此众多的科学精英及其科学巨著从不同学科领域中联翩出世。正当这时,以利玛窦等为媒介的西学传入,而徐光启、李之藻等能如此敏锐地注意到欧氏几何与亚氏逻辑的重要的方法论意义,率先翻译并提出"欲求超胜,必须会通"⑤的明确方针,表明

---

① 李贽:《童心说》。
② 袁宏道:《叙小修诗》《与江进之》《雪涛阁集序》。
③ 郑板桥:《为茂林作〈兰竹石图〉》。
④ 方以智:《物理小识·自序》《愚者智禅师语录》。
⑤ 徐光启:《历书总目录》。

传入的西学精华对当时中国正在酝酿的思想启蒙和学风变异,起到了声气相投的作用。方以智设想的百卷本百科全书,到康熙时竟编成万卷本的《古今图书集成》;法兰西科学院在西方建立后不到三十年,康熙帝在其畅春园内建立了类似皇家科学院的算学馆……至于邓玉函、王征合译的《远西奇器图说》(1627 年刊行),南怀仁编著的《新制灵台仪象志》(17 世纪中叶)等书所译介的物理学、机械学知识,均已达到西方 17 世纪初的同等水平。李约瑟言之有据地把当时中国的天文、数理科学的成就,称之为中西科学文化的"融合点"(《李约瑟文集·世界科学的演进》)。这一切表明 17 世纪的中国,历史正鼓荡着一种走出中世纪的文化代谢要求。

政法观念的突破,是这一时期"天崩地解"的政治生活大变局所直接引起的思想裂变。宋明理学共同固守的原则是把封建纲常"天理"化,从而把专制皇权绝对化。晚明王学演化中,已出现蔑弃"四伦"、独尊"朋友"的议论和以"均""群"释"君"、主张"立君为民"的议论[1]。到明末清初,一代思想家在封建社会危机的总爆发和农民革命风暴的大震荡中惊醒,从民族危机的忧患意识中滋生出政治批判意识,从而多少突破了传统思想的牢笼,敢于抨击君主专制,提出一系列具有早期民主意识的改革主张。王夫之痛斥"孤秦陋宋",主张以"天下之公"代替"一姓之私",因君权并非神圣不可侵犯,而是"可继,可禅,可革",如果"天子失道",百姓"疾首以呼",要求"易吾共主,杀此有司,以抒民怨",也并非不合理。他提出"有天子而若无"的虚君分权的政治设计,并把"置天子于有无之外,以虚静而统天下"的办法看作是未来的"奕世之规"[2]。

顾炎武以同样的思路,主张"以天下之权寄之天下之人",对于乡邦政事,应当"庶人皆议",反对"独治",要求"众治"[3],因而对黄宗羲的《明夷待访录》表示了极大的赞赏。黄宗羲典型地表达了这一时期勇于冲破封建"囚缚"的早期民主意识。他从君主与万民的利益对抗来揭露君主专制为"天下之大害",鲜明地提

---

① 李贽:《何心隐论》;何心隐:《论中篇》。
② 王夫之:《黄书·宰制》,《读通鉴论》卷末《叙论一》,《黄书·原极》,《读通鉴论》卷二、卷十六、卷十三。
③ 顾炎武:《日知录》卷九、卷十三、卷六。黄宗羲《思旧录》顾炎武条引。

出了"天下为主,君为客"这一与"君为臣纲""君为民主"的原则正相反对的政治原则,要求把维护等级特权的"一家之法"代换为"天下之法",把君主与臣民之间的主奴关系改变为平等关系,甚至向往着取消君主制而得以实现"人各得自私,人各得自利"的公平社会。① 同时代的唐甄,也揭露"自秦以来,凡为帝王者皆贼也";他主张"抑尊",取消等级特权,理想的君主应当"处身如农夫,衣食如贫士";还深刻地指出迷信"忠孝"等封建礼教,会使人"心化为妖""失身之主";他把这一伦理异化现象,直斥为"祟",而坚决主张"破祟"。② 这些观点,虽有历史渊源,但与历史上的"民本"思想、"无君"思想、"越名教而任自然"的思想,已有质的区别,在批判目的上已超出了封建樊篱,在价值取向上已不再是梦游远古而是向往未来。

至于他们针砭时弊所提出的改革主张,诸如土地私有、平均地权、惠商恤民、工商皆本,以及抨击科举制度、要求建立学校、尊重科技研究、重视民间文艺等,更具有鲜明的启蒙性质。

<h1 style="text-align:center">三</h1>

晚明到清初的学术主潮,摆脱了宋明道学的"囚缚",实现了学术路线的多元转向,并在哲学上有所创新。

中国走出中世纪的思想启蒙,经历了漫长的坎坷道路。明末清初正处于从统治五百年的宋明道学的"囚缚"中挣扎出来,开始另寻出路的转折时期。这一时期的先进学者,几乎无一例外地指斥宋明道学(包括理学和心学)"空谈心性"的虚夸学风,而力求转向"经世致用""核物究理"的求实学风。由虚反实,仅就学风而言,难于判明学术变迁的性质;但就学风转变所取得的实际成果而言,由于面向实际,注重实证,强调实践,因而提倡广泛的实地调查、博物考察、文献考订、史地研究。当时学术界主潮,扫荡了空疏庸腐的学风之后,迅速取得的巨大学术

---

① 见黄宗羲《明夷待访录》之《原君》《原臣》《原法》诸篇。
② 见唐甄《潜书》之《室语》《抑尊》《破祟》诸篇。

成就及其倡导的治学方法，并非仅是由陆王的"尊德性"而转向程朱的"道问学"，而是实质上开始了超越汉宋，另辟新途，成为中国学术近代化的蜕变过程中的重要环节。

明末清初学风的转折，具体表现为在对整个道学的批判、扬弃中实现了学术路线的多元转向。如顾炎武断言"舍经学以言理学者而邪说以作"，倡言以经学代理学，旨在否定"明心见性之空言"，而转向博古通今的考订。① 考订之学，实有义理方向，阎若璩对《古文尚书》的考订，陈确对《大学》的考订，实际是对道学家们津津乐道的"十六字"的道统心传和"三纲八目"的圣学纲领，来了一个釜底抽薪式的根本否定。又如黄宗羲强调"不为迂儒，必兼读史"，力图以史学代理学，旨在抛弃"语录糟粕"，痛斥"道学之乡愿"，转向"独取三千年遗文故册，运以别识心裁"的"通史家风"②，终于开创了一代经世史学；稍后章学诚发挥"六经皆史"的论题，从根本上取消了儒经的权威地位。北方学者傅山指斥"理学家法，一味板拗"，主张复兴被道学家们长期贬为"异端"的诸子之学，嘲笑宋明儒者多为"失心之士"，盲从而近视，"致使如来本迹大明中天而不见，诸子著述云雷鼓震而不闻，盖其迷久矣"③。因而转向《庄》《荀》、墨辩、《公孙龙子》以及《楞严》《唯识》等的研究。稍后，汪中继续这一学术路线，开近代子学研究之先河。

可见，明末清初学术思潮的转变，原本不是单向而是多向的，并非只是所谓由宋学转向汉学，由性理空谈转向经学考据。即使以后由于政局干扰等因素曾使考据之学跃居主流，也并不排斥通史之学、诸子之学、新兴质测之学，以及披着经言、考证、复古等外衣的启蒙思想，继续向前发展，直至与近代传入的西学合流。

时代思潮的哲学升华，往往经过多重中间环节而在形式上显得模糊，但由于理性的加工、锤炼而在内容上更加深切。这一时期，对时代思潮进行哲学概括的思想家中最有理论深度的要算王夫之。他在建构自己的理论体系时，采取了"入

---

① 顾炎武：《答友人论学书》《日知录》《答李子德书》。
② 见黄宗羲《赠编修弁玉吴君墓志铭》、《孟子师说》卷七，章学诚《文史通义》之《浙东学术》《申郑》诸篇。
③ 傅山：《霜红龛集》卷四十、卷十六、卷二十六。

其垒,袭其辐""推故而别致其新"①的方式,因而能够遵循哲学发展的内在逻辑,从思想实质上总结并终结了宋明道学。在本体论上,他以"气本"论与"气化"论相统一的完备理论,取代朱、王,复归张载,形成了综合全部理学成果而又首尾玄合的哲学"圆圈"②;在人性论上,他以"性日生日成""未成可成,已成可革"的创见,总结了宋明道学各家关于人性问题的争论③;在认识论上,他以"己物"相依、"知行"统一、"以理御心"、"入德凝道"的系统学说,把宋明时期的致知理论推进到一个新的水平。④ 同时,王夫之按"依人建极"的原则,深入"古今之变"的研究,创立了他的"理势相因""人文化成"的历史进化论⑤;由此出发,在"天人""理欲"关系问题上,摆脱了宋明道学坚持"理欲"对立、灭欲存理,力图为伦理异化辩护的思想轨道,提出和论证了与之相背离的具有人文主义色彩的鲜明结论。认为人不能"任天而无为",而应当"竭天成能""与天争胜""以人道率天道",成为天地的"主人"⑥。认为就人道说,理欲并非对立,而是"有欲斯有理""人欲之各得即天理之大同",所以不但不能"禁欲",也不能"薄于欲"⑦,应当满足人的自然欲求,在丰富的感性活动中去充分实现人的价值和人的本质。"耳有聪,目有明,心思有睿智,入天下之声色而研其理者,人之道也。""入五色而用其明,入五声而用其聪,入五味而观其所养,乃可以周旋进退,与万物交而尽性,以立人道之常。"⑧这是反映时代精神的哲学结晶。

宗法伦理意识的核心,是把封建纲常绝对化,从而否定个体的独立价值,只有"事父事君""尽伦尽职"才使个人的存在获得意义,对群体的义务压倒一切自我意识,"无我"成为理想的道德境界。王夫之以相反的价值观,反对"无我",肯定"有我",认为有了独立的自我,才能体现"大公之理",发挥道德主体的能动作

① 王夫之:《老子衍·序》《周易外传》卷五。
② 参拙作:《王夫之辩证法思想引论》,湖北人民出版社,1984 年。
③ 王夫之:《尚书引义》卷三。
④ 王夫之:《尚书引义》卷一、卷三,《四书训义》卷八,《张子正蒙注》卷五。
⑤ 王夫之:《周易外传》卷一,《读四书大全说》卷九,《诗广传》卷五。
⑥ 王夫之:《尚书引义》卷一,《续春秋左氏传博议》卷下,《周易外传》卷二。
⑦ 王夫之:《诗广传》卷二,《读四书大全说》卷四。
⑧ 王夫之:《读四书大全说》卷七,《尚书引义》卷六。

用。他说："我者,大公之理所凝也。……于居德之体而言无我,则义不立而道迷。""已消者已鬼矣,且息者固神也。则吾今日未有明日之吾而能有明日之吾者,不远矣!"①王夫之用哲学语言呼唤的体现"大公之理"的"明日之吾",乃是一个早期启蒙者所向往的自我意识的觉醒。

事非偶然,经过 18 世纪的历史洄流之后,龚自珍又大声呼唤:"众人之宰,非道非极,自名为我!""我"被看作世界第一原理,肯定无数的独立的"我"——"众人之宰",具有无穷的创造力,"我光造日月,我力造山川,……我理造语言文字,我分别造伦纪"②。这已是近代意义的"自我"觉醒。从王夫之到龚自珍,中国走出中世纪的哲学启蒙,仅仅开始起步,就蹒跚了近两百年。这是一个沉重的序曲。这是令人迷惘的思想史悲剧……

余 论

面对这一思想史的悲剧,一方面,我们回顾 17 世纪崛起的早期启蒙思潮,无论是李贽的"童心"说,徐光启的"会通超胜"说,黄宗羲和唐甄对君主制的斥责,从王夫之到龚自珍对自我觉醒的呼唤……对我们都是如此亲切而值得珍视的思想传统;另一方面,我们又自然想到 19 世纪以来的民族苦难,多少前驱,唤起风雷,奋力掀起奔向近代化的文化革命运动,但因迫于救亡图存的政治形势,忙于日新月异的西学引进,来不及去清算遗产,推陈出新,以致他们所谓会通中西、融贯新旧的理论创造,往往流于芜浅或自陷迷途。19 世纪中国近代文化的代谢发展和哲学革命,事实上长期处于"难产"之中。新的在突破旧的,而死的又拖住了活的。甚至"五四"以后的文化运动,由于腐朽传统在文化深层结构中的复旧作用和对外来文化的排拒,忽视了中国思想启蒙的特殊道路和真正优秀传统的发掘与继承,以至历史曾出现多次的曲折和反复。

一个值得思索的教训是,由于长期以来中国封建社会得到充分发展,以儒家

① 王夫之:《思问录》内篇。
② 龚自珍:《壬癸之际胎观第一》。

为主流的封建文化高度发达,文化遗产无比丰富,积淀于其中封建意识形态特别
强固,以致 17 世纪以来试图冲决封建网罗的启蒙思想显得势孤力薄,屡遭挫折,
道路坎坷,在一般人心目中若有若无。人们提到中国传统文化,似乎无疑是指从
先秦到宋明的儒家传统。直到近现代,虽有学者注意到儒学正宗之外的"异端",
注意到晚明开始出现的学术思潮的异动,并认定其含有新质,但由于中国的近代
及其文化发展的畸形,新兴阶级的软弱,没有能力去完成清理遗产和融摄西学的
历史任务,长期陷在全盘西化与维护传统的两难选择之中。而按"中体西用"的
流行范式所容纳的"西学",耳食肤受,缺乏深究,从未考虑其与中国传统文化中
已经"破块启蒙"的新生面相结合,也从未找到中华文化的历史积累已孕育出的
可以向近代转化的文化主体。这样,就只能任康有为的《孔子改制考》和刘师培
的《中国民约精义》以至现代新儒家的"返本开新论"流行一时。

今天,我们在新条件下回顾历史,总结教训,为中华文化的未来发展而掀起
文化问题的研讨热潮,对于中西文化的异同比较,异质文化的汇合与冲突,中国
文化走向近代的曲折历程,中国传统文化与现代化的关系,中华新文化建设中的
主体思想等问题,正展开深入讨论和群体反思。笔者认为,通过历史反思,应当
意识到,我们民族踏过了四百年来曲折的历史行程,现正处在新的历史转折时
期。就我国走出中世纪、迈向现代化的文化历程的运动轨迹来说,实际是继续着
17 世纪以来的历史行程,正在以多元开放的心态,更自觉、更深广也更有选择地
吸取、消化西方文化及其最新成果,同时也应当更自觉地了解中国文化的发展中
已经孕育着的必须和可能现代化的内在历史根芽,正确把握传统文化与现代化
的历史接合点。

传统文化只能靠自身的代谢活力而获得新的生命,并通过一代文化主体的
自觉参与而得以实现向现代化的创造性转化。如卡西尔说的:"作为一个整体的
人类文化,可以被称作人的不断解放自身的历程。"①

---

① [德]恩斯特·卡西尔:《人论》下篇,第十二章《总结与结论》,上海译文出版社,1985 年。

方法刍议

中国哲学史方法论问题刍议

——新编《中国哲学史》导言

中国哲学史是一门发展着的科学。中国哲学史之所以成为一门科学,有其发展的历史过程,作为一门科学的中国哲学史,还需要继续沿着马克思主义的哲学史观所开辟的认识道路不断地发展。

在中国古代,早就有对前代学术思想成果进行总结性评述的论著,诸如《庄子·天下》、司马谈《论六家要旨》、宗密《华严原人论》、朱熹《伊洛渊源录》,直到黄宗羲主编的《宋元学案》《明儒学案》等。这些论著,按不同的时代要求,从不同的思想角度,辨章学术,考镜源流,至今对哲学史研究仍有参考价值。但由于古代社会分工和学术分类的局限,哲学还与其他非哲学的社会意识形态浑沦未分,被包容在所谓"内圣外王之道""天人性命之学"的庞杂体系之中。哲学史还不可能成为独立的学术门类。

哲学史的专门研究伴随着哲学的独立化而始于近代。在西方,近代资产阶级哲学冲破了神学网罗而独立发展,曾被囊括在神学中的各个学术部门相继独立,于是有了哲学和哲学史的专门研究;又经过几代人的努力,才由黑格尔系统化的演述而总其成。黑格尔基于唯心辩证法所形成的哲学史观及一系列方法论问题的探讨,作出划时代的贡献,被马克思赞为"开始奠定哲学史的基础"[①],并

---

① 马克思:《博士论文》,第2页。

实际成为马克思主义创立科学的哲学史观所继承和改造的直接理论前提。在中国，近代是畸形的，中国资产阶级政治上软弱，文化上落后，因而哲学发展极不成熟，但毕竟在广泛吸取西方近代哲学的过程中，逐步摆脱了封建"经学"等传统的束缚，开始了对中国古代哲学和哲学史的独立研究。经过章太炎、刘师培、梁启超等人的钩稽撰述，到"五四"前夕出现了胡适的《中国哲学史大纲》（上）；嗣后，一些学者如冯友兰、萧公权、范寿康、唐君毅、钱穆等以类似论著，踵事增华，颇有发展。他们的研究成果，比之古代学术史论大有进步，为中国哲学史适应近代学术分工的要求而独立成科，作出了历史贡献。但是，他们在研究中所采取的哲学史观及其方法，却落后于"五四"以后整个文化思潮的迅猛发展而具有极大的局限性。总的说来，这些论著，往往陷入浅薄的唯心史观，停留于对历史上某些学派分合、思潮起伏的现象形态的描述，谈不上对哲学发展的本质矛盾和内在规律的阐释，在方法上还未能达到黑格尔演述西欧哲学发展所显示的思维水平，也未能真正跳出中国古代学术史论的某些陈旧的窠臼。

"五四"以后，在中国新旧文化思想的激烈冲突中涌现出马克思主义的生力军。随着马克思主义哲学运动在中国的蓬勃展开，首先在社会史领域，然后在思想史领域，以郭沫若为代表的马克思主义学者作了巨大的开拓性工作。马克思主义的唯物史观以无可辩驳的科学锋芒，解开了许多中国古史之谜。20世纪30年代起，吕振羽、杜国庠、侯外庐等发表的有关中国思想史、哲学史的一些论著，使历史唯物主义的真理与中国哲学发展的特点初步结合，破除了不少封建传统意识用以解释历史的迷信，批判了"五四"新文化运动中滋生的某些思想偏向和种种非历史主义的臆说，这就为中国哲学史走向科学化开辟了道路，奠下了基石。

新中国成立以后，以马克思主义为指导的中国哲学史这门年轻的科学，得到空前的繁荣和发展。尽管在发展过程中有过干扰，走过弯路，尤其是"左倾"思潮的一再作祟，曾产生过把马克思主义的哲学史观公式化、庸俗化、贫乏化等不良倾向。但三十年来，历史资料的整理，方法论问题的研讨，重要考古文献的发现，研究成果的积累,科学体系的初步建立等方面,都取得了长足的进展。特别是结束了"十年动乱"之后,迎来学术解放的春天,为"拨乱反正"而展开的对马克思主义哲学史观的理论研究日益深入,许多学术问题的争论得以正常开展,一些新的研究领域逐步开辟,这一切,标志着作为一门科学的中国哲学史正在更坚实的基础上建设起来。

当然,在科学的道路上,"直行速获而可以永终"的事情是没有的。目前,中国哲学史的科学化建设还有待从多方面努力推进,特别需要进一步研究、解决一些基本的理论、方法问题。我们在编写本书的过程中,曾经注意到以下一些问题。

首先,中国哲学史作为一门科学,它所研究的特定对象、论述的重点范围和史料的筛选原则,似应得到进一步的科学规定。这是一个历史遗留的问题。在西方,经过资产阶级哲学发展的整个历史阶段,原被包容在哲学中的各门科学以及与哲学关系最密切的伦理学、美学、心理学、社会学等都相继独立出去,并各有自己的专门史。哲学的概念逐步净化,使哲学史研究的特定对象也逐步明确。特别是黑格尔提出了"哲学史由于它的题材的特殊性质而与别的科学史不同",必须把其他精神文明的材料排斥于哲学史之外,"哲学史才会达到科学的尊严"[①]等思想,西欧哲学史的研究范围和史料筛选等问题,似乎得到了历史的解决。由于历史条件不同,中国长期封建社会,留下了丰富的精神文化遗产和笼统的学术分类传统,近代又流行着所谓"中国哲学属于伦理型""中国古代哲学家缺乏逻辑思维""中国哲学主流之进展是极高明而道中庸"之类的似是而非的论断,影响到中国哲学史的研究,范围难定、对象不明,往往因人而异地把未经筛选的各种思想资料羼入哲学史,似乎中国哲学史的研究可以而且应当去分担政治、伦理、法权、宗教、教育等思想史的研究任务。这样,哲学史或仍被沉没在一般思想史、学术史之中,或由于研究的对象不明,承担的任务太广,从而模糊了自己的特定任务。

---

① 黑格尔:《哲学史讲演录》第 1 卷,商务印书馆,1959 年,第 12—13 页。

　　按照马克思主义对社会诸意识形态的分析,哲学是一种特殊的社会意识,它具有自身的特殊矛盾及其发展的特殊规律。哲学史研究的特定对象,简括地说,就是哲学认识的矛盾发展史。所谓哲学认识,区别于宗教、艺术和各门具体科学的知识,是人们以理性思维形式表达的关于自然、社会和思维运动的一般规律的认识,也可说是对于客观世界的本质和人对客观世界能否认识和改造、怎样认识和改造的总括性认识。这种哲学认识,来自人类在不同发展阶段的历史实践中对各种具体科学知识的概括、总结和反思。在古代,它常被混合在各种具体知识中,所以哲学史研究往往涉及其他学术史料,但就哲学认识成果的形式和内容而言,就其在人们认识和实践中的作用而言,都与其他非哲学的认识有质的区别,可以从古代学术思想资料中筛选出来。哲学史料的筛选,当然不能主观随意,而取决于对哲学史研究的内容和对象的科学规定。列宁通过对希腊哲学的考察,把哲学史简略地规定为"就是一般认识的历史",即关于自然、社会和思维的"一般"(共同本质、普遍规律)的认识的历史,借以区别于"全部认识领域"中其他"各门科学"关于特殊、个别领域的本质和规律的认识史,但哲学认识并不与各种科学认识相脱离,也不是各种科学认识的简单综合,而是通过哲学的概括、总结和反思,抽象出"构成认识论和辩证法"等属于哲学的"一般认识"。整个人类的认识史(包括各门科学史及儿童智力发展史、语言史、宗教史、艺术史等)包罗万象,无比宽广,而哲学史研究的则仅是既区别于宗教、艺术、道德,又区别于各门科学而专属于哲学的"一般认识"的历史,按列宁的提示,即认识论和辩证法的历史。① 在中国哲学史的研究中,无疑应当以列宁这些科学的规定为指针,认真厘定哲学史研究的对象、论述的重点和思想资料的筛选原则。例如,中国哲学家们对社会政治问题所发表的许多议论,大量的应属于社会学史、政治学史、法学史等研究的范围,但其中也确有一些是对历史发展规律、社会矛盾运动的哲学分析,则应筛选出来作为哲学史的对象。至于中国古代思想遗产中似乎关于人性善恶、道德理想以及"性情"关系、"理欲"关系之类问题的言论特别丰富,从哲学

---

　　① 列宁:《列宁全集》第38卷,第399页,译文略有订正。

史的角度加以择取,确应重视历代哲学家对人性问题的探讨中有关人的本质、人性的发展和异化等属于历史辩证法问题的认识成果,而其余则理应由伦理学史、道德学史、教育学史等去进行独立研究,哲学史不必要也不可能去代庖。社会诸意识形态虽然互相影响,乃至互相渗透,但各有自己的特殊矛盾和特殊本质,而哲学史与各门科学史的分工,正取决于研究对象所具有的特殊的矛盾性。

　　属于哲学的一般认识在其发展中充满着矛盾。这些矛盾中,最能表现哲学本质的特殊矛盾性,是思维和存在的关系问题所引起的思想原则的分歧和对立。黑格尔曾指出:"思维与存在的对立是哲学的起点,这个起点构成哲学的全部意义。"他认识到哲学在消除这种对立的做法上分为两种主要形式:"一种是实在论的哲学论证,一种是唯心论的哲学论证。也就是说,一派认为思想的客观性和内容产生于感觉,另一派则从思维的独立性出发寻找真理。"① 费尔巴哈在考察哲学史时也指出:思维与存在的关系问题"是最重要的也是最困难的问题,全部哲学史就是在这个问题的周围兜圈子"②。恩格斯总结这些成果,进一步作出更明确的论断:"全部哲学,特别是近代哲学的重大基本问题,是思维与存在的关系问题。""哲学家依照他们如何回答这个问题而分成了两大阵营。凡是断定精神对自然界来说是本原的,……组成唯心主义阵营。凡是认为自然界是本原的,则属于唯物主义的各种学派。""但是思维和存在的关系问题还有另一个方面:我们关于我们周围世界的思想对这个世界本身的关系怎样?我们的思维能不能认识现实世界?我们能不能在我们关于现实世界的表象和观念中正确地反映现实?用哲学的语言来说,这个问题叫做思维和存在的同一性问题。"③ 这一科学的总结,是马克思主义哲学史观的一个理论基石。它本质地概括出了哲学的"基本问题"或"最高问题"作为哲学矛盾产生的根据和划分哲学上对立阵营的唯一标准,并如实地指出了从思维和存在的关系问题所展开的哲学矛盾运动的复杂性和丰

---

① 黑格尔:《哲学史讲演录》第 3 卷,第 292 页。
② 列宁:《列宁全集》第 38 卷,第 63 页。
③ 《马克思恩格斯选集》第 4 卷,第 219—221 页。

富内容。哲学的基本问题包括：思维和存在谁是本原的世界观(本体论)方面的问题和思维能否反映存在的认识论方面的问题，由这两个方面的分歧所产生的唯物主义和唯心主义的矛盾，是哲学认识中最普遍、最根本的矛盾。而在回答世界的本原问题时必然联系到世界是否运动变化，统一的本原怎样发展为杂多的万物等问题；回答世界能否被人认识的问题时必然联系到这种认识是否具有能动性，是否有一个发展过程等问题。这就逻辑地蕴涵了两种发展观的分歧，由此产生的辩证法和形而上学的矛盾，贯串哲学认识史的始终，也是根本性的矛盾。哲学认识中这些本质的矛盾，具有普遍性，因而具有表现形态的多样性，它们在各个民族及其哲学发展的不同历史阶段，可以有千差万别的表现形态。中国古代哲学的独立发展，历史地形成一些独特的概念、范畴和争论的中心问题，如前期的"天人""名实"之辨与"和同""常变"之争，后期的"理气""心物"之辨与"一两""动静"之争，就都是哲学论争的一些焦点，恰好是哲学基本问题及其所引起的哲学本质矛盾在不同侧面的展开。科学研究的任务，就在于揭示出这些哲学的本质矛盾在中国哲学发展中的表现形态和历史特点，揭示出矛盾的普遍性与特殊性的具体联结。

哲学认识的矛盾发展，按其逻辑进程，集中地体现在哲学概念、范畴的产生、发展和演变之中。范畴是认识之网上的纽结，是理性思维在去粗取精、去伪存真的积淀、升华中的结晶。由普通概念精炼成为哲学范畴，哲学范畴的内涵由贫乏到丰富、由朦胧到清晰、由简单到复杂、由抽象到具体，哲学范畴之间的联系、对立、依存、转化的关系由零散而逐步形成明确的系统，都标志着人类哲学认识一步步提高和深化的过程。历史上唯物主义与唯心主义、辩证法与形而上学的相互斗争和在斗争中的互相联结、渗透、转化，正是通过对一些基本范畴的继承、扬弃或赋予不同的解释表现出来。哲学发展到一定阶段的历史总结，也总是通过把以往各个体系中的重要范畴纳入一个新的体系而变为这一新体系中各个环节来实现的。不同民族文化系统中的哲学思维的特点和水平，可以通过范畴体系的异同对比而得到较好的说明。列宁指出："概念(认识)在存在中(在直接的现象中)揭露本质(因果律、同一、差别等)——整个人类认识(全部科学)的真正的一般进程就是如此。"①"从逻辑的一般概念和范畴的发展与运用的观点出发的思想史——这才是需要的东西!"②科学的哲学史应当分析概念和范畴的发展与运用,分析每个哲学家的中心范畴,分析一些重要的哲学家的范畴体系,特别要研究不同历史阶段的哲学矛盾运动中哲学范畴的逻辑发展。只有通过这样的分析和研究,才可能真正揭示出哲学思维发展的进程和规律。中国哲学发展的不同阶段都合乎规律出现了一系列天道观、认识论和发展观的概念和范畴,有的公用,有的独用,有的时起时灭,有的长期流行,诸如"天""道""气""神""有无""道器""阴阳""消息""动静""常变""体用""本末""和同""一两""理气""心物""能所""知行"等较为通用的范畴,也都经历了复杂变化、曲折发展的过程,它们在不同历史阶段上对立的哲学体系中各有自己的规定,这些基本范畴的含义不断丰富深化,正反映了哲学认识螺旋前进的客观进程。所以,具体剖析和清理这些范畴在不同派别、体系中的特定含义和特殊应用,进而把握它们在人类哲学认识史上的逻辑意义和客观作用,无疑将大有助于探索中国哲学发展的内在规律。中国哲学史的科学化建设,应当把研究哲学范畴的历史联系和逻辑发展作为一个重要课题。

基于以上认识,在本书的编写中,按我们所理解的哲学史研究的特定对象,比较注意突出了哲学思想的发展线索,而对哲学家们的非哲学的思想成果则尽量删略。把围绕哲学基本问题所展开的哲学矛盾运动,作为论述的重点,而以认识论和发展观为重心。一方面,对历代哲学矛盾发展的普遍根据,即其社会阶级根源、自然科学基础和其他社会意识、时代思潮的影响等,进行必要的历史唯物主义的说明;另一方面,对哲学本身发展的特殊根据,即哲学本身作为思维运动的内在矛盾,试图进行同样必要的唯物辩证法的分析,通过分析哲学范畴的历史演变来探索哲学认识发展的逻辑进程。为从事这一艰巨的探索,我们认为还必须充分重视哲学史研究中的一些重要的方法论原则。

哲学史方法论问题是多方面的。历史唯物主义所提供的解剖社会意识形态

① 《列宁全集》第 38 卷,第 355 页。
② 《列宁全集》第 38 卷,第 188 页。

的一般方法,诸如阶级分析的方法、历史主义的方法、比较鉴别的方法、实事求是的人物评价方法、系统周密的史料考订方法等,都是研究中必须坚持的科学方法。但就哲学史这个特殊领域来说,历史和逻辑的统一,是一个具有特别重要意义的指导原则和方法。这是由哲学史这门科学既属史学又属哲学这种特殊的性质所决定的。

历史和逻辑的统一,是作为辩证逻辑的科学思维的一个普遍方法,是马克思主义熔铸、改造黑格尔哲学史观所取得的重大成果。黑格尔哲学史观的一个重要观点,即把哲学史和哲学都看作是"发展中的系统",都是绝对观念的自我展现,两者具有本质的联系。所以,"哲学史的研究就是哲学本身的研究,不会是别的"①。由此导出了历史和逻辑统一的方法论原则。他认为:"历史上的那些哲学系统的次序,与理念里那些概念规定的逻辑推演的次序是相同的。"并说:"如果我们能够对哲学史里面出现的各个系统的基本概念,完全剥掉它们的外在形态和特殊应用,我们就可以得到理念自身发展的各个不同阶段的逻辑概念了。反之,我们如果掌握了逻辑的进程,我们亦可从它里面的各个主要环节得到历史现象的进程。不过我们当然必须善于从历史形态所包含的内容里去认识这些纯粹概念。"②黑格尔把抽象的理念自身发展的逻辑进程看作是基础,把现实的哲学史看作不过是绝对理念自我认识的历史表现,历史从属于逻辑。他所强调的是"哲学在历史中的发展应当符合于逻辑哲学的发展"③,从而唯心主义地颠倒了历史和逻辑的关系。但黑格尔的这一深刻的论述,却包含了历史和逻辑相统一这一辩证思维的合理内核,受到了马克思主义经典作家的高度赞扬,并被其改造和发挥,最终成为马克思主义方法论体系中的一个重要原则。

恩格斯指出:黑格尔的方法"是从纯粹思维出发的,而这里必须从最顽强的事实出发"④。然而,在历史科学的研究中必须摆脱历史现象的外在形式和各种

---

① 《哲学史讲演录》第 4 卷,第 7—8 页。
② 《哲学史讲演录》第 1 卷,第 34 页。
③ 《列宁全集》第 38 卷,第 292 页。
④ 《马克思恩格斯选集》第 2 卷,第 120 页。

偶然性因素的干扰，"因此，逻辑的研究方式是唯一适用的方式。但是，实际上这种方式无非是历史的研究方式，不过摆脱了历史的形式以及起扰乱作用的偶然性而已。历史从哪里开始，思想进程也应当从哪里开始，而思想进程的进一步发展不过是历史过程在抽象的、理论上前后一贯的形式上的反映，这种反映是经过修正的，然而是按照现实的历史过程本身的规律修正的，这时，每一个要素可以在它完全成熟而具有典型形式的发展点上加以考察。"①这就是马克思主义剥取黑格尔的辩证逻辑方法所得出的结论。恩格斯还专门就哲学史和辩证逻辑的关系问题对黑格尔的思想作了发挥，深刻地指明："在思维的历史中，某种概念或概念关系（肯定和否定，原因与结果，实体和变体）的发展和它在个别辩证论者头脑中的发展的关系，正如某一有机体在古生物中的发展和它在胚胎学中（或者不如说在历史中和在个别胚胎中）的发展的关系一样。……在历史的发展中，偶然性起着自己的作用，而它在辩证的思维中，就像在胚胎的发展中一样包括在必然性中。"②列宁也充分肯定黑格尔"把他的概念、范畴的自己发展和整个哲学史联系起来"对辩证逻辑的贡献，并指出："黑格尔的辩证法是思想史的概括。从各门科学的历史上更具体地更详尽地研究这点，会是一个极有裨益的任务。总的说来，在逻辑中思想史应当和思维规律相吻合。"③以唯物史观为前提的历史和逻辑相统一的方法论原则，毫无疑问应当成为哲学史研究的指导原则和根本方法。马克思主义所肯定的历史和逻辑的统一，既是唯物的统一，又是辩证的统一。一方面，坚持从历史事实出发，把哲学发展生动的现实的历史过程作为哲学范畴的逻辑发展的出发点、根据和基础；另一方面，也必须善于透过历史的现象形态，摆脱某些起扰乱作用的偶然性因素，从历史上具体的哲学矛盾运动中去发现其概念、范畴演化发展的逻辑进程及其理论上前后连贯的诸环节。这样把历史的方法和逻辑的方法结合起来，对历史上前后更替、互相对立的哲学体系及其中心范畴，进行深入的马克思主义的阶级分析、历史分析和逻辑分析，剥掉它们的外在形态

① 《马克思恩格斯选集》第 2 卷，第 122 页。
② 《马克思恩格斯选集》第 2 卷，第 544—545 页。
③ 《列宁全集》第 38 卷，第 356 页。

和特殊应用,揭露其中包含的作为人类哲学认识发展的必经的理论环节。这样,就能通过哲学史的研究总结出人类哲学认识史的逻辑。

人类哲学认识的发展,充满了矛盾,经历着曲折,有其大体依存于社会经济发展阶段的思想起落的阶段性。每一阶段的哲学运动,大体都有一个思想的起点和终点,由问题的提出,矛盾的展开,范畴的演变,争论的深入,到思想的总结,形成一个首尾相应的逻辑进程。这个逻辑的进程,由于它所反映的客观过程的矛盾性和反映过程本身的矛盾性,必然经历着曲折和反复、肯定和否定,由偏到全,由低到高,而表现为近似于螺旋式的曲线,近似于一串圆圈组成的大圆圈。这个"圆圈"的比喻是黑格尔提出的。列宁认为,这是"一个非常深刻而确切的比喻! 每一种思想好似整个人类思想发展的大圆圈(螺旋)上的一个圆圈"①。在《谈谈辩证法问题》一文中,列宁按历史和逻辑统一的原则,对西欧哲学发展的"圆圈",曾勾画出一个简明的纲要,具有极其重大的方法论的指导意义。中国哲学史的科学化建设,应当把列宁的这些提示作为指针,努力去探索中国哲学的历史发展中所固有的"圆圈"。

源远流长的中国哲学史,并不是什么"百家往而不反"(《庄子·天下》)的可悲战场,也不是什么千古心传的"道统"记录,而是中华民族的哲学智慧在艰苦曲折中发展的合规律的必然历程。

战国时期的百家争鸣,似乎是"各引一端,崇其所善"(《汉书·艺文志》),"皆有所明,不能相通"(《庄子·天下》),所谓阴阳、儒、墨、道、名、法等各家蜂起,互相攻讦,争论的问题又涉及许多方面。但如果筛选出这些争论中的哲学认识的积极成果,又剥掉其外在的形式和特殊应用,就可以发现这一时期的哲学认识的矛盾运动,有其符合思维规律的固有的逻辑进程,并形成特定历史阶段上哲学发展的一个"圆圈"。早期稷下道家保留在《管子》一书中的思想资料,早被筛选出"精气说"的宇宙观和"静因之道"的反映论,可说是这一时期哲学运动的逻辑起点。孟轲和庄周继之而起,都试图克服这种消极反映论,从不同角度论述和夸大

---

① 《列宁全集》第 38 卷,第 271 页。

了人的主观精神的能动作用,构成哲学认识的必要环节。围绕思维和存在的同一性问题,惠施合同异、公孙龙离坚白、庄周齐是非,各以其片面性和直线性而陷入谬误,却又分别展开和加深了关于事物的差别性和同一性、认识的有限性和无限性、真理的相对性和绝对性等客观矛盾的逻辑认识。后期墨家通过科学实践,注意到同和异、兼和分、一般和个别、相对和绝对在认识中的辩证联结,对名辩思潮中的谬误倾向有所纠正。这些都表现了哲学认识在对立斗争中的螺旋发展,准备了战国末期必然出现的批判总结。荀况以"解蔽"的方法基本上完成了这一历史任务,把百家争鸣中的哲学劳动成果都作为一个个必要的认识环节而纳入自己的哲学体系,并明显地以他的"天行有常"、人道"能群"、"天命可制"的天人关系论和"虚一而静、谓之大清明"的认识辩证法,在更高的理论思维水平上,扬弃了孟、庄、公、惠而向稷下道家的"静因之道"复归,逻辑地标志着这一时期哲学发展"圆圈"的终结。

明清之际的思潮激荡,是中国历史上出现的又一次社会动荡、哲学繁荣的局面,并具有思想上新旧杂陈、方生未死的时代特点。这一时期,伴随着资本主义萌芽,出现了早期启蒙思潮,标志着中国漫长的封建社会及其传统思想已进入马克思所说的尚未达到"崩溃时期",但已"能够进行自我批判"的历史阶段①。一大批思想家几乎同时涌现出来,各以自己的批判武器去继往开来,推陈出新,各不相谋地在时代潮流中选择自己的学术道路,再经过明清易代之后 18 世纪的思想洄流,在当时所谓王学和朱学之争、汉学和宋学之争等历史的外在形式的掩盖下,似乎难于理出他们的各具特点的哲学思想之间有什么内在联系。但是,就这一特定历史阶段的哲学运动说,通过历史和逻辑相统一的分析,不仅可以明显地看出,王夫之的哲学通过扬弃朱熹和王阳明而复归到张载,完成了宋明时期围绕"理气""心物"关系问题展开的整个哲学矛盾运动的大螺旋。而且,从李贽的"童心说"和"是非无定论"对封建独断论怀疑、否定的逻辑意义,可以发现这一阶段哲学启蒙的实际起点。方以智、黄宗羲、顾炎武卓然成

---

① 《马克思恩格斯选集》第 2 卷,第 108 页。

家,正好从自然史、社会史、学术思想史等各个侧面去突破传统思维方式,开拓哲学认识的新领域。王夫之更从哲学上总其成,他在理气(道器)、心物(知行)和天人(理欲)等关系问题上多方面的哲学贡献,把朴素唯物辩证法的理论形态发展到顶峰,并预示着新的哲学启蒙即将来临。稍后,颜元重"习行"、倡"实学"的唯物主义经验论倾向和戴震重"心知"、察"分理"的唯物主义的唯理论思路,开始从不同侧面酝酿着新的思维方法和新的理论动向。但由于中国近代的长期"难产",这个哲学发展的逻辑进程,未能达到它的理论终结,而到 19 世纪初叶历史地转入了另一个时代。

以上是我们对历史和逻辑的统一这一马克思主义方法论原则的一些粗浅理解,在本书的编写中,试图贯彻这一原则而作了一些探索。这些探索显然是初步的,一些具体论断,尚待今后在研究和教学中进一步推敲。

马克思主义的哲学史方法论是一个完整的体系。列宁提出的哲学斗争的党性原则和哲学发展的圆圈思想是统一的,不应作任何割裂的理解。当我们强调历史和逻辑相统一的原则时,毫无疑问应当坚持整个唯物史观的理论前提,坚持哲学矛盾运动依存于社会矛盾运动而又对社会运动有其反作用的观点,坚持人民群众的三大实践是哲学发展的动力和源泉而哲学发展又有其相对独立性的观点,坚持观点和材料的统一、共性和个性的统一、一般原理指导和具体分析的统一,等等。一句话,必须坚持马克思主义的党性和科学性的统一。而科学性又是无产阶级党性的基础。全面理解和坚持这些原则,就一定能够不断地推进中国哲学史的科学化建设。

把中国哲学史作为一门发展着的思维科学来研究和学习,具有多方面的意义。而最主要、最根本的意义在于:① 通过对中国哲学发展进程的历史考察和逻辑分析,把历史上经过许多艰难曲折才获得的哲学劳动成果和哲学斗争经验重新反刍一遍,总结和吸取其中理论思维许多典型的经验教训,可以锻炼、提高理论思维的能力。这与我们民族当前面临的时代任务,建设社会主义精神文明,实现四个现代化,急起直追,勇攀现代科学和现代唯物主义的高峰有着直接的联系。恩格斯指明了这种联系,他说:"一个民族要站在科学的最高峰,就一刻也不能没有理论思维。"①但理论思维的能力"必须加以发展和锻炼,而为了进行这种锻炼,除了学习以往的哲学,直到现在没有别的手段"②。恩格斯还从反面指出:轻视理论的自然主义,经验主义的思维道路必然受到历史的惩罚,以致"连某些最清醒的经验主义者也陷入最荒唐的迷信中,陷入现代降神术中去了"③。不久前历史留给我们的惨痛教训不是还记忆犹新吗? ② 通过中国哲学史的学习,特别是对历史上独立形成的哲学范畴的体系、哲学斗争的焦点、哲学发展的"圆圈"进行认真的分析,揭示其规律和特点,解剖世界上仅有的几个文化系统中哲学创造的这一个历史类型,继承这份珍贵遗产,可以充实唯物辩证法对人类哲学认识史的概括。这对于丰富和发展马克思主义的哲学和哲学史观,是一个重要的方面。马克思主义的哲学史观,从欧洲哲学史的总体上,已揭示出了朴素形态的唯物论和辩证法相结合的古代阶段到机械唯物论和唯心辩证法交错发展的近代阶段,再进到科学形态的辩证唯物主义的现代阶段这一人类哲学发展的大圆圈。除希腊阶段外,列宁对欧洲近代充分发展的哲学矛盾运动更勾画出三个小圆圈,直到马克思主义产生而开辟哲学发展的新纪元。这是结合欧洲历史特点所总结出的人类哲学发展的普遍规律。沿着马克思主义哲学史观所开辟的认识道路,我们应当结合中国历史特点总结出人类哲学发展中具有典型意义的客观规律,诸如夏殷周奴隶制时代的哲学的产生和发展,作为东方大国在战国封建制形成过程中哲学矛盾运动的展开,长期封建社会得到充分发展的哲学斗争转化的两大阶段,中国近三百年的哲学启蒙在历史洄流中的两个螺旋,直到马克思列宁主义传入、毛泽东思想产生,中国哲学跃进到一个新阶段。这些典型规律的总结,不仅可以丰富对人类哲学发展的总规律的认识,而且有助于我们深刻认识毛泽东思想中的哲学贡献的划时代意义,也有助于我们预见中国哲学发展的未来。③ 在研究和清理哲学遗产中,必然涉及两种民族文化、两种思想传统的问题。哲学区别于一般文化思想,而又总是与某种文化思想相依存并成为其核心。中

---

① 《马克思恩格斯选集》第 3 卷,第 467 页。
② 《马克思恩格斯选集》第 3 卷,第 465 页。
③ 《马克思恩格斯选集》第 3 卷,第 482 页。

国哲学遗产中,历史既保存下不少真理的颗粒,作为哲学认识的积极成果,应当加以发掘和总结。同时,历史也遗留下不少谬误的种子,作为认识史上的赘瘤,作为民族文化传统中的某些糖衣裹着的思想毒素,至今还起着腐蚀、毒害人们的作用,必须加以批判和揭露。当然,在中国哲学史的研究中对这些糟粕毒素的批判,只能是科学的解剖,解剖其历史的根源和作用,还其历史的本来面目,并指出其将被人们扫进历史垃圾堆的必然性。

我们想,明确对象,突出重点,掌握方法,认清目的,中国哲学史这门科学的研究和教学,必将取得某些新的成绩。

（1981 年 12 月）

马克思主义哲学史观
与蒙古族思想史研究

——1983 年 5 月在呼和浩特蒙古族哲学
思想史首次年会上的发言

　　我参加这次盛会,完全是抱着学习的态度来的。几年来蒙古族哲学思想史的研究工作已经取得了很大的进展,但是对于我来说还是一个启蒙。因为过去没有这个条件,处于一种无知的状态,现在初步接触到。我深深感到同志们的这项工作是"拓荒",是前无古人的、创造性的工作。就这么短短的两三天,我看了一点材料,就很有感触。像保巴的著作《易原奥义》《周易原旨》,过去我只看到过这个名字,但是没有去读他的著作,这次看到有的同志整理的一些材料,才有点了解,才知道蒙古族的学者在中国的易学史上也有贡献。关于元代哲学史的补白问题,在中国哲学史界说了很多年,过去侯外庐同志发现邓牧,我也曾想过叶子奇的《草木子》、刘基的《郁离子》,但这些都是明初的作品。所以,补白问题始终没有解决。南京孙叔平同志在他的著作中说到许衡,但许的思想多是重复朱熹,没有新的发挥。现在看来,这件事大有希望,我特别感兴趣的 17、18 世纪我国兴起的启蒙思潮问题,在蒙古族的思想家中也有所反映,比如《蒙古源流》的作者萨冈彻辰,《占巴蒙古史》的作者占巴扎撒克,步入近代以后的伊湛纳希的《青史演义》《一层楼》等。通过同志们的介绍,我了解到萨冈彻辰、伊湛纳希这样的学者,跟许多汉族学者一样,当他们处在封建制度已到了自我批判的阶段时,自然而然地也反映出了一些启蒙的要求。这就证明了一个时代来临之后,各个民族的思想家都不约而同地有共同的思想倾向。我在一篇文章中谈到 17 世纪中国产生了早期启蒙思潮,这在当时蒙古族的学者中也有反映,说明具有普遍性。这些收获,是短短两三天得到的,又都是很具体的。所以我很感谢同志们!

我不敢作什么学术报告,只能谈几点感想,其中一定会有错误,希望同志们不吝赐教。

一、蒙古族哲学研究的意义和它的立足点问题

蒙古族哲学及社会思想史的研究,是我们整个中华民族哲学史的一个重要组成部分。通过这一研究取得的成果,将会促进整个中国哲学史研究的完善化、科学化,并且还会提高我们对于中华民族的文化发展的认识。

过去,中国哲学史的体系是有缺陷的。研究者的视野有局限,一些传统的观念、传统的偏见常在那里作祟,所以自觉不自觉地暴露出不少问题。

比如,三国西晋时期,我们就只着眼于魏晋玄学,对于东吴地区、巴蜀地区的思想家和学者,基本上都排除在视野之外。其实,当时东吴地区的科学比北方发达得多,杨泉就是非常优秀的自然哲学家,当时北方的玄学名士不见得比得上他。所以只讲"魏晋玄学"不讲东吴,不讲反玄学,这也是一种偏见。

再比如说南北朝,也只重南朝,不讲北朝,或讲得很少。是的,南朝出现了范缜这样的无神论者,但是北朝也有邢劭、樊逊!但是一般哲学史就不大讲北朝。还有南宋时期,讲南宋讲得很细致,而整个北方的辽、金、西夏则完全不提。至于元代,更长期是一个空白。

像以上这样一些问题,都暴露出过去那个体系是有问题的。事实上,我们这个民族文化发展的真相、主流,并不是像现在一些教材、体系所反映的那样,而是另外一个样子。这就是:我国各个民族在经济文化上从来就是不断联合、相互交融的,在交流、融汇、互相促进、互相学习中,自然形成了这样一个多民族的联合体,形成了我们民族历史文化发展的主流,形成了一个有统一倾向的文化共同

体。尽管经过一些风风雨雨，总是没有被打散。就这方面说，我们中华民族的凝聚力是相当强的。

对于外来文化，我们各个民族的消化力也是强的。对于别的民族的文化以及外来的文化，无论阿拉伯文化、印度文化、西欧文化，还是"十月革命"的炮声送来了马列主义，我们各个民族都乐于接受，能消化得了。比如，印度佛教，它有许多宗派，理论也很复杂，但是我们汉族、蒙古族、藏族许多学者把它搞通了，把它消化了，曾经变为我们民族精神生活的一部分。马列主义来了，那更是如此，在我们民族思想的土壤中扎下了种子，生根、发芽、开花。正因为这样，所以，我们民族的文化传统源远流长，能够成为世界仅有的几大文化系统之一，而且是比较稳定的文化共同体。因为我们在文化上不断地更新，不断地创造，所以我们的民族文化具有很强的生命力。我们是一个几千年的文明古国，并没有显得很衰老，特别是马列主义传来之后，更焕发了青春，显示了强大的生命力。

我国各民族祖先的文化创造既是多元的，又是统一的。现在的考古发现，在原始社会，在亚洲东部平原上，我们祖先的文化创造就是多元的。元谋人，一百五十万年前，在云南；资阳人，在四川；北京人，在华北；还有处于母系氏族社会的半坡遗址，六七千年前，在陕西；最近在浙江，发现河姆渡文化，七千年前，那时已种植晚稻。考古学家研究各地出土陶器上的花纹，证明了文化上各有特点，千差万别，同时又相互交流、融汇，相互影响，并逐步形成了以中原地区的华夏族为中心的这样一个民族大联合。史书记载，"禹会诸侯于涂山，执玉帛者万国"，说明是很多的氏族部落形成了华夏族，形成了三代相继的夏、商、周奴隶制的统一的大国，形成了青铜器的文化，光辉灿烂。

在春秋战国时期，从文化角度看，在各个地区又有各自独立的发展。过去四川学者蒙文通先生提出了这个问题，说我们中国很多地区文化发展各有其特色。最近，任继愈同志写了篇文章，研究中国古代哲学的地区性问题。例如，邹鲁一带，出现了儒家孔孟文化；燕齐海上一带，方士神仙很活跃；三晋文化，踏实质朴，多法家；荆楚文化，有屈原、老子，长于抽象思维；吴越文化，战争理论发达。秦陇在关中，经济上、文化上、军事上都后来居上。这样一些文化，在内容、形式、学风上,都各有特色,经过独立的发展,然后到秦汉的大统一、大融合,形成了所谓汉文化。

南北朝时期,看起来是分裂、对立,实际上也是文化大融合。在北方有匈奴、氐、羌、鲜卑,以后又有鲜卑族的拓跋氏,并且被拓跋氏统一了。再到隋唐又实现了南北大统一,不仅政治上统一了,而且文化也统一了。

唐太宗定了一条国策,主张国内各民族平等联合。有人说,李渊一家本是少数民族,唐太宗的妻子长孙皇后也是鲜卑族。唐太宗对各民族联合是做得不错的。当时参加中央政权的就有各少数民族的人物,在长安,各少数民族和东亚、阿拉伯各国的学生很多,据记载有一万人。李白就通少数民族语文,他的小女儿取了一个译音的名字,叫"玻璃奴",可以看出当时各民族之间的文化交融。

到了封建社会后期,元、明、清三代,经过多次融合形成的汉、蒙古、满各族,又来了一个大融合,并且真正形成了政治上、文化上的联合,一再开创了强盛的新局面。

以元代替南宋来说,当时南宋政治腐败,社会风气不好,学术文化方面也萎靡不振,汉民族似乎处于一种衰竭时期,所以以元代替南宋,从马克思主义的观点,通观整个历史来看,应该说是我们民族的一个进步,是又一次历史的前进。元帝国的形成,使社会生产力、商品经济都比南宋时期有所发展。比如,元代开始发行纸币,就不是件小事,说明商品经济发达了,才有这个需要。现在全国分若干"省",也是始于元代,这也不是小事,因为"省"首先是一个经济区划,当然也是一个政治区划,是一定社会需要的产物。至于大科学家郭守敬,也出现于元代。马可·波罗正当忽必烈时代到中国来的,先到北京,后到西南各省,又在扬州担任总督三年,他在游记中盛赞中国富庶并具有高度文明,说明元代各地很繁荣。以元代替南宋,是我们整个民族的一次振兴,并为明帝国做了准备。我们现在的版图,大体是明帝国定下来的,明代是我国又一个强盛的时代。到了晚明时期,又腐化了,很糟糕,爆发了严重的政治危机、经济危机和文化危机。在这个情况下,毛主席曾在一次会上说:"以清代明,我看是一个历史的进步。"后来,刘大年同志据此写了《论康熙》一文,恢复了康熙在历史上的地位。前年在天津开了一次明清史的国际学术会议,国内外学者写了不少关于明清史的论文,我看了一些材料,感到康熙这个人重视科学,善于团结各民族,他是有点本领的。比如他搞了个热河避暑山庄,把每个民族的政治首脑请去避暑,蒙古族去的住蒙古包式的建筑,藏族去的住拉萨式的建筑,尊重各民族的风俗习惯。康熙很善于做这样的工作,所以很快使国内民族矛盾得到调整,这样我们整个民族的历史又一次前进了。康熙时的科学、文化、生产,搞得不错。全国开荒超过明代三倍,人口增长了一倍多。人口是能说明生产情况的,生产发展了,人口才可能增加,康熙本人懂好几种文字,懂蒙文,精通汉文,据说还懂一点希腊文,这样的皇帝在中国是少有的。所以毛主席的话是有道理的。纵观历史的发展,元明清时代,由于蒙、汉、满以及其他一些民族的努力,政治上联合,文化上交融,又不断开创新局面。从12世纪到18世纪,蒙古族的思想家、政治家、著作家,也出了不少。这次在会上一个同志的材料提到,这个时期用蒙文写的蒙古族著作就有一百多种,中间当然有不少优秀的思想家,在文化大交流的过程中作出了很好的贡献。在吸收外来文化上,蒙古族也很敏感。《文物》杂志上曾有一篇文章,说欧几里得的几何学,在中国第一个是蒙古族科学家翻译成蒙古文的,到明末才译成汉文,以后才译成满文。在这样一个民族联合、文化交流的历史运动中,在过去,不可避免地会出现一些矛盾、冲突、斗争。但是,我们必须看到,在这个过程中,历史的主流是多民族的联合和文化共同体,在世界历史上还是仅有的范例,是很值得珍视的。应该说是人类史上的一个伟大的创造,一个伟大的成就。因为在这个时候,正是17世纪以后,特别是18世纪末叶以后,我们整个民族由于封建制度的长期停滞,经济文化上都落后了,而西方殖民主义强盗开始横行,沙俄的势力也开始扩张。我们的民族虽屡遭侵略,血泪斑斑,但还是顶住了,没有像印度,亡了国,也没有像阿拉伯国家,搞得四分五裂。这个不是偶然的,这就是因为我们早就形成了一个统一的多民族的国家,表现了我们各个民族的文化的凝聚力。也正因为如此,所以到了近代,我们各民族的人民,都在共同的苦难中觉醒了起来,奋起斗争,前仆后继,差不多同时,或者稍有点先后,在这样一个共同的文化思想的土壤上,接受了马克思主义的传播,在中国共产党的领导下,团结战斗,终于跃进到社会主义,迎来了今天这样一个局面,迎来了"东方的觉醒",迎来了历史的春天。

我们中华民族的凝聚力,对外来文化的消化力,由此形成的民族生命力都是很强的,这应该说是我们共同的宝贵传统。我想,为了建设中国式的社会主义精神文明,今天来研究、继承、整理各民族的文化遗产,研究我们各民族的哲学史、思想史,研究各族文化交流史的时候,应该立足于这一点,紧紧地把握住这样一个主流,克服一些旧观念,防止各种各样的片面性视角。

二、马克思主义的哲学史方法原则与蒙古族思想发展的具体历史特点相结合的问题

同志们在这方面已经作了一些很深入的探讨,有不少研究成果。有些问题我过去没有想过,或想得很少,所以,很有启发。另外有些共同的疑难问题,我们在处理汉族哲学史的过程中同样遇到,值得我们共同来探讨。

关于马克思主义与哲学思想发展的具体特点相结合问题,从一定意义上说,也就是普遍、特殊跟个别的关系问题。从方法论的角度来看,普遍、特殊和个别是辩证地联结在一起的,不能割裂。尽管我们反对从原则出发、从定义出发,但是我们仍然要坚持马克思主义的哲学史观及其一系列方法论原则的普遍指导意义。这不是因为我们迷信,而是因为人类社会的发展,哲学思维的矛盾运动,有它固有的普遍规律,而马克思、恩格斯、列宁对于这些普遍规律,已经作过科学的总结和深刻的论述,具有普遍意义。各民族的哲学发展史尽管有各自的特殊的表现形式,有它精神发展的不同的(或长或短)历程,但是,普遍性总是寓于特殊性之中,而特殊性总是不能游离在普遍性之外,它们总是结合在一起的。从事蒙古哲学史研究的同志一再提出要很好研究马克思主义的哲学史观,研究马克思主义的方法论,有些问题过去虽然研究过,但他们认为还要再三研究。我认为这是完全正确的,是确实必要的。

在这方面,过去我们的独立研究不够,受苏联的影响很多。苏联 20 世纪 30年代批判德波林学派,20 世纪 40 年代批判亚历山大洛夫编的《西欧哲学史》那

本书。后来日丹诺夫代表中央作了那个结论,其后《布尔什维克》《共产党人》又发表了一系列社论、批判文章,搞得很厉害。这对我们影响很大。20世纪50年代我们正面接受的,就是这一套观点。

关于日丹诺夫对哲学史的定义,这里暂且不谈,因为那里面有表述问题、理解问题,当另作讨论。但是,我们从他那整个报告,从当时苏联发表的社论、文章来看,在对待哲学遗产问题上,他们的思想"左"得厉害。日丹诺夫的报告中,强调的是马克思主义出现后,过去的哲学都被否定了,终结了,所以只讲革命的变革,不承认马克思主义哲学同时也是对过去哲学的科学的总结,只强调批判,基本上不谈继承;斥责亚历山大洛夫把以往的哲学家看作是"同行",而没有看作是"敌人"。从康德到黑格尔的德国古典哲学,被宣判为是德国贵族对法国革命的反动,一股脑把德国古典哲学遗产否定了,当然包括把黑格尔的哲学史观也否定了。这个问题,也影响过我们。尽管毛主席过去在《新民主主义论》等著作中,对文化遗产的批判,讲得比较全面,但我们依然受苏联20世纪30年代到40年代"左"的思想影响。这一点,现在许多同志都认识到了。至于日丹诺夫的那个定义,我看虽有缺陷,当未大错。头一句讲"科学的世界观胚胎、萌芽,发生和发展的历史",似乎还多少吸取了一点黑格尔的哲学史观的味道,后边那一句,也基本上抓住了哲学史发展的线索,只是有片面性,强调了对立面的斗争,忽视了对立面的统一,强调了两军对战,忽视了螺旋前进……所以问题不全在那个定义,而在他的整个报告的指导思想是"左"的,代表了当时苏联哲学界的总的倾向,这个倾向是违反列宁的哲学遗训的。列宁的哲学遗训是号召苏联的哲学界要认真地研究18世纪法国的唯物论、无神论,要大量地翻译法国的无神论著作,认为那些著作生动地批判了宗教神学,比某些马克思主义的小册子写得好。列宁这是针对苏联宗教势力强大、无神论宣传不够的情况讲的。列宁生前认真研究黑格尔著作,留下光辉的笔记,此前一年留下的哲学、遗嘱,强调要研究黑格尔哲学,号召建立黑格尔的唯物主义之友协会,就是用唯物主义去研究黑格尔辩证法的协会。所以20世纪30—40年代苏联哲学界把黑格尔判为德国贵族的反动哲学,显然违反了列宁的指示。我们粉碎"四人帮"之后,在这一点上有很大的"拨乱反正"。有同志讲,粉碎"四人帮"以后,对德国古典哲学的"平反",是一个重大的收获,过去对康德、黑格尔等许多古人都有"冤假错案",应当甄别平反。这个说法是有道理的。

我讲这一些,主要是要引到马克思主义哲学史观上来。我们研究马克思主义哲学史观,恐怕一定要看到马克思恩格斯的哲学史观是对黑格尔哲学史观的直接继承和改造,吸取苏联哲学界否定、蔑弃黑格尔哲学史观的教训。

应当看到,马克思的哲学史观不是凭空产生的,而是总结了历史上哲学史方面的积极成果,特别是对欧洲哲学发展的一个典型——黑格尔在这方面的巨大成就进行了深入的批判和积极扬弃,吸取了黑格尔哲学中的巨大历史感,把辩证方法从他的唯心主义体系中拯救了出来,形成了自己的历史观和哲学史观,形成了唯物辩证法的真理发展观。恩格斯在《论卡尔·马克思的〈政治经济学批判〉》一文中讲过,对黑格尔辩证方法进行透彻地批判并把它运用于历史科学,这是同唯物史观的发现具有同等重大的意义。因此,我们对黑格尔的哲学史观应该予以重视和研究。

黑格尔站在绝对唯心主义的立场上,把哲学的哲学史都看作是理念的自我发展的系统,两者本质上是同一的,只不过哲学史研究的是理念发展的历史过程,而他的哲学研究的乃是理念发展的逻辑系统。在这个意义上他提出了真理是一个过程的思想。批评以往浅薄的哲学史是"展览馆","堆满了死人骨骼的战场",是"死人的王国",而把哲学史看作是有规律的必然的合理的发展进程。黑格尔还批评以往的哲学史把真理和谬误形而上学地对立起来,否认它们之间的转化。而他把哲学也看作是真理和谬误相互依存转化的矛盾运动。这个哲学发展的矛盾有其历史过程,又与认识规律相吻合而有其逻辑过程。在这个基础上,他提出了逻辑的和历史的一致的思想,他认为哲学的发展是有规律的,是按照否定之否定规律螺旋式前进的,好比一串串圆圈。马克思在《政治经济学批判》、恩格斯在《论卡尔·马克思的〈政治经济学批判〉》、列宁在《哲学笔记》的大量论述中,对黑格尔的这样一套东西,很认真地进行了批判、改造,把它看作是科学的哲学史观的直接的理论前提。

但是黑格尔是唯心主义者,其根本谬误在于"两个颠倒"。一是把存在和意识颠倒了,把意识游离于存在之外并成为一个独立的过程;一是把逻辑的和历史的关系也颠倒了,他认为历史要符合他那个逻辑,哲学史要符合他的逻辑学,如果不符合他就可以按照理念发展的逻辑来剪裁历史,所以他那部哲学史中有些地方牵强附会、任意褒贬、不符合实际。尽管如此,马、恩对黑格尔哲学史观中的合理因素,还是给予了充分的肯定,认为他是第一个奠定了使哲学史成为一门科学的理论基础的人。马、恩对黑格尔的批判,就是把两个颠倒重新颠倒过来。对于黑格尔所说的"思维和存在的对立是哲学的起点,这个起点构成哲学的全部意义"的思想,历史和逻辑相统一的思想,真理是一个发展过程的思想,真理的发展是螺旋前进的思想,等等,马、恩是高度赞扬、充分肯定的,而且对这些深刻的思想,进行了唯物主义的改造,从而形成了马克思主义的哲学史观。

可不可以这样认为:马克思主义的哲学史观区别于黑格尔哲学史观的地方就在于两个根本颠倒。首先,坚持了这么一个根本的理论前提,即社会存在决定社会意识。就是说,把哲学史作为社会诸意识形态之一,把它的产生、发展看作是有普遍根据的,正如其他意识形态一样。这个普遍的根据,就是哲学产生和发展的社会阶级根源、自然科学基础以及其他社会意识形态对哲学的影响;此外,还有时代思潮、一定社会的社会心理对哲学的制约作用。其他社会意识诸如法权思想、伦理思想等的发展,也都是如此。找出这些普遍根据,也就是对哲学的产生、发展,作出了历史唯物主义的科学说明。其次,在这个基础上,马克思主义还要求辩证法运用于哲学史。这也是列宁十分强调的。列宁在读了黑格尔《逻辑学》的《本质论》之后说:"如果我们要继承黑格尔和马克思的事业,那么我们就应当辩证地研究人类思想、科学和技术的历史。"列宁还在其他地方也讲了这个问题。这是什么意思呢? 就是说要辩证地研究人类思维运动的历史,把它看成是矛盾运动的必然,本身作为思维运动有其内在的矛盾,有其内在的特殊根据,即一些思想、范畴的依次出现,互相否定或对立,又互相促进或转化,是一个合规律的过程。黑格尔对此作出唯心辩证法的说明,马克思主义的哲学史观则要求我们作出唯物辩证法的说明。比如,哲学史上,在一定阶段有人强调感性认识是最可靠的,因为是我亲自看到的、摸到的,如果把这种片面的真理夸大为至高的原则,就可能怀疑或否定理性认识的意义而陷入经验论。这样,继起的哲学家就一定强调理性的作用,说感性往往会受骗,感性看到太阳从东方升起,理性告诉你地球围绕着太阳转,两者恰恰相反。因而强调感性不可靠,理性才可靠,乃至抹煞感性的基础而夸大理性的作用,这就会陷入唯理论。然后,又必然出现第三个哲学家,不同程度地承认感性和理性都重要,主张把两者来一个综合。这在中外古今哲学史上都可以看到。又如:有人强调客观规律性,接着又必然有人强调主观能动性,然后出现第三者,综合这两个方面而把人们的认识提高到新的水平。类似这样的发展逻辑,体现在人类认识史中,体现在哲学矛盾运动中。这就要求我们对这样的哲学发展的逻辑过程,进行唯物辩证法的分析,也就是要通过一些范畴、原理、命题的历史演变,揭示其合乎认识发展规律的逻辑进程。这种逻辑进程,是客观的,是不以人们的意志为转移的。

据此,我认为以马克思主义为指导的哲学史研究,以下一些方法论原则似乎应该坚持:

第一,把真理看作是一个矛盾运动的过程的原则。

人类总是在不断地认识世界和改造世界中揭示了一些客观真理或真理的颗粒。列宁讲"人类认识的大树",毛主席讲"真理发展的长河",即无数相对真理的水滴组成绝对真理的长河。真理的发展,是一个矛盾运动的过程,所谓矛盾运动的过程就是说它是一个通过矛盾向前推移的过程,即由低到高、由浅到深、由片面到全面、由零星到系统、由朦胧到明晰、由抽象到具体的过程。不论是个人的认识,还是整个人类的认识,都是这样一个过程。正因为是这样一个过程,所以就必须坚持历史主义。在一定的时代条件下它只能产生一定的哲学思维。因此,任何思想家再伟大,他也只能是真理发展中的一个过渡环节。比如荀况是伟大的哲学家,但是他也是一个过渡的环节,是一定阶段的小总结;王夫之的著作再多,体系再博大精深,他也只能是一定历史阶段的产物,不能超越他的历史时代,不能超越真理发展的一定阶段性。黑格尔有一句话说得很俏皮,他说:"人不能超越他的时代,正如人不能超越他的皮肤一样。"马、恩赞扬黑格尔的著作中有一种"巨大的历史感"。人类在历史实践中发现真理,真理的颗粒是不断积累的。因此,后期的哲学总是要比以往的哲学要丰富一些、深刻一些、明晰一些、具体化一些,它历史地准备着更科学的世界观的诞生。

我们时代的哲学是马克思主义的辩证唯物主义和历史唯物主义的世界观,用上述真理发展观的观点看,那就可以说,以往的整个哲学史的发展,都是在历史地准备着马克思主义哲学的诞生。也可以说,人类哲学的历史发展,通过了很多复杂的环节,曲曲折折,千回百折,千辛万苦,为马克思主义哲学的产生作了历史的准备。李达同志在他著的《社会学大纲》中,把唯物辩证法称作"人类认识史的综合",把以往的哲学史概括为"唯物辩证法的前史",可以说是给哲学史下了一个最短的定义,只有八个字,就是:哲学史是"唯物辩证法的前史"。这"前史"两个字用得好,我是接受这个观点的。

对于真理是个发展过程这样一个观点,我们应该很好地坚持。蒙和巴图同志那天讲到各民族思想遗产的精华正是接受马列主义哲学世界观的桥梁,讲到各民族怎样从本民族的思想遗产出发进到科学的世界观的问题。这个提法,很引人深思,很深刻。我们中华民族之所以在"十月革命"之后,汉民族中的一些先进分子,在1921年以前,"五四运动"前后,以及蒙古族的一些先进分子,在1921年以后不久,能够接受马克思列宁主义,就是长期发展着的民族文化准备了一定的思想土壤,所以马克思主义真理的种子一旦播下之后,它能够生根,发芽。如果没有一定的土壤,在空中,或者马克思主义的种子落到干地上,沙漠上,那它就没法生根发芽。所以,就这个意义讲架设"精神桥梁",或者讲准备"思想土壤",即把以往哲学史的发展看作是"唯物辩证法的前史",我认为是完全说得通的。

黑格尔的《哲学史讲演录》中说:后期的哲学家像一面镜子一样,把以往的哲学都包容在内了;认为历史上真正的哲学都没有被推翻,被推翻的只是它的至上性;真理的颗粒是通过扬弃而保存的。这个说法是很深刻的,马、恩是承认的。我前面举那些例子,历史上有的哲学家只强调感性认识,这就是一种"至上性",这不符合人类认识的实际,所以感性原则的"至上性"错了;但是承认感性认识这一点,则是正确的。马克思主义的哲学,应当把哲学史上的一切积极的成果都包容在其中,但是把它们的"至上性"否定了,使它们成为自己体系中一个一个的环节,各得其所。历史上的哲学家发现或发展了感性认识的原则,给它摆一个位置;另一些哲学家发现或发展了理性认识原则,也给它一个位置;历史上的哲学家对两者的辩证联结也在不同程度上有所论证,也都给它各摆一个位置。但都降低为我们的认识论体系中的一些必然环节。这样,既取消了我们对历史遗产的虚无主义观点,也取消了复古主义观点。马克思主义的体系本身,又是一个开放的、向前发展着的真理体系,马、恩创立了它,列宁和毛泽东发展了它,还有其他很多革命家、思想家、科学家也从不同侧面发展着它。比如现代自然科学的新成就,控制论、信息论、系统论等,如果从哲学上看也都有真理的颗粒或成分的话,那么,它毫无疑问是可以经过熔炼、改造而纳入唯物辩证法体系,变成它的一个个环节的。因此,过去的哲学史,马克思主义哲学,都是发展中的系统,因为真理是一个过程。这可说是马克思主义哲学史观的一个原则。

第二,在唯物史观的前提下,我们承认历史和逻辑一致的原理,从而坚持哲学史研究中历史方法和逻辑方法的统一。

这一点,也是黑格尔首先提出来的。马、恩对之进行了批判改造,在唯物史观的前提下承认这个原则,即历史和逻辑的统一。当然,在马克思主义的哲学史观中,这个统一既是唯物的统一,又是辩证的统一,逻辑要依从历史,要以历史为出发点,从历史中清理出逻辑,而不是历史屈从逻辑,让逻辑强加于历史,即要把黑格尔的那种统一中的颠倒重新颠倒过来。遵循这个原则,从方法论来讲,也就是坚持了历史的方法和逻辑的方法的统一。

过去,哲学史研究,历史的方法用得较多,我们注意把历史材料收集起来,按顺序排列,也较注意对哲学思想的矛盾运动努力作一些阶级根源的分析等唯物史观的说明。但逻辑的方法用得少一些。近几年来"拨乱反正",比较注意这个方面了,比较注意把阶级分析、历史分析和逻辑分析结合起来。

所谓逻辑分析的方法,试举几个小例子。如老子哲学的历史地位,在现有哲学史著作的摆法,千差万别。有人据孔子问礼于老子,又《左传》记载叔向引过《老子》,把它放在孔子之前。也有的据《老子》书中有战国军制的记载,所以把它拉下来,放在战国墨子之后,或孟子之后,或庄子之后,或战国末期。"五四"以来,用这样的历史的方法,考证老子其书其人的文章,有几百篇,迄无定论。现在有同志提出:可不可以用逻辑的方法来考订《老子》一书的时代,恐怕当在孔、墨之后,孟、庄之前。因《老子》书中把春秋时期出现的许多哲学范畴都纳入其中,变成了一个个环节,从而构成《老子》唯心主义辩证法的体系。所以,用分析范畴的衍变的逻辑方法可以证明它只能出现在这个时代,如果逻辑的方法再与历史的方法相结合,就可以得到更加确切的证明。

关于《易传》的情况,也是这样。过去说《易传》是孔夫子作的,所谓文王重卦,周公作爻辞,孔子作十翼,这个说法是不对的,用逻辑的方法证明,《易传》中的范畴和命题只能出现在战国后期,不可能出现在战国之前。这样分析哲学发展的逻辑进程,有同志打比方,好像门捷列夫的周期表一样,元素的排列是有规律的,某处缺一个元素,总有一天会把它补上。哲学的发展也是有规律的,某时代缺一个思想环节,经过史料发掘和逻辑分析,也可能把它补上。这样的思想应该说是有道理的。

当然,在这方面也有些问题值得我们注意。历史现象是复杂的,常常出现曲折、跳跃,有时会出现历史和逻辑的不一致。如列宁画的希腊哲学的圆圈,历史进程和逻辑进程就不一致。但这并不影响从总体上把握这两者的统一,只是这种统一并不是简单的重合,而是辩证的统一。

任何哲学家提出的理论都有它的现象形态。比如,古代哲学著作的表现形式多种多样,或是一篇文章,或是一场辩论,或是一篇史评,且各有它的特殊的运用范围。比如《孙子》是部兵书,提出很多范畴,如"奇、正"、"虚、实"等,它讲"奇正相生,变化无穷"。从此,"奇、正"就成了一对哲学范畴,《老子》把它纳入了自己的体系,其他许多学者也讲"奇、正"。但是这对范畴,当初在《孙子》书中只是就军事运动讲的,有其现象形态和特殊运用。另外,哲学史中还有偶然因素的干扰。比如,蒙古族的哲学史料,有的在战争中散失了。这样,逻辑发展或历史发展中就可能缺了一环。中国的书,被历次的天灾、战争毁损的是相当多的。所以,后来清代学者搞"辑佚"也只能辑得一小部分。此外,历史的发展又还常有它的跳跃性,不是完全地按逻辑的秩序和进程发展,有时被打断了,也有的本来应该在这个时代提出来,可是从历史上看是在稍前或稍后一点的时代提出。有这类的现象,历史的发展是很复杂的! 但是,就在这个复杂的现象中间,也有它合乎逻辑的进程。所以,我们的任务既要看到历史现象的偶然性、跳跃性、曲折性,又要把作为认识史的合规律的逻辑进程及其客观意义揭示出来。这就是说,要把历史的方法和逻辑的方法结合起来,坚持两者的统一,并且以历史的方法作为基础,作为客观的依据,从中探索它的逻辑,探索它的规律性。

马克思在研究欧洲哲学史时,伴随社会发展的阶段,从总体上,总结出它的最大逻辑,就是:古代的哲学都具有"朴素的形态",都经历了这样一个第一阶段,而不管别的复杂因素。第二阶段,形而上学的唯物论和唯心主义的辩证法分别发展,又有唯理论与经验论的复杂矛盾等,但从总体上看第二阶段大体如此,它否定了第一个阶段。然后又进入第三个阶段,即科学形态的唯物辩证阶段。这个否定之否定的进程,可以说是"最大的逻辑",这个逻辑,体现在各个系统的大的民族文化的发展之中。但是各个民族的具体情况又千差万别,如经历的时间长短、发展的成熟程度都大有不同。比如,我们中国前资本主义社会的朴素形态的哲学发展充分,而近代形而上学的唯物论和唯心主义的辩证法这个阶段,则很不典型。由于鸦片战争、帝国主义的入侵,把我们这段历史进程打断了。本来17世纪反理学思潮以及颜元、戴震等作了一些准备,康、谭、严、章和孙中山好像试图创立一个有近代特征的哲学形态,但由于历史"难产"、社会畸形而未能很好实现。但从总体上说,否定之否定的大螺旋还是可以看得出来,可以探索其规律性。这是大的逻辑。当然,其中还有许多小的逻辑、小的圆圈。整个哲学史就是由许多小圆圈构成的大圆圈。例如,前面举过的,由强调感性而再发展到强调理性,再达到两者一定的综合。又如,由强调客观规律性而发展到强调主观能动性,又达到两者兼顾的理论家,由强调矛盾的同一性而发展到强调矛盾的斗争性,并进到把两者综合起来而形成较全面的矛盾观,如此等等。仅是先秦哲学中就充满着这样的小圆圈。《管子》书中保留的稷下道家的遗说《心术》《白心》等篇,强调了"气"的物质性和"道"的客观性,即肯定物质世界及其规律是客观的,并认为要认识世界只能像静水一样地反映,去掉一切主观成见,正确地坚持了反映论的原则。但紧接着孟子、庄子就发现这种消极的反映论是不行的,于是主张"万物皆备于我""独与天地精神往来"等,又不免夸大主观方面的作用。于是必然性地出现了荀子的综合,既承认规律的客观性,认为"天行有常,不为尧存、不为桀亡",又承认天道可知,天命可制,"制天命而用之"。先秦的墨家,重视感性经验,强调"耳目之实"是真理的标准。但儒家,比如孟子就强调理性,讲"心之官则思",认为"耳目"往往受物的蒙蔽,只有心的作用才能认识事物。然后荀子才进一步指出,既要承认"天官"的作用,又要承认"天君"即心的作用,而且多少有点辩证地把两者结合起来。这种小阶段、小圆圈是客观存在的。所以用逻辑的方法,从历史的复杂现象中,是可以清理出它的逻辑进程的。这又是黑格尔提出来的,而由马、恩、列给以肯定了的。哲学发展的大小阶段,都经历这样一个由低级到高级、由片面到全面的前进螺旋。所以,哲学史研究一定要把历史的方法和逻辑的方法结合起来。

第三,"人体解剖提供了对猴体的解剖的钥匙"。

这是马克思在《〈政治经济学批判〉导言》中讲的一句话。人类历史的发展,看起来都是最后的形态把过去的形态看成是向着自己发展的各个阶段,把资本主义经济形态中的商品生产弄清楚了,就为研究奴隶制、封建制下的商品提供了钥匙。意思是说,当对任何事物的发展了的形态研究了之后,对它不发展的形态,就好理解了。这也是一个方法的原则。今天,我们就要站在唯物辩证法的高度,站在马克思主义这个真理体系的高度,回头去看历史上的那些哲学家,才能看清他的贡献在哪里,缺点在哪里,前进在哪里,失足在哪里。"欲穷千里目,更上一层楼""会当凌绝顶,一览众山小"。站在马克思主义的高度,回头看就看得远、看得清楚,脉络分明,一目了然。这样就可以既反对贬低古人,也反对拔高古人,搞得比较准确。过去有些资产阶级哲学史家,他们对历史上的东西看不准,把腐朽的看作神奇的,而很精彩的东西却又"视而不见",原因之一就是他们不能认识"今天",不能站在"今天"的高度上去认识"昨天"和"前天"。比如,我们中国人,不光汉族,蒙古族的哲学家也如此,都爱讲"矛盾",讲"阴阳"对立,讲"一两"

"常变"。过去一些资产阶级哲学史家就根本看不到，因为他们根本不承认矛盾，反对辩证法，所以他们看不见，许多哲学遗产中的精华都从眼底下滑过去了。我们都很重视，因为我们有马克思主义辩证法。用人体解剖的钥匙去解剖猴体，我认为这也是一个方法论原则。

当然，问题还不在于抽象地讲这样一些原则，而在于怎样结合实际运用它，运用于各个民族哲学史的研究，怎样跟本民族哲学发展的具体特点相结合。这个"结合"的问题是极为重要的。不光懂得普遍，还要解决普遍和特殊的联结问题。关键在这里。

就自己的肤浅理解，我感到有这样几个问题：

第一个问题，整个中华民族包括蒙古族的哲学从史料上看，大都处于前资本主义阶段，近代很短。这里面有一个共性，就是诸意识形态混杂在一起。不仅文、史、哲不大分家，而且政治、伦理、法权、宗教、哲学、美学思想也没有完全分化，也就是说，很多是非哲学的著述，而中间夹杂包括了一些哲学思想。如何把其中的哲学思想提炼、概括起来，这是汉族和蒙古族哲学思想史中都存在的问题。这是一个比较复杂的难题。黑格尔曾经讲过，要把哲学思想同非哲学思想，严格地区分开来。比如宗教，是很像哲学思想的，但是黑格尔主张也要把它区分开来。有些著作是文学著作、史学著作，但这些著作中包括了哲学思想，这就需要进行筛选。很多同志的文章都深入地考虑了这个问题，如果要搞得更好，这里面还有一些界限，需要给以科学的规定。这样也许工作就会做得更顺利一些。

首先，某些非哲学著作，在客观上确实包括了或者混杂了哲学认识的成果，或者有一定程度的哲学概括、哲学分析。这种著作可以作为哲学史料而与其他非哲学的著作区分开来。这是一个界限。这里有一个哲学抽象的层次性问题。在历史上对哲学的抽象、概括是有一定层次、一定范围的。什么范围、什么层次才属于哲学分析，什么又不是？这就需要历史地区分哲学抽象的层次。只有具有一定程度的普遍性的理论概括，才算是哲学思想。如前举《孙子兵法》，原讲军事活动，仅是人类社会活动的一个极小的领域，但是，就在这部军事著作中，孙武对军事运动作了一定程度的哲学概括和分析。比如，他抽象出"奇正"范畴，不仅适用于军事领域,也适用于政治领域、生产领域或其他的领域,说明它是客观辩证法,有一定程度的普遍性。可以说,通过小道理讲出了大道理。只有这样的情况,我们才认为它是哲学思想。

先秦史料《国语》中有一篇伯阳父论地震。说周幽王时"三川皆震",伯阳父发表议论,认为是阴气压着阳气,阳气伏而不能出,天地之气失其序,所以就地震。地震本是自然现象中很特殊的、范围很小的现象,他研究了这个现象,得出阴阳之序的结论,指出阴和阳两者既有互相贯通的关系,又有互相逼迫的关系。他从这个局部现象中提出"阴阳"这一对范畴来,第一个把它哲学化了。所以,我们现在的哲学史上要把伯阳父写上。在先秦哲学史上,这是矛盾观的一个重要环节。当然以后还经过《老子》《易传》等进一步概括,"阴阳"就成为哲学史上的一对重要范畴,一直讲到王夫之。蒙古族哲学家也讲。用阴阳对立的观点来观察一切。处理这类史料有一些界限:一个是它确实包含着哲学抽象;一个是这种抽象有一定范围的普遍适用性。

再如中唐时期的柳宗元、刘禹锡两位大诗人、大文学家,哲学史长期以来都不讲他们,冯友兰先生写的《中国哲学史》根本未提。一直到新中国成立后,侯外庐、赵纪彬在一些文章中才写到,柳宗元有很多很好的思想,有很多哲学的概括和分析。柳宗元的《封建论》都读过,当作古文读,并不认为有什么哲学思想。后来有了马克思主义观点,才注意到柳宗元提出的"势"的范畴。它把"圣人之意"同历史之"势"对立起来作了考察,认为历史的发展是按照某种必然之"势"而发展,而不是随着"圣人之意"而发展。很了不起的历史观!认为历史的进程有必然性,多少有"规律"的意味,当然还朦胧。另外,提出秦废封建出于私心,但从客观效果来看,却有利于"公天下"。这里提出历史人物的主观动机和历史人物的客观活动、客观效果两者之间的辩证关系。恩格斯曾提到过这样的问题,讲到"恶"。秦始皇出于私心,废封建、立郡县,是"恶",但是这种"恶"却成为历史发展的杠杆。这就是马克思主义学者从《封建论》中挖掘、提炼出来的东西。刘禹锡的《天论》上中下三篇,提出了"天与人交相胜,还相用",提出人之所以胜天在于"法制",提出很多范畴来阐明自然和社会各有它的客观规律,以及客观规律与人的主观能动性的关系问题,并且认为人的主观能动性的发挥和政治制度有关系,这样就把对于唯心主义的天命神权的批判深入到对封建特权的批判,把对天国的批判深入到对尘世的批判,把宗教批判化为政治批判。读了马克思的《黑格尔法哲学批判》导言以后,用"人体解剖的钥匙再去解剖猴体",发现刘禹锡的《天论》真了不起。因此,现在的哲学史都要讲柳宗元、刘禹锡,而且对他们的评价相当高。最近我们编的《中国哲学史》,把柳宗元、刘禹锡的思想作为封建社会前期哲学思想的一个批判的总结,像荀况在先秦时期的地位那样。在以后,王夫之乃是封建社会后期哲学发展的一个批判总结。把他们看作是中国天人关系问题上的三个"座标"。这与过去把柳、刘仅仅看作文学家完全不同,这是运用马克思主义观点才得出来的结论。

其次,同一个史料,如果确实包容了哲学的和其他的各种思想,就需要从不同的角度把握、提炼或分析。这个不同的角度,包括两层意思:即从哲学的角度,或从政治思想的角度,或从伦理思想的角度,各自去筛选,去把握,不应互相混杂和代替。这是一层意思。另一层意思是同一包含着哲学思想的史料,还有一个如何从哲学抽象的不同层次去比较如实地把握它的问题。同是从哲学的角度,但层次可以有所不同。你按这个层次,他按那个层次,究竟怎样才恰当?比如用望远镜,需要掌握了一个"度",用哲学的望远镜,也需要调节合适,否则会看不清,或夸大或失真。

比如《论语》这本书,可以从哲学的角度,从政治学的角度、伦理学的角度,以及教育学、美学的角度等,去利用其中的思想材料。就是因为《论语》这本书里确实包括、混杂了这样一些思想,所以我们可以从不同角度去把握它。

再比如汉代贾谊的《治安策》和《鹏鸟赋》。后者过去一般作为文学作品看待,前者则作为政论著作。《治安策》主张"削藩"。但是,贾谊这篇文章,可不可以从哲学角度去把握呢?读了毛主席的《关于正确处理人民内部矛盾的问题》后,从中得到启发。贾谊在汉初封建制度刚刚建立之后,用矛盾的观点来观察这个社会,看出汉初社会矛盾重重,按他分析其有九对:可为痛哭者一,可为流涕者二,可为长太息者六。最严重的是可为痛哭者的主要矛盾,就是汉中央政权同诸侯王的矛盾。他还认为,有些矛盾是积渐而成,发展下去就会激化,以致不可收拾。另外,他认为有的矛盾已经激化,只能用"权势法制"即"人主之斤斧"来处理,大刀阔斧用法"来解决";另外一些尚未激化的矛盾,可以用"礼"来解决,礼法并用,提出解决这两类矛盾的方针。可以说,贾谊对于汉初社会的矛盾进行了较深刻的哲学分析。这样看来,贾谊的《治安策》就可以作为哲学史料看待,而不只是政论文章。而且贾谊在《鹏鸟赋》中还对这个"矛盾分析法"作了某些哲学概括。两篇著作连在一起看,贾谊的思想就可以在哲学史上占一席,要不就靠边站了。贾谊的这些思想,在汉初的学者中没有任何其他人能代替,它是汉初哲学思想发展的一个必经的环节。

说到必经环节,就涉及必有一个取舍标准。或取或舍的标准,当然不能随主观好恶,而必须有一个科学的、客观的标准。这个标准颇为难定。不过,应该是客观的,不以任何人的意志为转移的。或者简单地说,某个人能否上哲学史,是不能以任何个人的好恶为转移的。《孙子兵法》上了哲学史,历代的军事著作还很多,为什么单选孙武,不选他人?这并非主观好恶而有其客观标准。这就是马克思批判地改造了黑格尔哲学史观中的那一条,即人类的认识史有它发展的必然逻辑。按照认识史的逻辑,它是一个必然的环节,所以给它一个地位。在另外的场合下有同类著作,甚至比《孙子》深刻,但不足以代表哲学认识发展的必经的环节,也就上不了哲学史。《黄帝内经》基本是医学著作,而在秦汉哲学史上有它的地位,但张仲景的《伤寒论》并没有上哲学史。至于以后的金元四大医家的著作中哲学概括不少,但也没有纳入金元哲学史。原因是:《黄帝内经》对"气"范畴的论述,恰好代表了秦汉时期从荀况到王充气一元论思想发展中的一个必经环节,是对王充思想出现的一个重要准备。别的医学著作在当时认识史上不起这个作用,就没有选上。这里的取舍标准似乎只能这样划,别的办法都很难说,比如有无著作、是否是学者,都不好作为取舍的标准。只有按照人类认识史的逻辑,看他在这个阶段是否代表一个必经的环节。这就是一个客观的标准,而不能用其他主观的标准。

上面讲了要有一个客观的取舍标准,不然选什么材料、上什么人,就会有许多问题。这也是一个哲学史的观点,即承认人类的哲学认识是一个合规律的必然进程,有一系列必经的环节,否则,哲学史的取材,就会凭主观好恶来决定取舍。

与此相关联的还有一个问题,这就是"哲学"这个概念的界说问题。"哲学"这个概念是一个历史地发展着的概念。它的规定、界说随着历史的发展而有所不同。我们只能用马克思主义经典作家在批判、继承黑格尔关于哲学的规定来使用哲学概念。当然,即令这样,我们也不排斥对哲学这一概念的运用有广义和狭义的理解。过去讲过"打乒乓的哲学",还有"卖西瓜的哲学""开汽车的哲学"以及"市侩哲学""懒汉哲学"等。这是一种泛用,不同于我们所说哲学的科学规定。至于"时代精神的精华""文明的活的灵魂"等可说是对哲学与时代、哲学与文明的关系的一种说明,似乎也不是对哲学本身作出规定。

另外,还有指某种学说的世界观和方法论基础。如黑格尔的"法哲学"。法是一种学说,这学说有它的哲学基础,于是称"法哲学"。还有历史哲学、教育哲学、艺术哲学等,也是如此。这又是哲学的一种用法。

再就是比较严格的,与诸意识形态如宗教、艺术、道德等以及各门自然科学和社会科学区别开来,划清界限的那种哲学。哲学,是以理论思维的形式所表达的关于对象的共同本质、普遍规律。就表达的形式说,哲学与宗教、艺术、道德等相区别,它们是用非"一般"、即非理性思维的形式来表达的,而哲学则是用理性思维形式来表达的关于自然、社会和思维运动的"一般"。就考察的对象说,哲学又同各门科学、自然科学和社会科学相区别。任何科学都以理性思维来表达,这和哲学一样。但是,各门科学所考察的是特定对象的特殊规律,而哲学则以普遍规律为研究对象。这样,哲学就可以同各种意识形态都区别开来。

或许还可以这样讲,哲学所研究的这个"一般"的或"普遍"的东西,又是来源于人类认识史上各个阶段对自然科学和社会哲学的概括、总结或反思。在古代,哲学常被混合在各种具体科学知识之中,所以,哲学史研究往往涉及其他学术史料。但就哲学认识的成果而言,其形式和内容,其在人们认识和实践中的作用,都与其他非哲学的认识成果有质的区别。因而可以区分开来,可以筛选出来。

"哲学"可说是多义词,用法不同,界说不同,我认为都可以用,但是在用的时候要注意到它们的上述区别,要自觉地意识到这些界限。

今年秋天,有一个中国思想史讨论会,发了一个通知,提了很多问题,其中有一个就是中国哲学史和中国思想史的联系与区别是什么?文化史、思想史、学说史、哲学史之间的联系与区别是怎样的?

从形式逻辑角度看,好像是一层包一层。文化史最宽,包括精神文化、物质文化,如长城、运河都在内。精神文化史中似乎包括了思想史。思想史也较宽,有的思想形成了理论、学说,有的思想就是社会心理、社会思潮,尚未形成固定的理论,思想史十分广阔,似乎其中一部分才是学说史,学说史当是已经理论化的东西。学说史又可以分很多类,如政治学说史、哲学学说史、宗教学说史、法律学说史、美学学说史等。从形式逻辑来看,好像是整体和部分的关系,一层层地包括在前一层之内。

但是,从另外一个角度来看,从辩证逻辑来考察,文化史、思想史、学说史、哲学史,可说是各有自己相对独立的体系。各个体系都应有它自己的结构、层次、系统、范畴,既不能互相包含,也不能互相代替,更不能互相混同。

比如哲学史,也就是哲学认识的矛盾发展史,其基本结构应当是围绕哲学基本问题而划分两大阵营,从而形成对立统一的矛盾运动,并依存于社会经济政治的发展阶段,大体形成相应的哲学发展的阶段圆圈。有同志提出,究竟是"对子"结构,还是"螺旋"结构?我认为两者是统一的。因为,"对子"结构从它的展开来看,也就是螺旋前进的结构。这似乎是哲学史的结构。至于写思想史,它的结构就不一定是这样展开,而是可以有它的独特结构。所以,结构是由它的对象本身来决定的,各不相同。

就思想史说,在特定时期,有可能就以军事思想为主线,带动其他各门思想,如政治法权思想、道德伦理思想等,都服务于这个思想,以至于带动了哲学思想。而在另一个时期,又可能以宗教思想带动其他思想,比如喇嘛教对蒙古族、藏族都是有很大影响的,当时这样一个宗教思潮产生、发展,使其他很多学术都成了它的分支,乃至带动了哲学思辨的发展,也带动了其他学问。思想史的结构,首先是各种思想的相互联结，而这种联合的主次、轻重，可以因时代条件而不同。这并没有一个固定的模式。至于哲学史和社会思想史是否可以结合起来形成一个复合的结构，当然是可以的。苏联学者研究俄国思想史曾作过尝试，我们可以继续探索，作出新的贡献。蒙和巴图同志在他的报告中提出的关于蒙古族哲学和社会思想史的设计模式："以哲学为主线，以各门学术的成就为重点，探索蒙古族哲学思想产生、发展的规律以及与其他民族文化交流的规律。"我认为是深思所得，很有启发。至于主线和重点之间的关系等问题，当然有待在实践中去解决。

三、历史研究中的感情问题

在历史研究、哲学史研究中，如果孤立地研究某一个人，很容易发生研究谁就"爱"谁的现象，带上一些感情的色彩。

1962年我们讨论王夫之的时候，有个同志就很喜欢王夫之，写文章、发言说王夫之的认识论超过了费尔巴哈。这显然是主观的夸张。这种主观的、带有个人好恶的感情，会妨害科学的冷静分析，是应当避免的。

研究历史要无"情"，敢于正视真理，即使是痛苦的真理，我们也要正视。比方，我们的近代"难产"，哲学落后了，我们没有出培根、洛克，更没有出黑格尔、费尔巴哈，要正视这一切，从中引出应有的结论。普列诺汉夫曾说过："历史家不应该哭，不应该笑，而应该求得深解。"

但是，从另一方面讲，历史家又总是爱憎分明的。司马迁的笔下就爱憎分明。马克思也是如此，对路易·波拿巴表示过轻蔑，对梯也尔之流表示过极大的义愤，对巴黎公社的战士则给予了热情的赞扬。列宁也讲过，研究要站在一定的立场上，为某一阶级、集团的胜利而高兴，为其失败而悲伤。所以，马克思主义的党性就包含着一定的历史感情，包含着历史的褒贬、爱憎。

又说不能有感情，又说要有感情，岂不矛盾？这里有一个公情与私情的关系，我们不要个人好恶的感情，但纵观历史，又可以对事情作出分析和评价，马克思主义历史科学的党性就包含着某种历史感情,但这种感情不是个人主观的偏爱偏恶,而是通观历史的全局,而得到的一种具有历史感的价值判断,是公情而不是私情。这种感情的倾向性如果跟历史的前进性相一致,就丝毫也不妨碍马克思主义历史科学的严肃性。

当然,情况又是复杂的。有一次研究生考试,出了这样一个题:恩格斯对马丁·路德的评价。抄四段话,正好相反。在《德国农民战争》中,把马丁·路德骂了个狗血淋头,而在《费尔巴哈论》中则表扬他是第一个吹起欧洲革命号角的人。同样一个人,在恩格斯的不同著作中,评价截然不同。这说明情况是复杂的。列宁对托尔斯泰的评价也是这样,作了深刻的矛盾分析。人是复杂的,从这个方面和那个方面看,情况就不一样,可以从不同角度分别作评,不一刀切。对一个人如此,对一个民族的文化、历史,也可以是这样。涅克拉索夫有这样一首诗:"俄罗斯妈妈,你又贫又穷,又富饶……"列宁在他的《论大俄罗斯人的民族自豪感》一文里,回顾俄国革命传统的时候说,"我们看到沙皇刽子手、贵族、资本家蹂躏、压迫、侮辱我们美丽的祖国而感到无限的伤心。但是,应该满怀民族的自豪感,因为在俄罗斯这个民族里产生了拉吉舍夫、十二月革命党人、七十年代平民知识分子革命家",特别是产生了工人阶级的政党,这个政党将向全人类证明,"它能给人类作出为自由和社会主义而斗争的伟大榜样"。列宁的这种科学态度和历史感情,应当是我们的榜样。

最后,我衷心祝愿我们的蒙古族哲学史研究,在马列主义哲学史观所开辟的认识道路上,迅速前进,开创新局面,取得大丰收。

历史感情与历史科学

——1982年12月在衡阳王船山学术思想讨论会上的发言

这次会,大丰收。衷心感激湖南党组织和学术界的同志们。

从1962年长沙之会到这次衡阳之会,马克思主义的船山会经历了一个否定之否定的前进螺旋。这次会上的一些争论很有意义。真理是在争论中确立的,历史事实是在矛盾的陈述中清理出来的。武汉预备会上,有位青年同志对我提供的《王夫之年表》纠正了几条史实性错误。这次会上,一些同志针对我论文中的观点提出了批评,我听了很受启发,很高兴。有些争论问题,容后研究,暂不表示意见,如船山所云,"宁为无定之言,不敢执一以贼道。"下面谈三点体会。

一、历史感情与历史科学

有的同志在发言中批评了中哲史研究中存在"研究谁就爱谁"的倾向,正切中我们常犯的毛病。普列汉诺夫也说过:"历史家不应该哭,不应该笑,而应该求得深解。"个人好恶,确应避免。可是,历史研究往往要设身处地,才能了解古人。司马迁笔下爱憎分明,马克思对路易·波拿巴表示过蔑视,对梯也尔之流表示过极大的义愤,而对巴黎工人的斗争给予过热情的赞扬。在科学分析基础上,马克思主义史学也有其褒贬。列宁讲过:研究总要站在一定立场上,为某一阶段、集团的胜利而高兴,为其失败而悲伤。马克思主义的党性,包含着某种历史感情。我想,应当区别两种感情;一种是个人的主观的非科学的偏爱偏恶,这是应该去掉的私情;一种是通过对历史的客观的冷静的科学分析,通观全局,综合许多侧面情况而产生的一种历史感情,一种具有历史感的价值判断,即符合历史趋向,与历史固有前进性相一致的褒贬。这可说是一种"公情",而非私情。后期封建社会,究竟我们民族的智慧得到发展的黄金时代在哪里?我认为,明清之际诸大师(王夫之是其典型代表之一),完全够得上恩格斯所称赞的文艺复兴时代所必然产生的巨人。他们的智慧美、道德美、人格美比那些规行矩步、相蒙相欺、扭曲人性的唯心主义道学家们要美得多。如果综合其哲学路线,政治思想倾向及学术活动、社会实践、人格修养、精神风貌,从各方面来考察,总会产生一些褒贬的倾向性。这种倾向性如果和历史的前进性相一致,则这种历史感情似乎不妨碍马克思主义历史科学的严肃性。

二、历史方法和逻辑方法

历史方法和逻辑方法的统一,是马、恩、列改造黑格尔哲学史观的重大成果,是马克思主义史学方法论的重要原则。一方面,必须把黑格尔对历史和逻辑的颠倒重新颠倒过来,坚持"从最顽强的事实出发",把历史作为逻辑的基础、出发点和根据。另一方面,马、恩又强调逻辑方法是历史科学唯一适用的方法。历史研究必须摆脱历史现象形态和各种偶然因素的干扰。如果不采用逻辑方法,仅停留在历史的现象形态上,就无从探索其规律性,见树不见林。

哲学史研究中运用逻辑方法必须从范畴着手。范畴是人类认识在去粗取精、去伪存真、由表及里、由此及彼中积淀下来的认识之网的网上纽结。范畴的内涵总是由贫乏到丰富、由简单到复杂、由抽象到具体流动变化着,范畴之间又相互联系、对立、转化,也在流动变化着。人类认识史可以说就是范畴的发展史。无论研究不同阶段范畴发展史,还是研究一个哲学体系中某一侧面的范畴展开,都必须运用逻辑方法。这是中国哲学史的科学化建设的重要课题。在这次会上,许多同志运用逻辑方法研究王夫之,比二十年前的"史料＋原则"的文章大大迈进了一步。这样做,会不会先验化? 当然有可能把先验的框框强加于历史。但是,如不运用历史和逻辑统一的方法,就更可能跳越历史阶段,颠倒认识史的秩序,更容易苛求或抬高古人。

这样做,会不会把古人现代化? "人体解剖是猴体解剖的钥匙",只有站在唯物辩证法高度,回顾过去,才能理解王夫之在思维的逻辑进程上的贡献与局限。

三、历史研究中的普遍、特殊和个别

在关于王船山思想是否具有启蒙性质的讨论中,有的同志说:尽管王夫之背着沉重的包袱,然而毕竟爆发出新思想的火花。另有同志说:尽管王夫之有一些新思想的萌芽,但压迫在沉重的旧包袱之下。怎样看待这个问题?

马克思主义坚持人类社会矛盾运动有其普遍规律。每个民族走出中世纪都要经过批判封建蒙昧的启蒙阶段。作为早期启蒙,既区别于中世纪异端,又区别于资产阶级夺权前后的哲学革命的理论发展。它只是与资本主义萌芽相适应,表现为旧制度崩溃的征兆,新思想要产生的先声,即社会发展到特定阶段,必然进行"自我批判"运动,每个民族,莫不如此。这是普遍。

我们民族的哲学启蒙走着特殊的道路,历史的回流使新思想、新制度的产生处于长期"难产"的状态。明清之际科学思潮、文艺思潮、哲学思潮各有特点,顾、黄、王、方等一代巨人各有特殊贡献,然其作为特定历史阶段封建制度及其统治思想的自我批判却是一致的。普遍、特殊、个别是辩证地联结在一起的,任何割裂都是不科学的,不符合实际的。似乎应当这样来考察明清之际的哲学运动。

中国哲学范畴研究中的
论史结合问题

　　范畴是认识之网上的纽结,是理性思维在去粗取精、去伪存真的积淀、升华中的结晶。科学的哲学史研究,应当揭示人类哲学认识的矛盾发展的逻辑进程。这个逻辑进程,集中地体现在哲学范畴的产生、发展和衍变之中。生活实践中形成的普遍概念以及各门具体科学概念被精炼成哲学范畴,哲学范畴的内涵由贫乏到丰富,由简单到复杂,由朦胧到清晰,由抽象到具体;哲学范畴之间的依存、转化、联系日益形成明确的系统,这些都标志着人类哲学认识一步步提高和深化的过程。历史上哲学派别的相互对立、斗争和在斗争中的相互渗透、转化,正是通过一些基本范畴的继承、扬弃或赋予不同的解释而表现出来,哲学发展到一定阶段的历史总结,也总是通过把以往各个体系中的重要范畴纳入一个新的体系而变为这一新体系中的各个环节来实现的。所以,只有历史地清理和具体剖析这些范畴在不同派别、体系中的特定含义和特殊运用,才能确切地把握哲学发展的历史进程及其曲折性、跳跃性等。但还必须进一步把握这些范畴在人类哲学认识的发展史上的逻辑意义和客观地位,即深入发现它们的产生、发展和衍变具有与思维规律相吻合的逻辑必然性。这样,通过哲学史的研究才有助于总结出人类哲学认识史的逻辑。

　　范畴研究不免首先进行历史的考察。每一范畴在具体的哲学体系中都各有其历史的外在形态和特殊的应用范围。如《孙子兵法》中的"奇正"范畴是结合"战势"讲的,有其应用于军事运动的特定含义,而到《老子》书中的"正复为奇",

则联系"祸福""善妖"等的对立转化,其概括范围有所扩大;又如史伯、晏婴、孔丘等所讲的"和同"范畴,各有其时代特点和思想内容。这些都应当作具体的历史分析,严密考订史料,以确切了解它们的内涵及衍变。但是,这样的历史考察可以说仅是研究的必要准备。作为科学的哲学史研究,还必须更进一步,以马克思主义的哲学史观和辩证逻辑为指导,运用摆脱了历史偶然因素干扰的逻辑方法,对历史上合规律出现的各哲学体系及其主要范畴,粉碎其体系,剥掉其中诸范畴的外在形态和特殊应用,揭示它们所包含的作为人类哲学认识发展的必经环节的内在本质。这样善于透过历史的现象形态,去真正发现哲学矛盾运动中范畴衍变的逻辑进程,乃是哲学史研究科学化的必由之路。

范畴研究不免先作静态的考察,弄清每一范畴的多侧面或多层次的含义,这是完全必要的。但是,在此基础上,按照马克思主义的辩证法的要求,还必须进行动态的分析和综合。如果把哲学范畴摆进哲学认识史的逻辑发展的过程中,前瞻后顾,左顾右盼,就可以清楚看出,每一范畴的内涵由贫乏到丰富、由抽象到具体,有其衍化过程,而这一范畴与同一时代或同一思想体系中的其他范畴之间又还有其横向或纵向的联系,有其流动、变化的过程。列宁对黑格尔《逻辑学》进行总结性评论时有一段生动的论述:"一条河和河中的水滴。每一水滴的位置,它同其他水滴的关系,它同其他的水滴的联系,它运动的方向、速度,运动的路线——直的、曲的、圆形的等——向上、向下,运动总和。概念是运动的各个方面、各个水滴(=事物)、各个细流等的总计。"这段话讲的应当就是对概念、范畴进行动态的研究既要求对概念、范畴进行动态的分析,又要求进行动态的综合。因为,如果说概念、范畴是真理长河中的各个"水滴"、各个"细流",反映着"运动的各个方面";那么对概念、范畴本身的认识,也必须在其逻辑的联系和发展中去动态地加以把握。把握反映着"运动的总合"的哲学范畴的逻辑体系。着手哲学范畴的研究,可以说是哲学史研究和唯物辩证逻辑体系的研究的结合点,也可以说是一种深层次的论史结合。我们常说哲学史研究必须论史结合,例如,以马克思主义的唯物史观为指导,去分析历史上哲学产生、发展的时代条件、社会阶级根源、自然科学基础以及时代思潮、社会心理的影响等,对历史上的哲学矛盾运动给予历史唯物主义的说明,这是一种结合。但深层次的结合,还应当体现在哲学范畴的系统研究之中。这个问题的探讨,可以说是黑格尔开始的,他第一个把哲学史和哲学都看作是"发展中的系统",两者具有本质联系,哲学史的逻辑发展进程与哲学本身范畴体系的逻辑推演次序是同一的,由此导出了他的历史和逻辑统一的方法论原则。但黑格尔有很大的局限性,除了他唯心主义地颠倒了社会存在与社会意识的关系和历史与逻辑的关系以外,还有许多狭隘的偏见,如西方中心论的偏见、形而上学顶峰论的偏见以及唯心主义的严重局限等。这些局限和偏见,使他不可能建立起真正科学的范畴体系,从而也不可能揭示哲学矛盾运动的客观规律。我们认真扬弃了黑格尔,在马克思主义的历史观和辩证法的指导下,就应当把范畴研究的目的提到一个更高的认识水平上,即在更深的层次上实现论史结合的原则,通过总结哲学范畴的历史发展,来深入探讨唯物辩证法的逻辑体系与作为"唯物辩证法前史"的哲学史的逻辑进展两者之间的关系。这样的研究和总结,一定能丰富、发展、完善唯物辩证法的逻辑体系。而唯物辩证法的逻辑体系的完善化,又反过来一定能指导、促进中国哲学史、比较哲学史乃至统一的人类哲学史的研究日益深化。

中国哲学是在一个独立发展着的文化系统中孕育出来的,是中华民族的哲学智慧在艰苦曲折中发展的合规律的必然进程。中国哲学发展的不同阶段都合规律地出现了一系列哲学范畴(诸如天、道、气、神、有无、道器、阴阳、消息、和同、一两、动静、常变、兼别、因革、体用、本末、理气、性情、心性、己物、知行等),其中不少凝结了中华民族特有的文化传统和心理素质,表现了中国人历史形成的逻辑思维的某些特征。至于这些范畴的动态发展,在古代中印文化大汇合中的历史衍变,在近现代中西文化大汇合中的历史衍变,特别是经过马克思主义的批判、熔铸、改造所引起的革命变革和所赋予的新的生机,都具有其固有的规律性。毫无疑问,对中国哲学范畴进行系统深入的研究,在研究中坚持历史和逻辑统一的方法,把哲学史的研究和辩证逻辑的研究更有意识地结合起来,必将对唯物辩证法范畴体系的丰富和发展作出应有的独特贡献。

(1984 年 5 月)

哲学史研究中的纯化和泛化

鉴于哲学史研究曾羼入许多非哲学的思想资料，往往与一般思想史、学说史混杂难分，我们曾强调应当净化哲学概念，厘清哲学史研究的特定对象和范围，把一些伦理、道德、宗教、政法等非哲学思想资料筛选出去，使哲学史纯化为哲学认识史，以便揭示哲学矛盾运动的特殊规律。但进一步考虑哲学与文化的关系，文化是哲学赖以生长的土壤，哲学是文化的活的灵魂，哲学所追求的是人的价值理想在真、善、美创造活动中的统一实现。哲学，可以广义地界定为"人学"；文化，本质地说就是"人化"。因而这些年我们又强调哲学史研究可以泛化为哲学文化史。以哲学史为核心的文化史或以文化史为铺垫的哲学史，更能充分反映人的智慧创造和不断自我解放的历程。其实，在哲学史的研究中，或由博返约，或由约趋博，或纯化，或泛化，或微观，或宏观，或纵向，或横向，都可以"自为经纬，成一家言"，而只有经过这样的两端互补和循环往复中的反复加深，才能不断地开拓新的思路、提高研究的科学水平。

（1989 年 10 月）

关于历史科学的对象

——冯友兰先生史学思想的商兑之一

一、问题的提出

近年来,有关历史问题、哲学史问题的争论,都涉及史学方法论的原则问题。究竟历史研究能否成为科学,也是争论问题之一。这一争论又首先涉及对历史研究的对象问题还存在着不同理解。这在近代史学思想史上是一个老问题,在新形势下被重新提出来,则具有一定的新意义,颇值得认真地加以研究和讨论。

问题是由冯友兰先生提出来的。冯先生从哲学及其他科学研究"一般"、历史学只研究"个体",而"个体"非"类"等前提出发,得出了历史非科学的结论,并把这一问题作为"关于历史研究的一般性的问题"提了出来。

冯先生在其《中国哲学史新编》的《绪言》中,便从对象和任务上区分了"历史科学跟其他社会科学的不同"。他认为两者不同之点主要是:"其他社会科学的任务在于,从个别抽出一般,从偶然性的东西抽出必然性的东西",而"历史科学和其他社会科学正是相反。它的任务就是如实地叙述某一个民族和某一个社会发展的具体过程。这些过程中充满了偶然性的东西。历史学不摆脱这些偶然性的东西,而正是要对它们的发展的过程加以叙述"。又说:"历史科学的任务就是从大量的历史事实中,说明它们的合乎规律的过程,由此,又一度地证明规律的真实性。对于这个规律的认识,就是历史学家的观点的一部分。对于历史事实的认识有赖于资料。历史科学,必须有正确的观点,又必须有充分的资料,这就是观点和资料的统一。我们可以借用康德的两句话,就历史科学说,没有资料的观点是空的;没有观点的资料是盲目的。"①冯先生这些论述,是穿插在马克思主义经典著作的大量引语中的,命题前后还加上了不少的转语。但是,仍然可以看出冯先生的一个基本思路,即认为"哲学"及其他"社会科学",是研究"一般"的,是研究"规律"的;而历史学,则局限于叙述历史过程及其中的"个别"的、"偶然性的东西"。进而把"规律的认识",归属于"史学家的观点",而"有赖于资料"的"历史事实的认识",则看作只是"由此,又一度地证明规律的真实性"。历史规律和历史事实、观点和资料,被分为两截。所以,冯先生毫不勉强地选中了康德的名言,借以表明自己所说的观点和资料的"统一"关系。但这些论点中竟还语焉不详。

近年来冯先生发表的有关哲学史方法论的文章,内容大体有两个方面:一个方面是讲哲学,再次肯定哲学思想具有超阶级的"普遍性形式",而历代统治思想愈来愈具有"普遍性",乃是哲学发展的"规律"②;另一个方面讲历史,主要认为,历史学的特点,就在于它所研究的对象,不是"事物的类",不是"历史规律",而是历史上的"个体事物"。哲学史作为历史来说,它所研究的对象,也不是"唯物主义和唯心主义的类型",不是唯物主义同唯心主义斗争的规律,而是"个体哲学的思想",即使在马克思主义指导下发现的"历史事物发展的线索、阶级的实质、内部的联系等","也还是个体的",而并不是"类及规律"。并且,历史上的"个体事物"又都一去不复返,是"死无对证"的。因此,冯先生明确表示不同意"历史也是一门科学"③。到此,问题才算明朗化。

冯先生的观点,集中到方法论问题上,可以概括如下:

一、哲学是研究"一般"的。它的对象,是"一般规律","是关于一切事物的总体"④。按冯先生的说法,哲学思想或哲学命题总是具有某种"一般意义""抽

---

① 冯友兰:《中国哲学史新编》,第 1 册,人民出版社,1962 年,第 24—29 页。
② 见《方克立同志和我的分歧》(《哲学研究》1963 年第 5 期)、《再论关于孔子讨论中的一些方法论的问题》(《文汇报》1963 年 10 月 8 日)、《关于孔子讨论的批评与自我批评》(《哲学研究》1965 年第 6 期)等文。
③ 《从〈周易〉研究谈到一些哲学史的方法论问题》,《哲学研究》1963 年第 3 期。
④ 冯友兰:《中国哲学史新编》,人民出版社,1962 年,第 1 页。

象意义"或"普遍性形式",哲学思想的这种"普遍性形式"的"普遍性",即寓于各个个体哲学家的思想的阶级性之中①,即是说,历史上以超阶级形式提出的哲学思想,它的作为本质的内容的"普通性",通过历史上具有阶级性的"个体哲学家的思想"逐步实现出来,其发展趋势是"愈来愈抽象,愈来愈具有普遍性形式",冯先生认为,这就是"历史发展中各个统治阶级的思想的发生和发展的规律"②。冯先生说,例如哲学史研究对象,乃是"表现这些规律的个体哲学家的思想以及这些规律在个体事实中的具体发展的过程"③。可见,当冯先生把哲学史看作是哲学的历史时,冯先生并不否认而是大讲特讲"哲学"自我发展的"规律",如说"黑格尔的哲学,由其自身的发展而转化为它的对立面"④等,并强调要以这样的"规律"作为研究哲学史的指南。这构成冯先生的史学方法的一面。

二、历史学是研究"个别"的。历史学区别于哲学、区别于历史唯物论,区别于其他一切科学的特点,就在于"它所要研究的对象并不是事物的类而是事物的个体"。"它如果研究甲,那就只能是甲,而不能用乙代替"。而且,"它所研究的具体的个体事物,都是已经过去的东西"。要弄清历史事实真相,只能依靠考据史料。这样,冯先生把历史学的特点,规定为:"研究的对象,是独一无二的"个体事物,研究的方法,主要是对"文字史料"进行"考据",历史研究的任务,不是也不必要去揭示历史规律,总结历史经验,而主要是叙述个体事物、扩展知识领域等。这构成冯先生史学方法的另一面。⑤

由这一面,即"个体"史观及其"个别化"方法出发,冯先生不可避免地终于得出了结论:历史学不能成为乃至不能称为科学。冯先生说:"我认为,说历史也

---

① 冯友兰:《中国哲学史新编》,人民出版社,1962年,第138页。
② 《哲学研究》1963年第6期,第47页。
③ 《哲学研究》1963年第5期,第61页。
④ 冯友兰:《中国哲学史新编》,人民出版社,1962年,第14页。
⑤ 很自然地使人想起冯先生早在1941年所写《新理学答问之一》中的一段话。当时冯先生就说:"历史的事实,每一件都只是一件个体的事实。所以历史不能重演。但每一个个体的事实,又各都是某一类的分子。若讲历史是叙述历史,则我们只注意于其中的一件一件的事。若讲历史是解释历史,则我们须注意其中的一件一件的事所代表的类。注意于类,则即可说到使一类的事能有的势。历史哲学或所谓史观,所讨论的,是这一类的问题。"可见,"从《新理学》一贯下来的"史学观点,也分两面:一是"解释历史",需注意"类"及"势"(规律),属历史哲学;另一面是"叙述历史",则只注意"个体事实"。后者正是把历史个体化,确定历史研究只能用"个别记述方法"。

是一门科学,是说研究历史必须用科学的方法,并不能因此就把历史学和其他科学等同起来。例如植物学可以称为植物学,中国历史只能称为中国历史,不能称为中国历史学。"①

冯先生基于一贯的思路,把一般和个别、历史规律和历史事实对立起来,割裂开来,从而导出了自己关于哲学和关于史学的一系列观点。这些观点,正如已有一些同志指出的,既难于令人信服,又与马克思主义的史学观点毫不相干,至于其中的基本论据,事实上是在重复着旧史学阵营中早有人千百次讲过的东西。

针对冯先生上述史学观点的评论文章,尚未见到冯先生的系统回答。但我们认为,冯先生基于一贯思路所提出的问题,是值得进一步深入讨论的。这不仅因为提出的问题很重要,很尖锐,涉及两种历史观、两种史学方法论的原则分歧,而且如像历史科学的对象和方法等,也是比较复杂的问题,并非一目了然的自明真理。马克思主义的唯物史观,是经过了严肃而艰巨的理论斗争才创立起来的。唯物史观创立以后,把它具体贯彻到历史研究的各个领域,也还是一个十分艰巨的工作。在我国具体条件下,各种旧史学的理论和方法,当它还有依存的社会基础,当它在历史的现象形态上还有一席寄生之地,它总会直接地、自发地作为一种流行的思维形态再生产出来。历史研究领域之所以是唯心主义、形而上学的"最后隐蔽所",这是完全可以理解的。问题是需要我们认真学习马克思主义,善于带的求矢,以石攻錯,加强历史科学的学术讨论,并把讨论提高到方法论原则上来,通过学习和讨论,进一步巩固和扩展马克思列宁主义史学思想的阵地。

本着这种学习愿望,仅就历史研究的对象这一个问题,写出以下粗浅的看法,以就正于冯先生及其他同志。

---

① 《哲学研究》1963 年第 5 期,第 61 页。

二、玩弄"形而上学的两面",是旧史学
在方法论上的基本特征

人类创造自己的历史,但在很长的历史时期内,并不能真正了解自己的历史。由于剥削阶级的偏见、生产规模狭小和人们实践水平的限制,在马克思主义产生以前,人们不可能对人类社会及其发展作全面的、历史的了解。社会历史的研究,不可能成为科学。

马克思主义的科学的历史观,适应了无产阶级革命实践的需要,是在彻底批判了以往一切唯心主义和形而上学的历史观并总结了以往一切史学成果的基础上产生的。马克思主义创始人,着重清算了18世纪法国资产阶级的史学思想,主要是批判了革命时期的启蒙学者夸大个别人物作用以及复辟时代的史学家又片面强调历史必然规律这两种看来对立、却互相过渡的形而上学的唯心史观;同时,又系统清算了19世纪德国古典唯心论的历史哲学,这是一种虽较丰富、却是头脚颠倒的唯心主义的历史辩证法,还不断地揭露了当时流行的各派史学理论的伪科学性质,诸如以孔德为代表的所谓"社会发展学"的公式化理论,以兰克为代表的"历史编纂学"中虚假的客观主义等。通过这样的历史清算和理论斗争,才有破有立地创立了马克思主义的唯物史观,真正阐明了人类社会发展的内在动力和客观规律,阐明了历史现象中个别和一般、偶然和必然、个人作用和历史规律之间的辩证联结。

无产阶级的革命实践,要求历史研究成为科学;马克思主义的唯物史观,科学地揭示了历史运动的辩证法,阶级斗争的辩证法,使历史研究真正成为科学。唯物史观的产生,标志着资产阶级及其史学的没落。

没落资产阶级的史学有一个在方法论上的共同特征,就是在历史唯心主义的基础上日益陷入对"个别"和"一般"的割裂理解,按形而上学的思维方法来抽象地了解社会历史现象中的"个别"和"一般",把两者割裂开来,对立起来,然后又幻想出两者之间的联系。

　　马克思、恩格斯在《德意志意识形态》中,批判"真正的社会主义者"的社会观的"哲学基石"时,曾从方法论上给以深刻揭露,指出他们所高谈阔论的所谓"个人"和"社会"的关系、所谓"个人本身分裂为特殊的本性和普遍的本性"的关系等,都完全没有接触到现实社会中具体的人及其真正的本质,而无非是玩弄"个别性和普遍性"这两个哲学范畴。"首先把这两个极端空洞的抽象概念当作两个绝对的原则摆出来","又给予自己的两个范畴以多种多样的具体名称","并且说这两个范畴是对立的,因而调和这种对立是非常需要的"。总起来,他们所谓个人和社会,所谓人的个别性和共同性及其相互关系,都是"以形而上学的两面——即个别性和普遍性的虚构的相互关系引申出来的,而不是由社会的现实发展所产生的"①。这样一种抽象思维方法,可以说,在资产阶级社会历史观及其史学方法论中,具有一定的代表性。"不是个体记述,就是公式推演",可以说是资产阶级史学思想中一个"二律背反"的公式。

　　资产阶级史学家中,有的人着重发展"形而上学的两面"中关于抽象的"普遍性"这一面。他们继续沿着客观唯心主义的思辨途径,采取把历史过程加以公式化和神秘化的方法,认为历史研究的对象是某种抽象的、先验的"公式"或"规律",似乎现实的历史可以从这种"公式"中推演出来,似乎历史的研究只是为了再度证明这种先验的"公式"或"规律"。他们臆造了关于人类历史的"循环"发展、"阶段"发展、"类型"发展等诸如此类的理论,把历史事实任意剪裁成为他们建构的"公式"中的"例证和插图"。这种把历史屈从于历史哲学的观点,在黑格尔那里,"已经老朽不堪,成了古董"②,在现代资产阶级史学家的手中,则更多任意的虚构。

　　19 世纪末叶,西方资产阶级史学阵营中不少的人转向了历史编纂学。就方法论的意义看,他们实质上是坚持了由经验主义发展为主观唯心主义的思维途径来考察历史现象,采取所谓"个别记述的方法",认为历史研究的对象和自然科学截然不同,乃是所谓个别的、一次的、偶然的、不可重复的事件和人物。他们利

---

　　① 《马克思恩格斯全集》第 3 卷,人民出版社,1960 年,第 561—566 页。
　　② 列宁:《哲学笔记》,人民出版社,1956 年,第 244 页。

用表面现象把科学分为两类：一类寻找一般的因果性规律，即自然科学；一类只记述个别事实或寻找其个别的因果联系，即历史学。他们着重发展"形而上学的两面"中关于抽象的"个别性"这一面，认为现象历史只具有个别的、一次性的特征，坚决反对"历史规律"这个概念，认为它本身包含着所谓"逻辑的矛盾"。"个别化方法"的宣扬者，新康德学派的李凯尔特说："例如，意大利的文艺复兴也像马基雅弗利这个人物一样，都是历史上的个体。""一次的和个别的原因系列的概念，排除了利用自然规律来反映它的可能性。……因为任何规律都是一般的，所以在其中不能包括历史家感兴趣的一次过程的局部原因。"[①]因此，历史研究只能用所谓"个别化的记述方法"。即使在研究中发现某些历史事变的发展线索、互相联系等，也只能看作是"个别的因果系列"，也还是个别性的。他们竭力标榜所谓"客观主义"的"如实直书"，直接否认历史研究能够揭示规律从而成为科学的任何可能。这套方法论，为所谓"客观的历史编纂学"，提供了理论根据和指导原则。

马克思创立唯物史观时，既彻底揭露了黑格尔式的思辨历史哲学的荒谬性，也同时批判了所谓"客观的历史编纂学"，指出后者在方法论上是一种"抽象的经验论"，形而上学地把历史看作是"一些僵死事实的搜集"[②]。马克思把兰克等资产阶级的大史学家称为是"一个生成的历史的'仆人'"，指出他们的历史著述不过是"游戏轶事的整理，一切大事的微细的和琐碎的溯源"[③]。马克思说："所谓客观的历史编纂学正是离开活动来考察历史关系的。"[④]

"个体"史观及其"个别化"记述方法，是"抽象的经验论"在史学方法论上的表现。现代资产阶级在历史研究领域中发展主观唯心主义，借以攻击马克思主义，主要依靠这个武器。列宁在《又一次消灭社会主义》一文中揭露司徒卢威的关于"价格的历史现象学"的理论时，典型地剖视了这种思想的实质。列宁说：

---

① 李凯尔特：《自然科学概念形成的界限》，转引自康恩：《哲学唯心主义与资产阶级史学思想的危机》，三联书店，1961年，第75—76页。

② 《马克思恩格斯全集》第3卷，人民出版社，1960年，第30页。

③ 《马克思恩格斯通信集》第3卷，三联书店，1958年，第28页。

④ 《马克思恩格斯全集》第3卷，人民出版社，1960年，第44页边注。

"这种不高明的庸俗的游戏,这种对逻辑和历史的嘲弄,也有它独特的'意义'。这种'意义'就在于资产阶级的绝望及其'蔑视主义'……对科学分析现状的可能性表示绝望,拒绝科学,竭力蔑视任何概括,躲避历史发展的一切'规律',用树木挡住森林,——这就是我们在司徒卢威先生那里所看到的那种时髦的资产阶级怀疑论和僵硬死板的经院哲学的阶级内容。"①应该看到,由于历史过程的客观性质,少数勤恳的历史编纂学家,也曾在整理史料以及考释个别史实上,作出过在史料学范围内的某些有价值的贡献。但是,把"个别化方法"作为一种历史研究的原则,则只能是用树木来挡住森林,停留于历史的表面现象而不可避免会作出谬误论断,或者就直接用伪科学的考证来为各种唯心史观作注释。西方资产阶级史学思想的这一个侧面,与中国封建史学中的所谓专门汉学,曾被胡适等嫁接在一起,在旧中国史学界曾经喧嚣一时。

上述资产阶级史学思想中两种基本倾向,即把历史过程公式化和把历史现象个别化,看来是互相对立、互不相容的。但实际上,作为"形而上学的两面",两者是互相过渡、互相包容的。

这并不奇怪。所谓公式化方法和个别化方法,都产生于同一个认识根源,即在唯心史观的基础上割裂历史现象中的个别和一般。两者又都可以在历史的现象形态上找到寄生之地。无论是公式化方法,还是个别化方法,都属于形而上学的抽象思维,根本脱离了人类历史的客观实际。一方面,历史的前提是人。但现实的人并不是一个孤立的"个体"。脱离了人们的社会关系、阶级关系来观察"个体"的人,则只是一个抽象物。在历史的现实中,并不存在这种被个别化方法所抽象化了的个体人。另一方面,历史的发展是有规律的。但规律是历史过程所固有的,只有从历史实际出发,透过现象,把握本质,才能揭示出规律,即用科学的抽象反映出历史现象中"作为本质的一般"。任何脱离了具体历史过程的"公式",即使利用了历史现象形态上某些非本质的外部联系,也只能是一种非科学的抽象,一种主观主义的虚构。所以,个别化方法与公式化方法,都是同一个世

① 《列宁全集》第 20 卷,人民出版社,1963 年,第 192 页。

界观和历史观的表现,它们当然可以彼此包容,乃至互为补充。

这种"形而上学的两面",是怎样被统一起来,并互为补充呢? 例如,在历史上,我们看到"个体"史观及"个别化记述方法"的提倡者李凯尔特,在其理论体系中恰好包容了所谓超历史、超经验的"价值观念"。据他说,历史学家在选择史料时,必须确定哪些个体人物和事件是"重要的",是"有代表性的",这就得根据一个所谓普遍的公认的永恒的"价值"标准。历史的"个体",成为体现哲学"价值"的一堆任意取舍的材料。用李凯尔特自己的话说:"只有通过历史的东西,才能找到一条道路通往超历史的东西。只有分析历史材料,哲学才能接近价值的世界。"①历史,终于变成历史家的哲学观念的注释。在现实中,我们也可以看到,有所谓"天人合一"的历史观,有所谓哲学思想"愈来愈具有普遍性形式"的哲学史观,这些"史观",都需要选择一定的个体哲学家(如孔子、孟子等)的思想材料体现出来。正如恩格斯曾经指出的,一切旧的历史哲学,本质上都是"拿哲学家臆想出来的联系来代替应在事件中发现出的现实联系,历史——不论是其全部或各个部分——被看作是一些观念逐渐实现过程,并且当然始终只是每个哲学家所喜爱的那些观念的逐渐实现过程"②。哲学家所喜爱的观点,需要从历史上找到证据;被"个体化"了的历史事实,恰好可以为"公式化"了的历史规律提供符合需要的证明。

在这个意义上,沿着这样一个思路,确实可以直接借用康德的命题来说明历史规律和历史事实之间、观点和资料之间的"统一"。因为康德不仅说过"思维无内容是空的,直观无概念是盲的",而且还严格地划分"历史的知识"和"理性的知识",并宣称按照所谓"理念所创设的图型",可以把两者统一起来。③ 这种观点属于康德的"建筑术",和马克思主义毫不相干。这种所谓"统一"的实质,乃是作为历史家的观点的某种"规律"或"图型",需要运用个别化方法所肢解了的历史

① 李凯尔特:《论哲学概念》,转引自康恩:《哲学唯心主义与资产阶级史学思想的危机》,三联书店,1961年,第70页。
② 恩格斯:《费尔巴哈与德国古典哲学的终结》,《马克思恩格斯文选》两卷集,第2卷,人民出版社,1958年,第388页。
③ 康德:《纯粹理性批判》,三联书店,1957年,第71页、第566—568页。

资料来实现自己。用冯友兰先生的话来说就是，"对这个规律的认识，就是历史学家的观点的一部分"，通过历史研究，由此又一度地证明规律的真实性。可见，无论冯先生是借用康德，还是自出心裁，都始终没有突破"形而上学的两面"，却又力图把两面"统一"起来。

但是，无论是个别化方法还是公式化方法，都脱离了客观的历史现实，因而在历史研究的实践中，都会遭到不可克服的困难。如果真的坚持个别记述方法，面对着历史上千差万别难以计数的"个体"的人和事，怎样去记述呢？如果要加以分类排队，选择典型，势必制定一个选择标准，这个标准又从何而来呢？旧史学在这里只有两条出路。一条是否认一切标准，拒绝一切规律，把历史研究引向单纯史料考证，用史料学代替历史学。历史研究的对象，变为个体事物的史料，不再是客观的历史现实。另一条出路，是臆造出一个先验的"公式"和"规律"作为选择史实的标准，合则留之，不合则去之，即采取把历史公式化的方法，把历史学变为历史哲学。两条出路，都同样地抛弃了客观的历史现实。旧史学在确定自己研究的对象时，就这样在方法论上陷入无以自拔的矛盾，而不可避免地走向主观主义。所以，不少的资产阶级史学家只好公开宣称："由于历史材料的这种性质，所以历史始终不免是一门主观的科学。""历史家不能不用一种主观的方法。他想象出一个社会整体或一种进化过程，他把历史所提出的个别因素排列到这个想象的结构中。"[1]"故史之为学，纯属主观，殆无疑义。"[2]"考证固为客观的工作，而解释则不能不多少带主观色彩，此实为无可如何之事。"[3]这些话，应该说是处于无可如何的困境中的资产阶级史学家的自白。

冯先生在自己的文章中，也谈到了这种困境。冯先生说："历史学跟别的科学还有一点不同，那就是，它所研究的具体的个体事物，都是已经过去的东西。……这些存在'死无对证'，无论历史家怎么说，它只能默默无言，不会提出不同意见。由于历史学的这些特点，一部历史著作对于某甲或某乙的叙述很容

① 朗格诺瓦、赛诺波：《史学原论》，李思纯译，商务印书馆，1926年，第176页、第183页。
② 何炳松：《历史研究法》，商务印书馆，1927年，第5页。
③ 陈懋德：《史学方法大纲》，独立出版社，1945年，第77页。

易掺入主观想象的成分。这些成分其实就是虚构。"①按唯心史观及其形而上学方法——无论是个别化方法还是公式化方法来指导历史研究,的确也会如此。冯先生意识到了这种困境,但提出的解除这种困境的办法,却仍然是个别化方法,即对这些"死无对证"的"个体事物"的"文字史料",进行一系列的"考据"工作。② 对史料进行考证,是历史研究的前提之一,是完全必要的。问题是,这并不是逃出上述困境的真正办法。因为,旧史学是在方法论上自陷于矛盾,考证史料并不能解除这种矛盾,相反的,如果坚持个别化方法,对"个体事物"的史料再多一些考据,终点又变成起点,不过把个别化方法更加个别化一些、把"形而上学的两面"的"个别性"这一面更加发展一步而已。

问题在哪里? 问题在于资产阶级旧史学,始终弄不清历史研究的对象是什么,它不是把历史个体化,就是把历史公式化,不是用史料学顶替历史学,就是把历史学屈从于历史哲学。这就是它们从"形而上学的两面"所引出的方法论的基本特征。尽管旧史学有其一定的历史功绩,如"搜集了片段的未加分析的事实,描述了历史过程的个别方面"等,但从根本上说,时代的和阶级的局限,使一切旧的史学只能停留于历史现象形态的表面观察,并在唯心史观的基础上对人类社会生活作了颠倒、割裂的理解。因此,资产阶级旧史学,没有也不可能真正了解什么是人、什么是社会、什么是人类社会的历史发展这一物质运动形式的特殊矛盾及其所规定的特殊本质。所以说,资产阶级史学从根本上还不清楚自己所研究的对象究竟是什么。

三、马克思主义科学地规定了历史研究的对象,
是历史研究成为科学的前提

人类创造自己的历史。从表面的现象形态上看,人们按各自的目的进行活

---

① 《哲学研究》1963 年第 3 期,第 41 页。
② 冯友兰:《从〈周易〉研究谈到一些哲学史的方法论问题》,1963 年《哲学研究》第 3 期,第 41—42 页。

动而汇成人类史,历史上大大小小的哲学家按各自的观点建立体系而汇成哲学史。"人心不同,各如其面",这样千差万别、互不相谋的"个体"的独立活动,为什么和怎样能够被综合为人类史或哲学史的合规律的必然进程?在历史唯物主义产生以前,这个问题困扰着许多先进的思想家,始终没有正确的答案。

历史唯物主义之所以引起人类认识史上的空前大革命,正在于它戳穿了以往旧哲学和旧史学关于人、关于社会、关于人类历史的种种虚构,指明了揭示历史现象的规律性的途径。从方法论的原则上,既彻底克服了"个别化"方法又坚决反对了"公式化"方法。对人类社会运动中的个别和一般、偶然和必然、历史和逻辑,如实地作了统一的了解。把个体的人归结为一定的社会关系,把个体活动归属于一定阶级的活动,把历史事变归结为人的社会实践。这一切又都建立在对于作为人类社会基础的"经济进化的客观逻辑"作了彻底科学分析的基础之上,从而能够把人类社会发展看作是服从必然规律的自然历史过程。这样,历史现象中复杂交错的矛盾,呈现为一个有规律的矛盾运动。历史科学,才确定了自己所研究的主要对象,既不是抽象的"个体",也不是抽象的"公式",而是具体的社会发展过程所固有的特殊矛盾及其所规定的特殊本质。

经过对人类史的全面考察,对资本主义社会的典型解剖,对复杂历史现象进行严格的科学分析,人类社会区别于其他物质运动形式所具有的内在矛盾及其发展规律,在马克思主义的历史唯物主义体系中得到了完整的科学反映。历史唯物主义为人类史的研究开辟了认识真理的途径。

首先,历史唯物主义科学地回答了什么是人的问题。

区别于自然史,人类史是人所创造的。因此,什么是人就成为科学地确定历史研究对象所必须解决的第一个问题。以往的旧史学的一个根本局限,就是不了解人的本质属性。它们对"人"下过各种定义,进行过各种混乱的分类,归结起来,总不承认社会划分为阶级这一最基本的事实,总不承认阶级社会中人的社会本质是由一定的阶级关系所规定的。因此,以往的社会历史研究,只能是按历史的现象形态,把千差万别的"个体"活动作为对象,用树木挡住了森林。再不然就按剥削阶级的偏见,利用某些历史现象的外部联系,来划分个体的人所属的"类"

或"集团"。古代有"士农工商"的四分法,"性分三品"的三分法,"君子"与"小人"的两分法。现代资产阶级还"发明"了"管理者"和"工作者"等关于人的分类法。这一切,像重重雾瘴,掩盖了人的本质,掩盖了社会历史的真面目。

马克思主义之所以终结了一切旧史学,开辟了历史研究的新纪元,就在于它彻底抛弃了一切关于人、关于人性等各种非科学抽象,真正弄清了人的社会本质,主要一点就是用阶级理论克服了"个体"史观,用阶级分析法代替了一切抽象分析法。

人类和动物的本质区别,在于人类能够劳动生产,而人类生产必然是社会的,所以必然在生产过程中结成一定的社会关系。马克思指出:"人们生产他们所必需的生活资料,同时也就间接地生产着他们的物质生活本身。"[①]所谓"物质生活本身",就是人们在物质生产中所结成的生产关系。每个人在社会物质生活中必然和其他的人结成一定的社会关系,这种关系便决定了人们一定的社会地位,会赋予各个人以他的本质属性。人的本质,是一种"社会的规定"。所以说,"人的本质并不是单个人所固有的抽象物,实际上,它是一切社会关系的总和"[②]。而在阶级社会里,一切社会关系都建立在阶级关系的基础上,阶级关系规定了不同阶级的人的本质。所以说,"在阶级社会中,人的阶级性,就是人的本性、本质"[③]。以往一切历史学家之所以陷于各种混乱,根本原因就在于他们总是"离开人的社会性,离开人的历史发展"[④]来观察人和人的意识,"他们不懂得或者故意掩藏人们这种社会本质(本性)的阶级差异"[⑤]。阶级社会中现实的人,不属于这个阶级,就属于那个阶级,从来没有过超阶级的个体或人,也没有过脱离一定的阶级性的普遍人性。离开了这个现实,就只能主观主义地"假定出一种抽象的——孤立的——人类个体"[⑥]。一切唯心史观关于人的虚构,就由此而产生。

---

① 《马克思恩格斯全集》第 3 卷,人民出版社,1960 年,第 24 页。
② 《马克思恩格斯全集》第 3 卷,人民出版社,1960 年,第 5 页。
③ 刘少奇:《人的阶级性》,甘肃人民出版社,1952 年。
④ 《毛泽东选集》第 1 卷,人民出版社,1963 年,第 271 页。
⑤ 刘少奇:《人的阶级性》,甘肃人民出版社,1952 年。
⑥ 《马克思恩格斯全集》第 3 卷,人民出版社,1960 年,第 5 页。

关于人的本质的科学规定,是唯物史观最伟大的理论成果之一。唯物史观指导下的历史研究,把个体的人还原为一定的社会关系的代表、一定阶级的成员;把个体的活动归结为按人的社会本质所划分的"类"的活动,即阶级活动,党派的活动。这样,就揭示出了个人及其一切社会实践活动的真正本质,从而为阐明人类活动所构成的社会历史的特殊矛盾及其发展的规律性提供了真正的前提。

冯友兰先生关于历史研究的对象是"个体"而不是"类"的观点,包含了一个"个体非类"的基本前提。冯先生认为自然科学可以选择"典型"、研究"类及规律";而历史现象中只有"个体",张三不能用李四代替,只有抓住"个体",才抓住了历史的"真实",排斥了"虚构"。这种想法,似乎符合"常识",却违反了科学的要求。列宁指出,"个体不仅存在于精神世界中,而且存在于物质世界中。全部问题在于'个体'受某些一般规律支配,这就物质世界来说早已肯定,而就社会方面来说,则只是由马克思的理论确定下来的。"①正是在这个意义上,列宁认为,把"极为多样的似乎不能加以任何系统化"的"个体"活动,归结为阶级的活动,"这就推翻了主观主义者天真幼稚的纯粹机械的历史观"。这一点,正是马克思主义把社会历史研究变为科学的一个关键。个别和一般的辩证法、个性和共性的辩证法,既是事物的客观过程所固有的,也是人类认识过程所固有的。毛泽东用"由特殊到一般,又由一般到特殊"这一简明的公式,概括出"人类认识真理的正常秩序",指出"人类的认识总是这样循环往复地进行的"②。所谓"个体"和"类",无论在自然界,或是在社会历史中,都是互相结合的客观存在,两者不能割裂开来。科学的认识,只能把个体看作必然是某一类事物的个体,类就存在于这一类事物的每一个个体之中。如果"个体非类",则公孙龙的"白马非马"岂不也成了真理? 在我们看来,任何具体的历史人物和历史事变都是"个体"和"类"的统一。问题是人类历史现象中的个体,脱离了社会划分为阶级的事实,就无从揭示它们按其本质属性所划归的"类",即无从揭示其"作为本质的一般"。例如,孔

① 《列宁全集》第1卷,人民出版社,1955年,第389页。
② 《毛泽东选集》第1卷,人民出版社,1963年,第298页。

子、柏拉图都是哲学家,这已是"个体"和"类"的统一,只是这个"类"并不能规定他们作为哲学史研究对象的特殊本质。他们的特殊本质,是他们作为所属阶级的哲学代言人,在特定历史范围内的阶级斗争、哲学斗争中积极地活动着,因而成为哲学史研究的对象。哲学史所要研究的任何一个哲学家,并不是孤立的"个体",而是所属阶级的同类哲学代言人中的典型代表。他们的哲学思想的个性,充分地表达了他们所属同类哲学家们的共同的学派性、党派性,而哲学的党性又正是集中地表现了他们所属阶级的阶级性,透过典型哲学家思想的个性,来把握它所固有的党派性、阶级性,把握这种个性和党派性、阶级性在其哲学思想中的具体的、历史的统一,并把它纳入当时阶级斗争、哲学斗争的全局中,揭示出这一具体历史环境中反映不同阶级要求的哲学思想"相比较而存在,相斗争而发展"的特殊规律。这就是哲学史研究的基本任务。

事实上,根本不可能设想能够按照冯先生的"个体"史观来研究哲学史。如果那样,成千上万的"个体哲学家"都要涌入哲学史,连黑格尔都嘲笑的"展览馆"也会装不下。其实,以"个体"史观为基础的哲学史,可以宣称自己是以一个个经过考证的个体哲学家的思想作为对象,实际上却只能按主观的标准来选择和铸造自己的对象。对这个问题,列宁在驳斥主观社会学时说得真好:"主观主义者谈论个人时,总是预先规定这个概念的内容(即个人的"思想和感情"以及他的社会活动),就是说,他们悄悄地用自己的空想代替了'对社会集团的研究'。"①与主观社会学相对立,历史唯物论指导下的历史研究,历史人物不是抽象的"个体"而是一定的社会阶级集团的代表人物,不是孤立的"个人"而是作为某一阶级的成员处于一定的阶级关系之中。也就是说,他们都是"个体"和"类"的统一。

其次,历史唯物主义还回答了另一个问题:什么是社会。

资产阶级历史学和社会学,既不能正确规定人的本质,所以,在什么是社会这个问题上,也就必然陷入同样的混乱,他们只能用庸俗浅薄的表象法来观察社会。或者说:"社会是由个人组成的,离开个人,就没有社会。"这是资产阶级社会

---

① 《列宁全集》第1卷,人民出版社,1955年,第393页。

学中所谓"唯实论"派的观点。或者认为,社会"在它的各个分子之外,有独立的存在"。这是资产阶级社会学中所谓"唯名论"派的观点。这两种观点,看来相反,而在方法论上恰好是来自"形而上学的两面"。他们互相包容,共同臆造了许多关于个人和社会及其相互关系的空谈。他们也在讲什么"社会集团""社会类型"等,都是利用社会现象中一些非本质的联系,来掩盖和歪曲社会关系的本质。

社会当然不是什么在人之外的"独立的存在",但也不是许多个人的简单的集合体。社会,是人类在劳动生产过程中结成的人与人的关系。这种关系,是在人类进行生产过程中形成的,所以首先形成的是生产关系,并在生产关系这一基础上,还有它所产生和制约着的人们之间的其他关系如政治关系、思想关系等。社会,就是这些关系的总和。①

关系就是矛盾。社会也就是一个矛盾的总体。生产力和生产关系的矛盾,经济基础和上层建筑的矛盾,是社会的基本矛盾。这个基本矛盾,在无阶级的原始社会和未来共产主义社会中,表现为人民内部矛盾;而在阶级社会中,则主要表现为对抗性的阶级矛盾。阶级社会中的生产关系是对抗性的,所以在阶级社会中人与人间最本质的关系,也就是阶级关系,阶级之间的矛盾和斗争,根源于社会经济矛盾的阶级斗争,贯穿在整个社会的经济生活、政治生活、思想生活的各个领域之中。阶级斗争,推动着人类社会及其各个方面向前发展。这种发展形成一个有规律的历史过程。阶级和阶级斗争的理论,是马克思主义的社会历史观的核心。

法国复辟时代的史学家,曾一度讲过"阶级斗争"。但是,他们对社会关系中阶级关系的形成问题,只能倒因为果地作出唯心主义的解释,并且形而上学地否认阶级斗争的历史发展,而把资产阶级专政说成是不再有阶级压迫的"理想社会"。他们在根本上违反了历史辩证法,始终不了解社会关系的本质,并找不出一个区分阶级的固定标准。他们和一切旧史学家一样,划分所谓"社会集团"或"阶级"时,采取的是随心所欲的标准。正如列宁指出过的,只有马克思主义,破

---

① 马克思:《政治经济学批判大纲》第二分册,人民出版社,1962 年,第 35 页。

天荒第一次为"阶级"这个概念"下了一个唯物主义的定义"①。阶级关系是由一定的物质生产关系所形成的。马克思主义从错综复杂的社会关系总和中把生产关系划分出来,再由生产关系的变化、发展来阐明阶级斗争的规律,再以阶级斗争规律作为指导线索来观察社会历史的其他现象。从此,社会历史的研究,才有可能按严格的科学要求,来揭示客观历史过程的规律性。

冯友兰先生也和以往许多史学家一样,否认历史研究有揭示规律性的可能。其理由不外两条:一是历史事变不能重演,因为历史上的"个体"都是独一无二,不能归类的;二是历史规律不能证明,因为历史都已过去,历史家所说,"死无对证"。这两点都基于"个体"史观,把历史看作是个体活动史,而不是阶级斗争史。

我们认为,历史现象的特点是重复和不重复的统一。就现象形态的个体说,各具特点,确实没有完全重复的历史现象。但是,无论是作为阶级成员的历史人物,或是作为阶级斗争的历史事变,它们的多样性中却存有本质上的共同性,因而历史又是重复的。例如,历史上的战争,没有一次是相同的。但是,任何战争都是一定阶级的政策的继续,这又是它们在本质上的共同性。又如,魏晋时期的玄学家,《晋书》《世说》等史料上姓名言论可考者,恐不下百余人。他们的思想外貌,各具特点,即如王弼与何晏的观点,向秀与郭象的观点,也互有歧异。但是,作为当时士族大地主阶级的思想代言人,首先,他们的哲学思想的党性便具有共同性;其次,反映士族大地主阶级在不同发展阶段上的精神需要,一个王弼、一个郭象,或再加一个张湛,由于他们的思想的典型性,可以基本代表与他们同类的成堆的玄学家,而且,玄学唯心主义这几种类型,当其所依存的阶级基础还存在一天,它还会被一些思想家再生产出来,在历史上阶级斗争及哲学斗争相似的条件下一再出现而具有某种重复性。历史现象是十分复杂的,但马克思主义正是对这些复杂的现象进行科学的分析和综合,概括出它们之间的本质联系,揭示出它们的个性和共性的统一,偶然性和必然性的统一,不重复性和重复性的统一。正因为如此,发现历史规律才成为可能,历史研究也才能成为科学。

---

① 《列宁全集》第 1 卷,人民出版社,1955 年,第 388 页。

马克思主义的历史科学所揭示的历史规律，并非"死无对证"，而是可以证明，并且已经得到了充分证明。只不过这种证明，不是在实验室中进行的，不是依靠书斋中的史料考证，而是依靠人民群众的历史实践，依靠对历史发展的结果——现实社会的解剖提供了解剖整个以往历史的钥匙。例如，解剖资本主义社会而发现的无产阶级和资产阶级斗争转化的规律、资本主义必然灭亡和社会主义必然胜利的规律等，百多年来无产阶级的革命实践已完全证明了它的客观真理性。这种证明，也同时证明了马克思主义的钥匙，对整个以往历史的解剖及其所已揭示的基本规律是无可辩驳的客观真理。因为，由这些规律所引出的结论已被客观发展的历史进程所一再证实。

综上所述，我们认为历史科学只有彻底摆脱资产阶级旧史学所设置的"不是个别记述、就是公式推演"这个"二律背反"，只有彻底克服方法论上的"形而上学的两面"，才能正确规定自己研究的对象。任何一门科学的对象，都不能主观随意地规定。"每一种社会形式和思想形式，都有它的特殊的矛盾和特殊的本质。科学研究的区分，就是根据科学对象所具有的特殊的矛盾性。"①人类社会历史的特殊的矛盾性是什么？资产阶级旧史学，不但不能回答这个问题，甚至局限在形而上学思维方法中还提不出这个问题。

马克思主义第一次科学地规定了人的本质、人类社会生活的本质，从而回答了这个问题，确定了历史研究的对象。简单说来，历史研究的对象，既不是某种先验的历史"公式"，也不是一个个孤立的个体，而是历史上发展着的人与人之间现实的社会关系（包括经济关系和以之作为基础的政治关系、思想关系等）。人类进入文明社会以后，经过了奴隶社会、封建社会、资本主义社会，人们之间的一切社会关系本质地表现为阶级关系——阶级矛盾和阶级斗争。贯穿在社会生活的经济、政治、文化思想各个领域中复杂交错、蓬勃开展的阶级斗争，就是人类社会历史的特殊的矛盾和特殊的本质。列宁说："辩证法要求从发展中去全面研究某个社会现象，要求把外部表面的东西归结于基本动力；

---

① 《毛泽东选集》第 1 卷，人民出版社，1963 年，第 297 页。

归结于生产力的发展和阶级斗争。"①阶级斗争,伴随着社会生产力和生产关系的矛盾发展而不断发展、转化,到今天,正由工人阶级通过自己领导的革命和专政实现着人类社会发展的巨大历史飞跃。这就是历史科学所面对着的历史过程的客观辩证法。

有人认为,把历史研究的主要对象规定为就是阶级斗争,把历史研究的基本方法规定为就是阶级分析方法,似乎有点简单化,他们不知道或者不愿意知道这些结论是经过了多么复杂的科学探索才得出来的。马克思主义创始人,系统清算了一切旧哲学旧史学,创立了辩证唯物主义、历史唯物主义的世界观和方法论,真正弄清了什么是人、什么是社会、什么是阶级、什么是人类历史的特殊矛盾和特殊本质等一系列复杂问题,才科学地规定了历史研究的对象和方法,从而使历史研究真正成为科学。历史研究成为了科学,工人阶级才有可能去总结历史经验,掌握历史规律,自觉地进行历史实践,完成自己的历史使命。

四、历史研究必须论史结合和历史科学的具体性问题

冯先生可能不会同意上述意见,理由是:你所讲的仍然是哲学,是历史唯物论,那当然可以研究社会关系、历史规律等,而我们讲的是历史、是哲学史,那只能研究个体的人和事、个体哲学家的思想。冯先生说,我也承认历史唯物论是"历史研究的方法和指南"。但是,一方面,"在这些理论的指导之下,在这些方法的运用之中"所发现的"历史事物的线索和联系"等,"也还是个体的"。这些"线索",不是"一般规律"。另一方面,历史研究对哲学所讲规律并不必有所"补充","也可以成为一个好的历史研究工作"。冯先生似乎在强调历史科学的具体性,便因而认为即使在承认历史唯物论的指导的前提下,论还论,史还史;论讲"一般",史讲"个别",从对象到方法,"其事各行不相预"。简单一句话,论和史要分家,不能结合。

---

① 《列宁全集》第21卷,人民出版社,1959年,第194页。

冯先生这些理由,能不能成立呢? 我们认为,对马克思主义的历史唯物论和具体历史研究的关系,对马克思主义的历史科学的具体性,这种理解是不正确的。一方面,历史的具体性,并不是抽象的个体;另一方面,历史唯物论关于人类历史规律的科学抽象,并不是空洞的一般。冯先生在史学方法论上的失足,正在于一方面用抽象的个体来取消了历史科学所要反映的历史具体;另一方面又把历史唯物论的普遍原理,误解为可以脱离具体历史研究的空洞的一般乃至先验的公式,从而既混淆了历史唯物论和历史学的真正区别,又割裂了两者之间的本质联系。所以,冯先生对历史研究中必须以历史唯物论为指导的观点,只能是抽象地承认,自己也感到"抽象地谈理论和资料的统一,就觉得难懂"①,而实际上是主张论和史要分家,各行其是。

马克思主义认为一切科学真理都是具体的,反对有什么抽象的真理。抽象,只是认识过程中的一个环节,一个必经的阶段。从感性的具体,到科学的抽象,再"由抽象上升到具体",即把科学抽象的许多规定在思维中进行综合,形成理论体系,从而把现实的具体事物、过程,"当作一个精神上的具体再现出来"②。这是任何科学真理形成的一般进程。社会历史现象的研究,更必须如此。马克思主义及其历史唯物主义的理论体系,就是这样形成的,它是具体的科学真理。历史唯物主义的特点,只是以整个人类社会及其历史发展作为对象,它所再现出来的是人类社会及其历史发展的普遍矛盾、共同本质、一般规律。至于历史学及其各个分支领域,乃是研究某一特定部分的历史现象的特殊矛盾、特殊本质、特殊规律,由于有了历史唯物主义的指导,对它们的研究能够从某一部分历史现象的具体实际出发,能够进行科学的抽象,进而综合这些抽象的规定,把这一部分历史具体再现出来。它们所提供的规律性的知识,同样是具体的科学真理,就研究范围的大小说,各有不同;但历史唯物主义和一切历史科学所提供的,都同样是具体的科学真理,就这一点说,并无区别。用抽象和具体来划分历史唯物论和历史学,是不恰当的。这会陷入把马克思主义普遍原理歪曲为抽象真理的错误,同

---

① 《哲学研究》1963 年第 3 期,第 42 页。
② 《马克思恩格斯全集》第 12 卷,人民出版社,1962 年,第 752 页。

时也会把历史研究引入经验主义的歧途。

历史学区别于历史唯物论,有其本身在方法论上的特点,这就是区别于逻辑方法的历史方法,但马克思主义辩证法的伟大贡献,正是基于唯物主义认识论原则把逻辑方法和历史方法看作是对立统一的,两者不可分裂。逻辑的方法,也就是历史的方法,不过摆脱了一定范围内的具有偶然性的历史形式;历史方法,也决不能脱离逻辑方法,不过是通过历史形式来揭示一定范围内的历史进程的客观逻辑。历史学在研究方法上也必须把历史方法和逻辑方法统一起来,其特点只在于它要追踪历史事变的具体进程,追踪它们发生、发展的历史顺序,但这丝毫也不排斥对庞杂纷繁的历史现象进行"去伪存真,去粗取精,由此及彼,由表及里"的分析和综合,揭示出这些具体历史过程的特殊矛盾、特殊本质和特殊规律。历史科学研究的成果,在叙述方法上,力求以具体的形式把历史的具体再现出来,也就是按具体历史进程所固有的丰富性、特殊性、偶然性、曲折性而又服从于内在的必然规律这一特点,把它再现出来。如果把历史科学的具体性理解为拒绝科学抽象、排斥研究规律,理解为经验主义的现象罗列,那就大错特错了。

马克思、恩格斯曾深刻论述过历史研究的具体性的特点。他们一方面分析了社会规律和自然规律不同,前者要通过人的自觉活动表现出来,"但是,不管这个差别对于历史的研究,尤其是对于个别时代和个别事变的研究是如何重要,它丝毫不能改变历史进程服从内在的一般规律这一事实。……全部问题就在于发现这种规律"①。这是说,历史研究的一般任务同样是揭示规律。另一方面,他们又指出历史考察的出发点是"从事实际活动的人"。这就是说,历史研究必须"从现实的前提出发,而且一刻也不离开这种前提。它的前提是人,但不是某种处在幻想的与世隔绝、离群索居状态的人(即抽象化了的'个体'——引者注),而是处在一定条件下进行的、现实的、可以通过经验观察到的发展过程中的人。只要描绘出这个能动的生活过程,历史就不再像那些本身还是抽象的经验论者所认为的那样,是一些僵死的事实搜集,也不再像唯心主义者所认为的那样,是想

① 《费尔巴哈与德国古典哲学的终结》,第37页。

象的主体的想象的活动"①。这指明了历史研究的过程及其研究成果的具体性，就在于要把历史上处于一定社会关系中、属于一定阶级的具体的人创造历史的"这个能动的生活过程"及其"内在的一般规律"再现出来。既反对"抽象的经验论"，也排斥一切唯心主义的虚构，必须透过历史事实来阐明历史规律，阐明历史事件、历史人物的具体特点和普遍规律的统一。

马克思主义关于历史科学的具体性的规定，丝毫不排斥历史研究描述过程而必须揭示规律。具体历史过程总是特殊的，而任何历史规律在特定范围内又总是普遍的。在"暗淡无光的形而上学"看来，这两者是绝对对立的，而在马克思主义的辩证法看来，这是对立统一的。"每一事物内都不但包含了矛盾的特殊性，而且包含了矛盾的普遍性，普遍性即存在于特殊性之中。所以，当看我们研究一定事物的时候，就应当去发现这两方面及其互相联结，发现一事物内部的特殊性和普遍性的两方面及其互相联结，发现一事物和它以外的许多事物的互相联结。"②例如说，当我们研究一定历史环境下具体的哲学斗争过程时，不能孤立地只研究这一过程的特殊性，而必须同时研究这一过程内部的矛盾的特殊性和普遍性的两方面及其互相联结，否则揭示这一过程的本质将成为不可能。马克思主义的论史结合原则，也就遵循着这一辩证思维的途径，保证了历史科学的具体性。

在历史研究中发现事物内部的特殊性和普遍性的互相联结，是一个认识发展的过程，是对人类史这一个大系统的矛盾运动的认识不断深化的过程。按人类认识的正常秩序，认识总是从个别、特殊的具体事物开始，但为了认识事物的本质，必须由特殊上升到一般。恩格斯指出："一切真实的、详尽无遗的认识完全在于我们在思维中能把个别的东西从个别提高到特殊，然后再从特殊提高到一般。"③这在历史研究中，就不仅要排除经验主义的方法，尤其要坚决反对所谓"个别化的方法"。重要的问题还在于，认识的深化还必须由一般回到特殊，但不是抛开一般，而是以一般的认识为指导，通过对于尚未研究或尚未深入研究过的

① 《马克思恩格斯全集》第3卷，人民出版社，1960年，第30页。
② 《毛泽东选集》第1卷，人民出版社，1963年，第306页。
③ 恩格斯：《自然辩证法》，第195页。

具体事物进行研究,找出其特殊的本质,借以更充分地认识某类事物的共同本质,更充分地认识具体事物内部的这种特殊本质和共同本质的互相联结,从而"补充、丰富和发展这种共同的本质的认识"[①]。毛泽东曾以马克思对资本主义史的研究为例,指出:"当马克思把资本主义社会这一切矛盾的特殊性解剖出来之后,同时也就更进一步地、更充分地、更完全地把一般阶级社会中这个生产力和生产关系的矛盾的普遍性阐发出来了。"[②]可见,只有经过由特殊到一般,又由一般到特殊这样循环往复的认识过程,才可能达到对某一具体事物内部的特殊本质和共同本质的互相联结的真正了解。在历史研究及哲学史研究中,必须坚持历史唯物论的指导,坚持论史结合的原则,其根本意义就在于此。

从总体上说,历史唯物论是马克思综合人类史,特别是资本主义历史的具体研究所达到的"由特殊到一般"的伟大的科学成果。有了历史唯物论之后,历史的科学研究,只能沿着"由一般到特殊"这一辩证认识的途径把历史唯物论的普遍真理与历史研究的具体对象结合起来。只有这样,历史研究才能成为科学;而科学的历史研究在其特殊领域把历史唯物主义原理具体化也就必然对这些原理有所丰富和发展。历史唯物论与历史学的真正区别,在于它们是对人类历史的本质的认识的两个不同过程,一个是"由特殊到一般"的认识过程,这是以认识整个社会历史的共同本质为目的,一个是"由一般到特殊"的认识过程,这是从认识某一历史现象的特殊本质以及这种特殊本质与共同本质的互相联结为目的。两者的本质联系,也就在于这两个认识过程在本质上是互相联结、不可分割的。应该看到,马克思主义的历史唯物论,现在和未来都仍然在继续综合现实和历史研究的新的科学成果且不断地丰富着和发展着。同时,在历史唯物论指导之下的各种具体历史科学继续深入研究着人类历史各个方面的特殊本质、特殊矛盾和特殊规律,从而也必然不断地加深和丰富着关于人类历史的共同本质、普遍矛盾和一般规律的认识。

(1963 年 12 月)

---

① 《毛泽东选集》第 1 卷,人民出版社,1963 年,第 298 页。
② 《毛泽东选集》第 1 卷,人民出版社,1963 年,第 301 页。

古史研究与马克思主义理论的拓展

——马克思、恩格斯对人类学研究的方法论启示

"知今而不知古,谓之盲瞽;知古而不知今,谓之陆沉。"王充这句名言,震烁千古。古史研究,从来是马克思主义理论拓展的一个重要源泉。

马克思晚年不顾病痛的折磨,放下完成《资本论》的重要任务,却花了大量时间去研究原始社会,研读了大量的人类学著作,留下数十万字质量很高的笔记。1982 年出版的中文版《马克思恩格斯全集》第 45 卷,包括了《马·科瓦列夫斯基〈公社土地占有制,其解体的原因、进程和结果〉一书摘要》《路易斯·亨·摩尔根〈古代社会〉一书摘要》《亨利·萨姆纳·梅恩〈古代法制史讲演录〉一书的摘要》和《约·拉伯克〈文明的起源和人的原始状态〉一书摘要》。此外,《约·巴·菲尔〈印度和锡兰的雅利安人村社〉一书摘要》的中译本也在《马列主义研究资料》1987 年第 1 期上刊布了。这五篇笔记,都是马克思逝世前几年,即 1879 年至 1882 年间作的。可能只有《摩尔根〈古代社会〉一书摘要》的笔记对我们还不算陌生,因为恩格斯写《家庭、私有制和国家的起源》(下文称《起源》)一书时利用了这个笔记。尽管恩格斯的《起源》并没有包括马克思对摩尔根《古代社会》一书研究的全部成果,但《起源》一书的历史贡献已够显赫。至于马克思有关人类学的这些笔记以及其他有关古史的研究成果,则长期没有引起我们足够的重视。以下,仅就马克思和恩格斯研究古史和人类学的历史背景和取得的重大成果及其对于人文科学研究的方法论启示,略加论述。

一

马克思主义理论体系——尤其是唯物史观形成之后,有两次重大的史论结合(基于历史研究与理论发展)的补正和拓展。

第一次,在 1848 年《共产党宣言》(下文称《宣言》)发表之后。

《宣言》中有句名言:"共产党人可以用一句话把自己的理论概括起来:消灭私有制。"这当然包括消灭以私有制为基础的一系列附着物。1848 年巴黎六月起义,首次向资本主义私有制挑战,遭到血腥镇压。接着波拿巴政变,整个欧洲趋向反动,革命转入低潮。

这时的马克思,着重思考共产主义理论的深化问题。在理论上,他从两个方面进一步论证和补充《宣言》。一方面写《资本论》,通过对资本主义生产方式自身的研究,论证《宣言》所说的"资本主义私有制的丧钟就要敲响了,剥夺者就要被剥夺";另一方面则是研究私有制的起源,证明其历史的暂时性,兼及家庭、婚姻制度、法权以及农民问题等。在这一方面,马克思充分重视 19 世纪 50—70 年代的非马克思主义学者的学术成果。

例如,1853 年马克思读了 8 本关于印度的书,11 本关于俄国的书,包括普鲁士官员、作家、反动农奴主哈克斯特豪森·奥古斯特(1792—1866)的著作《对俄国的内部关系、人民生活、特别是农村设施的考察》。这部三卷本的著作,描述了俄国残存的公社土地所有制。19 世纪 50 年代初,因东印度公司的特许权行将期满,英国国会讨论殖民地政策,涉及大量的印度等国的材料,特别是残存的土地公有制和农村公社的材料,引起流亡在伦敦的马克思的注意,导致后来的"亚细亚生产方式"的提出。到 19 世纪 60 年代,马克思研读了毛勒(1790—1872)的著作。毛勒是著名史学家,研究中世纪的历史,特别是马尔克公社的历史,著有《德国马尔克制度史》(1850)、《德国地主家庭、农民家庭和农户制度史》1—4 卷(1862—1863)等。通过毛勒的著作,马克思了解到,村社所有制不仅见于东方,也曾遍及西欧。

我们知道,马克思 1853 年 6 月 2 日在致恩格斯的信中,曾经谈到他研究了东方社会的土地所有制问题,在评论法国旅行家兼医生贝尔尼埃的描写时,指出:"贝尔尼埃完全正确地看到,东方(他指的是土耳其、波斯、印度斯坦)一切现象的基础是不存在土地私有制。这甚至是了解东方天国的一把真正的钥匙。"当时恩格斯的复信和稍后马克思的论述,对这一特异的现象大体都用东方社会所处的气候、土壤、幅员辽阔等地理条件来加以解释,因此形成了"亚细亚的"这一地理性的概念,借以标志原始公有制的经济形态。1857—1859 年《政治经济学批判》序言中,马克思在对唯物史观作了经典的论述之后又说:"大体说来,亚细亚的、古代的、封建的和现代资产阶级的生产方式可以看作是社会经济形态演进的几个时代。"①在这里,马克思把亚细亚生产方式作为原始社会的生产方式,即特殊的所有制形式来看待。到 19 世纪 60 年代马克思进一步发现原始土地公有制的普遍性,但认为它起源于印度。

到 1870 年 2 月 17 日,马克思在给库格曼的信中指出,公社所有制在"欧洲各文明国家发展的初期都可以看到",但仍然坚持印度起源说。② 从 1875 年 5 月到 1877 年 1 月,马克思又读了哈克斯豪森、毛勒、汉森、德梅利奇、乌提舍诺维奇、卡尔德纳斯、雷德等人关于俄国的经济和社会关系、关于各民族特别是斯拉夫民族公社土地占有制的原始形式,关于塞尔维亚、西班牙的土地的所有制的历史及俄国与土耳其的冲突的有关著作。

当时,恩格斯正在写《反杜林论》,在该书第二编第一章中已经指出,"一切文明民族都是从这种公社或带着它的非常显著的残余进入历史的",也就是"从实行土地公有制的氏族公社或农村公社"进入历史的。③ 这就表明,所谓特殊的"亚细亚财产形态或印度财产形态",已被正确地理解为"一切文明民族"都曾有过的财产形态。

---

① 《马克思恩格斯全集》第 28 卷,第 256 页;第 13 卷,第 9 页;第 32 卷,第 637 页;第 3 卷,第 187 页;第 45 卷,第 296 页。
② 《马克思恩格斯全集》第 28 卷,第 256 页;第 13 卷,第 9 页;第 32 卷,第 637 页;第 3 卷,第 187 页;第 45 卷,第 296 页。
③ 《马克思恩格斯全集》第 28 卷,第 256 页;第 13 卷,第 9 页;第 32 卷,第 637 页;第 3 卷,第 187 页;第 45 卷,第 296 页。

1877 年至 1879 年,马克思又读了瓦西里·安年柯夫、汉森、亚契尼、巴·索柯夫斯基、卡尔顿等关于俄国和其他欧洲国家的土地占有制、土地史、农奴制和爱尔兰农民生活的著作。19 世纪 80 年代,马克思研读了柯瓦列夫斯基和摩尔根等人的著作,明确指出:"公社所有制并不是某个地区独有的,而是占统治地位类型的土地关系。"①直到给查苏利奇的复信草稿,马克思才扬弃了公社制度"印度起源说"和"亚细亚生产方式"的概念,原始公有制的普遍性得以确立。

可以说,马克思主义的原始社会观,是在马、恩对当时的人类学成果的深入研究的基础上形成的。由此导致了对《共产党宣言》的一个著名论断的修正,这就是大家熟知的,恩格斯在 1888 年英文版《宣言》上所加的注,确切指出"有文字记载的历史"而不是"到目前为止的一切社会的历史","都是阶级斗争的历史"。在这个注释中,恩格斯以科学家的坦诚,指出在 1847 年他们起草《宣言》的时候,整个史前史几乎还完全没有人知道。"后来,哈克斯特豪森发现了俄国的土地公有制,毛勒证明了这种所有制是条顿族的历史发展所由起始的社会基础,而且人们逐渐发现,土地公有的村社是从印度起到爱尔兰止各地社会的原始形态。最后,摩尔根发现了氏族的真正本质及其对部落的关系,这一卓绝发现把这种原始共产主义社会的内部组织的典型形式揭示出来了。随着这种原始公社的解体,社会开始分裂为各个独特的、终于彼此对立的阶级。关于这个解体过程,我曾经试图在《家庭、私有制和国家的起源》中加以探讨。"②

第二次,在 1871 年巴黎公社之后。

巴黎公社是伟大的创举。19 世纪 70—80 年代,共产主义运动向纵深发展,马克思主义在各国传播,思想战线的斗争特别复杂。这个时候,资产阶级阵线散布对资产阶级国家的迷信,俾斯麦国家社会主义、新德意志帝国、民族沙文主义十分猖獗。在革命运动中,关于妇女、家庭问题也需要作出正确的理论回答。鉴于巴黎公社失败的教训,农民问题也突出出来。巴黎公社失败后,西欧革命沉

---

① 《马克思恩格斯全集》第 28 卷,第 256 页;第 13 卷,第 9 页;第 32 卷,第 637 页;第 3 卷,第 187 页;第 45 卷,第 296 页。

② 《马克思恩格斯选集》第 1 卷,第 250—251 页。

寂,革命危机逐步转向俄国、转向东方。这时的马克思、恩格斯为拓展革命理论,迎接东方革命高潮,转而研究农民、农村、公社,研究俄国及整个东方社会。

如前所述,从 19 世纪 70 年代起,马克思特别加紧研究资本主义以前的各社会形态,十分注意研究各不同社会中的公社形式。在马克思的研究中,俄国公社占有特殊的地位,因为当时在俄国革命者中间进行着关于公社在俄国社会的改造中的作用和俄国的非资本主义发展道路的可能性的争论。俄国民粹派革命家如拉甫罗夫、丹尼尔逊、查苏利奇等许多人都是马克思的朋友,他们就俄国社会发展和革命发展的道路、前途等问题经常和马克思交换意见,向马克思请教。马克思对民粹派所提出的俄国社会发展的特殊道路问题,即依靠村社制度可以跨越资本主义阶段而直接进入社会主义的问题,也十分重视,并认真地作了研究。为了研究俄国的村社土地问题,马克思学了俄文,直接阅读了官方的统计材料和一些俄国学者的著作①,特别是其中柯瓦列夫斯基的著作。柯氏是 1879 年夏天将著作送给马克思的,马克思在柯氏书上作了许多批注和评语,并作了详细摘要。经过这番研究,马克思于 19 世纪 80 年代初在《给〈祖国纪事〉杂志编辑的信》《给维·伊·查苏利奇的信》以及这封信的几篇草稿中,对于公社在俄国此后发展中的地位表达了自己的观点②,特别是马、恩在 1882 年 1 月为普列汉诺夫翻译的《宣言》俄译本序里作了比较肯定的回答。序中说:"俄国公社,这一固然已经遭受破坏的原始土地公共所有制形式,是能够直接过渡到高级的共产主义的公共所有形式呢? 或者相反,它还须先经历西方的历史发展所经历的那个瓦解过程呢? 对于这个问题,目前唯一可能的答复是: 假如俄国革命将成为西方无产阶级革命的信号而双方互相补充的话,那么现今的俄国土地公共所有制便能成为共产主义发展的起点。"③

与此同时,恩格斯也一直在研究爱尔兰、德意志古史,并于 1882 年写了《马尔克》一文,研究德国农村公社土地公有制的演变。这篇重要论文,曾作为《社会

---

① 1881 年马克思在他所写的《我书架上的俄国资料》的书单目录中,便有书籍 20 多种。
② 《马克思恩格斯全集》第 19 卷,人民出版社,1963 年,第 126—131、268—269、430—452 页。
③ 《马克思恩格斯选集》第 1 卷,人民出版社,1972 年,第 231 页。

主义从空想到科学的发展》一书的附录。

马克思晚年通过柯瓦列夫斯基知道摩尔根的著作,当时摩尔根的《古代社会》(1877)在欧洲鲜为人知。1880年底到1881年初,马克思作《古代社会》一书的摘要,在摘要中对原书的结构作了一些改变。原书论述家庭的发展和财产的发展的第三编和第四编,在摘要中被放在第二编即摩尔根标题为"政治观念的发展"的那一编之前,此外,摘要完全略去了原书的第一编第三章《人类发展进度的比例》。马克思在作摘要时,还使用了其他一些作者的著作,把这些著作中的材料引用在摘要中。在摘要的最后一部分即论述希腊罗马史的那一部分中,马克思常常直接使用古代作家的著作,大段摘录,而且总是用原文。摩尔根发现了氏族制度,这一发现为理解人类上古史提供了钥匙,提供了根据具体历史材料阐明地区共同体和国家产生途径的可能性。据恩格斯说,马克思曾打算写一部关于摩尔根的研究这个问题的书。但由于马克思的逝世,这一计划是由恩格斯实现的。恩格斯在马克思逝世的次年,即1884年,只用了两个多月的时间就写成了《起源》这部巨著。这是马克思、恩格斯通过古史研究来拓展马克思主义理论的重大成果,是恩格斯创造性地运用马克思晚年的古史研究和人类学研究的笔记(仅仅其中一小部分)所取得的辉煌成就。

二

马、恩晚年论著中,《家庭,私有制和国家的起源》一书具有特殊的学术地位。恩格斯在撰写该书时,除依据马克思在《摩尔根〈古代社会〉一书摘要》中的基本观点外,引证其他资料五十多种,该书问世后即被译成多种文字,在西方学术界产生了巨大影响。1891年,该书德文第四版问世,恩格斯又根据新收集到的人类学、民族学、民俗学研究成果在这一版里作了大量修改,补充了许多新的资料。

《起源》是一部充分利用了19世纪积累的大量的人类学、民族学的成果,而以唯物史观为指导研究史前史的理论著作。在某种程度上,是恩格斯在马克思逝世之后执行马克思的遗言,把马克思的唯物史观与摩尔根等的史前史研究成果相结合,初步完成的马克思主义的原始社会史论。它以大量的经验材料,对个体家庭、私有制和国家的起源,进行了科学的分析,揭示了伴随所有制形态的发展而出现的家庭关系、财产关系、阶级矛盾、国家法权等和这一切必然产生、又必然演化和消亡的历史辩证法。全书贯注巨大的历史感,成为唯物史观与人类解放理论的基本著作之一。

列宁 1919 年在斯维尔德洛夫大学讲演《论国家》时,特别介绍了此书,称之为"现代社会主义主要著作之一","其中每一句话都不是凭空说出,而都是根据大量的历史和政治材料写成的"。指出需要有相当的人类学、历史学和经济学知识才能看懂,而突出其研究方法上的特点就是对任何问题都"从历史上把它的全部过程加以考察",从而"提供了正确观察问题的方法"①。

《起源》一书具有十分严谨的逻辑结构。首先,第一版和第二版的两篇序言,作者展示了一些重要的思想。一版序言开宗明义指出:"摩尔根在美国,以他自己的方式,重新发现了四十年前马克思所发现的唯物主义历史观,并且以此为指导,在把野蛮时代和文明时代加以对比的时候,在主要点上得出了与马克思相同的结果。"②所谓主要观点上得出与马克思相同的结论,大体上是指:物质生活条件制约着整个社会生活,法的关系根源于经济关系,社会发展有着自身的规律,私有制必然灭亡,社会发展下一更高阶段将是古代自由、平等、博爱的更高形式的复活。

恩格斯认为:"摩尔根的伟大功绩,就在于他在主要特点上发现和恢复了我们成文历史的这种史前的基础,并且在北美印第安人的血族团体中找到了一把解开古代希腊、罗马和德意志历史上那些极为重要而至今尚未解决的哑谜的钥匙。"③"摩尔根在他自己的研究领域内独立地重新发现了马克思的唯物主义历史观,并且最后还对现代社会提出了直接的共产主义的要求。"④

恩格斯在一版序言中第一次完整地阐明了两种生产理论。他指出:"根据唯

---

① 《列宁选集》第 4 卷,人民出版社,1960 年,第 43—44 页。
② 《马克思恩格斯选集》第 4 卷,人民出版社,1972 年,第 1 页。
③ 《马克思恩格斯选集》第 4 卷,人民出版社,1972 年,第 2 页。
④ 《马克思恩格斯书信选集》,人民出版社,1962 年,第 433 页。

物主义的观点,历史中的决定性因素,归根结底是直接生活的生产和再生产。但是,生产本身又有两种。一方面是生活资料即食物、衣服、住房以及为此所需的工具的生产;另一方面是人类自身的生产,即种的繁衍。一定历史时代和一定地区内的人们生活于其下的社会制度,受着两种生产的制约,一方面受劳动的发展阶段的制约,另一方面受家庭的发展阶段的制约。"[①]这样一个极其重要的原理,历来被我们漠视。

《起源》一书在理论上大大超越了摩尔根的《古代社会》。它的研究视野不停留于氏族,而由氏族的解体和私有制形成,延及阶级、国家的产生到消亡的必然规律,涉及整个人类的物质文明与精神文明的演化问题。

全书九章,具有经纬分明的逻辑层次。

第一章"史前各文化阶段",以生产力(主要是生产工具的发明和使用)发展为标志,勾勒人类由原始群到蒙昧时代到野蛮时代直至文明时代的演进。第二章论述家庭史。本书第四版吸收了芭霍芬《母权论》(1861)、麦克伦南《古代史研究》(1886)、拉伯克《文明的起源》(1870)等成果,勾勒了人类家庭从群婚制的血缘家庭到普那路亚家庭到母系氏族的对偶家庭和父系氏族的一夫一妻制家庭的演进,以及伴随此而出现的私有制、阶级压迫、奴隶制。第三章"易洛魁人的氏族",论述摩尔根发现母系氏族制的重大意义,及氏族—胞族—部落—部落联盟的演进。以上两章,对于思考中国的宗法制度问题和中国古代氏族发展的问题,均有启发。第四、五、六章论述希腊、罗马氏族及其瓦解和奴隶制国家的产生。在这几章,恩格斯没有局限于摩尔根的例证,而是补充了他自己掌握的材料。从这几章我们可以看到,通常以希腊作为奴隶制度的典型,而人类文明的途径是多样的,奴隶制度的类型也应是多样的。恩格斯不过依据当时他所掌握的人类学、历史学的资料,指出了人类走向文明的一般途径。第七、八章恩格斯探讨了克尔特人和德意志人的氏族和德意志人国家的形成,这些材料基本上都是恩格斯独立掌握的。

---

① 《马克思恩格斯选集》第 4 卷,人民出版社,1972 年,第 2 页。

氏族制是各个民族都普遍存在的,直到 18、19 世纪,克尔特人还残存有氏族制,德意志人在大迁移之前的马尔克公社都是。从欧洲来说,罗马帝国衰落,日耳曼人入侵,氏族制度蜕化为封建制。这在人类走向文明的过程中是常态还是变态,是普遍还是特殊呢?

最近,有的学者认为,西方文明是跳跃的、破裂的、畸形的、不正常的,而中国、玛雅文明是连续的,是常态。美国哈佛大学人类学讲座教授张光直先生说:"由于近年来考古工作所获致的新材料开始能使我们逐渐了解到文明、城市生活和社会的国家形态是如何在中国开始产生的,我们也同时开始意识到中国古史研究在社会科学一般法则上的重要意义。……在文明起源上若干西方的一般法则不适用于中国,同时在这方面中国提供它自己的一般规律——当然是彼此相关的。对中国、马雅和苏美尔文明的一个初步的比较研究显示出来,中国的形态很可能是全世界向文明转进的主要形态,而西方的形态实在是个例外,因此社会科学里面自西方经验而来的一般法则不能有普遍的应用性。我将中国的形态叫做'连续性'的形态,而将西方的叫做'裂破性'的形态。""对于熟悉马克思、恩格斯、韦伯、柴尔德等关于社会进化和城市、国家兴起的各种理论的社会科学家来说,中国走向文明之路却好像是一种变形——常常称为'亚细亚式'变形。"①

我们今天重温《起源》,当然要考虑到考古学、人类学、民族学研究的新成果。前引张光直教授的看法,就有一定的启发性。

《起源》第九章"野蛮时代和文明时代"是最后一章,全书的总结,历史跨度很大,描述了整个人类史,直到未来。氏族制灭亡的条件,即是社会大分工的结果。农业与畜牧业分工之后,阶级产生;手工业与农业分工之后,奴隶制出现。第三次大分工,城乡分裂,国家出现,氏族灭亡。本章还论述了国家的特征、阶级实质、二重性,论述了文明时代的本质和特点,论述了共产主义社会是氏族制度在更高形式上的复活。总之,本章作为全书的概括和总结,分析了氏族制度解体和私有制、阶级、国家产生的经济条件和一般过程,揭示了国家的起源、特征及其本

---

① 张光直:《连续与破裂:一个文明起源新说的草稿》,(香港)《九州学刊》,1986 年 1 卷 1 期。

质,剖析了文明时代的一般特征,预示了人类社会的共产主义前景。

《起源》一书在方法论上的启示是多方面的:

首先是科学的态度。《起源》提供了人文科学研究的典范,体现了历史感与现实感的统一,革命性与科学性的统一。特别突出的是,马克思、恩格斯对待非马克思主义学者的学术成果的尊重。

其次是历史时空的纵横跨度——系统方法。从时间、纵向上看,本书贯通古今;从空间、横向上看,本书涉及美洲印第安人、希腊、罗马、德意志人、克尔特人等等,进行了横向比较。本书从纵横交叉的角度,论述了家庭形式、财产关系、法权关系、社会管理机构的形式、宗教、道德等的存在及其发展,研究了两种生产的并行发展及其相互关系,涉及整个文化现象。例如由第一个奴隶制,引出三大奴役形式,公开的隐蔽的奴隶制,始终伴随着文明时代,从而揭示文明时代的不文明特征。

再次是思想的深度与影响的广度。《起源》在人类文明大道上产生,吞吐诸家,因而能反作用于人类文明大道,产生了深广的影响。百年来,《起源》的理论在西方人类学、史前考古学中的影响经久不衰。

著名史前考古学家、20世纪40年代曾任英国科学院院士、伦敦考古研究所所长的柴尔德(Vere Gordon Childe,1892—1957),基本上采用恩格斯的"史前各文化阶段"作为欧洲史前经济分期的标志。他主张欧洲文化的起源是多元的,而不是单元的,否定日耳曼文化扩张说。他坚持文化进化观,但反对欧洲中心论,对东方古老文化有深厚感情。

美国著名人类学家怀特(L. A. White,1900—1975)和斯图尔德(J. H. Steward,1902—1972)是人类学中新进化论的代表。他们在20世纪50年代发展了"文化唯物论"思想。怀特认为,所有文化都是由三种根本成分组成的:技术——经济成分、社会成分和意识形态因素。他把经济决定论和环境决定论结合起来,强调两者对文化发展的意义。斯图尔德从更高层次上推进摩尔根—恩格斯的思想,他特别注意研究一般进化之外的特殊进化,提出了"多线进化"的主张。

美国学者布列伍德 20 世纪 40 年代在中东的一系列考古发掘，论证了《起源》的一些创见。现任美国芝加哥大学东方研究所教授的阿丹斯也是"文化唯物论"的代表之一。他批判了《东方专制主义》的作者魏特夫打着马、恩旗号，利用恩格斯的局限性，夸张人工灌溉与大河流域国家专制主义产生的关系，借以攻击苏联和我国的作法。此外，还有一些学者在研究古代东方的民主制。

现代西方人类学和史前史研究的成果，大大突破了摩尔根及他所属的早期进化派的单线进化论的主张及其他局限性，得到长足的发展。无论是传播学派、社会学派、历史学派、功能学派、精神分析学派、文化与人格学派，还是新进化论、文化生态学与文化唯物论学派、结构主义学派、哲学人类学派、象征学派、现象学派、符号学派、诠释学派等，还有西方的马克思主义人类学派，都从不同的视角和方法，作出了不同的贡献。遗憾的是，过去我们虽自命是马、恩的继承者，却没有像马、恩那样十分重视人类对自身的研究，也未能以马、恩的科学精神和心态来吸收、总结一切非马克思主义的学术成果来不断地发展唯物史观。这与《起源》一书的方法论根本背道而驰。

三

马克思晚年（1879—1882）三万多页的人类学笔记，以及给查苏利奇的复信竟写了三个草稿和给普列汉诺夫俄译本《共产党宣言》所写的序等，综合起来看，究竟给了我们什么样的启示呢？

从总体上看，马克思晚年放下了《资本论》第二、三卷的整理定稿工作，而把研究的重点、研究的方面进行了转向。概略地说，似乎在研究的指导思想上发生了四大转向：第一，由西方转向了东方；第二，由现代资本主义转向前资本主义以及史前社会；第三，由城市工商业转向农村公社、土地制度等；第四，由经济、政治（阶级斗争）的研究转向对人类整个社会结构、文化结构的总体研究。

从笔记中，可以看到马克思注意到许多民族的特殊社会文化现象，并详加摘录，诸如关于原始宗教发展的诸阶段问题，印度的农村露天小学，以及受法律保护的乞丐等。

美国学者唐·凯利认为,马克思一生的思想是与人类学的发展密切联系的,他在垂暮之年开始积累有关四位大人类学家(摩尔根、梅恩、拉伯克和菲尔)的笔记,大约是想按照自己的社会学来写一本比较系统的人类学著作,然而未能如愿。凯利认为,人类学表现了马克思个人思想辩证发展的最后阶段的情况,并使他超出了他的多数追随者所理解的马克思主义。[①]

仅是"超出"一般的平庸的理解,还是孕育着新思想的发展?

马克思晚年思想发展的新动向,启示着我们如何迎接马克思主义社会历史观的新拓展、新突破。马克思主义的理论沿着自身的逻辑向前发展(马克思本人研究实践中的新转向、新突破),当然毫不意味着离开人类文明的大道;恰好相反,正意味着它更广阔、更深入地在人类文明大道上勇于并善于吞吐百家,吸取优秀成果,拓展自己的理论。

初步涉猎,已可以肯定马克思晚年人类学研究成果中一系列科学智慧的闪光,至少具有以下几个大方面的启发意义:

首先,在文化视野上,马克思已超越了摩尔根、恩格斯的西方中心或只把西方社会作典型的局限,而扩展到东方,扩展到亚、非、拉广大地区,不只是研究古代的氏族制,而扩展到研究公社土地所有制的演化——由原生形态到次生形态以及在西方资本主义破坏下的演进过程及其前景。由此启示我们考虑,日耳曼人的马尔克、俄国人的米尔、印度的村社等,与中国的宗法小农,可以比较其历史衍变的同中之异和异中之同。

马克思在笔记中改造摩尔根全书的结构,把关于家庭和婚姻形式的篇章提到氏族制度的篇章之前,确认血缘亲属关系在唯物史观中的重要地位,奠定了恩格斯《起源》一书的科学结构的基础和两种生产理论的基础。重视人自身的生产及相应的血缘亲属关系在一定时代和一定地区对社会制度的重要决定作用,是唯物史观的一个重要的方法论原理。这个原理长期被一些马克思主义的后继者

---

① 见唐·凯利《人类学:垂暮之年的马克思》,载美国《思想史杂志》1984 年 4—6 月号,转引自《马克思主义研究资料》1987 年第 1 期。杜章智文。

们所误解和漠视，然而却是打开东方社会和东方文化的哑谜的钥匙。

我国社会科学界自马克思主义传入以来，曾经不断讨论过中国有没有奴隶社会和中国社会封建化的过程和历史分期的问题，许多争论，实际是如何理解奴隶社会、封建社会的多样性问题。十分遗憾，我们只是到最近几年才知道马克思晚年的极其重要的思想——反对以西方文化和西方社会发展的历史过程作为衡量全人类文化和社会发展的唯一参照和模式，反对欧洲中心主义。柯瓦列夫斯基是马克思敬重的学术朋友，马克思的笔记对柯著基本上持肯定的态度，但是马克思敏锐地发现了柯氏在社会文化比较上的方法论失误。柯氏力图说明全世界所有地区的公社土地所有制在不同程度上都经历了与西欧一样的封建化过程。马克思全部删掉了强调这一观点的柯著"导言"和所有把东西方社会和文化作机械类比的部分，并对于柯氏根据印度的军功采邑制、公职承包制和荫庇制断定印度公社所有制的变化是封建化的结论，据实给予了尖锐批评。马克思在摘录英国人菲尔关于印度农村的柴明达尔地位的描述时，嘲讽菲尔是头"蠢驴"，因为他把村社的结构叫做"封建的结构"。马克思在笔记中非常慎重地把印度、阿尔及利亚社会称为"非资本主义"，而不称为封建主义的国家或生产方式，因为专制制度使这些国家没有形成封建制的人身依附关系，表现了具体地历史地分析具体问题的科学态度，反对把他所阐明的历史必然性变成一套固定的模式而抹杀了各民族社会文化发展和走向的多样性。

其次，由经济学转向人类学，对社会发展的多因素作综合考察。社会生活的积淀层，规定、制约着社会的特殊的发展道路。人类社会的进化有一定的发展阶段、秩序和必然规律，但各民族社会文化的发展又各有其独特的道路，这里有一个"别共殊"的复杂问题。东方与西方有共有殊，东方各民族之间、西方各民族之间也各有同有异。

有的西方学者以1853年为限断，划分马克思一生为"经济学时期"与"人类学时期"，前时期注意社会发展的普遍模式、强调共性，强调单线进化；后时期注意社会发展的多线衍变，强调殊异性、间断性。这种说法不是十分准确的。实际上，马克思早在学生时代就十分重视人类学。当然，从经济研究转向文化人类学研究,确实使马克思的视野扩大了,研究方法也更新了。对前资本主义的研究,否定了历史哲学的宿命论和"五种生产方式"的模式说。从人类学的角度,而不仅仅停留在经济学的角度或阶级斗争史的角度,把历史视野和历史考察方法往史前史扩大和延伸,把有文字以来的历史作为人类史的一个很小的部分,从而对人类文化的发生、发展的多样性与统一性,对人类文明的时代性和区域性(民族性)的理论,可能得出更完整、深刻的结论。

摩尔根和恩格斯构筑体系的总方法是单线进化的阶段说,即把社会的进化、生产的发展、家庭形态的变化、氏族的产生和消亡、科技与宗教的演进,都看作是有必然的逻辑秩序,有规律可循的。这基本上是基于早期进化学派的思路。对于这一思路,文化人类学中的传播学派、功能学派、历史学派等,都给予了批评。不能认为这些批评都是正确的,但没有这些批评,就没有尔后的新进化论、文化唯物论和文化生态学等。应当承认,以往我们对进化论作了比较狭隘的理解。

有共有殊,有一般规律又有特殊道路,多源产生、多线进化,这个思路有重大的方法论意义。即使承认东西各国都经历过封建制,而在印度、在日耳曼、在西欧、在中国,封建制的表现形态却各不相同。文化、哲学的启蒙,法国与中国也很不一样。由此,我们必须正视中国哲学启蒙的特殊道路、中国式的社会主义的特殊道路等问题。

马克思在笔记中、在给查苏利奇的信中提出了东方社会(特指俄国的农村公社这一结构)在特定条件下可能会跨越资本主义"卡夫丁峡谷"的问题。能不能跨越"卡夫丁峡谷",我国学术界正展开激烈的争论。这争论涉及许多理论问题和实践问题,根据不发达国家经过社会主义变革走向现代化的实践,似乎生产关系领域可以跨越,而以生产力为标志的技术基础和相应的商品经济发展阶段是不能超越的。这并非要退回去补课,相反的,是要在社会主义条件下吸收资本主义的一切成就,在技术经济形态上尽快达到并超过资本主义时代所具有的水平。

马克思关于跨越"卡夫丁峡谷"的设想,似乎可以给我们这样的启示:对世界文化的考察要摆脱东方中心或西方中心的封闭思考模式,走向多元化,承认异质文化的相互交融,东方社会是可以跨越资本主义阶段而跃进到社会主义的。

商品经济不是一种社会经济形态(不是一种社会制度或经济制度),商品经济只是人类社会经济活动的一种运行方式。商品经济有自身发展规律,经历了不同发展阶段,为不同的社会制度所运用,因而具有不同的特征。我们现在搞社会主义商品经济,正是马克思主义理论在东方现代化实践中的一大发展。通过商品经济、民主政治和文化启蒙,来实现生产力的大提高和人的个性的大解放,这是社会主义初级阶段不可逾越的任务,但资本主义原始积累时期一些灾难、罪恶和痛苦并非都是不可避免的。马克思跨越"卡夫丁峡谷"的思想,正是从世界革命发展的视角强调了"缩短和减轻分娩的痛苦"①。思考中国社会主义现代化道路时,马克思这一思想对我们会有多方面的启发。

20世纪以来文化人类学的多方面发展,实际上已修正了摩尔根、恩格斯的许多具有历史局限性的方法和结论。作为我们时代的马克思主义者,应当以马克思当年的坚毅精神和开放心态,吸取当代各种有价值的学术成果以丰富和发展自己。这正是当年马克思埋头写下三万多页人类学笔记的用心所在。我们的研究,应当以其终点作为起点,在人类文化发展的大道上去扬榷古今,吞吐百家。当前一个迫切的任务,就是要尽快地赶上和超过西方学者,建立和发展马克思主义的文化人类学和文化哲学的理论体系,并不断使之完善。这对于我们在新的历史条件下拓展马克思主义的理论阵地并用以服务于当前社会主义建设的实践,具有不容忽视的现实意义。

(1988 年 12 月)

---

① 马克思:《资本论》上,《马克思恩格斯全集》第23卷,人民出版社,1972年,第11页。

学思斠评

石韫玉而山辉，水怀珠而川媚

——评《中国哲学》创刊号

林彪、"四人帮"蹂躏了十年的中国学术园地，曾是一片多么荒凉的景色，万花纷谢，万马齐喑，万家墨面……

粉碎了"四人帮"，学术得以解放。郭老带头呼唤：拿出"理论上的勇气"，迎接"科学的春天"！全国理论学术工作者慨然奋起，砸碎枷锁，打破禁区，开辟草莱。实践标准的呐喊，结束了哲学贫困的局面，春雷惊蛰，万象昭苏；马克思主义的史学园地，也百卉初荣，春意盎然。《中国哲学》这个以中国哲学史、思想史研究为内容的专业性学术丛刊又破土而出。百花园里，平添一分春色。

初读《中国哲学》创刊号之后，感到它的内容丰腴，取材广阔，学风凝重，不少文章敢标新意，不拘常格，某些资料示人以璞，不另加工，信赖读者自会割石取玉，披沙见金。凡此均似乎体现了编者意在融贯论、史，网罗古、今，兼容百家，而坚持以马克思列宁主义、毛泽东思想为圭臬，贯彻双百方针，提倡求实学风，不停留于空言而见之于行事。

一

翻开《中国哲学》创刊号，粲然在目的是毛泽东同志1937年给艾思奇同志一封信和对艾著《哲学与生活》摘录的影印手迹，这是继去年《哲学研究》发表毛泽东同志给李达同志的三封信之后我国哲学界的又一件大喜事。这些珍贵手迹的发表,连同郭化若、王子野、王丹一同志的回忆录,编者为范文澜同志的《中国经学史的演变》所加的"按语"和《李达文集》编辑组同志写的《李达同志1949年前理论活动及著作编年》等文章,对于帮助我们科学地理解马克思主义哲学在中国的传播和毛泽东哲学思想的形成、发展的历史进程,启迪我们学习无产阶级领袖的谦逊的态度,都将起重大的作用。

毛泽东哲学思想产生在20世纪的中国,绝非偶然。中国曾是东方诸矛盾的焦点。中国革命是俄国十月革命的伟大继续。正是在中国革命极端艰苦的伟大历程中,无数革命先烈的热血的浇灌,广大群众的革命经验和革命智慧的凝结,才使毛泽东哲学思想有可能产生,并通过实践检验而成为我们党的理论基础。为了在新长征的实践中继续推进毛泽东哲学思想,就应当如实地了解毛泽东哲学思想产生、形成的客观基础和历史过程。毛泽东哲学思想绝不是什么"几千年才出一个"的天才头脑里"爆发"出来的,而是通过刻苦学习所掌握的辩证唯物论与历史唯物论的真理在中国革命实践中的运用和发展。它也并非毛泽东同志的个人独创,而是广大革命干部和革命群众包括广大马克思主义哲学工作者集体奋斗的结晶。上述那些手迹和文章,充分说明了这一历史事实。

马克思主义哲学在中国的传播,是适应中国革命斗争的需要而兴起的群众运动。早在"五四运动"前后,中国的共产主义知识分子,就通过翻译、转述等形式,把马克思主义哲学的重要组成部分唯物史观,介绍到中国来。20世纪20年代到30年代中国的马克思主义者,不仅及时地把国外新出的许多优秀哲学论著翻译到国内来,而且对马克思主义哲学和中外哲学史独立地进行了研究,展开了对反动哲学思潮的批判,写出了中国人自己的马克思主义哲学著作。像李达同志的《社会学大纲》、艾思奇同志的《大众哲学》和《哲学与生活》,就是其中影响很大的代表作。还有郭沫若、张闻天、博古、何思敬、张如心、钱亦石、杜国庠等同志,都为中国的马克思主义哲学运动作出过宝贵的贡献。正如毛泽东同志1937年在延安讲哲学课时指出的:"五四运动"以后,在中国"发生了和发展着马克思主义的哲学运动","这个运动目前虽还在青年的阶段上,然从其广大的姿态来看,它将随着中国与世界无产阶级同革命人民的革命斗争之发展,以横扫的阵势树立自己的权威,指导中国革命运动勇往迈进,定下中国无产阶级领导中国革命进入胜利之途的基础"。毛泽东同志对当时的马克思主义哲学工作者所掀起的广大的哲学运动,给予了高度的重视和赞扬。这在郭沫若同志等的回忆文章中,也有生动的反映。

毛泽东同志从青年时代起就高度重视哲学对社会的改造作用,在杨昌济先生的影响下,对中外哲学遗产作了广泛的涉猎。十月革命后,他风云万里,两赴北京,在李大钊同志的指引下,迅速成为自觉的马克思主义者。从此,他极其勤奋地研读当时可能得到的一切马列主义理论书籍,包括哲学书籍,抓住唯物辩证法中最本质的东西,创造性地运用于中国社会矛盾运动的分析,运用于党的纲领、路线、战略、策略的研究和制定,取得了伟大的成功。但他到延安以后,还深感有更系统地研究马克思主义哲学理论的必要,在百忙中挤出时间发愤读书。除了马、列经典的著作以外,他还尽力搜集其他马克思主义的哲学论著,尤其注意中国马克思主义哲学家的作品,汲取他们的研究成果,并联系中国的革命实际和历史实际,使之提升为更严整、更深刻的理论。范文澜同志在延安作《中国经学史》的演讲,他连续两次去听讲,第三次因病未去,还要来范文澜同志的讲稿认真阅读,认为用马克思主义清算经学,这是头一次,给予充分的赞扬。郭沫若同志的著作传到延安,他读后写给郭沫若同志的信,谦逊、热情,感人肺腑。李达同志的巨著《社会学大纲》邮去延安,他认真阅读,详加眉批,甚至读了十遍之多。艾思奇同志到延安时还不到三十岁,比毛泽东同志小十七岁,而毛泽东同志对他的著作如此珍重,长篇摘记,表示自己从中"得益很多"。毛泽东同志以"甘当小学生"的伟大精神和示范行动,带动了广大干部的学习运动,为全党树立了马克思主义的朴实学风。

当时,《实践论》《矛盾论》的光辉思想正酝酿成熟,可是毛泽东同志仍然非常虚心地向党内外的马克思主义理论家继续学习。他并不把自己的著作看作是什么"句句是真理"的"顶峰";相反地,他对《实践论》《矛盾论》这样的著作也是多次删补,直到公开发表多年以后还认为需要修改。他更不以《实践论》《矛盾论》所论述的理论内容为满足，从对艾著的"摘录"（1937 年 9 月）可以看出，他写作《实践论》《矛盾论》（1937 年 7、8 月）的同时，还广泛地探讨着作为认识论的辩证法的许多其他理论问题。这些问题，直到今天，也还有待深入研究。林彪、"四人帮"鼓吹"顶峰论"以及把毛泽东哲学思想体系任意肢解为几条语录，使之贫乏化、枯槁化，这是对生气勃勃的毛泽东哲学思想的根本歪曲和蓄意扼杀。上述手迹中闪耀着的探求真理的科学精神和自由讨论的民主作风，给我们以多么深的启示！这是我们应当永远发扬的毛泽东思想的精华。

二

《中国哲学》创刊号以较多的篇幅发表了有关中国哲学史、思想史的专题论著。这批研究成果，涉及中国思想史各个历史阶段的重大问题。学术观点不同，文章风格迥异，但都持之有故，成一家言。

经学在中国中世纪的权威地位，相当于欧洲中世纪的基督教神学。在欧洲中世纪，各门科学成为神学的分支，在中国封建经学中，除了神学呓语以外，也汇集了各种知识。以往中国哲学史的研究，多局限于子学论著，对经学方面的庞杂史料的清理、利用是不够的。至于清算经学、批判其长期散布的封建纲常之类的遗毒，应该说"五四运动"开了端，而至今仍是一个尚未完成的任务。

范文澜同志的《中国经学史的演变》，堪称用马列主义解剖封建传统思想的一篇杰作，一气呵成，纵贯古今。从孔丘一直讲到廖平，史论结合地评述了经学（实即儒学）的历史演变。尽管是四十年前的旧作，其中不少精彩的分析和论断，至今仍然有很高的学术价值。诸如：从肯定"六经皆史"的说法出发，鸟瞰式地把经学分为"汉学"—"宋学"—"新汉学"三段，认为汉学被宋学所否定，宋学又被清代以乾嘉朴学为代表的"新汉学"所否定，但"新汉学"不同于"汉学"变古史为经学，而是变经学为古史（考据），"不是简单的循环，而是前进的发展"，并指出"新民主主义的文化革命，必须改变经学为史学，必须反对顽固性的道统观念"。范老在这里实际提出了马克思主义史学该怎样清算经学的问题。

中国资产阶级的软弱及其在文化上的落后,使它不仅对封建经学无力批判总结,即使对一般哲学史料的整理、考订这一历史任务也未能完成,这就阻滞着中国哲学史研究工作的进展和一些积案的澄清。例如《周易》一书的成书年代和学派归属,自宋以来,疑义丛生,迄无定论。郭老多次考订,数易其说,1966 年给李镜池同志讨论这一问题的信中仍说:关于《周易》"有一个时代性的问题,始终在我脑子里回旋着"。现发表的张岱年同志《论〈易大传〉的著作年代与哲学思想》一文,对郭、李等说有所驳议,对《易传》成书年代有新的考订。他在考订中,提出和遵循了一个值得注意的方法论原则,即"从基本概念范畴的提出与演变,从基本哲学命题的肯定与否定,来考察哲学著作的年代先后"。这是符合马克思主义的历史和逻辑一致的原理的。方克立同志在《知之非艰,行之惟艰——古代朴素的知行观》一文中,考订《古文尚书·说命》中的这个命题只可能出现在春秋时期而不可能更早时,所据以立论的方法论原则是:"任何一个思想、原理的提出,都不是任意的,偶然的,……而是一定的社会物质生活条件和关系的反映。"尽管这两篇文章考订所得的具体结论,容或可以商酌,但他们所提出的方法论原则,是有深意的,启发着人们去思考怎样建立马克思主义的考据学。这样的考据学应当充分重视史料的鉴别、考订,同时还必须坚持把唯物辩证法应用于哲学认识的发展,通过对历史上合乎规律出现的哲学范畴、原理的联系和演变,进行具体的阶级分析和历史分析,揭示哲学认识的矛盾发展史的客观逻辑,由此判定某些难于判定的哲学著作的时代性。

关于魏晋时期的哲学阵线问题,哲学史界有一种流行的说法,即王弼、何晏"贵无",因而唯心;裴𬱟、郭象"崇有",所以唯物,于是从玄学内部划出了哲学上两大营垒的对立。这种按"有""无"关系问题划线的两分法,人们早有疑议。庞朴同志《名教与自然之辨的辩证发展》一文,从一个重要的侧面较透彻地分析了这个问题,认为从夏侯玄、王弼、何晏"以自然统率名教"奠定了玄学的基石,中经嵇康、阮籍的偏离,乐广的纠偏,再归结到郭象论证了"名教即是自然",完成了门阀士族所需要的最好的统治理论。楼宇烈同志的《郭象哲学思想剖析》,也着重分析了郭象哲学的唯心主义性质及其"名教合于自然"的政治结论。两篇文章的结论有一致之处。所不同者,庞文鸟瞰玄学,提到了乐广"名教中自有乐地"的名言,作为嵇、阮到郭象的过渡环节,却回避了裴𬱟在发展玄学中的地位,楼文细剖郭象,评述其集玄学唯心主义大成的实质,却又把裴𬱟视为与郭象根本对立的唯物论者。这就留下了问题让读者思索:如果嵇、阮的"任自然"仍是玄学的题中之义,难道裴𬱟的"重名教"反而成了玄学的题外之义? 如果嵇康、阮籍和乐广、裴𬱟都不过是玄学思潮内部的分歧,那么玄学思潮的反对者究竟是谁?

创刊号所刊载的其他论文,总的说来,表现了两方面的特点。一方面是注意详细地全面地占有资料,不是抓住只言片语来立论。例如:邓艾民同志在文章中对朱熹格物说的形而上学的性质的判定,就从多方面作了分析;巩绍英同志的文章关于中国佛教的发展始终代替不了儒家正统地位而到唐中叶就接近终结的论断,也根据大量史实作论证。另一方面是注意探讨哲学史方法论问题。例如:包遵信同志《陆九渊哲学思想批判》一文,结合对陆九渊主观唯心主义思辨结构的特点的分析,一再提出判定哲学思想的性质"不能脱离认识论孤立地从本体论去分析";提出对陆九渊这样的主观唯心主义也不能看作"仅仅值得人们诅咒的思想赘瘤",而应看作"整个认识发展史的大圆圈上的一个小圆圈"。金春峰同志关于《中国无神论史研究中的几个问题》,着重从方法论上进行了探索。这些都会给读者以多方面的启发。

三

《中国哲学》丛刊还有一个引人入胜的特色,就是专辟了"资料与回忆"一栏。创刊号的这一栏中,发表了原件藏于日本天理大学的王阳明晚年给学生的信札五通,提供了研究王阳明晚年哲学思想的直接史料;发表了杨天石同志所辑录的"社会主义讲习会"资料,提供了关于 1907 年张继、刘师培、章太炎等留日青年与日本幸德秋水等人在东京组织中国第一个无政府主义团体、讲习"无政府主义及社会主义学术"的一批原始文献;又收录了胡适与钱玄同等人论学书札十一通,反映了胡适等人 1923—1937 年之间学术动向的某些方面。从上述材料,可以看出"辛亥革命"前夕和"五四运动"以后中国资产阶级学术思想的代表们的动态及其学术水平。仅就对文化遗产的态度说,他们在反对封建学术末流的"昏谬"独断和本能地试图从反映资本主义萌芽的早期启蒙学者去汲取思想营养等方面,也具有进步性,作出过某些贡献。但他们的阶级性格的软弱,文化思想的落后,以及受当时客观条件的限制,使他们不仅缺乏理论创造,即便在所谓"整理国故"中也成就不大,没有也不可能对整个思想遗产作出稍微像样的批判性的历史总结。在上述材料中可以看到,有的称李贽为"中国的巴枯宁",有的说鲍敬言、唐甄都是"无政府主义者",而胡适也仅从《俟解》中看到只言片语便宣称"王船山是中国的尼采"……诸如此类,可见一斑,多少反映了刘师培到胡适这两代资产阶级知名学者的学术思想水平。当然也不能以偏概全,章太炎和刘师培、胡适以至梁漱溟、冯友兰等,在清末以来的资产阶级学术思想的发展中,都是一定历史阶段的代表人物;他们各自的学术成就、思想矛盾和政治归宿,作为时代的产物,既是封建腐朽文化的改革者,又是马克思主义迅猛传播和新民主主义文化革命的扬弃对象,无疑应当加以严肃解剖、公正评价。中国近、现代哲学史的研究,是一个薄弱环节,人们迫切希望把更多地这一类的原始文献作为研究的原料。据闻《中国哲学》将陆续发表章太炎的佚文以及顾颉刚先生的《我是怎样编写"古史辨"的》、冯友兰先生的《哲学回忆录》、朱谦之先生的《七十自述》等,这一定会得到国内外中国哲学史研究者的重视,广大读者也乐于看到这样的"实录"。

王充有言:"丰草多落英,茂林多枯枝。"《中国哲学》丛刊这个"初生之物",当然也有某些缺点。读完创刊号之后,产生的一个综合印象,就是陆机《文赋》中的两句话:"石韫玉而山辉,水怀珠而川媚。"这是说,只要蕴藏着珠玉,山川木石都为之明媚生辉,比喻一篇文章,只要有一部分乃至几句富有创见、蕴涵真理,也就整篇可取。一篇文章如此,一本引人入胜的学术丛刊,是不是也可以这样看呢?

（1979 年 9 月草于珞珈山麓）

蒙文通先生《理学札记与书柬》读后

　　1979 年冬有成都之行，于蒙默同志处得见文通先生己丑、庚寅间"读宋明诸大儒"札记手稿，朱丝栏十行纸书，字字不苟，灿然成帙。乃知文通先生究心于经学、史学、古地理学、古民族学、晚周诸子及佛典、道书抉原甄微、卓然成家之外，尚有此专门之哲学论著。披阅数页，觉其文约而思永，殊非一般读书札记，乃深究宋明理学诸家、含英咀华而别具慧解之作，就其遣词构思，颇与王船山《思问录》、陈乾初《性解》、戴东原《原善》等相近似。蒙默同志告知：前应出版社之约编文通先生遗著选集目录时，以此稿似非定稿，文体迥异于时文，持论又多与时论不相契，为免无谓之非议，故犹豫未编入而拟藏诸箧笥。闻此颇怅惋。适《中国哲学》编者远走蜀中，网罗逸文，征得此稿，乐予刊布。扬雄《太玄》，不致覆瓿，拾遗钩沉，必将嘉惠学林，深以为庆。

　　比返汉皋，蒙默同志将札记稿影印本一卷寄赠，并抄附文通先生新中国成立以后其他笺记若干条及致张表方、郦衡叔、洪廷彦等论理学书柬三通，来书云："先君之理学撰述，略尽于是，殆皆晚年渐契于陈乾初时之作，现合编为一组，已交《中国哲学》编辑部。"展读欣然，校以 40 年代文通先生《儒学五论》中《儒学哲学思想之发展》等文，疏观其前后立论之异同，我深深感到这是一组值得珍视的文字。

　　这一组文字，可说是蒙文通先生作为博通经史的老一辈学者在哲学方面的晚年定论。"札记"部分系读书时随感漫录，尚未综理成文，但隐然有一贯思路，乃四十年《儒家哲学思想之发展》一文所附《后论》对宋明理学剖判之继续。其中或疏通旧说,辗转发明;或采山之铜,自铸新意;或辨析疑似,评判得失。更多的是切身体验的涵泳反思,实为老一辈学者学贵自得、学以美身的心得记录。"论理学书束"三通,直抒胸臆,尤为可贵,乃总括一生探究传统哲学、出入宋明诸子的思想经历,特别是新中国成立后"研读马列著作、于列宁哲学尤为服膺",从而自觉酝酿的学术思想路线的转变契机。从中可以真切地看到老一辈学者尽管跋涉过漫长的精神旅途,尽管承受着历史惰力和传统思维形式的沉重负荷,但由于坚持了严谨求实的学风,坚持了把真和善、知和行融贯为一的传统的"践形尽性之学"的要求,故能在艰苦的探索中,既敢言,又敢疑,不泥古,不薄今,更严于自剖,终于在马克思列宁主义的启发下,通过自己的学术道路,形成新的学术史观,领悟到继承文化遗产"推故而别致其新"的批判原则,对历史上的哲学纷争能够作出接近科学的分析和评断。以下自述,毫无矫饰地叙说了这一思想历程:

> 文通少年时,服膺宋明人学,三十始大有所疑,不得解,则走而之四方,求之好友,无所得也,遂复弃去,唯于经史之学究心;然于宋明人之得者,终未释于怀。年四十时乃知朱子、阳明之所蔽,端在说理气之有所不澈。曰"格物穷理",曰"满街尧舜",实即同于一义之未澈而各走一端。既知其病之所在也,而究不知所以易之。年五十,始于象山之言有所省,而稍知所以救其失,于是作《儒学五论》,于《儒家哲学思想之发展》一文篇末《后论》中略论之。自尔以来,又十年矣,于宋明之确然未是者,积思久之,于陈乾初之说得之,于马列之说证之。(《致张表方书》1952 年)

蒙先生 20 世纪 40 年代出版之《儒学五论》,乃评史论政的名世之作,本汉代经师之言,以会通晚周诸子。首论儒家哲学思想之发展,侧重于以先秦儒家和汉代经师所讲人性论为主要线索。认为,"孔孟之道,以惩于墨家,而后脱落于陈言;以困于道家,而后推致于精眇。子思、[公孙]尼子濬其源,世硕、告子派其流,荀卿以法家乱之而滞于实,《管书》以道家汇之而沦之虚,义精于《大学》、旨邃于

《系辞》。……伏生而后，奥旨稍隐，韩婴、陆贾，诵习不废，刘向、许慎之间，典型犹在。仲舒、扬雄、王充始恣为异说，以骇俗取名高，儒之雄，罪之首也。"（《儒家哲学思想之发展》，见《儒学五论》）这一立论颇恢奇，远超出一般经学的今古门户之见，对于先秦两汉的学术源流，采取"通其意，明其变，不滞于言"（同上）的方法，作独立的清理，不拘陈说，不守藩篱，自成一家言，而篇末附《后论》，则专论宋明理学诸家，抓住了理气关系问题，借用朱熹所说"理与气既不相离，亦不相杂"作为立论的准则。一方面揭露朱熹思想的实质乃偏于"理气相离"，故其末流为"即物穷理之言"；另一方面又指斥阳明心学实主"理气相杂""无往而非善"，故主张"满街尧舜之旨"，认为这两家"其流弊诚不可讳"。但当时作者，仍以思孟所主人心具有"良知""良能"，能够"思诚""择善"等为立足点，认为人之所以异于物，在于有"知"，"事至物来，而理欲辨焉，而心则知所别择"；因而把陆象山批判朱熹割裂"理气""道器"而主张"存心、养心、求放心""此心之良，人所固有"的道德自觉或抽象发展了的自觉能动性，看作是"孟子言'心'言'思'之学的真传"。（以上均见《儒家哲学思想之发展》）这便是前引自述中所说："年五十始于象山之言有所省。"陆九渊以"心即理"为中心所发挥的"收拾精神，自作主宰""才自警策，便与天地相似"等主、客观抽象同一的论题，构成了作者在批判"朱熹、阳明不免于两困而皆失"的思想前进中的一个阶梯。

值得注意的是，作者并没有停步在这个阶梯上，而是继续对问题进行了独立的深入探讨。现存"札记"，大都记于己丑至壬寅之间（1949—1962），如此认真地重新"读宋明诸大儒书，日有所记，以自验"，又不断"以近见批识之，又稍有别"（引文均见《札记》一、二，下同），足见作者养心治学的檃括工夫和老而不懈的探索精神。探索中不免迂回曲折，但仍可以看出纶贯其中的某些主要思路。

比如，对所谓朱陆异同，就不陷于旧说的门户之见，也不拘守自己 20 世纪40 年代"以象山救朱、王之失"的观点，而是采取深入堂奥、辨其同异的探究态度，力求先切实弄清"古人立言之旨"，然后给以评定。"札记"中，既概论程、朱、陆、王之间"争论纷纷"，"皆不免执着名言，以自己先时之误，疑为他人即如此误，亦觉多事"。这是指理学家们之间大同小异的争论，往往陷于概念繁琐。又进而分析："考亭说理在事,阳明说理在心,本无不同","事事物物皆有个自然之理,惟心皎皎明明,知得此理。朱子就物上说理多,其实何尝离得心;阳明于心上说理多,其实何尝离得物"。又说:"只此一理,延平从未发处说,象山从已发处说,已发未发,一也。晦翁从物上说,阳明从知上说,知与物,非二也。用工略不同耳。"此类持平之论,近乎折中。然而,由于坚持"择善而从",所以能入能出,实际上纵览诸儒学案,从各派互相批驳中见其偏蔽,而更多地吸取了罗钦顺、刘宗周等对朱、王两家的合理批判。

又如,关于诸家聚讼的理气、道器关系问题,"札记"中较为明显地表现出这样一个思维途径,即在扬弃了朱熹的客观唯心主义理本论的基础上,通过肯定陆王主观唯心主义的"道器一体""理气一致""心气合一"等,而进一步走向了肯定唯物主义的气本论与气化论。"札记"赞扬了罗钦顺"极论理气不可分为二,但不可认气即理,所发明实皆肯要";反复申论"理不离气""气自有理""理傅于气"等气本论的原则,认定:"气之流行,本无善无不善,只本体之自然而已,即此是本来面目。""气机鼓荡,森然自有天则,即本体之流行。"又特别咀嚼"有物有则"这一古老命题,而解释为:"'有物有则':则,于物上见;理,于气上见;形上,于形下见。……若把'理'也看成空无,非所敢知也。""内而视听形骸,外而山川草木,皆物也。'有物有则',所谓自然规律者也,即天理也,太极也。"这是传统气本论的观点的发挥。有趣的是,"札记"中同时颇有深意地保留了陆王心学乃至禅宗的某些思辨,通过"心与理一""心气合一"等论题,推至"良知亦须从气上看","万物亦莫不有知,草木竹石,各有生意,即其知也";而心不过是"气之灵处","知亦气之知",从而肯定"心存则一动一静莫非天则,实乃气之自然"。所谓"有物有则,还他自然天则而已","气之秩然天则,即心之本体";而"春风秋月,翠竹黄花,莫非天理天则"。作者的"择善而从",于心学、禅宗皆有所择取,而其思想归趋则显然没有迷于心力,堕入禅境,反而倾向于含蕴着朴素唯物辩证法的气本论和气化论。这里透露了哲学思维在曲折发展中的一个契机,唯心主义的理论发展(如理学向心学发展以及心学和禅学的进一步发展),按其逻辑的进程,往往会走向自己的反面。作为人类精神的古生物学的哲学史进程是如此,作为个人精神胚胎学的认识发展也往往如此。

再比如，关于传统哲学中异说纷纭的人性问题，"札记"中对孟子以来的"性善之理""践形尽性之学"，着实花了一番工夫去清理，而当思想还突不破抽象人性论的束缚，自然尚难清理出任何头绪。但探索中却表露了一个明显的倾向，即在保留性善论的传统观念的前提下，力图摆脱先验论的困境，把扩充论作为出路，而强调了"学"和"知"对发展扩充人性中的善端的绝对必要。认为"性如鉴，学如磨鉴，未足以明性者，学非其学也"，"人只争个知，……有志为学而善未纯者，知未澈也，到真知时，气无不善，身即是道，心即是道"（以上引文均见《札记》一、二），"愚夫愚妇与知与能，犹良金之在矿；圣人之不思不勉，则精金百炼，扩而充之之功"（《致张表方书》1952 年）。一再赞扬韩婴论性的"茧丝卵雏之喻"。这些议论，多少否定了传统人性论中性善为先天固有、复性即善的形而上学，而势必走向如王船山、陈乾初等所持的人性是在实践锻炼中才可能日益完善化的发展理论。

上述这些表现于札记中的思想脉络，在古老语言的外壳下透露出的推陈出新的时代要求，正是作者新中国成立后能够接受马克思主义启蒙和酝酿学术路线根本转向的内在思想基础。现存 20 世纪 50 年代到 60 年代的三封论理学书束，标志着这些蕴涵着时代要求的思想动向，由朦胧到清晰，由自发到自觉，反映了作者通过自己的学术途径所实现的学术思想的飞跃。1952 年《致张表方书》落笔就说：

> 文通于解放后一二年来，研读马列著作，于列宁哲学尤为服膺，不徒有科学之论据，亦驾往时旧哲学而上之。往昔中国文化，其应据以改造修正者何可胜数。反复思之，中国文化之价值与存亡，真今日一大事也。由文通浅见论之，孔孟之说与唯物论实不相悖。"天生蒸民，有物有则"，此孟子诵法孔子之说，而为性善一义作根本者也。有物而后有则，宋人衍之为道不离器，即形上即形下，初非有二，于理气之说尤详言之。此与耶教、佛学之论迥殊，而与马列无所违。儒家与佛道之争，端在于此。惟宋儒阐明性善之说，

诚不免有张皇过甚而反违孔孟之旨者。《大学》以好恶言诚意,舍此无以言性善,性善之义原无失。宋人以人之初生,性原为善,复原反本,即为圣人。斯则马列之义所决不许,亦误解孔孟之言之过也。……儒家之说,自《周易》以下迄于宋明,皆深明于变动之说,惟于发展之义则儒者所忽,而义亦不可据。今读辩证唯物论,乃确有以知宋明之说有未尽者。……尝拟勒为一篇,存汉宋明清义理之合者,而辩其不合者,于中国文化一部分之扬弃工作稍致力焉,俾后之或有志于斯者有所商榷。

这封写于新中国成立之初的长信,尽管其中有些具体学术观点容可商榷,但其基本精神,是要求以马列主义为圭臬,批判地审查中国文化的价值;在辩证唯物论的启发下,拟对汉宋明清的哲学义理进行一番总清理。作者通过自己所走过的漫长学术道路的切身体会,提出了对传统思想的改造、扬弃问题,至于作者个人的哲学信念、学术方向的几经转折及其最后归趋,也有诚朴的自述。这些信札,以具体的形式反映了老一辈学者是怎样通过自己的学术途径来接受马克思主义的,接受之后又是怎样化为他们学术思想转变的内在动力的。因而对我们理解马克思主义怎样中国化及其在各门具体学术领域中如何生根,是颇有帮助的。

董老《九十初度》诗中有两句,"五朝敝政曾亲历,一代新规要渐磨。"其所以深刻感人,因为这是老一辈革命家总结亲身经历的近百年的民族苦难史所发出的心声。蒙文通先生作为老一辈学者,经历的时代与董老略同,而特定环境使他所走过的学术道路更为纡曲。从早年受学于井研廖季平先生,服膺经今文家言,中经博通经、史、诸子,旁及佛、道二藏,而晚年又深研宋明清哲学,渐契心于陈乾初、王船山,经过漫长的探索,黄河九曲,朝宗于海,迎来新中国成立,终于研读马列著作而找到思想归宿。其所云"于列宁哲学尤为服膺""中国文化应据以改造"等语,确乎不是入耳出口的浮泛议论,而是"积数十年之积惑,一朝冰释"(《致张表方书》1952年)之后发自肺腑的真言。

关于中国文化究应如何改造,在这几封信中,作者仅就理学遗产的批判总结问题概述了自己的探究所得。一方面指出："宋明儒者虽持论各别,然其囿于先天论则一耳","宋明儒皆辟禅,但其弊处(如强调先天论)亦正自禅来"(《致郦衡叔书》1963 年 7 月)。把宋明理学各家的思想本质归结为"囿于先天论",并揭露其思想路线渊源于佛教哲学,这就是作者"今读辩证唯物论,乃确有以知宋明之说有未尽者"(《致张表方书》1952 年)所作出的总的评断。虽较粗略,但中肯要。另一方面,回顾近三百年学术史,声称"独有契于陈乾初","盖当程朱与陆王皆有弊,惟斯人能烛其微隐而矫之"(《致郦衡叔书》1963 年 7 月)。"宋明人大致可说都有先天论(预成论)的错误,明末清初诸儒对此多少有些怀疑,终是把这个问题解决不了。依我看,是陈乾初解决得深些,其次是王船山。……陈是以发展论来补救宋明人的先天论来讲性善论的,也是宋明理学新的进步(发展)。直到戴东原、焦里堂也是这个途径"(《答洪廷彦》1963 年 3 月)。这里所揭示的宋明以来哲学上的路线分立,把宋明时期占据主导地位的程朱理学派和陆王心学派及其附庸,全都划入所谓"先天论"或"预成论",实际是指在认识论上以内省经验、先天的理念及道德观念作为出发点的唯心主义流派,而把明末清初崛起的启蒙思潮中的陈乾初、王船山、戴东原、焦里堂等,归于所谓"发展论",实指具有辩证发展观而在认识论上又比较重视"习""行"的朴素唯物论流派。用词虽不够准,而立意大体不差,主要是把初步理解的列宁哲学史观运用之具体历史实际,找到了一个衡量思想路线是非的标准。按他的分析:"儒家之学、自《周易》以下迄于宋明",都只讲"变动之说",而忽视"发展之义",程朱陆王"都有先天论(预成论)的错误",其所以明确判定为"错误",是由于他们"以人之初生,性原为善,复原反本,即为圣人"的基本观点,乃"马列之义所决不许"(《致张表方书》1952 年)。至于陈乾初、王船山等,其所以划归于"发展论",而判定为正确,端在于他们"始以日生日成言性,不废宋明精到处,又能有所发展"(《致张表方书》1952 年)。在作者的心目中,陈乾初、王船山都利用"继善成性"的命题,驳斥了宋明唯心主义路线所鼓吹的预成不变的"义理之性",阐发了人的本质是历史形成的,是发展的、可变的;所谓"人性之善"即人的本质的实现,全赖后天的培育与实际锻炼。如陈乾初强调"涵养熟而后君子之性全","非经霜则谷性不全"的"物理"可以"推人理"(《性解》下);王船山强调"性者生理也,性日生日成","未成可成,已成可革"
(《尚书引义·太甲二》),而且认为人"绍天有力,而异乎物"(《周易外传》卷五),
"任天而无为,无以为人"(《续春秋左氏传博议》下)。陈乾初、王船山这种具有新
意的人性学说,虽仍属抽象人性论,但在发展观上有辩证法因素,从认识论角度
又多少注意到了人的实践的能动作用。这些之所以被作者视为正确,是因为可
以"于马列之说证之"(《致张表方书》1952 年)。马列主义的真理性,通过重建学
术史观的严肃理论批判中,终于在思想上生了根。

这样,在马列主义真理的启迪下,作者终于由服膺宋明理学转到契心于批判
宋明理学的陈乾初、王船山,由"先天论"转到"发展论",从根本上改变了自己的
学术路线,重新建立自己的哲学史观,并向自己提出了一个"以王(船山)、陈(乾
初)为主而以戴东原、颜习斋、焦里堂诸家之说补之,而削其不合者,又以辅宋明
之说,而削宋明之不合者"(《致张表方书》1952 年)的巨大的对哲学遗产的历史
清算任务。清算历史,同时也清算自己的旧说。在答学生洪廷彦的信中情见乎
辞地述说:

> 我拟将清初以后义理之学作一比较,以陈乾初作为主要骨干,其他人则
> 只是其枝叶。我所见也未必对,自觉数十年于朱明之学略有所窥,惟不易谈
> 耳。前作《儒学五论》,就今日而论,其中各篇改动不大,唯论哲学思想一篇,
> 主脑全异。即因前时对陈氏之学无甚了解,自己是站在先天论一边来立论
> 的。这也是十多年一点进步,亦自喜。今年已七十了,在最近半年中于学问
> 尚有新境界,亦差可自慰。这一信未能深刻言之,但将来必有文字将此意全
> 面提出,其是其非,惟待人之批判耳。(《答洪廷彦》1963 年 3 月)

1963 年的这封给学生的信,可视作蒙文通先生的哲学晚年定论。其严于自
剖、勤于探索、勇于破旧立新的精神,多么令人钦佩!其所提出的"对中国文化一
部分的扬弃工作稍致力焉"的具体科学任务,又多么令人向往!前辈学者对自己
的哲学信念和哲学史观的转变,既非望风阿世,苟且张皇,也不自矜成说,故步自

封，而是刻志兢兢，严肃思考，由于深知冷暖甘苦，"不是从皮毛上来强附于唯物论"（《答洪廷彦》1963 年 3 月），所以仅仅扬弃一个先天论也花了十多年的冷静钻研，才真正获得"差可自慰"的新境界。这种谨严求实的治学态度，是值得充分注意的。尽管在学术史研究的具体方法上，在某些学派人物的具体评价上（如以陈确为骨干，其他人为枝叶等），容或尚有可以推敲之处，但老骥伏枥、志在千里，在马列主义的光华照耀下，一位淹博宏通的老学者，又经过长期的思想酝酿，这样一篇中国近三百年学术史论如果写出，无疑地会大有助于中国哲学史的研究，会受到海内外学术界的欢迎。

可是，除了现存这一组文字外，我们再也读不到蒙文通先生这篇已经酝酿成熟的科学论著了。在林彪、"四人帮"这伙仇视马列主义、仇视科学文化的人妖疯狂肆虐时，蒙先生这样年逾古稀的著名学者，也横遭难以想象的迫害和凌辱，以致未竟其天年而赍志以没！今天，"寒冬过尽绽春蕾"，蒙先生虽已谢世，而这些"札记""书柬"终于得以刊布行世。此亦不幸中之大幸。我认为，蒙文通先生所提出的学术任务，仍然是我们探讨宋明清哲学应当注意的方向性问题。前辈学者在正确方向下艰苦探索所达到的终点，应当是我们继续探索、推陈出新的起点。但这一组文字，尤其是"札记"部分，殊非易解。因系自记心得，未加详证；又借以表达思想的旧范畴、旧命题，往往古今异义，难于确诂；尤其某些论述，沿袭了宋明儒者的思维途径，往往把理论认识和道德意识、逻辑判断和价值判断混合在一起，颇不易真正把握作者的思路而加以确切的评断，至于以人性论为基础的关于人的精神境界和修养方法的论述，更久为人们所漠视而骤难论定。这些，都有待高明去给以辨析。我写这篇短文，仅是捧读蒙师手迹，缅怀仪型，有不能已于言者的片段感想，盖荀卿所谓"蔽于一曲，而阇于大理"者欤。

（1980 年夏稿于珞珈山居）

评梁启超的"近三百年"
中国学术史观

梁启超是中国近代政治舞台上的风云人物、著名的资产阶级启蒙宣传家,也是博古通今的卓越学者。他除了在大量的政论中渗透着丰富的学识外,还撰有卷帙浩繁的各种学术论著。特别是"五四"运动后,他退出政界,登上大学讲坛,学殖益广,声华日茂,在学术上代表中国晚生而又早熟的资产阶级作出了特定的贡献。如果说他的《中国史叙论》《新史学》《中国历史研究法》及其《补篇》等,在中国首倡反对封建史观的史学革命,是中国资产阶级史学理论的奠基性著作,那么,他的《清代学术概论》及其姊妹篇《中国近三百年学术史》,则是专门研究明末清初至清末民初近三百年思想学术的开拓性著作。虽然其中不可避免地存在不少狭隘的偏见和浮浅的论断,却也含有一些熠熠闪光的创见,至今对于我们探索 17 至 19 世纪中国思想史,仍很有启迪。

在"五四"运动的风雷激荡中,蒋方震于 1920 年写成《欧洲文艺复兴史》一书,邀梁启超为之作序,梁氏认为:"泛泛为一序,无以益其善美,计不如取吾史中类似之时代相印证焉,庶可以校彼我之短长而自淬厉也。"①他将清代学术思想与欧洲文艺复兴相比拟,不料"下笔不能自休,遂成数万言"②,其篇幅几乎与蒋

---

① 梁启超:《清代学术概论》自序,中华书局,1954 年。本文凡引此书,简称《概论》。
② 梁启超:《概论》自序。

氏原书相当,不宜再作书序,只好独立成篇,这就是1921年出版、颇负盛名的《清代学术概论》。而《中国近三百年学术史》则是梁启超在1924年整理出版的他在清华等校的讲义。这两部学术专著都以清理明末清初至清末民初近三百年的学术思想发展线索为内容,或横剖以立论纲,或纵观以求博证,但作为时代思潮的产物,其基本思路是前后一贯的,集中体现了他的"近三百年"中国学术史观,是"五四"运动所促成的中国资产阶级启蒙意识进一步觉醒的思想表现和学术成果。

本文拟就两书之一贯处,综论其得失,旨在评判梁启超史学贡献的这一侧面,并由此论及在马克思主义指导下对这一课题的继续研讨。

一

梁启超亲身经历了"戊戌维新""辛亥革命"以至"五四"运动。他以一种朦胧的历史自觉,把明清之际的早期启蒙学者视为自己的思想先驱,并继承黄宗羲、万斯同、全祖望等人以修当代史为己任、经世致用的优良传统,肩负着中国资产阶级反对封建文化的历史使命,放眼西方资产阶级启蒙运动的兴起过程和发展方向,将明清之际以来的思想学术潮流与宋明理学相比较而察其异,再与欧洲文艺复兴时期的启蒙思潮相对照而见其同,可谓独具慧眼。这样展开的中国"近三百年"学术史研究,有纲有目,以思潮为经,以学说为纬,既有历史感,又有时代感。比后来胡适所谓"中国文艺复兴"既可上推到唐、宋以来的"下层文艺",又可下断自"五四"运动中的"白话文学"的谬说远为高明,亦比钱穆等仅仅排比人物、纂抄语录的论著更为深刻。总其成果和特色,约有数端:

其一,梁启超首次将明末清初至清末民初近三百年的历史,作为中国学术思想发展的一个特定阶段。

梁启超先是根据与这一时期学术发展大体相当的朝代,称此期的学术为"清代学术",简称"清学",以后又进一步认为:"晚明的二十多年,已经开'清学'的先河,民国的十来年,也可算'清学'的结束和蜕化。把最近三百年认作学术史上一个时代的单位,似还适当。"①也就是大致将 17、18、19 这三个世纪的中国学术发展视为一个特定的历史过程,称为"近三百年学术"。

梁氏对中国学术史的发展如此划分的根据,就在于他认为明末清初以降,历史地形成了一股反理学的时代思潮。"'清代思潮'果何物邪? 简言之,则对于宋明理学之一大反动。"他从时代思潮的变迁入手,划分学术思想史的阶段,指出:"凡文化发展之国,其国民于一时期中,因环境之变迁,与心理之感召,不期而思想之进路同趋于一方向,于是相与呼应,汹涌如潮然。"这就是所谓"时代思潮"。而明清之际开始的"有清一代学术","卓然成一潮流,带有时代的色彩"②,一反宋明理学旧运动的思潮,故自成一历史阶段。

诚然,梁氏可能没有认识到社会经济基础的变动对意识形态推移的决定作用,但他试图用客观环境和社会心理所制约的时代思潮之变迁来把握学术思想发展之大势,显然要比简单地以朝代来划分阶段、以师承来区别学派的封建学术史论著如《明儒学案》《宋元学案》等更能本质地反映学术思想发展的客观进程。这在方法论上无疑是一个跃进。正因为如此,梁氏仅从"环境之变迁""心理之感召""思潮之形成"等历史现象形态所规定的"中国近三百年学术",如果深求其内在根据,揭示其与经济运动、政治变局相一致的思想逻辑,则这一划分至今仍保有其科学价值。

其二,梁启超视"近三百年"中国学术之主流为反理学思潮,具有与欧洲"文艺复兴"类似的启蒙意义。

梁氏认为:"这个时代的学术主潮是厌倦主观的冥想,而倾向于客观的考察"③,具有科学精神;其思想的形式特征是"以复古为解放","其动机及其内容,皆与欧洲之'文艺复兴'绝相类"。由于梁启超囿于传统"汉宋之争"的认识,把清代学术主流断为汉学(朴学),而赞为"以实事求是为学鹄,饶有科学的精神"④,故竭力推崇阎若璩写《古文尚书疏证》,证《古文尚书》为伪书,乃"近三百年学术

① 梁启超《中国近三百年学术史》,上海民志书店,1926 年,第 1 页。以后凡引此书,简称《学术史》。
② 《概论》第 3、1、2 页,自序。
③ 《学术史》第 2 页。
④ 《概论》第 6、3 页,自序。

解放之第一功臣"，并高度评价顾炎武在清学界"开学风""开治学方法""开学术门类"的特殊地位，称他为"清学开山之祖"①。

梁氏将明清之际以后的反理学思潮仅归于一种治学方法和学术门类的变化，不免失之肤浅，并"有高扬了亭林而抹杀了他儒之嫌"②。但他指出"凡启蒙时代之大学者，其造诣不必极精深，但常规定研究之范围，创革研究之方法，而以新锐之精神贯注之"③，则确是有识之论。明末清初开创的学术新风，重实际、求实证，在学术路线和治学方法上与宋明理学的对立，不能不是以科学代替迷信、以理性代替信仰的近代启蒙思潮与中世纪蒙昧主义、信仰主义尖锐对立的前奏。正如梁氏所说："学问之最大障碍物，莫过于盲目的信仰。凡信仰的对象，照例是不许人研究的。……新学问发生之第一步，是要将信仰的对象变为研究对象。"④明末清初以来的新思潮，从怀疑"以孔子之是非为是非"到稍后的疑古、辨伪、考据之学，正是开了将数千年之儒家经典作为研究对象之风气，在某种意义上亦是发康有为《新学伪经考》之先声。故梁氏将这一时代的学术主潮归之于治学方法固然流于片面，却也不无合理之处。

其三，梁启超纵向地考察了"近三百年"学术思潮的历史进程，并试图探究其形成、转向和衰落的根源。

梁氏将"近三百年"学术史分成三个时期：启蒙期，以顾炎武、王夫之、黄宗羲、阎若璩、胡渭等明末清初学者为代表；全盛期，以惠栋、戴震、段玉裁、王念孙、王引之等乾嘉朴学大师为代表；蜕分期（清学之蜕分期同时即其衰落期⑤），以康有为、梁启超等以今文经学为形式的维新志士为代表。并论述了明末清初以来中国学术发展的三个阶段，正是沿着经世致用、实事求是的路线所走过的曲折道路，从顾、黄、王等人的早期启蒙思想，发展到乾嘉朴学，然后再到晚清的维新运动中"残明遗老思想"在欧风美雨滋润下的重新复活。思想纷繁的"近三百年"学

① 《学术史》第110、90页。
② 侯外庐：《中国近世思想学说史》上卷，重庆三友书店，1945年，第166页。以后凡引此书，简称《思想学说史》。
③ 《概论》第9页。
④ 《学术史》第110页。
⑤ 《概论》第5页。

术史,被梁启超勾勒出这样一条发展的轨迹。

梁启超试图寻求清代学术思潮形成、转向和衰落的原因。他认为明清之际反理学思潮的出现,一方面是明朝的灭亡,唤起了一部分知识分子的"极痛切的自觉","于是抛弃明心见性的空谈,专讲经世致用的实务。他们不是为学问而做学问,是为政治而做学问"①;另一方面是"经大乱后,社会比较的安宁,人得有余裕以自厉于学"。而"异族入主中夏,有志节者耻立乎其朝,故刊落声华,专集精力以治朴学"②。至于清初"经世致用"的学术精神和"近于科学的治学方法"之所以转向考据学的畸形发展,成了所谓"科学的古典学派"③,而未能促使真正科学方法发展的原因,梁氏分别列举过许多因素,如科举制度对于自然科学的排斥、几千年知识界注重伦理道德而轻视自然科学的传统、乾嘉时期社会安定和经济发展、清廷屡兴文字狱等。他认为这些因素的综合,导致清初的治学精神和方法未能走向近代自然科学的道路,而转向考据古典文献之途,"总而言之,乾嘉间考证学,可以说是清代三百年文化的结晶体,合全国人的力量所构成,凡在社会秩序安宁,物力丰盛的时候,学问都从分析整理一路发展,乾嘉间考证学所以特别盛行,也不外这种原因罢了"④。关于晚清考据之学衰落而经世致用之风重兴的原因,梁氏认为,既来自考据学研究方法的"精善"和研究范围的"拘迂",朴学家"既教人以尊古,又教人以善疑"等内在矛盾的加剧;又来自"环境之变化",随着清王朝政治的腐败,"嘉道以还,积威日弛……稍有识者,咸知大乱之将至,追寻根原,归咎于学非所用"的考据。"'鸦片战役'以后,志士扼腕切齿,引为大辱奇戚……于是对外求索之欲日炽,对内厌弃之情日烈,欲破壁以自拔于此黑暗,不得不先对于旧政治而试奋斗,于是以其极幼稚之'西学'知识与清初启蒙期所谓'经世之学'者相结合,别树一派,向正统派公然举叛旗矣"⑤。

梁氏的上述分析显然侧重于从政治现象着眼,也一定程度上涉及学术发展

① 《学术史》第 14 页。
② 《概论》第 20 页。
③ 《学术史》第 36 页。
④ 《学术史》第 38 页。
⑤ 《概论》第 51—52 页。

的内在矛盾，虽然他未能揭示出明清之际崛起的早期启蒙思潮在历史洄流中转向朴学的社会根源，也没有深入发现这一时期学术思想曲折发展的内在根据，但他能够注意从政治、经济、传统惰性和内在矛盾等诸方面，探究特定时代的思潮起落和学风转变的根源，描绘出"近三百年"学术史近乎螺旋的发展道路，这在当时可谓匠心独运。

其四，梁启超横向地对"近三百年"学术史上的代表人物逐一进行了历史的评价，其涉猎的学者之多、学科之广，在同类著作中是罕见的。

梁氏在关于"近三百年"学术史的两部专著中，对顾炎武、黄宗羲、王夫之、孙奇逢、李颙、阎若璩、胡渭、朱之瑜、万斯大、万斯同、全祖望、颜元、李塨、王锡阐、梅文鼎、刘献廷、惠栋、戴震、段玉裁、王念孙、王引之、阮元、钱大昕、王鸣盛、庄存与、刘逢禄、章学诚、龚自珍、魏源、康有为、谭嗣同等包括梁启超本人在内的许多知名学者，及其他许多不甚知名的学者，均有程度不同的涉及，有的重点详论，有的稍加勾勒，既评判他人，亦解剖自己，颇具特色。梁氏还广泛地论述了以乾嘉学派为中坚的清代学者在经学、文字学、音韵学、训诂学、辑佚、辨伪、古籍校注、历史学、方志学、地理学、传记谱牒学、历算学、乐律学及其他学科等方面的成绩，在史料的爬梳剔抉、搜罗编次上，梁氏的工力之深、气势之大，可见一斑。

就具体人物的评价而言，梁启超亦不乏创见。他充分肯定了明末清初大思想家批判理学的启蒙性质和各自的独特贡献。他认为，黄宗羲的《明夷待访录》，"的确含有民主主义的精神——虽然很幼稚——对于三千年专制政治思想为极大胆的反抗"，而"船山和亭林，都是王学反动所产人物，但他们不但能破坏，而且能建设，拿今日的术语来讲，亭林建设方向近于'科学'的，船山建设方向近于'哲学'的"①。

对乾嘉学派的评价，梁氏也有独到之处。他虽极为推崇乾朴学，将其视为清学的全盛期，却能客观地指出，乾嘉学者未能贯彻清初早期启蒙学者的精神，背离了"顾炎武生平最注重的经世致用之学"②，也没能弘扬王夫之、王锡阐、梅文

① 《学术史》第74、119页。
② 《学术史》第103页。

鼎等人的哲学和科学成就。虽然"一反明人空疏之习",却"只喜研究僵定的学问,不喜研究活变的学问",此种学风及其心理,"遗传及于后辈,专喜拾掇残编","工作最少有一半算是白费","呜呼! 此则乾嘉学派之罪也"!① 梁氏虽未能洞察乾嘉学者中实际上也有不同流派,如戴震、焦循实属启蒙者的行列,但他一般地肯定了乾嘉学派的求实精神和治学方法,又不讳言其转向烦琐考据,产生了脱离现实的严重流弊。这比有些片面贬低或夸大乾嘉学派历史地位的论断要审慎、公允得多。

其五,梁启超根据资产阶级维新志士们的切身体会,评判明清之际思想家的启蒙作用,挹彼注兹,古为今用,把包括自己在内的当代学术思潮也作为反思对象,总结过去,瞻望未来,力图在史论著作中体现历史感和现实感的统一。

梁氏以重彩浓墨描绘了明末清初早期启蒙思潮对晚清一代资产阶级启蒙学者的思想诱发,肯定黄宗羲、王夫之、颜元等人的民主主义、人文主义的思想萌芽,是"极大胆之创论"。王夫之思想对"其乡后学谭嗣同之思想""影响最多"②,而梁氏则自称"我自己的政治运动,可以说是受这部书(引者注:指《明夷待访录》)的影响最早而最深"。甚至不无夸大地认为清末民初"最近三十年思想界之变迁,虽波澜一日比一日壮阔,内容一日比一日复杂,而最初的原动力,我敢用一句话来包举他:残明遗老思想之复活"③。但梁氏又承认早期启蒙学者的思想在相当长的时期内被漠视,只是在清末特定历史条件下,才产生了重大的社会作用,发挥出巨大的能量。他说:"凡大思想家所留下的话,虽或在当时不发生效力,然而那话灌输到国民的下意识里头,碰到机缘,便会复活,而且其力极猛。清初几位大师——实即残明遗老——黄梨洲、顾亭林、朱舜水、王船山……他们许多话,在过去二百多年间,大家熟视无睹,到这时忽然像电气一般把许多青年的心弦震得直跳。他们所提倡的具体理论,虽然许多不适用,然而那种精神是'超汉学''超宋学'的,能令学者对于二百多年的汉宋门户得一解放,大胆地独求其

① 《学术史》第 277 页。
② 《概论》第 14、15 页。
③ 《学术史》第 74、47 页。

是。他们痛论八股科举之汩没人才，到这时读起来觉得句句亲切有味，引起一班人要和这种束缚思想锢蚀人心的恶制度拼命，他们反抗的壮烈行动和言论，到这时因为在"满洲"朝廷手上丢尽了中国人的脸，国人正要推勘他的责任，读了先辈的书，蓦地把二百年麻木过去的民族意识觉醒转来。他们有的人曾对于君主专制暴威作大胆的批评，到这时拿外国政体来比较一番，觉得句句都厌心切里，因此，从事于推翻几千年旧政体的猛烈运动。"①梁氏的这些言论，并非出自后代人的揣度和推论，而是按切身体会道出了晚清一代改革志士的自我感受，真实地表现了软弱的中国资产阶级更需要祭起先辈的亡灵来唤醒自己、鼓舞斗志，也生动地反映了黄宗羲、王夫之等人著作中埋没不了的思想光芒对资产阶级启蒙运动的春雷惊蛰般的催生作用。

通观梁启超的"近三百年"中国学术史论，历史的评判总是与现实的总结联系在一起，今天的斗争往往与昨天的斗争一脉相承，注重的不仅是考订史实，而且是呼唤时代精神。"历史"是活在梁启超一代人心灵中的历史，是与当时资产阶级的觉醒、奋斗密切相关的历史。因此，他认为："史事总是时代越近越重要"，明末清初以来，"这三百年学术界所指向的路，我认为是不错的……只可惜全部精神未能贯彻。以为凭借这点成绩，扩充蜕变，再开出一个更切实更伟大的时代，这是我们的责任。"②字里行间渗透着以早期启蒙思潮的继承者自居、积极为中华文化复兴事业而奋斗的历史感情和现实精神，深厚的历史教养所培育的爱国热情，自然地倾泻在他的史笔之下。

诚然，作为资产阶级学者的梁启超，并不懂得历史唯物论，不可能科学地把握既依存于社会经济、政治条件，又有相对独立性的学术思想的发展规律，他的学术史论囊括了哲学、史学、经学、考据学、自然科学等许多学科，缺乏对学术的科学分类，评论便失之混沌和笼统。尽管存在这些阶级的和认识的诸多局限，但作为"近三百年"学术史研究的开拓性著作，梁启超的学术贡献仍是值得肯定和借鉴的。

---

① 《学术史》第46—47页。
② 《学术史》第134、2页。

二

继梁启超《清代学术概论》和《中国近三百年学术史》这两部开拓性著作之后,蒋维乔的《中国近三百年哲学史》、钱穆的《中国近三百年学术史》等相继问世,虽然体例各别,在一些细节方面或有所补正、修订,但总体上并未超出梁启超已达到的水准,甚至还有所不逮。梁氏尚且认为清代学术的特点是以"复古为解放",而蒋维乔却以为清代学术的前期是"复演古来学术之时期";梁氏尚且试图探求学术发展的内在逻辑,而钱穆则仍在汉宋纷争的迷乱中罗列史料。这就表明中国资产阶级已不可能对"近三百年"思想学术的发展作出更深刻的研究,科学地探讨中国思想史的历史任务,不能不由马克思主义学者来承当。

侯外庐同志在抗战时期写的《中国近世思想学说史》,是马克思主义学者最早研究"近三百年"思想学术史的专著,曾在 1945 年由重庆三友书店分上下卷出版,以后又曾将其中从明末至鸦片战争前的部分加以修订,改名为《中国早期启蒙思想史》,单独成书,并纳入侯老主编的五卷本《中国思想通史》,列为第五卷。在这部著作中,侯老对"五四"以来有关"近三百年"思想学术史的研究,进行了批判总结。他以马克思主义为圭臬,以实事求是的科学态度对待梁启超、钱穆、胡适等资产阶级学者的学术成果,历史地肯定其中的可取之处,又严肃地批判了各种谬说、偏见,为科学地研究 17 至 19 世纪中国思想史奠定了坚实的基础。

首先,侯老肯定梁启超关于明末清初开始形成反理学启蒙思潮的论断,指出:"十七世纪的启蒙时代,虽然没有显明的口号,但这种倾向却至为明显。梁任公先生谓之'复古即解放',颇以文艺复兴的观点来比拟,命题虽不正确,但已接近真实。"①但侯老批判了梁氏在《清代学术概论》中用佛教的"生、住、异、灭"来

① 《思想学说史》上卷,第 124、110、240 页。

述说思潮的流转和明清之际启蒙思想的动向,指出:这种"建设、破坏、再建设之均衡理论,不能规定思想过程'质'的发展"。以后,侯老在修订过的《中国早期启蒙思想史》中,开宗明义,以"十七世纪的中国社会和启蒙思潮的特点"为标题,用唯物史观统率大量史料,论证了 16、17 世纪以来中国封建社会开始走向解体,"既在封建社会的母胎内产生了资本主义的萌芽,但又在发展中未能走进近代的资本主义世界"①,正是由于从社会史角度肯定了明中叶以后资本主义萌芽的形成、发展。进而剖析了明清之际的阶级关系,阐明"十六世纪末至十七世纪的中国思想家的观点是中国社会经济发展特点和中国社会条件的反映,它不完全等同于西欧以至俄国的'资产者—启蒙者'的观点。然而,在相类似的历史发展情况之下,启蒙运动的思潮具有一般相似的规律"②。这种以社会经济运动为基础来分析社会思潮的性质和动向,正是马克思主义学者远高于梁启超等人之处。

侯老还分析了明清之际早期启蒙学者的特点,指出:"他们的思想反映了中国封建社会的解体过程和资本主义萌芽阶段的先进阶级的要求,但他们所强调的人性概念和世界观的要求,是用中古神学的方式来表现的",他们"披着古代帝王的服装,而说着近代人的要求"③,我们只有"从他们的代数学似的绝对概念中来分析他们的抽象语句背后的实质,而不能直截了当地看出他们的语言与实质之间的统一"④。侯老的这些论断,对明末清初反理学思潮的社会基础和阶级实质作了历史唯物主义的分析,使"启蒙"这一范畴具有了马克思主义历史科学所规定的明确含义,从而与梁启超那种视"启蒙"为任何思潮流转阶段之一的肤浅议论划清了界线。

其次,侯老针对梁启超、胡适等人关于清初学术思潮只是理学"破坏期"而乾嘉学派才是清代学术"全盛期"的观点,全面剖视了早期启蒙思潮与乾嘉学派的异同,指出:梁启超"把清初学者的学术运动归入破坏期或启蒙期(生),而把乾

---

① 《中国思想通史》第五卷,第 16 页。
② 《中国思想通史》第五卷,第 26—27 页。
③ 《中国思想通史》第五卷,第 31、110 页。
④ 《中国思想通史》第五卷,第 31 页。

嘉学者的考据学归入全盛期（住），实在讲来，这种划期是错误的。清初学者不仅破坏，而且建设（虽然建设有时代局限），他们的宏大规模是基于近世时代全人格的发展，远超过乾嘉诸子"①。并认为乾嘉学派并非"近三百年"学术思想史的主流，也不是早期启蒙思潮实事求是、经世致用传统的继续，而清初学者"从社会、历史、人性、宇宙各方面批评理学（虽然在形式上犹留门户之见），是更深地探究知识的，比专倚乎考据之学犹宏远"。"清代的哲学也好，一般的学术也好，我以为十七世纪的成就是伟大的，并非清代中叶十八世纪的准备基础；反之，乾嘉时代的哲学却不是清代学术的全盛期，而仅仅是清初传统的余绪（极小限度发展）。这一点，任公、适之都把历史颠倒了。"

但侯老也肯定在治学方法上早期启蒙学者与乾嘉学者有一脉相承之处，"在方法论上讲来，不盲从，重自悟，信自己，重裁断，比较归纳，以经文的实事求是，而不以传注的心传以混迹，这些正是后来汉学家朴实说理的传统"，只是在思想深度和学术堂庑上远不及早期启蒙学者"宏远"。所以，乾嘉时期颇有"科学精神的要素"之方法，终于被压抑在考据学的狭小范围内，使得"汉家学之稽古，主观上不无以古形而适今者，但在客观上朴学的遗产，则仅于存古之真绩为其本色"②。侯老既充分肯定乾嘉朴学整理文献史料的历史贡献，又能以更广阔的历史视野，动态地考察"近三百年"社会运动及其思想发展的曲折进程，把早期启蒙学者所开启的近代思想方法被禁锢于考据学中的畸形发展，视为中国历史陷入洄流、近代社会长期"难产"的一种折射。这样的精辟分析，无疑是梁启超等人所望尘莫及的。

此外，侯老的著作以王夫之为开端，以王国维为终结，详尽地论述了"近三百年"思想学术上作出不同贡献的代表人物的思想学说，从时代精神、理论贡献、思想路线、治学方法诸方面勾勒了一条启蒙者披荆斩棘、艰难求索的坎坷道路。从王夫之、黄宗羲、顾炎武、颜元等明清之际的一代思想巨人，到戴震、章学诚、汪中、焦循、阮元等乾嘉时代的卓越学者；从龚自珍、魏源的社会批判，到康有为、谭

① 《思想学说史》上卷 240 页。
② 《思想学说史》上卷，第 389、359、377—378 页。

嗣同的变法维新；从晚清农民民主主义的思想代表章太炎，到学贯中西的史学大师王国维，他们是在中国近代历史"难产"的痛苦中觉醒、挣扎、呼唤着的一代代思想代表，尽管背着沉重的包袱，走着曲折的历史道路，却反映着时代的要求而步履艰难地奋力前进着。他们所唤起的民族民主意识和理性主义、人文主义的新思潮，推动着人们去冲击封建专制主义和蒙昧主义的网罗，终于迎来了"五四"时期的伟大思想解放。

如果说梁启超还只是从"经世致用的治学精神的变迁"来看清代学术从面向现实的早期启蒙学者经过避入书斋的乾嘉学派，到晚清披着今文经学外衣的变法维新派这一条曲折的道路，那么侯老则从中国资本主义萌芽的产生、发展、挫折、复苏，以及外国资本主义的入侵和民族资本主义的反抗，来探讨中国近代历史缓慢前进的艰难历程和在封建社会逐渐解体过程中思想启蒙的坎坷道路，从而进行了以辩证唯物主义的历史观研究中国"近三百年"思想史的成功尝试。

"五四"时期，梁启超等人在反封建的资产阶级启蒙宣传中，曾深切地感受到明清之际早期启蒙学者的独特贡献，以一定的历史自觉，将他们视为自己的先驱，希图继承他们的未竟之业。抗日战争时期，郭沫若、侯外庐等马克思主义学者在民族危机和阶级矛盾错综复杂的历史条件下，以新的世界观和方法论探究我们古老民族的伟大历史和优秀传统，推动中国的马克思主义运动在理论上向纵深发展，为迎接中国人民解放的曙光作出了贡献。今天，我们为了建设社会主义精神文明，展开爱国主义思想教育，更应当以马克思主义为指导，历史地分析国情，有必要把明中叶以后伴随封建社会的自我批判和资本主义的萌芽发展所形成的早期启蒙思潮，直至20世纪初反帝反封建的新文化运动在中国兴起，作为一个特定的思想发展阶段来加以研究，从中国近代社会的畸形发展去考察思想启蒙的坎坷历程，珍视我们民族真正的优秀思想传统，正视民族文化中异常沉重的历史惰力。通过这样的反思，激励我们自觉地去完成历史留下的特定任务，提高全民族的科学文化和理论思维水平。

历史的辩证法证明："没有哪一次巨大的历史灾难不是以历史的进步为补偿

的。"①我们的民族步入近代劫难重重,但在苦难中觉醒、奋斗,从未衰歇。经过"十年动乱"的又一次历史涧流,中华民族正在出现新的觉醒和振兴,这是又一次伟大的思想解放和哲学启蒙,也必将把中国近代思想史的研究推向新的高度。20 世纪 20 年代梁启超的"近三百年"学术史论有其拓荒之功,40 年代侯外庐的"近世"思想学说史专著,更开辟了总结 17 世纪以来思想运动规律的科学之路。然而近四十年来,尚未出现更新的以"近三百年"为特定对象的思想史著作,学者们往往按社会史的分期,以 19 世纪中叶为界,前后分成两段,致力于分头研究,虽分别有一些水准较高的论著问世,仍难以如实反映中国思想启蒙运动曲折发展的全貌。事实上社会史的断代和思想学术史的分期是不能简单等同的。恩格斯曾从反映资本主义萌芽的发展和反对中世纪蒙昧主义思想的启蒙意义上,把 13、14 世纪之际的但丁,判为标志"封建中世纪的终结和现代资本主义纪元的开端"的"伟大人物",是"中世纪最后一位诗人,同时又是新时代的最初一位诗人"②。而马克思则从资本主义经济力量发展到了一定阶段所导致的具有重大历史转折意义的社会政治革命角度,认为 1648 年的英国革命和 1789 年的法国革命是继 1565 年的尼德兰革命之后,真正"宣传了欧洲新社会的政治制度",意味着新社会制度的胜利,资产阶级所有制对封建所有制的胜利。③ 即使以尼德兰革命作为真正资本主义社会的开始,也与但丁所代表的近代思想启蒙相距二百多年,可见社会史的断代和思想史的分期并非是完全划一的。

值此科学的春天,百卉争荣,我们期待着更多勇于创新的近代思想学术史方面的论著问世,使我们能更真切地触摸中华民族近代思维跳动的脉搏,以深沉的历史感去总结过去,把握现实和鼓舞人们走向未来。

(1984 年 3 月与黄卫平合写)

---

① 《马克思恩格斯全集》第 39 卷,人民出版社,1974 年,第 149 页。
② 《马克思恩格斯选集》第 1 卷,人民出版社,1972 年,第 249 页。
③ 《马克思恩格斯选集》第 1 卷,人民出版社,1972 年,第 321 页。

侯外庐同志新版《船山学案》读后

　　王船山学术思想的研究自其发轫到今天，走过了漫长的道路。尽管清代封建士大夫和近世资产阶级学者都曾为保存和传播船山著作，推动船山学术研究作出过贡献，但唯有在马克思主义指导下，船山思想的理论价值和历史地位才开始得到科学的说明。侯外庐同志的《船山学案》，就是老一辈马克思主义学者开拓新船山学的辛勤劳作之一。

　　《船山学案》是在 1942 年船山逝世 250 周年之际写成的，1944 年由重庆三友书店出版，嗣后又作为专章收入作者所著的《中国近世思想学说史》和《中国早期启蒙思想史》，1982 年，在纪念船山逝世 290 周年的时候，经侯老重新修订，由岳麓书社再版。在这 40 年间，中国社会、中国思想界以及船山学研究都几经沧桑，变化巨大，但今日重读这部拓荒之作，不仅从一个侧面展示了老一辈马克思主义学者运用唯物史观和辩证方法研究中国哲学发展史的贡献，而且为今日的船山学研究以及中国哲学史研究提供了重要的方法论启示。

　　鸦片战争后，随着中国社会沦为半殖民地半封建社会，中华民族在苦难中觉醒，船山的早期启蒙思想经历了清初一百多年的窒压之后，终于以符合时代需要而逐渐被发掘再现，流播海内，成为"万物昭苏天地曙"的"南岳一声雷"（谭嗣同《论艺绝句六篇》）。中国资产阶级维新派和革命派的思想家，都先后吸取船山浓烈的民族爱国主义思想，熔铸成自己的批判武器。鼓吹变法维新的梁启超，曾把黄梨洲、王船山等清初诸大师的学说比作"蓦地把二百年麻木过去的民族意识觉醒转来"(《中国近三百年学术史》)的电光石火。力主种族革命的章太炎,则把船山著作视为"当清之季,卓然能兴起顽懦以成光复之绩"(《船山遗书序》)的思想号角。"五四"以后,一些资产阶级学者朦胧地意识到明清之际的哲学启蒙思潮是自己的思想先导。梁启超在《清代学术概论》和《中国近三百年学术史》中首先提出"清代思潮""其动机及其内容,皆与欧洲之文艺复兴绝相类",肯定船山思想"发宋元以来所未发","是为宋明哲学辟一新路"。其后,又有钱穆《中国近三百年学术史》、蒋维乔《中国近三百年哲学史》及王孝鱼《船山学谱》、嵇文甫《船山哲学》、张西堂《王船山学谱》诸论著相继问世,踵事增华,试图用新方法新观点对明清思潮钩玄提要,对船山哲学疏理评判。这些研究成果,比之过去简单地把船山看作一位民族主义者进了一大步,但是仍未能阐明船山思想的性质和地位,把握船山哲学的体系和源流。诚如侯老所说,直到 20 世纪 40 年代,"这位十七世纪中国的思想巨匠并没有受到人们的足够重视,甚至学术界对他的丰富思想遗产也还缺乏真切的了解"。《船山学案》新版序说:"民国以来,研究船山思想的人,不是把他忘记了(如胡适之专重戴东原,而一字不提及船山,实则东原观念论的哲学体系,不及船山远甚),便是把他的思想轻描淡写地谓之像一位理学家(如冯友兰在其所著《中国哲学史》中所写的)。梁任公与钱穆皆治中国近三百年学术史者,在船山的片段学术中颇有论述,而亦缺少对于他的哲学体系的发挥,这不能不说是一种中国学术界的空白了。"(《船山学案·自序》)中国近代社会的急剧变革和中国资产阶级的软弱天性,使资产阶级的最优秀的哲学史家也不可能具有真正的历史感来正确评判船山这位"开启中国近代的思维活动"(《船山学案》第一节)的哲学巨匠。这个任务历史地落在了中国马克思主义史学工作者的肩上。侯老就是这样一位勇于填空补白的拓荒者。

侯老在《船山学案·自序》中提出了马克思主义船山学的方向和任务,指出:"王船山先生不但是明清之际的第一位哲学家,而且是中国思想史上一位伟大的哲学家。"马克思主义船山学担负着"两种学术工作":一方面,必须用历史主义和实事求是的科学态度对船山哲学的宝库予以"审慎地发掘与研究",而不是按照今人的需要来塑造古人,用个人的好恶代替历史的评判;另一方面,这种研究又并非"发思古之幽情",亦不能停滞于思想材料的罗列与编纂,而应当在新的历史条件下继承和发扬船山的渗透着辩证法的唯物主义路线和批判封建制度的启蒙主义传统(参见《船山学案·自序》)。这就使船山研究的科学化有了明确的方向。

作者进而运用马克思主义的观点和方法,对船山哲学进行了审慎的发掘与探索,作出了船山"是中国历史上具有近代新世界观萌芽的杰出唯物主义哲学家"(《船山学案·新版序》)这一明确评断,使得《船山学案》在船山哲学研究的许多方面超越前人,别开生面。

第一,《船山学案》运用唯物史观分析明末清初的经济动向和船山思想中反映的时代脉搏,揭示了船山哲学的启蒙意义。

船山哲学体大思精,卷帙浩繁,著作又多取笺注儒经、衍解诸子等形式,恰似一座庄严巍峨、扑朔迷离的哲学宫殿。船山生前亦自吟:"把镜相看认不来,问人云此是姜斋。龟于朽后随人卜,梦未圆时莫浪猜!"(《鼓棹初集·自题画像》)船山所欲圆之"梦"为何? 其哲学迷宫之入口何在? 历代学人探幽发微,各有所见。梁启超略领要旨,认为清代思潮是"对于宋明理学之一大反动",是从动机到内容都与"欧洲之文艺复兴绝相类",顾、黄、王、颜这一代清初大师"皆明学反动所产也"。但他又把新思潮的产生归结于人们的思想动机,认为这是"人心厌倦""明学极空疏"的结果(见《清代学术概论》)。钱穆虽称道船山"理趣甚深,持论甚卓","近三百年所未有",但却把船山"列之宋明诸儒",将"养其生理自然之文,而修饰之以成乎用"作为"船山论学主旨"(《中国近三百年学术史》第三章)。熊十力对船山哲学中的辩证思想作了较深的发掘,认为船山之学"尊生,以箴寂灭""明有,以反空无""主动,以起颓废""率性,以一情欲""论益恢宏,浸与西洋思想接近矣"。但又把这些思想纳于宋明理学的框框中,说这是"继续程朱以来之反佛教精神,而依据大易,重新建立中国人之宇宙观与人生观"(《读经示要》第二讲)。这些研究者所采取的仅仅从思潮分合、学派变迁的精神现象中去评判船山哲学意义的方法,无疑是十分肤浅的。侯老一针见血地指出:梁启超及其后继者,"不论罗列论点与轮廓要旨,都不能表达船山的学问所在"(《船山学案》第一节。以下此书引文,只注节数)。

侯老开拓了一条与以往学者不同的研究船山思想的道路。这就是:"用唯物史观作工具,去探索中国历史规律的奥秘","在研究社会史取得一些成绩的基础上,进一步致力通过社会存在研究社会思想意识,建立一个社会史与思想史相吻合的研究体系。"(侯外庐《饱尝甘苦的十年》,《书林》1981年第一期)他认为:"把社会史和思想史有机地结成一个系统进行研究","是一个合理的途径"(《坎坷的历程》,《中国哲学》第六辑)。

侯老考察了船山生活的17世纪的中国,指出:"船山的时代,是一个暴风雨降临的世界,黄梨洲谓之'天崩地解'者实当之。"在经济领域中,古老的封建经济关系面临崩解,新兴的资本主义幼芽正"破块启蒙"。"一方面,16、17世纪的土地虽然向国有方面集中,但另一方面,私人对土地的经营也在发展着;一方面,官有手工业虽然大量被皇族所'监督'着,形成官僚机关的层层中饱,产生了财政困难的严重局面,但另一方面,城市私有手工业的发展却对国民经济起了日益重大的作用。同时,城市商业与对外商业的发展,更推动了私有制的发展。"总之,"历史进入了新旧因素的矛盾大大发展的局面,活的东西要冲破死的,而死的东西还在束缚着活的"(《中国早期启蒙思想史》第21页)。这是一个需要巨人而又产生了巨人的时代。王船山、黄梨洲、顾亭林正是在明清之际的社会经济变动中由于时代风雷的呼唤而登上中国思想史舞台的。

侯老指出,船山思想正是旧制度"天崩地解"、新因素"破块启蒙"的反映。在政治观点中,"个人自觉,产生了他的近世人本主义思想,对于当时现实的批判,如所著《噩梦》《搔首问》《黄书》多集中暴露封建专制制度的暴征横夺,而立论于'民之有生理'"。在经济观点中,"他主张'纾富民',而最大的批判集中到'故家大族'法纪外(超经济)的强夺","颇具洛克的近代思想,更接近于亚当·斯密之'国民之富'的观点"。在哲学思想中,这种时代精神升华为船山的具有启蒙意义的世界观和方法论,使他在自然观、人性论、知识论、历史观等各个方面改造了中国古代学术传统,提出了一系列具有近代启蒙意义的命题,批判理学,解放知识,"开启中国近代的思维活动"。"在十七世纪封建社会开始解体的过程中,船山的思想是社会矛盾的一面镜子"。

这些具有真实历史感的分析评判,深刻地阐明了船山哲学固有的启蒙性质,揭示了船山欲圆之"梦"的谜底,指出了打开船山哲学迷宫的门径。

第二,《船山学案》进一步具体分析船山解放知识的思想路线和学术渊源,揭示了船山哲学在中国学术思想史上的客观地位。

研究船山哲学与中国学术传统的关系,"这在研究他的哲学上是最棘手沉重的问题"(《船山学案·自序》)。长期以来,缺乏历史感的旧史家都未能对船山哲学的历史地位作出正确的判断。在他们的心目中,船山或只是儒家经典的笺注者,"千变而不离其宗";或只是二程朱熹的继承者,"本朱子而黜异端"。曾国藩兄弟刻《船山遗书》,也无非是想把船山作为道学夫子留给后人效法。曾国藩在《船山遗书序》中写道:"船山先生注《正蒙》数万言,注《礼记》数十万言,幽以究民物之同原,显以纲维万事,弭世乱于未形,其于古昔明体达用、盈科后进之旨,往往近之。"竭力抹杀船山哲学的真实价值。梁启超虽指出了"清学之出发点,在对于宋明理学一大反动",但却未能阐明船山哲学同中国学术史全部传统的关系,仅认为船山是"感于明学之极敝而生反动,欲挽明以反诸宋,而于张载之《正蒙》,特推尚焉"(《清代学术概论》)。

侯老扬弃了此类陈说,运用唯物史观和辩证方法,对船山哲学察其渊源,判其路线,得出了新的结论:船山是"以一位哲学思想家开启中国近代的思维活动"(第一节)。船山之伟大,就在于他既富有"六经责我开生面"的创新精神,在17世纪的中国思想战线上进行了勇敢开拓,又具有"学愈博而思愈远"的治学方法,对中国古代的全部学术传统予以了批判继承。

首先,船山是一位"推故而别致其新"的杰出唯物主义哲学家。"他使用颇丰富的形式语言成立他的学说体系"(第一节),建构了中国哲学史上最宏大的与辩证法相结合的朴素唯物主义体系。他一方面比较自觉地排斥、批判唯心主义路线,"尽其能事地痛斥佛老二氏的世界观"(第一节);一方面比较自觉地坚持、贯彻唯物主义路线,其"世界观乃是基于存在的实在,而不是高谈性命"(第二节)。在他看来,承认物质世界是否依赖感觉、思维的客观存在,是"异端,圣学之大辨"

（见《思问录内篇》）。"纲缊"——船山自然史哲学及整个哲学体系的最初范畴，就"颇近哲学上的'物质'范畴"。所谓"纲缊或气,好像是'从远观火'的实有块",其生化运动的结果,必然是一个"灿然皆有""物物相依"的物质世界（第二节）。由此出发,船山在理气关系上建立了区别于宋明理学唯心主义的"崭新的命题"："理依气生,气日新,理亦日新,气是运动着的物质,理因气之条理,有何气成何理,理只见于气上,而天下无所谓一成型范之理,人类生身与客观对象都是气,气质之性涵理,理性非在气质以外。是气或物质纲缊为第一次的,而理或思维为第二次的。""这一思维与存在的关系问题,在船山学说中是最光辉的。"（第四节）

然而,船山同时又是一位中华民族优秀文化遗产的卓绝继承者。他的哲学体系之博大精深而"具有近代新世界观萌芽",正在于他的思想的发展没有背离中华民族文明发展的大道,"蕴涵了中国学术史的全部传统"（《船山学案·自序》）。这种蕴涵,就是批判地继承和发展,就是对思想史上的每一个体系进行具体的历史的分析："其理果尽于言中,抑有未尽而可深求?其道果可据为典常,抑未可据而俟裁成者?"（第一节）

一方面,船山按自己所划分的"正学"与"异端"的对立路线,近承张载,远崇王充,全面地继承和发扬了中国古代唯物主义的优良传统。从王充的元气自然论到张载的元气本体论,他都作了深入的研究和发掘。他吸取了王充的丰富的物本论思想,"进一步倡言生化之运动"（第二节）。他改造了张载的"纲缊"范畴,使之"颇近哲学上的'物质'范畴"（第二节）。

另一方面,船山又没有简单地抛弃他所谓的"异端"学说,而是"因而通之,倒而用之",从方法论上批判地吸收了历史上各派唯心主义思想体系中的合理因素。尽管他力主"辟佛老而正人心"（《张子正蒙注·太和篇》）,对佛教唯心主义和老庄唯心主义批驳甚猛,"但他所著的《老子衍》《庄子解》《庄子通》《相宗络索》,则绝少批评,纯系虚心的研究,而所研究者多出卓见"（第一节）。他批判了庄子绝对的相对主义,吸取了其中的变化思想和相对因素;批判了老子唯心主义体系,吸取了其中的矛盾发展观;批判了法相宗唯心主义认识论,吸取了其中的对认识主体与对象的分析。他就是通过扬弃这些"聪明"的唯心主义来丰富自己的辩证法和唯物论。这种"入其垒，袭其辎，暴其恃而见其瑕"（《老子衍·序》）的科学精神，"比宋明以来笼统抹杀老庄论者高明万倍"，又"显然超出宋明儒者笼统抱定太极图旨而糅合老释的旧套"（第一节）。

这种学思并重、"深求""裁成"的治学方法，"反对了宋明道学家的空想"，"批判了宋明理学，而自觉于对历史的从违，厌弃于中古独断"，"是船山自己时代的精神"（第一节）。

总之，"船山之学，涵淹六经，传注无遗，会通心理，批判朱王（对朱熹为否定式的修正，对王阳明为肯定的扬弃），中国传统学术，皆通过了他的思维活动而有所发展"（第一节）。他的学术"是清以前中国思想的重温与发展"（《船山学案·自序》）。因此，在评判船山在中国学术思想史上的地位时，像梁启超那样仅宣布清学是"理学之一大反动"，固然失之肤浅片面；但如果囿于船山体系中的传统因素而把船山视作理学家，就更远离真理。诚如侯老所言："船山为颠倒理学的头足者，理学的外表甚浓，而其内容则洗刷干净。近人犹有研究船山而不注意其内容者，比梁氏之见更逊色远了。"（第一节）言简意深，耐人玩味。

第三，《船山学案》运用历史方法与逻辑方法相统一的原则研究船山哲学范畴，揭示了船山哲学的逻辑体系。

列宁指出："从逻辑的一般概念和范畴的发展与运用的观点出发的思想史——这才是需要的东西！"（《列宁全集》第 38 卷，第 188 页）这就要求在思想史研究中，一方面"必须从最顽强的事实出发"（《马克思恩格斯选集》第 2 卷，第 120 页），另一方面必须摆脱历史现象的外在形式和偶然因素的干扰。只有把握住"范畴"——这些哲学家认识世界之网的网上纽结，认真研究哲学家的中心范畴、范畴流动以及整个范畴体系，才能逻辑地再现历史。要穿越船山遗产而真正把握其哲学体系，舍此方法则别无他径。

但是，由于古代经学传统的束缚和近代哲学发展的不成熟，中国资产阶级哲学史家未能像黑格尔那样注重范畴研究和逻辑方法。这势必使许多研究船山哲学的著作只限于罗列资料，编排语录，而不能把握体系，得其真谛。而侯老却深知逻辑方法在思想史研究中的重要作用，力图在《船山学案》中运用历史方法与逻辑方法相统一的原则。

综观全书,除第一节论"船山解放知识的渊源"外,尚有七节分论:"船山的自然史哲学——缊缊生化论""船山自然哲学的进步性及其局限""船山关于思维与存在的哲学""人性论与道器观,人类认识的能动性""船山人性论中的近代命题""船山的知识论""船山的人类社会史论"。其中,前二节探讨船山的自然史观,中间四节研究了思维与存在、主体与客体、认识与实践的关系,最后一节阐明了船山的人类史观。这样就大体勾画出了船山的以自然史研究为起点,中经对作为认识和实践主体的人的探讨,而以人类史研究为终结的哲学逻辑体系。如果进一步考察船山一生的治学道路,就不难发现,这一哲学逻辑体系正以更纯粹的形式再现了船山哲学思想发展的历史。

侯老还进一步研究了船山哲学的范畴,分析了范畴的内涵、联系和运动,揭示了船山哲学中逐次展开的范畴体系。

船山的自然史哲学是缊缊生化论。"缊缊"是船山哲学体系中最简单、最抽象、最基本的范畴,但却蕴涵着整个体系的丰富内容。"缊缊"是物质的实在,处在不断的运动和变化之中,"神亦在这范畴中,理亦在这范畴中"(第二节)。从"缊缊"范畴中展开了"物质""运动""变化"以及"虚、实""有、无""体、用""生、死""感、遇""错、综"等一系列自然史哲学范畴。这样,就把自然界描述成"物物相依""生生不息""有而富有""有而日新"的物质发展过程,否定了宋明理学主张的"超生化的主宰",进而与"老子的'绝欲',宋儒以来的'灭欲',论旨相反"(第二节)。

在物质实在的缊缊生化过程中,出现了人类,产生了思维与存在的对立。因而,推演出了"理""气"范畴,由自然史哲学进入到对作为主体的人的研究。"人类的认识不仅反映自然,而且能够循自然的规律而改造自然(或世界),因而复改造自己的气质。"(第五节)这样,又展开了"器"与"道"、"性"与"习"等范畴,进而导出了船山的"客观与主观的生化史观"——"继善成性论"(第五节)。船山对这些过去的思维形式在内容上作改造:"善",指物之理;"性",指生之理;"继",是"天人之际"的中介,相当于认识论上的实践;"成",指道德的评价或效果的征验,包括知能两者的创造活动。"性和善皆在主观和客观的联结中渗透反映"，都是一个"未成可成，已成可革"的发展过程。这是"上自先秦诸子下及宋明儒者"都不可企及的"富有十七世纪革命性的理论"（第五节）。在这个基础上，船山深入探讨了人性论和知识论，在人性论中，利用传统的"理""欲"范畴，展开了他的"理欲皆自然""理欲相变""有欲斯有理""理欲同行异情""理寓欲中"说，这些"宋儒以来'灭人欲'的反对命题，本质上是近代市民阶级人文主义的自觉"（第六节）。在知识论中，反对冥悟，重视理性，提出了"志""量"、"析""聚"、"存心""推行"等范畴，把知识作为一个能动的过程，又进而深入展开了"知""行"范畴，"反对离行以为知，而以知（理论）行（实践）有并进之功"，把知识"从封建的高贵享乐品拉下来，宣布为众人存心推行的述器作器之工具"，"在知识论上系统地攻击封建时代唯心论的独断者"（第七节）。

在对人作为认识和实践的主体进行细致的剖析之后，船山最后转入对人类社会史进行探讨。"他的自然进化史观，便是他的人类社会历史观的基础理论。但他认为，人类社会的进化，不是和自然史演变相等的，而有其具体的法则"（第八节）。因此，船山在历史理论中提出了"理""势"范畴，试图把自然史观中的唯物主义思想推广到人类史观。如果说，他在自然史观中主张"理为气之理，故由气的秩序见理"，那么他在人类史观中则谓"理为势之理，故由势之必然处见理"，强调"把握到理势的统一，以说明客观的合法则运动"，反对宋明理学"以天理的一成型范而概历史的发展"（第八节）。在此基础上，船山又展开了"天之道"与"人之道"，"他日之道"与"今日之道"诸范畴。一方面，他憧憬着与今日不同的未来，表现了"十七世纪的社会觉醒"；另一方面，他又深感旧的拖住了新的，"诚有'匪人之饵'使人'勿脱其钩'之痛苦"（第八节）。进一步，他用"理势合一"的理论去考察历史进程，提出了"文""野"、"古""今"、"因""革"等范畴，指出了人类社会史是一个由野蛮至文明、由落后而先进的必然的进化过程。这样，"他在极度广泛的形式下，指出了一个丰富的人类历史的图影，尽管它离具体的历史分析尚远"（第八节）。

《船山学案》通过这一系列的逻辑分析，展示了船山哲学体系的基本结构和层次,具体阐明了船山在哲学史上的贡献。这些成果的取得,说明了研究范畴进而把握它们在人类认识史上的逻辑意义和客观作用,将大有助于探索中国哲学发展的内在规律,是中国哲学史科学化建设的一个重要课题。

侯老之所以能卓有成效地运用马克思主义世界观和方法论剖析船山哲学,是与他深入钻研马列主义、特别是《资本论》这部科学巨著紧密相关的。侯老曾自述通过翻译《资本论》找到了"研究中国思想史的起点"(《翻译〈资本论〉的回忆》,《中国哲学》第三辑),由于深刻领会了马克思的唯物史观,掌握了列宁提示的《资本论》中的逻辑、辩证法和唯物主义认识论相统一的原则,"从而在社会史和思想史的研究中,有如利刃在手,自信敢于决疑"(《饱尝甘苦的十年》)。《船山学案》和侯老其他许多论著中最令人服膺的,正是这一所向披靡的科学锋芒。

今天,随着在马克思主义指导下船山研究的深入发展,《船山学案》作为拓荒之作,自有某些不足之处,如船山哲学的启蒙性质问题、范畴体系问题,研究尚待深化等,但从作者的严谨学风和治史方法中,我们仍能汲取很多教益。

(1983 年 5 月与李维武合写)

通观全过程 揭示规律性

——喜读冯契同志新著《中国古代哲学的逻辑发展》

冯契同志的新作《中国古代哲学的逻辑发展》（上册），最近已由上海人民出版社出版了。该书的中、下册，不久也将同读者见面。

《中国古代哲学的逻辑发展》一书，以马克思主义哲学史观为指针，从宏观方面，按纵向角度，论述了自先秦以迄鸦片战争的中国古代哲学合乎逻辑的历史发展，通观全过程，揭示其固有的规律性，通过中西哲学的深入比较而重新诠定了中国传统哲学的特点，并认真分析了形成这些特点的原因。这部著作以其思路的隽永、论证的谨严和评断的精审，使读者耳目一新，尤其在以下几个方面更在理论上有新的创获。

一、对科学的哲学史定义作了新概括

哲学史研究之所以成为一门独立学科，经历了漫长的发展过程，科学的哲学史定义的形成，也有一个认识发展的过程。自从 1947 年日丹诺夫在苏联"西欧哲学史讨论会"上明确提出科学的哲学史定义问题，各国马克思主义学者曾就此进行过长期研讨。近几年，我国哲学史界又对这一问题再度展开争论。冯契同志认真地总结了国内外学者关于哲学史定义及其所涉及的哲学发展的历史根据和哲学史研究的特定对象等问题的争论，并在自己的科研实践中具体运用唯物史观和辩证逻辑深入地考察了这些问题,对科学的哲学史定义作了新的概括:哲学史是"根源于人类社会实践,主要围绕思维和存在关系问题而展开的认识的辩证运动"(该书上册第11页,以下凡引此书只注页码)。理解这个定义,可以说是掌握本书主旨的一把钥匙。

作者认为,哲学与其他意识形态具有共同的普遍根据,即它们作为社会意识都根源于社会实践,并为特定历史阶段人们的社会实践所制约。人们的社会实践对于哲学的这种制约作用,主要是通过两个中间环节实现的,这就是反映一定时代经济关系和阶级矛盾的重大的政治思想或伦理思想的斗争,以及反映一定时代社会生产力的自然科学的发展和科学反对宗教和迷信的斗争。这是推动哲学前进的动力。本书作了具体分析:在春秋战国和近代,主要是政治思想斗争制约着哲学斗争,转过来哲学革命又作了政治变革的先导,但也不能忽视生产和科学的因素;而秦汉以后,长期封建社会中哲学的发展,则首先是由于社会生产力的发展推动了科学反对宗教迷信的斗争,但也不能忽视地主阶级内部的政治分化和斗争的影响。这样对哲学发展的历史根据的多层次分析,历史地综合考察了这些统一于社会实践的诸因素对哲学发展的动力作用。

另外,哲学发展还有不同于其他意识形态的特殊根据。作者认真分析了思维对存在、精神对自然界的关系问题为什么是哲学的基本问题,而哲学基本问题在不同历史时期有不同的表现形式,围绕哲学基本问题所展开的认识的矛盾运动,就是哲学史研究的特定对象。本书的特点就在于,它具体地考察了历史上各个哲学体系之间既对立又统一的关系,分析了围绕哲学基本问题而展开的复杂的认识矛盾,不仅有唯物论与唯心论的矛盾,而且有形而上学与辩证法的矛盾。在中国哲学史中,天道观上表现为"天人""有无(动静)""理气(道器)"之辨;认识论上表现为"名实""形神""言意""心物(知行)"之辨;逻辑学上表现为"坚白""同异"之辨以及"或使""莫为"之争等与逻辑范畴("类""故""理")相联系的争论(第9—10页)。本书强调了概括哲学本质矛盾的哲学基本问题在历史发展中表现形态的多样性和复杂性,并依据列宁关于认识理论包括三项的提示,深刻剖析了中国古代"气(物)""心""理(道)"三者的关系及其最后形成的三种理论形态——

气本论、心本论、理本论在其发展过程中的矛盾联结。

通过以上分析而概括出的科学的哲学史定义，坚持了马克思主义的唯物史观，使之具体运用于中国历史实际而防止了简单化、公式化，肯定了以哲学基本问题为指导线索，历史地考察它的特殊表现而避免了把它变为僵化的模式。尤为重要的是，这一定义揭示了哲学史的特殊本质，那就是把哲学史视为"人类认识史精华"（第16页），集中体现了人类认识的辩证运动，其发展的逻辑进程并非一条直线，而是充满着矛盾，经历着曲折，表现为近似于一串圆圈、近似于螺旋形上升的曲线。因此，作者认为，哲学史研究首先要把握哲学历史发展的根据，接着要具体考察围绕着哲学基本问题而展开的各哲学体系之间的斗争，对每个哲学体系进行具体分析，揭露其认识根源，以便清除其外在形式，把握其基本概念，"把这些互相矛盾的体系分别地作为人类认识运动的某个环节来进行考察，再把它们综合起来，看矛盾在实际上是如何发展的，如何经过曲折斗争达到比较全面、比较正确的解决"（第19页）。把中国古代哲学作为逻辑发展的一系列圆圈来把握，正是本书提出的中心任务。

二、马克思主义辩证方法的运用

马克思主义辩证方法的运用是本书的一个显著特点。本书之所以能够独辟新路，提出创见，与作者善于运用辩证逻辑的方法、科学的比较方法是分不开的。辩证逻辑方法运用于哲学史研究最关键的一环是贯彻逻辑与历史一致的方法论原则，作者着重从以下两个方面使这一方法论原则具体化：① 剥掉各个哲学体系的外在形态，揭示作为认识史的必要环节；② 找出基本的原始关系，认准哲学发展圆圈的逻辑起点。

作者认为，"哲学史家必须完整地、准确地把握历史上的各个哲学体系，而又必须粉碎这些体系，把其中所包含的作为人类认识史的必要环节揭露出来"（第13页）。作者正是这样做的。本书如实分析历史上各哲学体系所由产生的社会历史条件和认识论根源，而重在清除其局部的属于历史偶然性的外在形式，考察它们在活生生的人类认识大树上得以生存的根基,即它们的基本命题和中心范畴,把构成认识的辩证运动的这样一些主要环节剥离出来,呈现在读者面前,以便读者把握认识史的内在的必然的逻辑联系。这种清理,需要花费浩繁的工夫。因为每一个哲学体系都是复杂的,要分清其主流和支流、现象和本质,要了解它与先前的、后继的哲学体系之间的继承、变革关系,都绝非一朝一夕之功。

作者通过中西哲学史对比,进行总的考察,认定对于认识的辩证运动最有分量、最有决定意义的是感性与理性、绝对与相对、直观唯物论与唯心辩证法(包括客观规律性与主观能动性)这样三对环节。就先秦而论,墨子用经验论反对孔子的先验论,而老子企图超越经验论和先验论,提出辩证法的否定原理——"反者道之动",这一段哲学运动包含着感性与理性的对立。继老子之后出现的黄老之学的唯物论和法家的唯物论,以及孟子的唯心论,大都有独断论的倾向,庄子则用相对主义来反对这些独断论。名家内部惠施的"合同异"与公孙龙的"离坚白"的论战,也反映了绝对主义和相对主义的对立。接着,《墨经》建立了唯物主义的逻辑学和认识论体系,荀子对"天人""名实"之辨作了全面的总结,较正确地解决了客观规律性与主观能动性的关系,达到了朴素唯物论与朴素辩证法的统一。

作者对于庄子的相对主义是哲学发展的一个必要环节的论证,尤具卓识。庄子既反对经验论的独断论(如墨子),又反对唯理论的独断论(如孟子),他对感觉经验和理论思维的疑问、责难,实际上提出了"感觉能否给予客观实在""人类的思维(包括辩论、论证)能否达到科学真理"等重大的认识论问题。庄子以诗人的敏感发现了逻辑思维的不足,对言、意(逻辑思维)能否把握"道"(宇宙发展法则),提出了颇有启发意义的三点责难:抽象的名言不能把握具体事物,静止的概念无法表达变化着的对象,有限的概念不能说明无限的"道"。尽管庄子由相对主义走到不可知论和唯心主义,但他所揭露的逻辑思维中抽象与具体、静止与运动、有限与无限的矛盾,他所强调的"以卮言为曼衍",即概念的流动性和灵活性,以及他在天道观上反对静止孤立地看问题,申言运动变化的绝对性等,确确实实把人们从孔、墨、管、商、孟的"独断的迷梦"中唤醒起来。名家两派的"坚白""同异"之辨,对庄子提出的问题作了进一步研究,然后,《墨经》和荀子才有可能作出批判性的总结，建立起形式逻辑的体系和提出辩证逻辑的原理。庄子反对"成心"、批判"一曲"的思想，上承宋钘"别宥"而下启荀子"解蔽"（见第 203—219 页），足见庄子的相对主义确乎是先秦哲学辩证发展过程中的必要环节。

作者认为，"哲学史集中体现了人类认识运动的秩序"（第 17 页）。哲学史上一些主要矛盾的发生、发展和解决，经历着一个又一个否定之否定的过程，表现为一系列思想发展圆圈。作者对如何寻找思想发展圆圈的逻辑起点的问题，进行了史论结合的探讨，深刻地指出："辩证唯物论科学地解决了思维与存在的关系问题，而又仿佛是出发点（朴素唯物论与朴素辩证法相结合）的复归。"（第 17—18 页）站在发展的高级阶段回顾历史，则不难看出，标志我国古代理论思维开端的是具有朴素唯物论和朴素辩证法萌芽形态的原始阴阳说与五行说。其后，只有当历史发展到能够进行"自我批判"的特殊阶段上，才具备了真正可以对以往哲学作出客观、全面的批判总结的条件，才能从更高的基础上复归到这一起点。

荀子完成了中国古代哲学史上的第一个大圆圈。他对先秦时期天人名实之辨的总结，达到了朴素唯物主义与朴素辩证法的统一，从而又成为新的起点。秦汉以降，中国古代哲学在天道观上讨论了"天人""有无（动静）""理气（道器）"等问题，在认识论上讨论了"名实""形神""言意""心物（知行）"等问题，最后由王夫之集其大成，作了比较全面、正确的总结，重新达到朴素唯物论与朴素辩证法的统一，完成了第二个大圆圈。每一个大圆圈，又可以分成若干个小圆圈。这种划分当然不是主观随意的，因为圆圈所标志的正是哲学矛盾运动的发展诸阶段。作者把先秦哲学又划为三个小圆圈："前一个是原始的阴阳说经孔子、墨子到《老子》，后一个是《管子》经孟子、庄子到荀子。哲学继续前进，荀子——《吕氏春秋》和韩非——《易传》，可说是总结阶段的一个小圆圈。"（第 366 页）

近几年，哲学史界对列宁所肯定的哲学发展的"圆圈"思想，颇有申论，关于中国哲学发展圆圈的划分，也众说纷纭。本书题名《逻辑发展》，作者的旨意昭然，不拟再去重复已有的通史或专史的论述，而是运用分析与综合、历史与逻辑相统一的辩证方法，去粗取精，纂要钩沉，揭示中国古代哲学史的逻辑，着力于从基本的原始的关系来确定每一历史阶段哲学发展圆圈的逻辑起点,又从历史发展能够进行自我批判的特殊阶段对以往哲学作出比较客观、全面的批判总结,逻辑地判定荀况和王夫之标志的中国古代哲学两个大的发展圆圈的终点。这些富有理论意义的论断,在书中论证严谨,首尾一贯,令人信服。

三、关于中国传统哲学特点的新探索

长期以来,流行一种见解,即认为中国哲学注重伦理学,着重讲修身;而西方哲学才注重认识论,着重讲求知。冯契同志在本书中对这一问题作了深刻的分析,首先指出,站在辩证唯物主义认识论的高度回顾哲学史,应当突破欧洲近代实证论者的狭隘观点,看到哲学史上提出过的认识论问题,除了"感觉能否给予客观实在""理论思维能否达到科学真理"以外,还有"逻辑思维能否把握宇宙发展法则""人能否获得自由"等,也是长期讨论过的认识论问题。因此,如果深入一步考察,应该看到,中国哲人并非不讲求知,从孔墨开始,他们对于感性和理论思维的关系、主体对客观世界以及人自身的认识和改造问题,尤其对于逻辑思维能否把握宇宙发展法则和人能否获得自由(或曰理想人格如何培养)的问题,已经进行了多方面的研讨。在中国传统哲学里,"认识论和辩证法、逻辑学是互相联系着的,认识论和伦理学、美学也是互相联系着的"(第41页)。这虽是各门科学尚未从哲学母体中分离出来的朴素性使然,却由此而产生了中国传统哲学的一些重大特点,诸如:① 较早地发展了辩证自然观和辩证逻辑,对逻辑思维能否把握宇宙发展法则这个认识论问题作了肯定的回答和多方面考察;② 认识论深化为德性修养,培养人格,实现自由,追求真善美的统一;③ 认识理论转化为科学方法,观象穷理,改造自然,强调科学与哲学的联盟。

本书以相当的篇幅考察了中国古代思维形式理论的逻辑发展,认为墨子首先提出"类""故""理"范畴,后期墨家发展了形式逻辑,而以后墨学中衰,形式逻辑中绝。但我国古代的辩证逻辑却相当发达,并形成了传统。长期争论的"名实""言意""象道"之间的关系问题,实质就是概念是否来源于感觉经验,知识是否具有客观必然性和逻辑思维能否把握具体真理的问题。就先秦来说,《老子》第一个提出否定原理,庄子发展了相对主义,到了荀子和《易传》,辩证逻辑已具雏形。本书对荀子在认识史上的贡献作了独到的分析,认为他才真正赋予"类、故、理"范畴以辩证逻辑的意义;而他提出的"辨合"和"符验"则是辩证逻辑最基本的两条方法论原理——分析与综合的统一、理论与事实的统一。《易传》要求思维从全面联系的观点出发,认为可以用范畴的辩证推移来把握宇宙发展法则。而在《月令》《内经》等著作中,辩证逻辑的比较法已被运用于具体科学领域,成为卓有成效的方法。总之,"先秦哲学已提出了辩证逻辑的基本点,并且起了促进科学发展的作用,显示了它的生命力,这是个重大的成就"(第372页)。

逮乎宋明,从沈括、张载到王夫之、黄宗羲,辩证逻辑又有了进一步的发展。他们"提出了朴素唯物主义前提下的名与实、言与意、象与道的对立统一学说,触及了唯物主义的认识论与逻辑学、客观辩证法三者统一的原理"(第43页)。王夫之揭示了名(概念)、辞(判断)、推(推理)的某些辩证性质,论证了"言、象、意、道"的统一和"象数相倚""由用而得体"、分析与综合相结合等方法论原理,比前人更深入地阐述了"类、故、理"等基本范畴,其中如"象数相倚"的逻辑方法,就是对我国古代科学长期所用的"比类取象"和"比类运数"而作的哲学概括,使之上升为从质量互变关系把握事物的一般方法。

作者判定:"辩证逻辑在中国古代经历了长期的发展,有较大的成就,它虽然还是朴素的(缺乏近代科学的基础),但已经具有高级阶段的许多要素的萌芽,值得我们仔细地加以研究。"(第45页)

本书上卷还以较多篇幅论述了孔子提出的"仁智统一"的问题,认为隐含着人道(仁爱)原则和理性原则的一致,真正的道德基于理性的自觉,认识过程也就是德性培养的过程。学思结合,言行一致,人的美德随之被培养起来。以后,中国哲人多从"天人"关系来探讨人的自由问题,使认识论问题与伦理学、美学相联系,即通过处理好己与物、人与自然的关系,而在道德实践或审美活动中获得自由。这里有唯心主义的"天人合一"论,大讲"民胞物与"及"复性"说,发展到宋明理学成为披着画皮的"以理杀人"的反动说教,另有朴素唯物辩证法的"天人相分"论,主张"成己成物"及"继善成性"说,从荀子到王夫之发展着这一优秀传统。两者应严加区别。至于孟子提出"尽心""知性"和"养气"说,强调充分发挥理性的自觉与意志的作用,有其积极意义,儒家文艺理论上的"言志"说和庄子"庖丁解牛"等寓言中由"技"进于"道"而获得自由的描述,触及了艺术创造的规律性,成为中国美学史上意境理论的滥觞。而荀子的"积善成德""化性起伪"说,则主张道德是经过教育培养起来的。在如何培养自由人格的问题上,荀子接触到理性认识、意志与情感之间的关系和真、善、美之间的关系。"所谓'不全不粹,不足以为美',就是要求培养具有全面的认识("壹于道",即真)和纯粹的品德("正志行",即善)的完善人格,这种人格以雅颂之乐来培养自己的感情,达到了'美善相乐'。荀子朴素地表述了真、善、美统一的思想……对后世起了积极影响。"(第313页)

本书下册,在探索中国古代哲学与科学的关系方面,也做了一些努力。作者认为,哲学和科学一个重要的交接点,就是逻辑和方法论。本书肯定了李约瑟关于"中国人一直倾向于发展辩证逻辑""发展有机宇宙的哲学"的论断,并启发读者思考下述问题:我国古代是用什么逻辑、什么方法搞出那么多发明创造,使明代以前的科学技术始终站在世界前列的呢?这与我国传统的辩证思维方式有着什么关系呢?哲学家给科学提供了什么样的方法论呢?以气一元论为基础的辩证自然观,十分强调整体性和流动性原理。所谓"气""太和""氤氲",既是有机宇宙,又是变化过程,接近于近代物理学中的"场"。"气"分为阴阳,阴阳的对立统一就是"道",即人们孜孜以求的自然发展规律。"从伯阳父、荀子到张载、王夫之,许多唯物主义哲学家都主张这种学说,而中国古代科学如天文、历法、音律、农学、医学等,也都是建立在气一元论的基础上的"(第46页),反过来说,正是概括了这些自然科学的成就,才产生了诸如《墨经》、荀子、王夫之的唯物主义认识论和逻辑学。

本书充分肯定了我国古代哲学最根本的特点,即与朴素唯物主义相结合的朴素辩证法的传统。作者通过科学分析,让事实说话,驳斥了黑格尔、杜威等人蔑视中国哲学的浮论,强调了我国传统哲学在世界哲学史上的重要地位和特殊贡献,澄清了一些糊涂认识,这是值得称道和发扬的。

本书的贡献当然不止上述几个方面,例如书中对唯心主义哲学家的分析评价上,对中西哲学史的比较研究上,均有不少真知灼见。

尽管如此,我们认为这部著作中的有些论述尚嫌粗疏,不够圆通。例如,将不同层次的感性与理性、绝对与相对、直观唯物论与唯心辩证法,看作是人类认识辩证运动不同阶段都必经的环节和基本的范畴,中外古今,概莫能外。何以其他逻辑范畴不构成认识运动的必经的主要环节呢? 本书没有作出令人信服的说明。又如书中阐扬了我国古代的辩证自然观和辩证逻辑的传统,并对后期墨家的原子论和形式逻辑的中绝表示惋惜。为什么会造成这一续一绝的情况呢? 其历史根据和认识根源是什么呢? 作者语焉不详。似乎作者有见于朴素唯物辩证法的思维方式对于我国科学文艺的促进,而没有充分估计到它的局限性及其在人类认识史的逻辑中的客观地位。

此类问题,我们期待作者在本书的姊妹篇——理论著作《逻辑思维的辩证法》里给以翔实的论证,并预祝它早日问世!

(1984 年 6 月与郭齐勇合写)

辨异·自主·寻根

——重读梁漱溟先生《中国文化要义》

最近,上海学林出版社重新出版了梁漱溟先生 1949 年的旧著《中国文化要义》。《要义》分析中西文化之差异,探求中国文化的特征,有不少启发新思的地方:

(1)辨异。中国文化的近代化进程经历了"浮浅地认同——笼统地辨异——察异观同、求中西文化之融合会通"这样三个阶段。"五四"一代的思想家,超越了清末知识分子的"西学中源"论,打破了华夏中心主义的桎梏,刻意揭示中西文化的差异。胡适之和梁漱溟是"辨异"阶段的两位重要的代表人物。适之先生提出"充分世界化"的口号,甚至以激愤的口吻说中国"百事不如人",显然是错误的、偏颇的,但他毕竟看到了世界文化发展的大势,触摸到中国文化一定要解体重构,走人类文明发展的普遍道路这一"时代性"的重大历史课题。梁漱溟先生则从另一极出发,以同样敏锐的目光看到了世界文化发展的多样性,反对把"西化"等同于"世界化",触摸到中国文化发展的特殊道路这一"民族性"的重大历史课题。

(2)自主。梁先生提出了东方文化的现代化问题。虽然他并不自觉,但他朦胧地看到了西方文化中有普遍的因素,而西方文化的道路和模式却并不是绝对的和唯一的。我们现在看得很清楚了,西方现代文化是欧美各民族文化的现代化,仍然是民族性和个性很强的东西,尽管其中寓有世界性的要素。从这个意义上说,中国文化现代化要走自家的路(但不脱离人类文明的发展大道),并不是错的。文化的民族主体性的问题,确乎是一个极其重要的问题。

书如其人,梁先生个人独立不苟,风骨嶙峋,忧时爱国,全身心地为社会服务,成就了完满的人格。这种自主自立的精神也是值得提倡的。

(3)寻根。当今世界文化正值"全球意识"和"寻根意识"交错发展综合统一之际。重读梁老旧著,很感兴趣的一点,是梁老曾经明确提出从两个方面寻根。一是"有形的根",那就是"中国的乡村",他认为中国的乡村问题实际上是一个文化问题,尽管关于梁先生的乡建运动的评价仁智互见,但从中国的乡村民俗中寻找活的文化,并提出切实改造乡村文化的任务,却是值得借鉴的。二是"无形的根",那就是"中国文化中的真道理",即具有普遍价值的民族精神,乃是创造中华民族新文化的源头活水。我们应当正确地寻找传统文化与现代化的接合点。

在中西文化碰撞交融和中国文化新旧递嬗之际,梁先生是特立独行之士,自成一家之言,现在旧著新刊,读来当然另有一番意趣了。

(1987 年 12 月)

浅谈思想家郭沫若的研究

郭老战斗的一生,跨越了两个历史时期,他在中国近现代史上留下的革命业绩和学术创造,人所共仰,久而弥光。郭老作为卓越的无产阶级文化战士,作为马克思主义的历史学家,考古学家,古文字学家,杰出的诗人、剧作家,翻译家以及书法艺术家,似已得到公认;但是,作为思想家的郭沫若,他在"五四"以来中国思想史上的地位、作用和贡献,却还有待论定。

有些事也奇怪。不久前,参加《中国大百科全书・哲学卷》的编写会。讨论到中国哲学史近现代部分的人物条目时也出现过某些疑问。《百科全书》对"五四"以来哲学战线上的代表人物列了近三十人,条目要求简括每个人的"生平""著作"和"主要学术思想"。议论中都感到,诸如王国维、熊十力、张东荪、胡适等人的哲学思想及其评价,似乎还易于写出;而李达、郭沫若、艾思奇、杜国庠等马克思主义学者反而难写,如果照以往的框框,仅从共性上肯定他们都是马克思主义者,都对马克思主义哲学自觉信奉、努力传播并坚持运用,则难于写出他们的思想的个性和他们在中国的马克思主义哲学运动中的独特的贡献。这样,"五四"以来战斗在思想文化战线上最活跃、最有生气的马克思主义学者的哲学思想,反而可能被写成一个模式,甚至呆板贫乏,违反历史的真实。这不能不引起思考。

多少年来,我们对马克思主义真理的传播、胜利和发展,作了狭隘化和神秘化的理解,似乎那只是极少数领袖人物的职责。至于同一时代,同属于马克思主义阵线的学术工作者,似乎在哲学思想上只能观其同,不必辨其异,更无须论其对马克思主义哲学的传播、发展有何贡献。这并不符合百多年来马克思主义在人类文明大道上生动发展的实际情况。十月革命以后,马克思主义哲学运动在中国的蓬勃兴起,反映了"东方的觉醒"这一时代要求,表现为群众性的历史活动,经过许多播火者、拓荒者的艰苦斗争,取得了压倒敌对思潮、开拓思想阵地的巨大胜利。毛泽东同志 1937 年在延安讲哲学课时就已指出:"五四"以后在中国"产生了和发展着马克思主义的哲学运动","这个运动目前虽还在青年阶段上,然从其广大的姿态来看,它将随着中国与世界无产阶级同革命人民的革命斗争之发展,以横扫的阵势树立自己的权威,指导中国革命勇往迈进,定下中国无产阶级领导中国革命进入胜利之途的基础。"1940 年在《新民主主义论》中更高度评价了"五四"以后诞生的马克思主义文化新军的战绩:"不论在哲学方面,还是在经济学方面,在政治学方面,在军事学方面,在历史学方面,在文学方面,在艺术方面……都有了极大的发展。二十年来,这个文化新军的锋芒所向,从思想到形式(文字等),无不起了极大的革命。其声势之浩大,威力之猛烈,简直是所向无敌的。其动员之广大,超过中国任何历史时代。"这一总结是如实的,反映了20 世纪 20 至 30 年代广大文化新军在各条战线上所取得的辉煌胜利。而郭沫若正是这支文化新军中的一员主将,驰骋在文、史、哲许多领域,并从 20 年代持续战斗到 70 年代末,成为继鲁迅之后我国思想文化战线上又一面光辉旗帜。

郭老一生笔剑并用、才华横溢、勇于开拓又勤于耕耘,其学识之渊博、思路之敏捷、著作之宏富、视野之开阔,堪称一代文化巨人。郭老的成就是多方面的,在许多学术领域都有卓越的乃至划时代的贡献。但应该看到,贯注在这多方面成就中的一条主线,或其所以能取得这些成就的根本原因,在于他由一个热情奔放的爱国青年变为激进民主主义者,再转变为共产主义者的思想历程,与整个民族觉醒的历史步伐如此合拍,早在 20 世纪 20 年代初他已开始接受马克思主义,此后的峥嵘岁月中他始终为坚持、捍卫和发展马克思主义真理而自觉奋斗,成为站在时代潮流最前列的思想家。

思想家郭沫若,或郭沫若思想在中国近现代哲学史上的地位,理应引起研究者的重视。作为思想家的郭沫若,我想从以下几个方面似可窥其大略。

一、从马克思主义理论的中国化看思想家
郭沫若的特殊贡献

十月革命的炮声给我们送来了马克思主义。这一"送来"也并非简单的自发过程。从 20 世纪 20 年代唯物史观、科学社会主义的译介传播到 30 年代唯物辩证法运动的广泛兴起,李大钊、蔡和森、瞿秋白、李达等"筚路蓝缕,以启山林",作了巨大努力。由理论的系统传播到独立研究,再到创造性地运用于中国实际,使马克思主义真理在中国具体化,在中国人民的思想土壤中生根,这是更加艰巨复杂的历史课题。中国共产党成立后实际已经提出这一课题,而大革命的失败,使问题以更尖锐的形式摆在党和革命人民面前:究竟马克思主义合不合中国国情? 靠一些先进分子既坚持马列原则,又强调深入实际,从各个方面系统调查,严肃研究,排斥教条主义和经验主义的干扰,终于通过集体奋斗而解决了马克思主义的中国化这一重大历史课题。郭沫若正是这些先进分子中的佼佼者。

马克思主义的中国化即马克思主义的普遍真理与中国实际情况的具体统一(既不是抽象同一,又不是截然两橛),包含着多方面的任务。诸如,马克思主义理论怎样与中国革命的具体实践相结合,怎样与中国现实社会的经济政治的特殊条件相结合,怎样与中国历史发展的固有规律及特点相结合,还有怎样通过科学的清理而与民族文化遗产中优秀的哲学传统、文艺传统、道德传统相结合,等等。郭老在"五四"时期一接触马列主义,就不仅赤忱歌颂,刻苦钻研,曾奋力翻译过《资本论》《政治经济学批判》《德意志意识形态》等经典著作;而且,大革命失败后,在流亡日本的艰危处境中,他较早地明确意识到:"辩证唯物论是人类的思维对于自然观察上所获得的最高成就,那是毫无疑问的。但只是作为纯粹的方法来介绍,而且生硬地玩弄着一些不容易消化的译名和语法,反而会在这个方法的接受和运用上增加阻碍。"因而"要使这种新思想真正地得到广泛的接受,必须熟练地善于使用这种方法,而使它中国化"。正是在马克思主义中国化这一明确

的目标的指引下，郭老在 20 世纪 20 年代末就献出《中国古代社会研究》这一划时代的巨著。历史唯物论和唯物辩证法的科学锋芒开始显示威力，《周易》这座"神秘的殿堂"第一次被打开了，还原为古代物质生产到精神生产的原始记录；《诗经》《书经》以及卜辞、彝铭等死古董一下子变成了活材料，生动地表明中国古代同样经历着原始公社向奴隶制、再由奴隶制向封建制的推移。这本著作的政治意义十分鲜明，在大革命失败后反动势力掀起的中国社会史大论战中，郭老用以参战的此书，高屋建瓴地对当时气焰嚣张的各种反马克思主义思潮包括"中正主义"等给予了迎头痛击，有力地打破了"马克思主义不合国情"之类的谬论，实现了作者预期的"认清楚过往的来程也正好决定我们未来的去向"这一根本目的。至于此书的理论意义尤应重要，郭老写作此书，一开始就坚持了正确的思想原则，把马克思主义所揭示的人类社会发展的一般规律运用于研究中国古代社会，力图阐明的是两者的具体的历史的统一。一方面用中国的史实具体地论证了马克思主义"并不是外来的异物，而是泛应曲当的真理"；另一方面区别于当时流行的教条主义，并不把马克思主义真理凝固化、封闭化，而是从"中国的史料，中国的文字，中国人的传统生活"出发，并明确指出："恩格斯的《家庭、私有制和国家的起源》上没有一句说到中国社会的范围。外国学者对于东方情形不甚明了，那是情理中事。""在这时中国人是应该自己起来，写满这半部世界文化史上的白页。"就这个意义上，他坦然宣称："本书的性质可以说就是恩格斯的《家庭、私有制和国家的起源》的续篇。"这绝非狂妄的夸张，而是求实的科学态度。真正严肃的创造性的研究，都应当如此。以马克思、恩格斯、列宁的著作为向导，沿着马克思主义所开辟的认识真理的道路，把真理的认识继续推向前进。郭老一生的学术创见，尤其关于中国古文字学、古器物学、古代社会史和思想史等形成系统的科学理论方面的许多建树，确乎是填补了世界文化史的重要空白，丰富和发展了马克思主义的历史理论。

在马克思主义中国化的伟大事业中，思想家郭沫若通过古史研究所作出的特殊贡献，是不可磨灭的，是其他人所作出的别的方面的贡献所不能代替的。

二、从马克思主义的中国社会史观和思想史观的 形成看思想家郭沫若的开拓之功

中国史学传统之悠久,文化典籍之丰富,可以说是举世无双。但中国资产阶级软弱到连他们自己提出的"整理国故"的任务也无力完成。中国历史科学的创造,既有待于从头整理史料,更需要创立科学的中国社会史观和思想史观,这正是马克思主义中国化的一个重要方面。郭老在这方面的突出贡献,起到了开路先锋的作用。20世纪20年代的《中国古代社会研究》一书,把恩格斯从摩尔根借来的钥匙再用来打开了一系列中国古史之谜,破天荒地为科学的中国社会史观的形成奠定了方法论基础。接着,30年代又展开甲骨文金文的系统深入研究,以唯物史观为指导,无论在文字考释、旧说订正、卜辞类纂、金文断代诸方面都取得辉煌成就,并把古器物、古文字与古史的研究相结合,为科学的中国古代社会史论提供了最可靠的历史证件。40年代更从社会史的清算,转到思想史的清算,不仅对先秦及秦汉之际各家各派学说的思想源流、分合关系等,进行了系统的清理和邃密的剖析,并且对古今许多历史人物,进行了多种形式(评传、史论以及历史剧等)的评析。这一时期汇集在《十批判书》《青铜时代》《历史人物》等著作中的研究成果,独辟蹊径,自成体系,处处透露出一个开辟草莱的拓荒者所特有的理论勇气和批判智慧,许多见解前无古人,至今仍有很高的科学价值,实际构成马克思主义的中国社会史观和思想史观的重要基石。

中国史分期问题的讨论,绵亘近半个世纪,大大促进了中国马克思主义史学的繁荣发展。郭老对这一讨论在理论上、学风上、方法上的示范指导作用,是人所共睹的。从20世纪20年代末发表《中国社会之历史的发展阶段》一文(后收入《中国古代社会研究》书中作为"导论"),首次按社会经济形态和社会革命及其文化的反映,提出了一个中国史分期的概观,到70年代初又发表《中国古史的分期问题》一文,近50年中,还有《奴隶制时代》专书及许多专门论文,把日益扩大的分期问题的讨论,不断引向深入,及时地作出总结,提高到新的水平。特别是

郭老带头立说,鼓励争鸣,更勇于自我否定、破旧立新。如他首先提出的奴隶制上下限问题,他自己随着考古的新发现、研究的新进展就曾数易其说;又如是否存在夏文化的问题,奴隶制向封建制过渡的变革方式问题,《洪范》《周易》《老子》及许多古文献的作者和成书年代问题等,他在反复探索中也一再修改自己的论断。这种严谨、爽朗的学风,尤其在学术上厉行公开自我批判的精神,其影响是极其深远的。郭老曾自悬标准:"真正的马克思主义者是善于结合群众,在实际中求得与理论的一致,而不断地厉行自我批评,以改革自己并促进理论的发展。"他一生的政治、学术活动,践此不渝。中国史分期问题,实质是从社会经济运动、政治斗争、学术发展诸方面的综合研究以建立中国史的科学体系的问题。由于郭老抓住了这一论史结合的关键性问题发动广泛的讨论,勇于为之开路,又善于引导前进,因而大大促进了中国马克思主义史学的蓬勃发展,大大促进了科学的中国社会史观和思想史观在正常的争鸣中逐步形成。

郭老在史学研究中,自觉地坚持论史结合的思想原则,他说:"我主要是想运用辩证唯物论来研究中国思想的发展、中国社会的发展,自然也就是中国历史的发展。反过来说,我也正是想就中国的思想、中国的社会、中国的历史来考验辩证唯物论的适应度。"正是这种理论结合实际的科学态度和方法,既坚持唯物史观和辩证方法的原则指导,又强调必须从可靠史料所反映的中国历史实际出发,使他在许多重大学术问题上取得突破性的成就。但这种结合、在实践中对理论的运用、检验和发展,乃是一个艰苦曲折的过程,绝非一次可以完成而必须多次反复。因而在郭老大量的史学论著中,也有一些具体的论断,或有失误,或较粗糙,或待商酌,都是不足为奇的,也丝毫无损于他在创建马克思主义的中国史学体系中的首倡和开拓之功。

三、从优秀思想遗产的批判继承看郭沫若
哲学思想上的个性

郭老的著作涉及范围之宽,思想堂庑之广,综合熔炼的先行思想资料之丰

富,是并世学者中罕见的。但郭沫若思想,就其哲学的、美学的基本倾向,则并非漫无依归而表现出特有的个性。这种个性,当然又具有典型性,是典型环境中的典型性格,伟大时代思潮的杰出代表。蔡若虹同志怀念郭老的诗篇中有一首:"腾空水激石生花,浪漫诗情引岁华。风转向时人似铁,雾迷茫处海为家。一椽大笔惊巫鬼,十载雄歌逐战车。留得峥嵘遗墨在,怒涛声里看龙蛇。"这可以说是对郭老的思想风貌作了较好的艺术概括。"浪漫诗情"融入高度的政治觉悟,所以能够语惊巫鬼,笔走龙蛇,这正是"但开风气不为师"的启蒙者的思想特色。而郭老异于"五四"时期一般的启蒙者及新文化运动的参加者,不仅在于他较早地接触到马克思列宁主义,并视为"至高理想";而且还在于他从童年起就接受了特别丰厚的历史文化教养,其中的民族优秀思想传统尤为浃心,一旦经过马克思主义的熔炼改造就会融入郭沫若思想中而放射出某种特异的光华。这种光华在郭老许多著作中明显地透露出来。

郭老似乎没有专门的纯粹的哲学思想方面的著作,却有大量的关于哲学史、思想史方面的论著。尽管郭老针对当时国统区流行的所谓"新儒家""新道家"之类的"蜥蜴的残梦"而强调指出:"我是以一个史学家的立场来阐明各家学说的真相。我并不是以一个宣教师的态度企图传播任何教条。在现代要恢复古代的东西,无论所恢复的是哪一家,事实上都是时代的错误。"古代思想史的研究,在方法上"应该从分析着手,从发展着眼,各人责任还之各人"。但他丝毫没有否认继承历史遗产的意义,他说:"我们是尊重辩证唯物论的人,新兴的成果既要忙着摄取,过去的遗产也得善于接受。"并深刻地指出:"在现代以前的历史时代虽然都是在暗中摸索,经过曲折迂回的路径,却也和蜗牛一样在前进。因而古代的学说也并不是全无可取,而可取的部分大率已溶汇在现代的进步思想里面了。"这里所说的"溶汇",也正是现代的马克思主义者对过去优秀思想遗产的批判继承。通过批判继承而摄取、溶汇到马克思主义思想体系中的哲学遗产的成分,并非人人一样而各有侧重点,再加上其他社会实践的条件,就不可避免地会形成现代马克思主义者的思想风貌且各有特色。

任何思想家的哲学史观,都是他的哲学思想的重要组成部分。即使在同一哲学史观的指导下，由于对历史上复杂交错的哲学矛盾运动截取的角度、筛选的范围、分析的层次、评价的尺度有所差异，也会构成各自思想的特色。如果把郭老和杜老（国庠）有关哲学史的论著略加对比，可以典型地表现出这种差异和特色。杜、郭两老是"生死交游五十年"的老战友、"志同道合"的亲密同志，几乎同一时期接受马克思列宁主义、投身革命，以后并肩战斗在反围剿的思想文化战线的前列，20世纪40年代同在重庆，一道为批判复古倒退的思想逆流而转向对中国思想史的清算。但是，他们在分析评价古代学术遗产、继承和改造优秀思想传统方面，在许多具体学术见解上，都表现出不少分歧。例如，杜老倾向于较多地肯定墨家，而郭老反之；郭老倾向于较多地肯定先秦儒家，而杜老反之。又杜老较多地注意哲学遗产中朴素唯物论和无神论的传统，因而表彰墨家、荀况、韩非及王充、杨泉、范缜，直到顾炎武、王夫之等的历史贡献，严斥"玄虚"绝不是中国哲学的主流。而郭老则显然倾心于哲学遗产中的朴素辩证法、民本思想和泛神论的传统，因而除年轻时就特别喜欢的庄子、屈原外，以后学得辩证唯物论、参破了"人生和学问上的无门关"，仍然较多地注意"以人民为本位"的孔孟、"出于颜氏之儒"的庄周、富于辩证思维的《易传》、悲剧人物屈原和吕不韦，并赞扬嵇康、陶渊明、王安石、王守仁，直到夏完淳、朱之瑜和李岩等人的品德和思想。毫无疑问，杜老和郭老在对古代学术遗产的评判、优秀思想传统的继承上是有很大不同的，侧重点不同、思路也不同，有些学术见解甚至相反。这正好表明，他们的思想风貌确有个性，正是这种个性，使他们对马克思主义哲学史观在中国具体化、科学的中国哲学史体系的形成，从不同方面作出了不可代替的独特贡献。杜老的《便桥集》等，以朴实凝专的学风，循循善诱，曾把不少哲学史工作者引上马克思主义的科学道路。郭老的《十批判书》《青铜时代》《历史人物》等，则以俊逸雄奇的笔锋，披荆斩棘，启迪人们在更广阔的学术领域去进行新的开拓。

郭老重读《随园诗话》，作了札记，而概括出总的感受是："其新颖之见已觉无多，而陈腐之谈却为不少。良由代易时移，乾旋坤转，价值倒立，神奇朽化也。"郭老写《百花齐放》诗，却写了一〇一首，自称："我倒有点喜欢一〇一这个数字，因为它似乎象征着一元复始,万象更新。这里有'既济、未济'的味道,完了又没有完。'百尺竿头,更进一步',这就意味着不断革命。"直到 1978 年,郭老以八十六岁高龄,劫后余生,仍然满腔激情,振臂呼唤:"拿出理论上的勇气",迎接"科学的春天"!"我们不仅要有政治上、文化上的巨人,我们同样需要有自然科学和其他方面的巨人。我们相信一定会涌现出大批这样的巨人。""既异想天开,又实事求是,这是科学工作者应有的风格。让我们在无穷的宇宙长河中去探索无穷的真理吧!"

这就是马克思主义的革命辩证法所武装起来的、在中国悠久文化的丰厚土壤中培育出来的思想家郭沫若。

总之,作为思想家的郭沫若,他在中国近现代思想史上的地位、作用和独特贡献,应当是一个不可忽视的研究课题。

（1983 年 5 月）

论唐君毅之哲学史观
及其对船山哲学之阐释

——读《中国哲学原论》

　　君毅唐先生,乃巴蜀高士硕学唐迪风先生①之哲嗣,幼承家学熏陶,早慧,多奇想,十五岁读中学时发表《荀子的性论》起,笃学精思数十年如一日,终以德慧双修、教泽广远、成就辉煌而流誉海内外学林,成为现代中国卓立不苟,自成一家之言的一代哲人。

一

　　君毅先生治学,堂庑甚广,融贯古今。虽曾泛滥出入于中西各派思潮,而未尝拘守一家,所遇接引皆当代名师,而平生学无常师;平生所遇之人师、经师、启蒙师、一字师,皆拳拳于心,终身不忘,但不暖暖姝姝于一先生之言;在学术上自辟蹊径,自具权衡,自成条贯。关于君毅学术思想的历史渊源及其自身的发展,论析者颇多。或以其青年时期驰心西哲,于中学则欣赏道家,而后期则由西方回

---

　　① 唐迪风先生(1886—1931),四川宜宾人,原名铁风,辛亥革命失败后,愤革命党人多腐化,有词斥之曰:"武士头颅文士笔,竟纷纷化作侯门狗。"民初,主笔《国民公报》,揭露军阀,力持正论,义声震蜀中。退而从事教育与学术研究,曾继章太炎作《广新方言》,又赴金陵问佛学于欧阳竟无;后与彭云生、吴芳吉、刘鉴泉、蒙文通诸先生创办敬业学院,被推为院长。博览古今书而好道家言,晚著《诸子论释》《志学谀闻》《孟子大义》等书,兼通儒学,又曾拟著《人学》一书,未就,困处乱世,竟赍志以殁,年仅四十六。时论誉为蜀中正学独行之士,现已列传四川省志。

到东方,由理论思辨回到道德践履,而归宗儒学;或以其早年崇尚新实在论,后乃转向理想主义即康德以后的唯心论,而最后仍归宗于孔孟和宋明儒学;或以其三十岁前后有一重大思想转折,即由分析、比较中西文化所持的自然天道观进到确立"道德自我"或"仁体本心"为哲学之中心一环,此后即此中心一环展开而不再有方向上的改变,直到"心通九境论系统"的建立,如其自引志勤禅师诗所示:"三十年来寻剑客,几回落叶又抽枝,自从一见桃花后,直到如今更不疑。"或又称其晚年著《生命存在与心灵境界》一书总结一生学养、形成哲学定论时,尚有一重要转变,即改变了前此仅止于以"道德自我"为基石而建立一哲学系统的想法,进到由人的生命主体及其整个心灵活动的展开,涵摄一切知识与学术文化,以建立更广大、更融通的哲学系统。凡此,皆言之有据,足资启发。

当然,对一哲学系统的动态研究、诠释与理解,总是与研究者的历史文化视野及其所采取的一定视角和方法相关,往往因人而异,因时而异,见仁见智,不必强同。

君毅著作宏富,经纬万端,如就其以前期学养为根基而确立了中心观念以后哲学思想的成熟发展而言,则似乎可以概说其运思的主要趋向:首先是道德自我的建立。这一运思的起点,旨在超越物质现实及自然生命,而以道德理性或精神自我来界定人的本性或本质,并认定人类的社会生活和各种文化活动,皆以道德理性为依归,皆为道德自我的分殊展现。一方面,据此反对自然主义、唯物主义、功利主义的社会文化观;另一方面,从道德生活乃行为主体的自觉的、自为主宰的、自律的道德自我之实现出发,对于传统的夸张外在伦理规范的伦理至上、伦理本位观念实际有所突破,确立了自贵其心的个体独立人格及其自觉追求真善美等理想的价值,反对了重物轻人、重外轻内的各种拜物教及人的异化,且与梨洲、船山同调,高扬耿介不阿的"豪杰精神"①。其次是人文精神的阐扬。这是把道德自我作为精神主体的合乎逻辑的展开,历史地总结中西人文思想的成就和异同,肯定了中国文化(包括哲学智慧、道德理想、艺术精神、人格境界、宗教意

---

① 关于"豪杰精神",君毅之论见《孔子与人格世界》等文,梨洲之论见《南雷文定》后集《靳熊封诗序》等文,船山之论见《俟解》等。

识等)的精神价值,提出了通过中西文化的洞察和返本以开新,展示未来人类文化(自由、民主、和平、悠久等人文理想)的前景,并寄望于中国传统人文精神的发展能够融摄西方之科学、民主与宗教的精神精华,以创建一理想的人文世界。以上两层面,颇与传统的内圣与外王、明体与达用、成己与成人等致思程序相应。最后是文化价值的哲学升华。这是通过对中国传统哲学的系统反刍,对西方哲学和印度哲学的进一步了解之后,虽仍以道德理性为归依,但将哲学系统扩展为以整个生命存在和心灵活动为基础,对人类文化的各种价值形态,对人类哲学的各种义理,进行哲学心灵的遍观和升华,即其最后完成的"心有三向""心通九境"的系统理论。而这一系统理论的指向,乃在于对植根于生命主体而又超越个体的人类一切文化创造及哲学义理,重新加以历史的和逻辑的定位,依序升进,伸屈开阖,"以'圆而神'之枢,运转、吐纳诸'方以智'之义","如九爪之神龙之游于九天,而气象万千"[①],终于成就其冶中、西、印及儒、佛、道于一炉之人文哲学体系。约而言之,从道德自我之建立到人文精神的阐扬,再进到文化价值的哲学升华,围绕着人,开展出人生、人心、人性、人格、人伦、人道、人极、人文的多层面慧解。以人对物质欲望等个体生命的超越为出发点,又以人的文化创造作为人的主体性的实现并视为哲学终极关怀的归宿。君毅之学,人学也。迪风先生于世纪初拟著《人学》之宏愿,终由君毅继志述事,积学求真,以"充实而有光辉"之形态完成之。

二

除上述以"立人极"为义理中心的哲学体系的建构以外,君毅先生之学尚有另一大的层面,即通过对中国传统哲学的遍观与反思而建立的"即哲学史以论哲学"的系统。如果说,前者是从切身体验的道德自我这一核心观念出发,横向地会通和参证古今学术,而主要在依心灵之感通活动及其种别、次序、层位等,自构

---

① 唐君毅:《生命存在与心灵境界》上《导论》,台湾学生书局,1977年,第53—56页。

一严整的哲学体系;那么,后者则重在如实地考订和评价古今之各家哲学,纵向地论定其在哲学智慧的史的发展中的地位。如君毅所自陈:"古人往矣,以吾人之心思,遥通古人之心思,而会及其义理,更为之说,以示后人";"必考其遗言,求其训诂,循其本义而评论之";"古人之言,非仅一端,而各有所当,今果能就其所当之义,为之分疏条列,以使之各及其位";"义理自在天壤,维贤者能识其大,尊贤崇圣,不敢以慢易之心,低视其言"①。通过这样严肃的探究,"于同观异,于异见同,方得其通,然后得于此哲学义理之流行,见古今慧命之相续"②。显然,其首要在于以巨大的历史感,续古今哲学之慧命,而表现为建构一富有创见的哲学史观。这两者运思的路向是迥然不同的。前者近似于逻辑的,后者近似于历史的,前者属义理之当然,后者属史事之实然,而两者在哲学智慧的观照中却又是更递为用,相涵互补的。

君毅"即哲学史以论哲学"的思想,主要体现于皇皇巨著《中国哲学原论》之中。此书体大而思精,胜义递出。其中,首卷《导论篇》,就中国传统哲学中诸问题及重要范畴,展开了举纲张目的论析;次《原性篇》,就中国传统哲学中"即生以言性"与"即心以言性"的诸说(自先秦到清代)的衍变,评论其异同;次《原道篇》,则就中国传统哲学中综摄最广的"道"概念的内涵(自先秦诸子到隋唐佛学)作了详尽的历史疏解;最后续出的《原教篇》,乃专论"宋明儒学之发展",而归结到王船山以其"磅礴之思"对宋明哲学思潮作了历史的总结,在方法论上尤具特色。

全书《自序》首论《原论》之"原",特标新义,提出:"吾书既欲见中国哲学义理有不同之形态,实丰富而多端,而又欲其合之足以见整个中国哲学之面目。故吾之说明中国哲学义理之道,既在察其问题之'原',名辞义训之'原',思想义理孳生之'原',而吾于昔贤之言,亦常略迹原心,于诸家言之异义者,乐推原其本旨所在,以求其可并行不悖而相融无碍之处。……异说相纠,而思想之途乃壅塞而难进,然若能一一探异说之义理之'原',如其所歧而知其所以歧,则歧者未尝非道,道未尝不并行,即皆可通之于大道,而歧者亦不歧矣。故吾人果能运其神明之

---

① 唐君毅:《中国哲学原论·原性论》《自序》,台湾学生书局,1978 年,第 7 页。
② 唐君毅:《中国哲学原论·原教篇》《自序》,台湾学生书局,1978 年,第 8 页。

思,以彻于异说之义理所以歧之'原',则纠结无不可解,而人之思想,自无壅塞之虞,可顺进而前行矣。'原'之时义大矣哉!"①这里,所谓"原",首在"原其本旨",自需训诂名言,考订文献,更需明其义理,而义理"初无古今中外之隔",故说中国哲学之义理,还要"旁通于世界之哲学义理与人类心理所能有、当有之哲学义理以为言"②,则足以见"思想义理次第孳生之'原'"。次在对历史上纷歧矛盾的学说,原其"义理之所以歧",求其"可并行不悖,相融无碍之处",可以于异观同,于歧见通。"其宛然之冲突矛盾,皆只是宛然而暂有,无不可终归于消解,以交光互映于一义理世界"。这是从《易传》《中庸》提出"殊途""百虑""并育""并行"之旨③以来,历代学者多所阐发的学术史观。庄、荀各以其齐物论之不齐或去其一曲之蔽患④,倡导于前。柳宗元"诸子合观"的"通而同之",华严宗判教理论的"会通本末"等,各有申论⑤。直到17世纪,更有黄梨洲强调"圣贤之血路,散殊于百家",学术史研究应深体"一本万殊"之理,尊重"一偏之见",承认"相反之论",坚持"殊途百虑之学"⑥。王船山乃从哲学上作出了"异以贞同","杂以成纯"的概括,认定"同者所以统异,异者所以贞同,是以君子善其交而不畏其争","杂统于纯,而纯非单一也。……杂因纯起,即杂以成纯;变合常全,奉常以处变。则相反者固会其通,无不可见之天心,无不可合之道符"。此乃船山反复强调的"君子乐观其反""乐观其杂"的观法⑦。显然,君毅所说"合各时代诸学术之精神生命之流行,以观其由往古及来今,乃或分而合,或合而分,处处山穷水尽,处处柳暗花明,而黄河九曲,依旧朝东,又有不期其然而自然者,此则皆所谓哲学史之业也"⑧。正与黄、王所持慧解,遥相契合;且与并世前修,亦多同调。如熊十力先生即主张"以平等心究观古今各大学派","析其异而观其通",反对把哲学史视

---

① 唐君毅:《中国哲学原论·导论篇》《自序》,台湾学生书局,1978年,第2—4页。
② 唐君毅:《中国哲学原论·导论篇》《自序》,台湾学生书局,1978年,第2—4页。
③ 《易传·系辞下》:"天下同归而殊途,一致而百虑。"《礼记·中庸》:"万物并育而不相害,道并行而不相悖,小德川流,大德敦化,此天地之所以为大也。"
④ 《庄子》之《齐物论》《天下》等,《荀子》之《解蔽》《非十二子》等篇。
⑤ 柳宗元《送元十八山人》《送僧浩初序》,法藏《十二门论宗致义记导论》及宗密《华严原人论》等。
⑥ 黄宗羲《清溪钱先生墓志铭》《明儒学案·自序》等。
⑦ 王船山《周易外传》一《未济传》《杂卦传》。
⑧ 唐君毅:《中国哲学原论·导论篇》《自序》,台湾学生书局,1978年,第15页。

为"相斫书",强调"夏虫井蛙,学者宜戒"！认为"旷观百家之虑,虽各有条例,各成系统,而如其分理,不齐思齐,会其玄极,同于大通"。曾引述马一浮之言："耻为一往之言,贵通天下之志",称其"此言若近,而有远旨"①。君毅有所承于马、熊诸前辈硕学之人品学风,虽涵盖益广,辨析愈精,而其"即哲学史以论哲学"的博通精神,则心印无间。

其次,《原论》所陈"即哲学史以论哲学"之旨,更有三层进境：初观一哲学义理在东西古今哲人心中异同及同中有异、异中有同,此即比较哲学之所为;次入纯哲学之探究,则无东西、古今、人我之分;终于"即哲学而超哲学",即到最高层次的"无言"之境,"所过者化""所存者神""斯为至极"。然而君毅发愤著书,自处于言说之境。但由其历史感所蓄发的理性激情,使其著述时,"一波才动万波随",下笔不能自休,沛然不可中止,其言说皆由生命流出,无穷悲愿,跃然纸上,意在赋予中国哲学以新的生命,"使人对此中国的绿野神州上下数千年的哲学的慧命相续,由古至今未尝断,有如实之观解"②;并希图"开来者之慧命于无疆"③。读其书者,自然有此种实感。

再次,《原论》并非记问之学,绝不是止于编列古人的遗言,考论其源流,疏释其义理而已,重在于就不同形态之哲学义理表现于历史进程中而深观哲学义理之流行及其流行之方向。"既曰流行,则先后必有所异,亦必相续无间而成其流,而其流亦当有其共同之方向","如何分开而歧出,又如何聚合而相交会","由方之异以得圆之通"④,力求揭示其义理流行之内在逻辑。具体到宋明哲学这一段义理流行之剖视,透露出不少哲学史观上的独得之见。例如,从周濂溪、张横渠皆由言天道以及人道,"而宋初经史之学特重《易》和《春秋》开始,中经朱陆之分流","乃缘周、张之言天人之际,二程之言内外之际,而直下措思于一心中之明觉与天理之际";阳明"缘朱子之格物致知之论转手","以还契于陆之本心",故朱、陆、王"互有异同,宜相观而善";其终端为刘蕺山既谓宋五子及阳明之学皆统于

① 熊十力《新唯识论》(语体文本)《附录》。
② 唐君毅：《中国哲学原论·原教篇》《自序》,台湾学生书局,1978年,第7—9页。
③ 唐君毅：《中国哲学原论·导论篇》《自序》,台湾学生书局,1978年,第17页。
④ 唐君毅：《中国哲学原论·原教篇》《自序》,台湾学生书局,1978年,第7—8页。

濂溪,"更本濂溪之承太极而立人极之旨,以作《人极图》,为《人谱》,而归宗于人极"。足见,从濂溪以至蕺山,"其终始相生,如一圆之象"。而船山之学,上承横渠"言客观之道而重论民族历史文化",且颇同于宋初之尊尚《易》与《春秋》两经,"此又为一终始相生,如一圆之象"。前者如宋明儒学的"内城之圆",后者则如"外廓之圆"。而船山、梨洲、亭林下开清儒之学,"皆不同于宋明理学只重天理、性理、义理者,乃转而重言天下事势之理,古今文物之理,亦不专言内圣之学,而志在于外王之事功",沿此而有清代的重六艺,重文字器物之理,重史学与经世之学。不言而喻,这又是"一终始相生,如一圆之象"。

但君毅所揭橥"终始相生"的"一圆之象",乃指哲学上高明精微之义理境界,"初不能无偏至,必步步稳进,历数百年而至乎其极"。此有似于黑格尔之论哲学史的发展宛如一串"圆圈"的妙喻,但又不同于黑格尔视以往哲学皆为义理之偏,唯有合观其史之发展始得义理之全;而认定绾合德性工夫以言哲学义理,则言虽有偏至而其所指向之意义,未尝不可同趋于义理之全。此乃君毅有契于易学"通变"之理与佛学"判教"之说,而有异于黑格尔的哲学史观,并把黑格尔称自己的哲学为"绝对精神之最高表现",斥为"慢语"。于此君毅提出一极深之思想,即把哲学心灵的活动看作"不断超越的历程"。因而他称自己的哲学以及洞观古今东西之各家哲学,实皆非一个个"堡垒"而实为一道道"桥梁",皆非一座座"山岳"而实为一条条"通道",皆足以使人由此及彼,由浅入深,由偏至全。但既为"桥梁道路","未至者望之,则显然是有;已经过之,则隐于后而若无。凡彼造桥梁道路者,亦正欲人经过之而任之隐、任之无"[1]。只有这样契入,对哲学史上各家学说,"乃可纵通今古,横观其并在,如见其环山而俱立,一一皆示人以登升之路,而共趣于一境"[2]。这是君毅之"即哲学史以论哲学"的系统观点中的精义之一。

---

[1] 唐君毅:《生命存在与心灵境界》:《导论》七,台湾学生书局,1977年。

[2] 唐君毅:《中国哲学原论·原教篇》第十九章,台湾学生书局,1978年,第509—512页。

三

君毅先生以上述哲学史观来考察王船山哲学,无论是微观剖视或宏观把握,都有其独到的见解。

先就宏观把握而言,《原论》对船山哲学思想的结构,从总体上分为"天道论""天道性命关系论""人性论""人道论""人文化成论"五个层面,逐次加以详细论述。但这五个层面不是孤立割裂的,而是有其历史的和逻辑的联系。船山哲学"取客观现实的宇宙论之进路,初非心性论之进路",故以天道论为逻辑起点,而"特取横渠之言气","以气为实"①。进而论及"天以其理授气于人,谓之命;人以其气受理于天,谓之性"②,故次言性命与天道之关系;人性之善,在于能够继天而日生日成,故船山论"继善成性",自树新义,并进而论到"人道之尊",所谓人禽之辨,就在于"明伦、察物、居仁、由义",要完成人之所以为人,应当"尽心存性,而立人道","上继天道,而辅天道之不足";最后落足于人文之化成,而归宗于民族历史文化生命的继往开来。船山思想之这一逻辑进程,被放进更广阔的哲学文化背景去考察。《原教篇》论述了船山思想历程之后,总括地指出:"西洋哲学之主要概念有三:曰理性,曰意识,曰存在。存在有物质与生命之自然存在,有精神之存在。中国哲学之主要概念亦有三:曰理、曰心、曰气。气正兼摄自然之物质、生命与人之精神之存在者也。""昭人与世界之律则,必尊吾理性;启人生之觉悟,必唤醒吾心;而欲人文之化成乎天下,必资乎作气。理之所尚,心之所往;心之所觉,气之所作。三者固不可分,然理必昭于心之前,气必继于此心之后,则人固皆可反省而知之者也。夫然,故哲学必先论宇宙人生之理,而继以求人生之觉悟,而终于论人文之化成。"君毅通观中西哲学的逻辑发展,认为大体均如此。例如,康德以来的德国哲学,"承理性主义之潮流,以心统理","康德犹偏重于尊理性,费希特则偏重于言超越意识之心,黑格尔则特重理性之经意识而表现为客观

---

① 唐君毅:《原教篇》第二十章,台湾学生书局,1978 年,第 514 页。
② 王夫之:《读四书大全说》卷十。

精神与历史文化矣";至于中国宋明理学之发展,朱子重"理",阳明重"心",而船山"承数百年理学之问题,入乎其中,出乎其外,于横渠之重气独有会于心,知实现此理此心于行事,以成人文之大盛者,必重此浩然之气之塞乎两间,而两间之气,亦即皆所以实现此理者。则人道固贵,而天地亦尊;德义固贵,功利亦尊;心性固贵,才情亦尊。由是而宗教、礼乐、政治,经济之人文化成的历史,并为其所重"①。故船山哲学之致知途径,宛如胚胎学之重现古生物学的发展,也通过"理"与"心"而重言"气"。入手于"乾坤并建""氤氲化生"的"天道自然观",通过对"心、性、理"与"情、才、欲"的分析,确立了"人道之尊",而落实到"人文化成论"。这一宏观的概说,确能"先立乎其大者",而使船山哲学得到公正的历史定位,并使船山哲学的系统结构得到逻辑的说明。

再就微观而言,《原论》对船山之论理、论性等,均有细密的分析。如,关于"理"有六义的历史展开,具体指出:通观全部中国哲学史中"理"范畴的含义衍变。在先秦,《论语》《老子》中不见"理"字,墨、孟、庄、荀、韩则言"理"颇多,意义各别,似涵容了以后所论"名理""空理""性理""事理""物理"……诸义之源,而先秦思想所特重者乃"文理",即"社会文理",指人之活动历程中之次序综贯,既有分别义,又有总持义。魏晋玄学所特重者乃"名理",隋唐佛学乃特重"空理",宋明理学特重"性理",清代学者及船山等所特重者乃为"事理",至于近代中国受西学影响之后则特重"物理"。船山重史事,深论"有即事以穷理,无立理以限事"。故专就船山所重之"事理"分析之,则所谓"事理",既因一事由诸事缘会、承他事而生,具有史事的"承续性";史事之所以成,有其独特之理,具有"具体性"(与物理、名理、空理之为抽象者不同);史事之理随事之不断发生而不断创出,故"事理"又具有"创生性"。再进一层,事理之与其他理之不同,尚有求知之目的不同,如求知"物理"在于"避错求正"与"舍害得利",求知"名理"在于"会同别异",求知"空理"在于"息妄显真",求知"性理"在于"存诚去伪",求知社会文理在于"拨乱反治",而求知事理,研虑评论史事的"顺逆之势""成败之机",目的乃在于引古筹

---

① 唐君毅:《原教篇》第二十四章《后论》,台湾学生书局,1978 年,第 665—666 页。

今,述往思来,"避逆就顺""求成去败"①。即器论道,即事穷理,论史事之相承相续,得失顺逆成败兴亡之故,既博而又能精,确系船山广论事理的历史哲学之精义所在。

又如关于船山之论性命,《原论》尤盛赞之。一则曰:"当明清之际,能上承宋明儒学之问题,反对王学末流,亦不以朱子之论为已足,而上承张横渠之即气言心性之思路,又对心性之广大精微有所见,而能自树新义以补宋明儒之所不足者,则王船山是也。"②再则曰:"船山之言气化之流行,不只从自然宇宙之变言,乃扩之为一观人事历史之变之思想。气化之流行往来不穷,由此而命无前定,性非限于初生,故船山有'命日降,性日生'之说。……此则中国先哲气化之流行以言生人之立命致命之思想之一极致,而非横渠之所能及者也。"③进而对船山的人性论分层而细剖之。君毅于20世纪40年代即在《学原》上发表了《船山之性与天道论通释》长文,对于船山人性论中所涵之"道大而善小,善大而性小"、"合天道人性而知善"而"不以气质之偏为不善"、"性善而气亦善"、"通性、情、才、欲以观,皆无不善"、"命日降而性日生"而"尽性非复初"、"受命在人"、"致力在我";"情才欲皆人与禽兽之所同而性为人之所独,尽心尊性而人禽之辨乃严"诸义④,已进行了剖析入微的阐释。而在《原论》中,更进一步强调了"船山之言善恶,皆自性或理或道之客观上说","固与程朱由气质之性言不善之原者异","故重气质,尊生而重情才";尤其对船山"远本于易教","重在言乾坤阴阳之恒久不息的相对而相涵",气既流行,理亦非故,"以乾坤并建言天地万物之日新而富有",生生不已,继往开来,相依而进,日生日成,但有新新,都无故故。由此阐释船山以人道继天道的人文化成的历史文化意识,并由船山论气化流行只有往来而无断灭,"直指客观宇宙历史之大化之神,阖辟之不已,往来之不穷","推故而别致其新则死亦生之大造",而发挥其"人之气大往大来于天地中,死而不亡"以及"继志

① 唐君毅:《导论篇》第二章,台湾学生书局,1978年,第55—60页。
② 唐君毅:《原性论》第十六章,台湾学生书局,1978年,第485页。
③ 唐君毅:《导论篇》第二章,台湾学生书局,1978年,第603—624页。
④ 《学原》第一卷,第二、三、四期。

述事""慎终追远"之诚敬祭祀意识等。① 对于船山的性命之学,可谓阐微显幽,
发前人之所未发,多能作出合理之诠释。

四

君毅先生悲智双运,神交古人,其对船山哲学体系的理论重心和最后归趋的
把握,可谓独具卓识。他明确判定:"船山之学,归在论史。"②"船山之学,得力于
引申横渠之思想,以论天人性命,而其归宗则在存中华民族之历史文化之统
绪。"③这都指明,船山哲学之致思进程及价值取向乃在于继天道之善,立人道之
尊,而归宗于人文化成论。

《原论》非割裂、孤立地仅以船山晚年托心史论而论"船山之学,归在论史",
乃从船山哲学之精神整体,就其发愤著书 40 年,"六经责我开生面"之实践,"即
知其精神所涵润者,实在中国历史文化之全体","乃上有所承,下有所开,旁皇周
浃于古人之言之教,守先以诗后,精神斯充实而瀰沦于历史文化之长流"④。以
此为起点,进而论及船山哲学之致思,乃以乾坤并建、两气流行、"畅发宇宙人生
之日新而富有"的天道论和以性命"日生日成"、人能继天成圣、高扬"人道之尊"
的人道论,作为人文化成论之理论基础;而贯穿其中,乃是船山近承横渠、远本易
教之特有的"气"论。"由此以论中国之历史文化,则尤能见其精彩,非昔之宋明
儒者所及。"

《原论》别具心裁地指出:"道德意识"与"历史文化意识"有所区别:前者仅
止于个人道德实践之有得于心,仅在主观动机上表现其价值;后者则就个人实践
之表现于客观世界而言,重在个人参与群体各种物质、文化的创造活动及其对后
世影响而表现其历史价值。就宋明哲学思潮而言,"朱子之言理,阳明之言心,于

---

① 唐君毅:《原性篇》第十六章,台湾学生书局,1978 年,第 491—496 页,唐君毅:《导论篇》第
十八章,台湾学生书局,1978 年,第 604 页。
② 唐君毅:《原性篇》第十六章,台湾学生书局,1978 年,第 494 页。
③ 唐君毅:《原教篇》第二十三章,台湾学生书局,1978 年,第 621 页。
④ 唐君毅:《原教篇》第二十二章,台湾学生书局,1978 年,第 622 页。

论道德为足者,于论文化历史则皆未必足"①。盖朱子、阳明所言之理与心,颇局于内养与自得,且其理与心乃"无外之理,无外之心,皆求之于己而无歉",即使论到历史文化,如朱子之作《通鉴纲目》,不过以历史文化所表现之理作为吾心之理的例证与外化而已。船山则不然,不同于朱子与阳明于言理言心之外,复重言气。船山所言之气,可释为"流行之存在"或"存在之流行",非只物质、生命之气,亦涵摄精神上之气,即人所创造之人文世界。此乃"船山之善论文化历史之关键"。有的论者指出:"故历史文化之业绩,处于天地之间,虽同属诸天,然亦与自然世界有异,而为另一种存在。此存在即纯为人所创辟,而人即可秉天之化理,以创造一新的道德世界矣,故船山尝云:'易曰:乾坤毁则无以见易,非谓天地之灭裂也,乾坤之大文不行于此土,则其德毁矣。故曰:黄帝尧舜垂衣裳而天下治,盖取诸乾坤。则虽谓天开地辟于轩辕之代焉可矣。'据此即云自然之天亘古自在,而实能显发人道之创造性者,则此道德文化之天地也。故此天地即始于先圣垂衣裳以治天下之文明活动。人继天之善,所日化日成之性,恳切言之,实指此耳。故人死而精神永存,亦实永存于此历史文化之中。故论人之继善成性,终必当归结于人文之化成,然后为义理之最高显豁与最后归宿也。"②这对于船山人文化成思想之衍释,堪称的解,可与《原论》相发明。

《原论》尚申言船山之重"气"何以能深论文化历史而昂扬民族精神,盖认定宋明时期的"气"范畴,乃指"宇宙人生之存在的流行之特殊化原则",以与"理"为普遍性原则相对。船山认为"天不听物之自然,是故纲缊而化生。"③"二气之动,交感而生,凝滞而成物我之万象。"④"气化而生物我,我之气必有其外,有他人之气,有万物之气,前有古人后有来者之气,则'个体心身之气',乃包裹于前乎我、后乎我之千万人与万物之气之中,而胎息焉,滋生焉,呼吸焉。"因此,"个人精神涵育于社会客观精神中","亦即客观之历史文化涵育吾个人之道德努力"⑤。通

---

① 唐君毅:《原教篇》第二十三章,台湾学生书局,1978 年,第 625 页、626 页。
② 曾昭旭:《王船山哲学》第三篇第五章,第 542 页。
③ 《思问录·内篇》。
④ 《张子正蒙注》卷一《太和》。
⑤ 唐君毅:《原教篇》第二十三章,台湾学生书局,1978 年,第 628—629 页。

过学习、继承、创造,借用陆机《文赋》中语所说:"收百世之缺文,采千载之遗韵,谢朝花于已披,启夕秀于未振,观古今于须臾,抚四海于一瞬。"这样,"我之心量日宏,我之气得浑合于天地古今之气,使我之为我之此特殊个体之精神,与天地古今中其他特殊个体之精神,融凝为一,使我之精神真成绝对不自限之精神,然后我此心此理之为一普遍者,乃真贯入一切特殊之个体,成为真正具体之普遍者。"①《原论》此解,深体并融会了中土司马迁和西哲黑格尔之宏伟的历史感,用以阐释船山由重"气"的绀缊生化观而转入重社会历史价值与民族文化价值的人文化成论,乃顺乎理之必然。并指出:"船山以理气皆尊,德才并重,心身俱贵,理欲同行之言,特适于说明功业之不可废,居位理财、经国济民之重要,则固船山学说之一特色。"②因此,"宗教、礼、乐、政治、经济之人文化成之历史,并为其所重,而人类之文化历史者,亦即此心此理之实现,而昭著于天地之间。……故船山之能通过理与心以言气,即船山之所以真能重气,而能善于引申发挥气之观念之各方面涵义,以说明历史文化之形成者也。"③君毅认定,此正表现了明清之际这一特殊时代的哲学精神。与船山同时的黄宗羲、顾炎武,亦皆如此。"然梨洲于宋学之功不深、亭林则多言明儒之病,两人皆门生故旧满天下,不免以交游之多,泄漏精神。唯船山则知明学之弊,亦能知宋学之长,独老空山,磅礴之思,一一见诸文字,而精光毕露,为结束明清之际之大哲,与黑格尔之综合西方近代理性主义经验主义之流相类。""观黑氏与船山之言气言存在,必重精神之存在,文化之存在,言历史能扣紧民族精神之发展而言,以昭苏国魂为己任,则黑氏、船山,复乎尚已。……在中国,欲救清儒之失,不以考证遗编,苟裕民生为已足,而欲建立国家民族之全体大用,则舍船山之精神,其谁与归!"④

自清末船山学流行以来,论者多矣。阐释如此之深,辨析如此之密,评价如此之高,实为罕见。唯熊十力、侯外庐书中对船山思想多所揄扬,差可比拟。而君毅于他书中尝声称:"明末顾、黄、王诸儒,乃直承宋明理学家之重德性之精神

① 唐君毅:《原教篇》第二十三章,台湾学生书局,1978 年,第 628—629 页。
② 唐君毅:《原教篇》第二十三章,台湾学生书局,1978 年,第 611、666 页。
③ 唐君毅:《原教篇》第二十三章,台湾学生书局,1978 年,第 611、666 页。
④ 唐君毅:《原教篇》第二十四章,台湾学生书局,1978 年,第 664—666 页。

而加以充实扩展，由'博学于文'以言史学，兼论社会文化之各方面。其中王船山之论礼、乐、政、教，尤能力求直透于宇宙人生之本原。……由精神以论文化，又较只本心性以论文化者，更能重文化之多方发展。而我今之论文化，即承船山之重气，重精神之表现之义而发展。"①足见，君毅之学，渊源所自。承转之迹，学脉昭然，惜其对清初以来三百年学术思想之嬗变，仅归纳为七型，而未及畅论。至于反复申言："以吾人之心思，遥通古人之心思，而会及其义理，更为之说，以示后人"，"可见中国思想的慧命之流，自上古以至于今日，由今日以至来世，其道皆承先以成其富有，启后以成其日新，而於穆不已……"②其所寄托于来者之厚望，其所预示的如何反本开新，以营建我中华民族之新的文化历史哲学，则显然值得后人认真地加以反思和琢磨。

（1988 年 10 月）

① 《文化意识与道德理性》，第 8 页。
② 唐君毅：《原教篇》第二十六章，台湾学生书局，1978 年，第 708 页。

序跋余瀋

《中国辩证法史稿》弁言及后记

一、弁　言

对中国的辩证思维传统进行史的清理和溯源，是一项浩繁艰巨的学术工程。十年前，我们开始提出"中国辩证法史"这一研究课题，当时的动念，直接基于对刚刚过去的"十年浩劫"中理论思维教训的痛苦反思。"十年浩劫"中最令人惶惑的思维教训之一是，我们这个夙称富于辩证智慧的民族，经历了半个多世纪的马克思主义辩证法的胜利传播，却竟然陷入形而上学猖獗、斗争哲学横行的困境而一时不能自拔。这不能不引起人们深思，思索怎样走出这种困境，怎样拨乱反正，破旧立新，从历史和现实的思想矛盾运动的深入总结中去重新开发民族智慧的资源。

十年来，我们择定"中国辩证法史"这一课题展开了初步探索，依靠集体努力，取得一些进展。首先，系统地编辑、整理了有关古代及近代辩证法史的原始文献资料，分篇作了提要和校注，共约百万言，奠下一定的史料基础。其次，就辩证法史研究中如何确定对象范围以及史料筛选、人物择取、思想分期的原则等一系列方法论问题，进行了认真的研讨，虽取得一些共识，但也留下不少疑难。在此基础上，分题定点，着手研究；同时，我们以此为专业方向培养了多届研究生，指导他们完成了《晚周时期辩证矛盾观之形成》《吕氏春秋思维模式研究》《船山易学中的辩证法思想》《熊十力的认识辩证法初探》等二十多篇学位论文。通过上述教学和科研的实践,特别是在"学然后知不足,教然后知困"的教学相长及与许多师友"相观而善"的切磋中,我们逐步积累了一些研究成果,扩展了自己的学术视野,加深了对研究这一课题的难度和意义的认识,并逐步形成了编写本书——三卷本的"中国辩证法史"的总体设计及指导思想。要而言之,约有数端:

(1)在我国哲学文化的遗产中,辩证思维的发展源远而流长,思想成果特别丰富。但以往的哲学史研究,往往偏重于清理按哲学基本问题所划分的哲学派别的对立、科学与宗教的纷争、理性与非理性的矛盾等,而对于作为发展观和方法论的辩证法以及可能渗透在文化意识诸领域里的辩证智慧,则注意探究不够。这就需要重新咀嚼以着重追踪历史上的辩证法为主旨的黑格尔哲学史观,需要重新审视中国古代辩证理性思维产生和发展的历史特点。因此,为了实现专题史的特殊要求,不能停留在复述或摘录一般哲学通史中辩证法思想资料的水平,而必须重新厘定其选材范围、思想主流和矛盾发展的基本线索。

(2)科学的中国辩证法史尚处于草创阶段,许多理论和方法问题当待探索,应当以创新精神,找到新起点,开拓新思路,发掘新史料,创造新成果。诸如,我们民族智慧中的辩证思维,既区别于印度,又不同于希腊,而有其自身的历史特点和逻辑发展;作为社会意识形态之一环,有其产生和衍变的普遍根据和特殊根据,它伴随着社会运动和哲学运动而推移、演进,既呈现出普遍规律,也有其特殊规律,作为认识成果的辩证法,也同样表现为一系列范畴和规律在历史上的依次出现并发展到一定阶段而得到理论总结,这就必须透过这些范畴和规律在不同哲学派别及哲学体系中的表现形态和特殊应用,而进一步发现其在人类认识史上的逻辑意义,并与科学形态的辩证逻辑的规律群与范畴体系的研究有机结合起来。这就在论史结合、古今贯通的研究方法上,提出更高的要求。

(3)历史上的辩证法的认识成果,是多层次、多侧面的,并非完全表现为哲学理论形态,而是以不同程度的抽象、多种形式的范畴表现于各种思想文化的史料之中。中国历代的史家、兵家、农家、医家都对辩证思维的发展各有其独特的贡献;在天学、数学以及政治评论、文艺评论和学术史观中也往往闪耀着辩证智慧的光辉。这都有待于依据一定的取舍原则去进行筛选和提炼其广阔而丰富的内容。历史上作为认识成果的辩证发展观和辩证方法论,从来不是孤立存在、单维发展的,而是与各种非辩证的发展观、方法论以及相对主义、绝对主义、独断论、诡辩论等处于对立统一之中,它们之间相反相因、涵摄依存、斗争转化,其形式极为繁复而多样化,有待于认真探索其矛盾运动的具体规律。因而应当充分估计到辩证法史在内容上的丰富性和复杂性,既要注意思想史的通则,更要注意专题史的特点,力避公式化、简单化。

(4)根据以上这些认识,我们大体确定了本书的编写原则:首先,由分题研究,定点深入着手,参酌全书的总体设计和积累的初步成果,拟出各卷不同层面的分题,进行定点深入的研究;强调掘井必须及泉,吹沙才能见金,反对"浮以求明",浅尝辄止。所定之"点",大体指作为专题史不同发展阶段及不同领域中的重点、难点、疑点、空白点以及思想运动的起落点、转折点等,经过分题定点的研究,然后由点到面,经纬成编。其次,按社会经济发展大阶段分编,每编之中,以时代精神为经,以思想成果为纬,不求形式上的系统全面,而以专题、专人、专书以及综述源流、剖析范畴、纵论思潮、考辨史实等多样态的论题形式,组成每编内容。编中每个论题的大小、长短、繁简、虚实,不求一律,不拘一格,而全书各编贯注同一指导思想和同一方法论原则,则又统之有宗,隐然自成条贯。再次,本书远非成熟之作,暂题为《中国辩证法史稿》,按历史跨度,粗分为三卷:

第一卷　远古至秦统一

第二卷　秦汉至明中叶

第三卷　晚明至"五四"

本书虽经十年来断断续续的集体琢磨,但目前仍然只能以一种粗糙的形态呈现在读者面前。由于集体执笔,视角各异,思路文风,更难强同,读者自会发现本书作为集腋成裘之作,必多驳杂不一之论。正是这一特点,也许可以启发读者用多元开放的心态来对待历史文化的诠释,坚持"殊途百虑"的学术史观,这也是中国辩证法思想遗产留给我们的慧解之一。

中国辩证法史的系统研究,无疑会有助于激发我们民族的智慧生命,继承我国丰厚的思想遗产,促成马克思主义辩证法的中国化。但应看到,历史上强大的辩证思维传统,对于我国思想现代化的现实作用却具有复杂的二重性。这就是我国哲学传统中的朴素形态的辩证法(以及早被引入认识论的朴素实践观),作为最珍贵的遗产,确实丰富多彩,且发展从未中断,这对于接受从黑格尔到马克思作为"革命代数学"的辩证法,显然是特别优越的条件和极为方便的桥梁。但这只是已被证实的历史投影的一面。另一方面,由于中国的近代及其哲学革命的"难产",自先秦名学中衰以来,形式逻辑、数学方法等知性分析始终未得到发展,中国近代先进思想家大都是醉心于朴素辩证法的优秀传统,并机智地用来歪曲和附会近代进化论乃至马克思主义的辩证发展观。这就不自觉地跳跃了人类认识史的一个特定阶段,致使作为感性具体的朴素辩证法,没有经过知性分析的逻辑阶段,未能摆脱认识的直观性和朦胧性,而直接羼入了把握理性具体的科学形态的辩证思维。这种被忽视了的历史投影的另一面,有可能使我们忘记为了使现代科学思维在民族文化心理结构中生根、发展,必须培育丰厚的思想土壤,有可能使科学形态的辩证思维在特定条件下返祖、退化、变质。因此,科学地研究中国辩证法史,既要充分发掘、系统总结我们民族智慧中辩证思维传统的光辉的理论成就和历史贡献,同时也要冷静分析,如实评估其根本局限,尤其对于我国朴素辩证法传统的优势及其现实投影的两重性,更要结合中国走出中世纪、迈向现代化的思想历程,作出严肃的历史总结。至于传统思维模式中貌似辩证法的形而上学诸形态,更需要察其表里,辨其疑似,作出认真的评析。

二、后 记

本书系我们集体承担的国家教委"七五规划"的项目之一,是我们教研室三十年来合力创作的又一学术成果。第一卷由李德永教授主编,组织设计,熔裁损益,运斤抱瓮,不辞辛苦,而教研室全体成员及少数毕业研究生参加执笔,前后计有(按姓氏笔画为序):邓红蕾、田文军、吕有祥、李维武、李德永、宫哲兵、徐水生、唐明邦、郭齐勇、程静宇、舒金城、萧汉明、萧萐父等同志,莫不侃侃同心,乐于效力。深山曳木,劳者自歌,前者唱"邪",后者唱"许",亦盛事也。李德永教授曾有诗云："天涯处处有知音,何事空斋独鼓琴? 流水高山知我意,承先启后见君心。迎潮高唱螺旋曲,论史通观狮子金。愿共缫丝勤结网,新编临产苦思吟。"足以纪实情而表心声。

本卷得以出版,端赖武汉大学出版社编辑部同志的热情指导和支持,谨致谢忱。

由于编者水平所限,本卷中存在的缺误一定不少,如蒙专家、读者惠予诃正,是所企望!

（1988 年 12 月）

《中国哲学史纲》序

　　《中国哲学史纲》一书,系李维武同志近年在教学实践的基础上,汲取了现有多种教材的优点和一些科研新成果编写而成的。编写此书的目的,是为了适应新形势下广大干部群众自学哲学及哲学史的要求,适应师专以上院校有关专业进行教学的需要,故在内容安排、体系结构和表述方法上,都力求简明扼要,举纲张目,去芜存菁,旨在把中国哲学发展的基本历史线索、重要范畴衍变和主流学派代表勾画出来,让读者有一个总体轮廓的了解。书名《史纲》,立意在此。

　　我高兴地读到这本《史纲》的书稿,感到它作为一本中国哲学史的简明教程和自学参考书,既认真消化了已有成果,又勇于开拓和创新;既注意贯通全史的知识广度,也不忽视加深必要的理论分析,是一本卓有特色的好的入门书。

　　这本《史纲》,就其对中国哲学发展的历史分期、逻辑构架以及一些基本评断,大体采自武汉大学、中山大学等九校合编的两卷本《中国哲学史》,但经过作者的熔裁取舍、文字浓缩、章节改编、论点突出,有不少发展。诸如对原始社会哲学思维萌芽的概说,对柳宗元、刘禹锡、张载、朱熹思想的历史作用的分析,对王阳明心学的内在矛盾及泰州学派产生的必然性的论述等,都有所损益,别出新意;特别是第六编,新增补了《五四运动以后中西哲学的融会》《马克思主义哲学在中国的传播与发展》两章,把"五四"时期的哲学论争和胡适、梁漱溟、熊十力、冯友兰、金岳霖、贺麟等非马克思主义学者的哲学思想,首次纳入中国哲学史体系而予以述评;对"五四"以马克思主义哲学在中国的传播直到20世纪30、40年代毛泽东哲学思想的形成,也首次作为中国哲学的历史进程和发展结果而作了概述。这对于以往中国哲学通史体系(大都以"从孔夫子到孙中山"为限而截止于"五四"之前),是一个饶有新意的延展和突破。"五四"以后的中国哲学运动,在中西文化的汇合激荡中发展,本有丰富内容,长期以来由于"左"道乱真而被抹杀,由于缺乏系统研究而被简化。事实上,中西哲学开始融合所形成的中国近代哲学的诸形态,马克思主义初步中国化所引起的中国哲学革命的新纪元,都产生并成熟于这一时期。《史纲》所增补的两章,占了全书篇幅的七分之一,尽管网罗未周,绠汲尚浅,但毕竟拓荒开路,引发人们进一步注意和加强对中国近现代哲学史的研究。而对中国近现代哲学的诸形态的深入剖析,对马克思主义哲学中国化的经验教训的总结和未来道路的摸索,乃是当今中国哲学研究所面临的迫切的时代课题。

文化是哲学赖以生存的土壤,哲学又是文化的活的灵魂。当前,一个文化研究的热潮正在全国兴起,反映了我国现代化进程中必然面临的对传统文化和外来文化的评判和选择,反映了在全面改革中必然引起的民族文化心理结构的震荡和重建。文化研究热潮中的一个突出问题,就是如何正确认识传统文化与现代化的关系,正确发现传统文化与现代化的历史接合点。而所谓传统文化有待层次分析。表层结构的物质文化,因时而变;中层结构的制度文化,也较易改革;而文化的深层结构,即人们在历史实践中长期积淀而成的社会心理、价值体系、思维模式、人伦观念、审美情趣等,一旦形成就具有惰性。哲学,作为民族文化深层结构中的理论结晶,更有其发展的相对独立性和历史稳固性。当人们对中国传统文化进行全面反思,对传统文化与现代化的关系问题进行深入探讨,就必然涉及对中国哲学的历史发展的研究和评判。《史纲》的作者,在当前的文化氛围中写作,自然注意到历史上哲学思想的产生和发展都有其依存的文化土壤,而各种哲学又反过来渗透进文化诸领域并对整个民族文化传统的凝成产生了重大的影响。这本《史纲》,对中国传统文化中的哲学灵魂,采取了慎重的分析态度,既通观全过程以考察思想发展的阶段性与连续性,又按中国现代化的客观要求来辨别传统哲学中的精华和糟粕。我想,这种分析态度对于读者了解中国哲学遗产的全貌,参与当前文化问题的论争,自觉树立文化选择的价值标准,是会有一定的参考意义的。

"中国哲学史"作为一门发展着的学科,没有也不可能有一个固定的僵化体系,随着研究工作的日益扩大和加深,研究方法的日益改进,总是在不断地变化更新。中国哲学史研究的科学化建设,正需要从多方面去探索,在多样化形态中去发展。哲学史的研究,或由博返约或由约趋博,或纯化为哲学认识史或泛化为哲学文化史,或宏观或微观,或纵向或横向,都可以"自为经纬,成一家言",并只有经过这样的两端互补的反复加深,才可能不断提高科学水平。志在求真的学术研究,应当勇于坚持"独得之见",乐于听取"相反之论",善于在学术观点的对立两极中保持必要的张力,从而自觉地促进在"同归而殊途,一致而百虑"中学术的繁荣和真理的发展。黄宗羲也懂得:"盖道,非一家之私,圣贤之血路,散殊于百家。求之愈艰,则得之愈真。"维武同志勤奋好学,博涉不倦,这本《中国哲学史纲》的编写,是他投身中国哲学史的教学、科研工作的起步成果,但已斐然成章,颇有创获。千里之行,起于足下。不畏崎岖,始能攀峰。晴空鹤唳,企望未来。是为序。

(1986 年 10 月)

《帛书老子校注析》题辞

新中国成立后，特别是20世纪70年代以来，新中国的田野考古工作取得了举世瞩目的辉煌成就。单就出土的竹简帛书而言，数量之多，种类之繁，学术价值之高，可以说是空前盛事。历史上著名的汉初孔壁出书，西晋汲冢出书，以及晚清发现的西北流沙坠简，均难以望其项背。继1972年山东临沂银雀山汉墓大批兵书出土之后，1973年冬湖南长沙马王堆汉墓又出土了大批帛书，其中除《经法》《十大经》《五行篇》《战国纵横家书》《五星占》等古佚书之外，竟有汉初及更早的《老子》抄本两种，尤为值得珍视。

《老子》是我国古代哲学智慧的主要源头活水之一。战国诸子，每多称引。到汉代，邻氏、傅氏等诸家经说不传，而其书被河上改编为章句，又被张陵等神化为道教经典，从此流播益广，传本滋多，而各家诠释歧解之繁，文字异同出入之众，在我国古籍中可能首屈一指。唐初傅奕校定古本，曾参校北齐武平年间彭城人开项羽妾冢所得古抄本，惜此古抄本早亡，仅在傅奕校定的"古本"中保存了部分异文。因而傅校"古本"遂为历代校释《老子》者所特别重视。现在长沙汉墓出土的帛书《老子》甲乙两本，与傅校所据的彭城项羽妾冢本时间相去不远，正可以用来比勘傅奕校定本及其他诸本，以求得尽可能接近古本的原貌。当然，这并非易事。

帛书《老子》甲、乙本释文1974年刊布，同年，文物出版社又精印出版了原件（收《马王堆汉墓帛书》中），引起海内外学者极大的研究兴趣，陆续出现一批初步研究成果，或从讳例、书写的字体及虚字的用法等，考订了帛书抄写的时代和流行的地区；或从不同层面充分肯定了帛书《老子》甲、乙本可以订正今本的章次段落错乱及文字衍夺讹倒等，对于《老子》一书的复原、畅读和确解都具有极为重要的意义。试举数例：

（1）《老子》书中究竟有没有"无不为"的思想，论者以今本三十七章"道常无为而无不为"及三十八章"上德无为而无不为"为据，并因而论"无为而无不为"乃老子帝王术的中心。校以帛书，甲、乙两本均无"道常无为而无不为"这一句，而同作"道恒无名"；又三十八章两本均作"上德无为而无以为"而均无"下德为之而无以为"一句，上句中"无以为"三字，俞樾曾据韩非《解老》所引校改为"无不为"，诸家从之，朱谦之据各碑本认为应作"无以为"。证以帛书，朱说是，俞说非。此两处"无不为"今检帛书甲、乙本均无此语，似为后人增改，或以为足证《老子》并无"无不为"的权谋法术思想，韩非《解老》乃韩非对老学之诠释耳。此虽尚可争论，但可以表明帛书《老子》对老子思想的整体把握有一定作用。

（2）《老子》认识论方面的重要命题："涤除玄览"（第十章，通行诸本皆如此），而帛书甲乙本均作"修除玄监"（甲本"监"误写作"蓝"），按"监"即古"鉴"字，证以《淮南子·修务训》："执玄鉴于心，照物明白。"《太玄·童》："修其玄鉴。"今本"玄览"，显然应依帛书校正。以"玄鉴"喻心，乃道家通说，或皆源于《老子》此语。

（3）今本第二章集中表达了《老子》的辩证矛盾观："故有无相生，难易相成，长短相形，高下相倾，音声相和，前后相随……"而语意未尽。今检帛书，除每句中均多一"之"字，前五句末均多一"也"字外，末句"前（帛书作"先"）后之相随（帛书写作"隋"）"之后，还有"恒也"两字作结，表明矛盾的对立面互相依存转化乃是永恒的规律。依帛书校补的"恒也"两字，乃哲学概括的重要结论，实不可夺。

（4）至于今本因分章而造成的段落错简，如今本四十章与四十二章之间羼入了四十一章，今本二十四章应移在二十二章之前，依帛书订正调整之后，文义自畅。今本文字因传写而出现的衍夺讹倒等，不少处可以依据帛书加以校正；而历代校勘、注释中异说纷纭，有些也可以因帛书出土而判其得失，得出定论。

故帛书《老子》，在考订文献、深研老学方面，实有非常可贵的价值；但也应看到，帛书《老子》作为陪葬物，抄写者文化学术水平不高，书写中有不少错夺字，而甲、乙两本也互有出入，且墓藏两千多年，多处破损漫漶（甲本尤甚）。因而，帛书《老子》也只能视为古抄本之一，本身还有待校订整理，使之成为校读《老子》一书的可靠津梁，充分发挥其文献学上重要作用。

黄钊同志研究道家思想有年，尤醉心于老学，执教湘潭，神游柱下。近几年以深研帛书《老子》为中心，综核诸家传本，较论异同得失，扬榷古今，慎重裁断，为便初学，以帛书释文为基础，校注之后，复加评析、今译，终于著成《帛书老子校注析》一书，计十余万言。这是继严灵峰、张松如、许抗生、陈鼓应诸先生论著之后对帛书《老子》系统研究方面又一新的成果，对推进老学研究的深化作出了一定的贡献。

黄钊同志此书从文献的史源考订入手以研治老学及传统思想，不作架空虚谈，善体《老子》"处其实不居其华"之旨，注意发扬朴学学风。我读其书，深慕其找到了"大巧如拙""大器晚成"的可贵起点，故乐于为之题辞，并愿与之共勉。

（1989 年 7 月）

《医易会通精义》序

　　《周易》是我们民族智慧的源头活水之一。《易》的思想源远而流长,对中国传统文化的渗透影响几乎遍及各个学术领域,其中最为显著者莫过于中医。史实表明:中医与《周易》大体同源发生,同步发展,而从晚周时期起,二千余年中历代中医学者自觉地援《易》理以阐医道,利用《周易》的思维框架、范畴体系以建构与完善中医的基础理论,形成了医易会通的优良传统,曾经有效地促进了中医学的发展。可是,到了近代实证科学思潮兴起并传入中国以后,一种以解剖学为基础的崭新医学及其形而上学的世界观与方法论开始拒斥传统的中医学,中医学的基础理论被认为违反实证科学而陷入困境,《周易》也被看作充满神秘象数的一座迷宫而无人问津,中医与《周易》的会通关系渐趋疏远了。虽有中医学者偶尔提出中学重气化,西学尚形质,可以借易理以贯通之,但大多数从事中医理论的研究者与临床实践者忙于会通中西医,已经很少人去过问《周易》了。20世纪现代生命科学的飞跃发展,突破了近代西医学的形而上学局限,重新唤起了中国传统辩证思维方法的活力,诸如有机整体、动态平衡、生命信息、全息系统、生理节律、相对时空等现代科学概念,都可以在《周易》和中医中找到其相应的朴素理论形态。《周易》与中医的会通,在现代生命科学的引发下又重新提上研究日程。李浚川、萧汉明两同志所主编、集合了多人研究成果的《医易会通精义》一书,正是在这种当代文化背景下问世的。

　　《医易会通精义》一书,以医易会通为思想重心,共分三个部分:导论、上篇和下篇。导论部分论述《周易》体系的结构特征以及医易会通的历史源流及其规律性与发展趋向。上篇较为详尽地从中医学的历史进程上阐述医易会通的纵向发展,广泛涉及历代医学著作如《黄帝内经》《伤寒论》《本草纲目》《秘本伤寒》《医碥》等以及历代著名医学大家如张仲景、杨上善、孙思邈、王冰、金元四大家、张介宾、李时珍、方以智、吴瑭、唐宗海等。下篇着重探讨医易会通中一些专题性问题及其原理范畴等的横向联系,诸如阴阳、五行、脏象经络以及针灸推拿按摩、养生等,并对医易会通的新前景进行了局部的探索。这样一种总体设计,既有宏观的鸟瞰,又有纵横交错的网状分析与综合,克服了一般线性分析方法的贫乏与单调,真正体现出历史与逻辑不可分割的内在统一性。《医易会通精义》一书,就其理论上的深度、论析上的密度、方法上的更新以及所引出的结论具有前瞻性而言,是一部难得的总结医易会通的专论性著作。随着中医学这一传统学科向现代科学的深刻转换,这部专论性著作将日益显示出自身的学术价值,在中医学研究的现代化进程中,将发挥其应有的历史作用。

这部著作既涉及医学及其固有的各个分支,又涉及易学及其所涵摄的诸多方面,在当前学科愈分愈细的情况下,要完成这种跨学科的综合研究项目,难度无疑是比较大的。然而这一项目在两个学科的学术工作者通力合作的基础上,经过两年多的互相切磋与辛勤撰写,终于按预定计划完成。这一丰美成果的取得表明,不同学科之间的交叉研究,是冲破学科自身的封闭性和狭隘性、推动学术发展的重要途径之一。当然这要看学科之间是否存在着这种内在关系,否则也将是徒劳无益的。正好,在中国,历史地形成了医易之间互相会通的文化传统。三才统一的宇宙模式,动态平衡的系统思想,以阴阳五行为核心的范畴体系,乃是医易相通的逻辑基石。"易具医之理,医得易之用","医易相通,理无二致"(张介宾语),"不知《易》,不足以言太医"(孙思邈语),早为历代著名医家所注意到的医易之间的这种内在关系,正是这部著作立论的前提。这部著作体现了哲学和医学、易学史和医学史之间的双向交流和多维联系,是很值得重视的学术文化现象和研究方法上的重要革新,势将开拓出新的前景。

1984年夏季全国首届《周易》学术讨论会在武汉东湖之滨召开,此后短短五六年时间,易学研究已经迅速成为热门,说《易》注《易》之作已出版十余部。此外,在易学史、易学与哲学、易学与美学、易学与各门自然科学等方面,亦开始出现专精深入的研究趋向。在东湖论《易》的盛会中,我们注意到并曾强调从多学科交叉的视角来探讨《周易》与古今自然科学的一般关系,似乎预示着易学研究势必向专深发展的新趋向。近些年易学研究中出现了由宏观趋向于微观、由抽象上升为具体的新进展,医易关系问题的专门学术会议已分别举行多次,涌现出一大批科研成果,《医易会通精义》一书正是这批成果中的佼佼者。我想,《易》与其他各门自然科学的关系的研究,也会以不同形式向纵深发展,也会推出更多的优秀成果。如李、萧两君主编、主撰的这部专著如果能为其嚆矢,亦云幸矣。乐观其成,喜为之序。

(己巳严冬序于珞珈山麓)

《气论与传统思维方式》序

　　20 世纪 70 年代末、80 年代初,莽莽神州经过"十年浩劫",由于四凶剪除而得以薰风重谱,万象昭苏。在党的解放思想、实事求是的正确路线指引下,实践权威的恢复,真理标准的讨论,逐步冲破思想僵化的格局,迎来了学术繁荣的春天。

　　十年来,在马克思主义理论挣脱"左"的囚缚和排除"右"的干扰、并日益与改革开放实践相结合而得到空前大发展的总形势下,中国哲学史这门学科的研究,也呈现出一派生机勃勃的景象。经过"拨乱反正"以及对马克思主义哲学史观和一系列方法论原理的深入探讨,久被奉为圭臬的苏联日丹诺夫的哲学史定义及两军对战模式等,终于以其片面性和表面性而被批判扬弃,长期被忽视了的历史与逻辑相统一的分析方法、哲学认识的矛盾运动及其螺旋发展("圆圈")的宏观把握、哲学范畴及其体系的形成和流动衍变的逻辑进程的历史清理等,重新得到了普遍重视和广泛应用。近几年,不仅涌现出一大批通观全过程、揭示规律性的通史教材,而且随着研究范围的扩大和研究方法的更新,以专、深为特点的专人、专书、专题的研究以及断代史、学派史、思潮史、范畴史等的研究论著日益增多。至于席卷全国的文化问题讨论热潮,对哲学史研究也是一大促进,促使人们思考哲学与文化的关系,思考传统文化的哲学灵魂及其所制约的范畴体系和思维方式何以最能反映文化的民族特点和时代特点,思考在中西文化比较中如何察异观同而把握传统文化与现代化的历史接合点,思考在中西哲学的汇合中如何融会贯通而实现传统哲学精华向现代化的创造性转换。这种种思考,对于深化和活跃哲学史研究,无疑是大有裨益的。

正是在这样的学术文化的活跃氛围中,不仅老骥出枥,重上征途,而且有不少学林新秀,醉心于祖国传统文化及哲学遗产的研究,辛勤耕耘,奋力开拓,在中国文化史、哲学史领域取得了许多可贵的新成果。李志林同志在冯契教授指导下撰成的这本《气论与传统思维方式》专著,乃是 20 世纪 80 年代中国哲学研究中脱颖而出的优秀成果之一。

气,是中国传统哲学中最基本、最广泛、涵摄丰厚而衍变繁杂的范畴之一。历代气论,即关于气的学说或理论规定,也具有极大的包容性。不仅中国古代各派哲学凡涉及本体论、宇宙论者几乎无不各有其气论,而且中国古代的各派宗教、各门科学和各种艺术也都往往涉及哲学上的气论或对气范畴有其特殊的解释和应用。但从哲学史角度考察,历代气论的复杂衍变,不外乎是气范畴的内涵的历史展开和逻辑发展,这一展开和发展的进程,观之以唯物辩证法的哲学史观,是有规律可循的。李志林同志的这本专著,旨在运用历史和逻辑相统一的方法论原则,以历史上气论的发展为主线,依据"察类""明故""求理"的认识逻辑的辩证演进,把先秦以来直到 18 世纪中国气论的理论发展概括为三个阶段,试图揭示这一发展的规律性。这是一项繁难而极有意义的研究工作。其所以繁难因为气概念在中国传统的"三才(天、地、人)统一"的宇宙模式中,其原生义和衍生义都极为繁杂。云雾之气,呼吸之气,节候阴阳之气,生理营卫之气,道德意志之正气、浩气,文艺创作之气势、气韵等等,统谓之气。如文天祥的名作《正气歌》所云:"天地有正气,杂然赋流形;下则为河岳,上则为日星;于人曰浩然,沛乎塞苍冥。……是气所磅礴,凛烈万古存,当其贯日月,生死安足论!"诗人认定,贯通天地人的浩然"正气"是万古长存的。在此诗前的一篇短序中,他还描述了所居污暗囚室中,"当此夏日,诸气萃然",列举了"水气""土气"以及"毁尸""腐鼠"的"秽气"等七种"恶气",包围侵袭,"鲜不为厉",但由于"我善养吾浩然之气",竟然囚居两年未病,"彼气有七,吾气有一,以一敌七,吾何患焉"! 这是诗人对客体诸气的形态的类解和对道德主体所具有的浩然正气的讴歌。至于历代不同派别的哲学家,则从不同的哲学角度对气的诸多层面进行了不同程度的抽象,从而形成诸家的气论及其对气范畴的种种理论规定。历史地清理这些认识成果,清理不同气论体系中气范畴内涵的衍变,由表及里,去粗取精,透过历史的现象形态和某些偶然性因素,揭示出历代气论中反映哲学认识不断深化的必经环节和辩证发展的逻辑进程,这显然是十分繁难的科研任务。但通过这样的研究,特别是具体化到通过气论的某一主要内涵(如把气作为物质存在的实体性范畴的传统自然观)进行系统清理,毫无疑问,对于更深刻地理解中国传统哲学智慧的贡献和局限,更确切地把握传统思维方式的历史特点,有其重要的意义。

李志林同志在选定这一课题着手研究时,我曾粗阅过他初拟的论文大纲,已感到其立论运思,既不离矩矱,又多有新意;当时只虑其所选课题跨度大,涉面广,似乎难于在短期内完成。不料弹指两年,在风雨书声中,他已奋力完成了。这篇博士论文,实际是一部纵贯全史、引古筹今的学术专著。1989 年冬,我应邀主持了他的博士论文答辩,因而得以细读其书稿,纲目井然,乐观其成,尤喜其敬重前修,兼综博采,而又不囿成说,自珍独见,因而能够驰骋古今,扬榷诸家,宏微兼及,经纬成编。今此书由上海学林出版社出版,我愿略赘数语,向读者推荐此书。

李志林同志这一部以中国气论发展的历史考察为中心内容的学术著作,就其所据史料翔实、运用方法得当、理论概括具有一定深广度而言,可谓是一部力作,而特别值得注意的是它在学术方向与致思途径上所表露的一些特点。

首先,在论史结合上,坚持了辩证逻辑的理论指导,贯彻了历史分析与逻辑分析相结合的方法,依据认识史中"类""故""理"三个逻辑范畴的辩证演进,把中国气论的历史发展大体概括为三个阶段:

(1) 先秦时期——以"察类(对气的形态分类之考察)"为主潮,诸如"阴阳二气"说、"六气五行"说以及"一气""精气"说等均皆属之。

(2) 汉唐时期——以"求故(对气化的动力源泉之探求)"为主潮,诸如围绕"莫为""或使"之争、"有无(动静)"之辨所展开的各家气化理论皆属之。

(3) 宋至明清——以"明理(对气化的规律性之阐释)"为主潮,凡有关"气化之道""理一分殊""两一分合""动静互涵"以及"至理""物理""分理"等学说皆属之。

这一气论发展阶段性的新概括,既有史实依据,又以其与思维发展辩证法中的"类""故""理"逻辑范畴的演进大体同步,而具有重要的方法论意义。当然,"类""故""理"范畴的演进,仅是对思维发展逻辑的一个层面的抽象,不能绝对化为唯一的范畴系列,即使这一个层面的范畴系列,表现在历史大阶段中,也是复杂交错的,不能简单化为固定的模式。但在哲学史研究中,在阶级分析和历史分析的基础上进行这样的逻辑分析,是完全必要的,否则就谈不上对哲学发展的规律性的探索。本书作者在这方面的探讨,由于坚持了历史与逻辑相一致、思想史与思维规律相吻合的思想原则,因而实现了论和史的深层次的结合,是卓有成效的,其所提供的视角,足资读者去进一步考辨、思索。

其次,在中西比较上,本书自始至终贯注着中西文化、中西哲学、中西传统自然观及思维方式的对照剖判精神,而在比较方法上,对"五四"以来"中西文化异同"之辨中的肤浅认同、笼统辨异以及取长补短式的静态糅合等方法,有所扬弃和超越,力图跳出中西异路、体用两橛的思维模式。书中有选择地限定自然观这一个层面,强调以现代文化意识与现代科学眼光去审视中西传统自然观的差异点,认定中国的气论与西方的原子论都是高度发展了的自然观,抛弃"西方中心论""华夏优越论"的陈旧偏见。所谓文化比较,就其可比性而言,只能是同中见异、异中见同、同异交比。而在实际比较中,尤需注意文化发展中的空间差与时间差的经纬关系问题,共性与殊性、常态与变态的矛盾联结问题,还应从人类文化互相交融、涵化的大趋向中去预测未来新的整合前景。作者在书中第五章"从中西比较看气论的特点和发展趋势"的标题下,通过历史的简略回顾,对比中国气论与西方原子论这两种主流思潮,从而概括出了同中求异的七点差异:

1. 整体性与个体性;
2. 连续性与间断性;
3. 无形性与有形性;
4. 功能性与结构性;

5．化生性与组合性；

6．辩证性与机械性；

7．直观性与思辨性。

这样的概括和对比分析，包括对中西自然观这些差异和特点所以形成的原因的分析，都达到一定深度和密度。作为综合集成的认识成果，有特定的理论意义。当然，由于文化比较问题的复杂性，这样一些概括性结论，其精确度和周延性只能是相对的，有的还可以进一步推敲；历史上复杂的文化现象，在主流之外当有支流和逆流；在可概括的一般情况之外，往往出现特例或反例，如在先秦显学诸家的自然观中，也有与气论迥然相异的有关"端""精""至小无内""非半弗斫"等近乎原子论的学说，印度哲学、医学被引入后，更有"四大""极微"等观念的流行。凡此，均有待纳入视野，论其兴衰绝续之故。当然，这不能求全责备于一部专著。本书关于中西自然观的差异点的概括和分析，其理论意义正在于：可以作为进一步探究的津梁。

最后，在古今贯通上，本书体现了富于历史感的优良学风。荀况有言："善言古者必有节于今。"王充认定："知古而不知今谓之陆沉。"作者在本书中力图发扬这种引古筹今的学风，历史地探究古代气论的发展，旨在发掘优秀历史遗产的现代意义，洞察传统文化中的现代化根芽，探索民族文化传统中的思想精华与现代化科学思维的历史接合点。本书后半部第四章、第五章及结语部分，以足够的篇幅、广阔的视野，一方面从气论固有的局限性，深入剖视了中国近代科学落后于西方的思想原因，其中对传统思维方式的惰性积习、含混特点等的揭露，对传统思维方式的缺陷的强固性及其变革的艰巨性的剖析，都较中肯；另一方面又充分肯定了传统气论中的理论智慧。基于对传统气论的逻辑发展中"察类""求故""明理"三个环节的考辨，引申出了相应的"整体关联""体用不二""矛盾和谐"三个思维范式，并从统一场论，生物控制论、现代系统论等的思维定势，预测性地论及中西自然观可能合流的前景。

作者按马克思主义历史科学的要求，清理过去，为的是开拓未来，尊重历史的辩证法，引导人们向前看，从历史遗产的研究中引出具有前瞻性的结论，这是本书的一个突出的特点。当然,预测性的议论,未必语皆中的,往往在科学洞见中杂有一定的幻想成分。但正如列宁严肃指出的:否认幻想也在最精确的科学中起作用,那是荒谬的。

基于以上认识,我乐于向读者推荐本书,并愿与本书的作者、读者一道,为继承发扬中国优秀文化遗产,促使民族传统智慧向现代化的创造性转化而努力。

(1990 年 3 月于武汉珞珈山麓)

序卫平论壮飞思想悲剧书

我辈虫吟真碌碌,高歌商颂彼何人。

十年醉梦天难醒,一寸芳心镜不尘。

挥洒琴尊辞旧岁,安排险阻著孤身。

乾坤剑气双龙啸,唤起幽潜共好春!

《和仙槎除夕感怀四篇》之一

谭嗣同这首诗,存于《三十以前旧学第二种——莽苍苍斋诗卷第二》中,未系年,以其行迹推之,当作于光绪二十年甲午除夕(1895 年初),时年 29 岁。这首诗写作的动念和激情显然来自甲午中日战争清廷惨败之后的时局,正如稍后不久的另一首《有感》所诉:"世间无物抵春愁,合向苍冥一哭休。四万万人齐下泪,天涯何处是神州!"深重的民族危机,促使青年谭嗣同猛醒,由一个"守文因旧"的书生迅猛地转变为呼号变法的志士。诗中,反映了他对自己过去青春岁月的严肃反思,虽然芳心不染而毕竟碌碌无为。这表露了他对未来道路的自我选择和为了革新救亡而决心不避险阻、不怕牺牲的献身精神。次年春,谭嗣同到了北京,与梁启超、康有为、翁同龢等相结识,从此参加维新运动,著《仁学》,办《湘报》,奔走呼号,投身激流,冲决网罗,义无反顾,直到 1898 年百日维新失败后慷慨就义,"我自横刀向天笑,去留肝胆两昆仑"。他的就义,既慷慨,又从容,具有高度的自觉性和历史的使命感。戊戌政变突发,他拒绝走避,坦然向朋友们说:

"不有行者,谁图将来;不有死者,谁鼓士气?!""各国变法,无不从流血而成,今日中国未闻有因变法而流血者,此国之所以不昌也。有之,请自嗣同始!"这一片充溢着爱国热忱的激越心声,连同他闪光的一生(年仅33岁)及其彗星般的思想光芒,曾经唤醒并激励过中国走出中世纪艰难岁月中多少前仆后继的爱国志士,透过90年间的神州风雨,迄今仍未丧失它的感染力。

谭嗣同是戊戌变法时期思想解放运动的一面旗帜。他作为新一代真正觉醒的启蒙者,在政治思想上激进的民主意识对"数千年来三纲五伦之惨祸烈毒"的愤怒抨击和猛烈批判,使他成为戊戌一代维新志士中独立不苟的佼佼者,在政治实践上,表现出特有的高风亮节,以沉肃的忧患意识所辐射出的炽热爱国情操,燃烧到最后,自觉演出一幕"有心杀贼,无力回天"的政治悲剧,赢得了千百万后人一致的哀悼、崇敬和衷心礼赞。

但是,有关谭嗣同以《仁学》为代表的哲学思想体系,在学术界的理解和评价上,则存在着较多的分歧,或褒扬或贬抑,或泛观或深求,都各有其思想基准和价值取向。声气相投的同辈知交,如梁启超,将其比作晚清思想界的"彗星",认为"《仁学》内容之精神"正如"英奈端(牛顿)倡'打破偶像'之论,遂启近代科学,嗣同之'冲决网罗',正其义也。《仁学》之作,欲将科学、哲学、宗教冶为一炉,而更使适于人生之用,真可谓极大胆极辽远之一计划。……其尽脱旧思想之束缚,戛戛独造,则前清一代,未有其比也"(《清代学术概论》二十七)。康有为则赞之以诗曰:"大哉《仁学》书,勃窣天为惊! 金翅来大鹏,溟海掔长鲸。巨力擎烛龙,雷霆吼大声。吾道有谭生,大地放光明……"(《六哀诗之四》)这些赞扬之词,或不免以神交心许而有所溢美,但足见谭嗣同思想在当时人心目中的直接印象。此后,对谭嗣同思想的研究和评析,褒贬不一,偏全各异,见仁见智,歧解甚繁。而在较长时间内一些论者拘于对"仁"和"以太"、"以太"与"心力"之间关系的不同诠释,徘徊于对谭氏哲学基本性质的争论,或基于谭氏思想主要来源于佛教哲学或主要来源于王船山哲学,从而评判其理论价值,或者进而注意到谭氏思想有其曲折的衍变过程而又有其最后的政治归宿和哲学归宿,同时也注意到谭氏思想各方面都充满着复杂的矛盾而又有其试图统一各种矛盾的未臻成熟的理论体系和方法论基础。至于对谭氏哲学的历史地位评价,有的论者认为其体系虽未成熟,但标志着中国古典传统哲学的终结;有的则认为其《仁学》体系虽庞杂,但主要是近代人道主义或人本主义的一个雏形;有的论者虽肯定其冲决封建网罗的巨大历史作用,但认为就其哲学仅是从"旧学"向"新学"转变中一种特殊的形态而论,其充满矛盾的体系正表明中国近代哲学革命的一次流产。

在这种种研究成果的基础上,黄君卫平好学深思,经过认真钻研,反复琢磨,写成了《思维的悲剧与悲剧的思维》一书,看重从思维方法的角度,论述了谭嗣同思想的政治取向及其哲学方法论基础的历史衍变过程,系统剖析了《仁学》中由政治伦理思想、哲学世界观与主观思辨方法三个层面所组成的理论逻辑结构;较深入地揭示了《仁学》所阐述的"辨对待"—"破对待"—"无对待"的矛盾观,"柔静之与刚动异"—"静则将以善其动"—"动即静,静即动"的动静观,以及"网罗重重"—"冲决网罗"—"冲决网罗即未尝冲决网罗"的自由观等逻辑进程;指出这一思辨序列的逻辑进程具有共同的方法论基础,乃是涵容并歪曲了辩证法的相对主义,而这种相对主义诡辩,在当时却具有否定封建教条,冲破"独断迷梦",促进思想启蒙的特定历史作用。书中这些颇有新意的独到之见,表明作者的致思趋向,不囿成说,不拘公式,不迷于表层现象,而着力于思想的深层结构及其功能的剖析,且坚持以马克思主义为圭臬,而又十分注意论史结合,言必征实,立论皆铮铮有据。因而本书并非陈陈相因之作,而是近些年谭嗣同思想研究中确有创获的新成果。

本书尤具特色是第三章,作者在论史结合的前提下还坚持了中西对比与古今贯通的治学原则,把对谭嗣同思维方法的评析纳入了更广阔的历史视野,与西方传统的反辩证法的形而上学思维方法相比较,与西方(尤其德、俄)在近代发展起来的辩证思维方法相比较,从而较深刻地揭示了以谭嗣同为典型的中国近代思想家在思维模式及思维方法上的固有特点,即往往未能超越朴素辩证法的传统,并依靠这种传统思维模式来融汇涵化西方形式逻辑和现代科学成果,导致中国近代许多哲学家的思维,既不是夸大了形式逻辑而陷入形而上学,也不是超越形式逻辑而达到了辩证逻辑,却是更多地表现为主观地运用辩证法而通向诡辩术。在谭嗣同的《仁学》体系中,即表现为"辩证法与相对主义的奇妙结合","对西方形式逻辑的不自觉的歪曲"。作者指出:这正是谭嗣同思维方式的悲剧。作者有分析地作出结论:谭嗣同思想"通过特定的思辨逻辑紧紧地围绕着他的政治主题,具有强烈的政治鼓动性和主观随意性,极大地冲击着几千年来的封建正统观念,却未能突破传统的运思习惯;它开辟着中国哲学与近代科学相结合的广阔前景,却又使这种结合陷入外在的比附而误入歧途;他自觉地试图引进一种与中国传统思维方法大相径庭的形式逻辑,却又不自觉地将其纳入传统思维的固有模式;他继承着以王夫之为最高代表的朴素辩证法的思维传统,却又以极端的逻辑诡辩而标志着它在近代的瓦解。可见,谭嗣同思维方法的革命性本身就是他的思维方法的时代悲剧。因此,与黑格尔、赫尔岑等人相比,谭嗣同等中国资产阶级启蒙思想家也许可以说他们是 20 世纪历史的同时代人,而不是 20 世纪哲学的同时代人,他们在实践上已达到的阶梯,在理论上还没有达到"。这种通过中西比较、古今贯通所得到的分析结论,是有一定的理论深度和说服力的。作者以马克思《黑格尔法哲学批判·导言》中的论点为指针所作的关于德、俄、中三国近代具有启蒙意义的哲学思潮的对比研究,在方法论上也有着多方面的启发意义。至于在书末《余论》中,作者深体鲁迅先生"心事浩茫连广宇,于无声处听惊雷"之诗意,提出了一些十分严肃而又具有前瞻性的课题,诸如,从谭嗣同思维方法的时代悲剧去批判地总结中国近代向西方学习、消化西学中的历史教训问题,从谭嗣同为代表的近代哲学启蒙思潮的特点去科学地考察辩证法在中国的历史命运问题,从现代科学概念向东方古代哲学复归的趋向中去冷静地探索传统文化与现代化的历史接合点问题,等等。作者经过深思提出的这些课题,的确是时代脉搏的反映,在当前文化问题的探讨中,不是也值得本书作者和广大读者进一步去深入思索吗?

黄君卫平,以上海知识青年下乡,曾耕读于黑龙江畔,青龙山下,20 世纪 80年代初考取研究生,来学于珞珈,矻矻三年,不骛声华,好作深沉之思,喜读壮飞《仁学》诸书,且景慕其为人,常慷慨论百年来中国改革道路之坎坷,而论及谭嗣同等的政治悲剧和思想悲剧,遂以此为主题完成了硕士学位论文,颇得到师友好评。毕业后到深圳大学工作,虽颇历崎岖而初心不改,除瘁力于教学和科研的创新开拓外,仍在学位论文的基础上锲而不舍地充实、扩展而成此新著。黄君等毕业时,余在赠诗中曾有"海底鲛珠偏似泪,火中鸣凤最关情"句,今喜其不弃旧业,敏求新知,火凤初翔,鲛珠成串,故乐为之序,盖庄生所谓"火传也不知其尽"之意云尔。

（1989 年 7 月序于汉皋）

《熊十力与中国传统文化》序

　　熊十力哲学,是20世纪中国哲学园中一株奇葩,清奇秀逸,久而弥芳,扎根中土,流誉海外。盖自晚清以来,中西各种文化思潮汇合激荡于半殖民地中国,西化惊涛,复古逆流,相反相因,同时汹涌,使不少人目眩神移,失所依归。熊先生正当此时进入学界,他没有随俗浮沉,而是以异乎寻常的苦学精思,自循中国哲学启蒙的特殊道路,上下求索,黾勉一生。从"五四"前夕发表《心书》,到20世纪60年代著成《乾坤衍》,前后近50年,学脉数变,重心屡移,而规模则日益弘远。他治学立言之根本特点,是不囿陈说,力破门户,兼综博采,自立权衡,不仅与奔竞浮华的崇洋论者和佝偻近视的国粹论者大异其趣,而且与拉杂比附而浪言融通者亦卓尔不同,与同时代的中西文化论者相比,颇能以高一层次的哲学思络,贯通古今,平章华梵,衡论中西,出入于道、佛、儒各家及宋、明、清诸子,而自创《新唯识论》的独特体系。但直到晚年,他仍强调"真理无穷尽",应当"以平等心究观古今各大学派","夏虫井蛙,学者宜戒"。因此,熊先生所成就的哲学体系及其学术史观,在一定意义上可以说是对晚清以来的中西新旧、体用本末的论争,作了一个阶段性的小结。更有进者,熊先生戎马青春,投身于反清革命,之后,以民主革命的热情志士,转而从事哲学理论的冷静钻研。其内在动力,绝非"逃世""孤往",而是满怀忧国忧民的悲愿,"白首对江山,丹心临午夜",作为辛亥革命失败痛苦中觉醒的一员,沉毅地反思"中国何由停滞不进"而"革命终无善果"的历史原因和思想教训,试图以自己的哲学创造对曾经参加而已成过去的辛亥革命回头去做补课式的理论总结。由于中西文化之争和民主革命补课,乃是中国近代史留给人们长期咀嚼的重大课题,所以,熊十力哲学中跳动着的这一时代脉搏,就会对人们具有持久的吸引力,并会给人们继续思考以多方面的启迪。

过去对熊十力哲学思想的重视和研究是不够的,及至璞鼠相淆,评断有误。这一方面固由于"左"道足以乱真,也另有学派偏见在作祟,往往褒之贬之皆失其正。另一方面也由于熊先生著作繁富,体大思精,假借佛家名相既界说纷纭,古老语言外壳又包容至广,往往使读者难以得到确解。再加以他喜用遮诠法,以破显立,层层剥蕉,故书中逐处遮破佛法,睥睨西学、痛斥奴儒,且明确自称:"吾唯以真理为归,本不拘家派,……亦佛亦儒,非佛非儒,吾亦只是吾而已矣。"这就难以用某种固有的学派范式去加以评定,如诃斥其乖违佛理,或赞美其不坠儒宗,似皆言之有理而与熊氏思想全貌实不相应。对熊十力学术思想的切实研究,尚有待于多方努力。首先,知人论世是一端,必须考察其治学经历、学术路线、思想发展诸阶段及其社会历史条件;其次,思想剖析是又一端,必须对其历史形成的思想体系和思维模式,进行多侧面、多层次的逻辑分析,纳入当时思想矛盾运动的全局,与并列诸家相比较而观其同异,进而窥视其"吾只是吾"的思想实质和个性特征。凡此,皆非易事。郭君齐勇所撰《熊十力与中国文化传统》一书,是从这方面着力的一个可贵尝试。近闻香港天地图书公司愿将该书列入高宣扬教授主编之《人文科学丛书》之中,更显示出国外及中国港澳文化界对熊先生哲学的重视。

郭君齐勇,英年好学,以参加编校《熊十力论著集》而细读其书,又遍访熊先生之知交、弟子、亲故而知其为人,景慕情生,理趣自浓,矻矻三载,遂成此书。余得以先读其书稿,乐与切磋,喜其敬重前修;认真校读熊先生已刊和未刊著作而力求体会其用心。综述海内外对熊先生思想的研究动态而力求巨细不遗;且念及熊先生欲写《量论》而未果的遗志,特以阐述其哲学体系中的认识论为重点,广搜而博证之。书中,从"境不离心""翕辟成变""冥悟证会""天人合一"四个侧面,论述其认识论的逻辑结构和思维模式的特点,透过各种迷雾,既充分肯定其认识论中阐扬主体能动性原则和思维方法上把分析与综合、理性与直觉等两端融通为一的积极意义,又如实地揭示了熊氏认识辩证法的内在矛盾和局限性。在论及熊十力哲学的特质时,从认识论的角度,较深入地对比了熊氏夸张"本心"与费希特强调"自我"的思想异同,作出了两者"同是软弱的资产阶级的代表",费希特哲学是"为即将到来的革命准备理论",而熊十力哲学则是"在为已经逝去的革命进行补课"的论断;又纳入中国近代哲学思潮,评析了熊氏扬榷百家、融通儒佛而成就的"体用不二"的一元化体系,较之康有为、谭嗣同、梁启超、章太炎等在哲学上自陷于矛盾,是一个认识史的进步;又进一步将熊氏思想置于更广阔的文化背景之中,申论其对于古今中西之争的态度和对传统文化的扬弃。凡此诸端,皆可谓发前人之所未发,且持论铮铮有据,对熊十力学术思想的系统研究作出了一定的贡献。当然,由于此书重点在阐述熊十力哲学中的认识理论这一环,且匆匆写成,不免涵泳不深,网罗未周。进一步钩沉发微,期诸来日。

余读《体用论》末章,熊先生慨乎有言:"余平生酷好哲学,独居深念,科学毕竟是分观宇宙,若综观宇宙,深彻源底,当有哲学专其责。私怀惟冀质力诸学、生物学、数学、辩证法各种理论之探究日益宏深;东方古哲遗经,其中确有宝物在,尤望学者苦心精究。将来有哲人兴,融合上述诸学,以创立新哲学之宇宙论,是余所厚望也!"这段话,实为熊先生作为真正哲人的伟大预见,眷怀东方往哲之遗宝,更殷殷瞩望于将来学者的开拓和创新。汪洋学海翻新浪,吸取诗情向未来。熊先生生前所厚望于后人者如此,愿与本书作者和读者共勉之。甲子之冬,郭生等获得哲学硕士学位,余尝赋诗一首贺之。曰:

弹指三秋琢玉勤,几番风雨伴书声。

攀峰宁畏崎岖路,入世休吟独潓行。

海底鲛珠偏似泪,火中鸣凤最关情。

送君者自其涯返,奔逸绝尘盼后生。

(1985 年 10 月序于珞珈山麓)

滴
水
吟
稿

劫 余 忆 存

甲申乙酉杂诗忆存

二十年来养素襟，灵均芳草伯牙琴。

闲云野鹤添惆怅，独向沧波觅楚吟。

欲从烦恼证菩提，慧梦情天撷彩霓。

觉后心成秋水定，任教鸿影自东西。

悟到空花别有痴，一泓秋影水仙辞。

烟涛海上琴心远，明月天风独立时。

苍苍荻浦水娟娟，万缕诗魂托素弦。

浅月笼云疏雨过，一星明灭隔珠帘。

孤山诗梦鹤飞来，湖上寒梅万树开。

落月半襟花一鬓，有人深夜独徘徊。

惆怅难招化蝶魂，烟萝掩径月黄昏。

濛濛茜雪吹吟鬓，禽梦依稀到谢园。

国花偏向岁寒开，岂为招魂写万梅。

雪后园林太萧索，东风何日动葭灰？

鹧鸪天

一九四六年九月，将之汉皋，和元谊、吉权、深之《秋感》韵

风警疏桐坠碧栏，雁声遥度沉寥天。冰弦怨结凝云冷，翠袖愁添竹露寒。　蘋渚外，蓼汀前，萧萧落木满秋山。红衣褪尽莲心苦，谁忆明珠叶上圆。

漫卷珠帘上玉钩，颓云漠漠一天愁。凄凉笛里关山月，憔悴吟边海树秋。　飞鸟尽，角弓收，可堪重忆少年游。焦桐难写鹓雏恨，嚇鼠寒鸱不解羞。

辛苦天孙织彩霞，挽枪犹自护雷车。惊烽乱落三秋雁，铁管吹残五月花。　淮水碧，蒋山斜，几多猿鹤几虫沙。楸枰一局谁堪问，愁听荒城噪暮鸦。

忍拂尘鸾鬓欲丝，可堪风雨梦回时。冰绡零乱千行泪，红萼殷勤一卷诗。　吟绪苦，雁书迟。风前愁寄白蘋思。采真玄圃沉珠信，怕对秋灯读楚辞。

莫向烟波问旧游，孤怀憔悴负盟鸥。飘残红影风欺烛，拨断冰弦月满楼。　斜露冷，火西流。寒莎蛩语一帘秋。疏星疑是嫦娥泪，散作青天点点愁。

卜算子

岭上白云闲，林下清溪冷。莹彻交融一片心，溪水涵云影。　何处寄相思，月落枫桥静。日日高楼独倚愁，目断飞鸿信。

行路难二首

一九四四年夏

—

奉君冲斗沉泉之宝剑，泣鲛舞鹤之瑶琴。

混茫属云之高咏,移山填海之雄心。

平生肝胆郁冰雪,意气如虹志如铁。

男儿岂信古人言,太行孟门皆峣绝。

——行路难歌君再吟,

令我沉沉古泪沾衣襟。

二

岂有重瞳子,叱象躬耕原田美。

一朝妩妠降皇英,大麓风雷半生死。

勤苦翻教四门穆,契典司徒禹治水。

驱车四海问民劳,五岳崎岖千万里。

君不见——

九嶷山上白云深,下有沉沉枫树林。

销魂血泪湘江竹,一曲瑶瑟万古心。

自 题 吟 稿
一九四五年夏

诗情慧境两参差,犹记荒江独立时。

海燕孤飞翻有梦,春蚕自缚尚余丝。

堪怜丽思纵横处,难解狂歌叱咤辞。

文藻江山摇落感,飞凉萝月又眠迟。

一九四六年冬,珞珈风雪,纡情难遣,寄调《水龙吟》

天风夜度龙沙,飞来万里彤云冷。琼葩飘散,羽衣轻坠,籁虚林静。体物成形,凌空作态,纷纷成阵。正湖山清绝,客怀凄悄,凭栏意,知谁省?

遥想千家野哭,正都门,酒温歌竞。塞雁惊烽,哀鸿遍地,月寒风噤。剑外心期,吟边怀抱,怕催青鬓。步溪桥,天心何处,问梅花讯。

一九五七年元日有寄

犹记湖山残雪后,红梅芳信苦探寻。

十年巨浪开新国,一点痴情结素心。

烈火熔炉钢未熟,春膏原野草初生。

高峰路远相携去,不畏艰难决意行。

一九五七年七月初到汉皋

武昌城外柳依依,回首沧波路未迷。

西蜀紫鹃归梦远,东湖红萼故人稀。

峥嵘诗律归平实,寂寞玄莹入细微。

恰是艳阳天气好,春兰秋菊正葳蕤。

大别山中哭仲吕、朝瑜

　　一九五九年二月廿日得文筠电告,仲吕与朝瑜同赴康定研究醋柳,因车覆,为党的科学事业牺牲,震悼万分,低吟当哭。

半生崎路庆相知,雨露风霜互勉持。

珠姆峰前花正发,春来竟是哭君时。

十六年前大渡河,沉沉寒雾压江波。

订交一卷《巴斯德》,战胜瘟神费琢磨。

真理明辉似太阳,葵心同结煦春光。

十年革命风涛里,诚挚相期百炼钢。

朴厚凝专是我师,神州草木化神奇。

残篇醋柳谁能续,愁听春山杜宇啼。

一九五九年七月随李达同志赴青岛,海上吟

衣沾大别山中雨,襞染胶东海上青。

此日崂山观日出,舒怀吟唱沁园春。

偶来东海听潮音,不见湘灵漫鼓琴。

欲采明珠缀柔鬟,诗人依旧少年心。

炼就丹心一点痴,灵峰崎路莫迟迟。

海涛不比胸涛阔,天外云帆笔外诗。

曼睇雄奇不自夸,鱼龙风雨各为家。

洪涛滴水原同体,坐看巉崖扑浪花。

一九五九年八月题海上鸿影

海水溅罗裙,海风拂柔鬟。借问西蜀采珠人,偶来东海何所见?
不见夜明珠,但悟虚涵理。极目沧浪咏水仙,碧涛飞处白鸥起。

一九六三年除夕题卡赠友人

梅蕊冲寒破雪开,东风指日扫阴霾。

灾痕消净春潮涨,吸取诗情向未来。

洞庭春水涨新潮,喜看山花满汉皋。

海燕心期云路远,屠龙细淬犯霜毫。

一九六四年春,雨霁登长城

春郊微雨酿初晴,夹道毵毵柳色新。

麦垄苗肥知粪足,今年公社好收成。

驱车一举出居庸,踏上雄关忆大风。

眼底芜城三化好,梨花如雪杏花红。

搏战千秋史迹彰,岂容信口说雌黄。

蒙恬纵有长城盾,不敌英雄大泽乡。

一九六六年二月学习焦裕禄同志事迹

兰考新天换旧灾,沙丘丛柳隐红梅。

神州处处追奇志,遍地春蕾破雪开。

火 凤 凰 吟

戊午辛酉杂诗忆存

凤凰烈火讵成灰，复见天心蕴雪梅。

湖海行吟诗未老，律吹寒谷唤春来。

飘坠尘霾未化泥，童心诗骨两钦崎。

云开日出豺狼死，兰自葳蕤草自萋。

（戊午秋成都行）

薰风弦语护兰芽，新涨湖波漾碧莎。

雪后孤山情似旧，心期一片缀红霞。

（题筠画贺玲婚）

童心诗梦桂桥边，说剑谈玄总惘然。

相呼犹记春郊路，如火情怀听杜鹃。

风雨征途别后情，天山云赤锦江春。

知君深体园丁意，掘尽心泉为树人。

（戊午冬悼祚隆）

闻汝呱呱破壁生，神州春气正盈盈。

洪涛滴水原同体，慧业拈花付小真。

（闻真生）

坝上冰消百卉萌,朱弦从此醉薰风。

坎坷道路休回首,凝睇於菟再启蒙。

(闻蒙生)

奠鹤鸣师

　　鹤鸣师被诬陷迫害致死,弹指已十有四年。回顾史迹昭彰,六十载薪火相传,缅怀风骨嶙峋,四大卷遗文俱在。野祭无文,哀吟当哭,行汶上,何处招魂。一九八〇年秋。

一

南湖聚首开新史,龙战玄黄大地春,

旧雨欣逢碧云寺,秋晴闲步晚枫亭。

精研正论雄狮吼,敢斥歪风赤子心。

最是难忘东海上,深情萦念故将军。

二

冷对鲸涛欲控弦,慨然扶病试登山。

夜谈宁识贾生意,晨舞遥思祖逖鞭。

耿耿丹心凝古道,孜孜彤管著新编。

《大纲》一卷荀卿赋,蚕颂依稀拟暮年。

三

飞霜五月百花残,厉吻兀鹰猛啄肝。

抵制顶峰翻有罪,批评左道竟成冤。

珞珈愤贮苌弘血,湘水悲吟橘颂篇。

难续史观惭后死,抚摩遗札泪如泉。

四

弹指惊心十四秋,当年妖雾漫神州。

奇冤虚构三家案,黑线株连数百囚。

大雪青松留正气,崖冰红萼蕴芳馥。

今朝喜听春潮急,野祭招魂咏楚讴。

哭奠吕振羽同志

一九八〇年七月杪赴京,原拟趋候吕老请教,不意抵京后即闻恶耗,为之潸然!八月九日八宝山追悼会上,含泪吟成,以托哀思。

湘皋鸣鹤传心炬,破雾燃犀五十年。①

古史千秋董狐笔,江南一叶祖生鞭。

珞珈候解章灵注,蚕室惊闻不白冤。②

莽莽神州留正气,声声怒吼化龙泉。③

自注:

① 李达同志号鹤鸣,20 世纪 20 年代初在长沙讲学,吕振羽同志是李老很器重的学生。30 年代初李达同志去北平大学任教,呕心沥血,宣传马列主义真理。时吕振羽同志也去北平从事革命活动,师事李老,刻苦钻研马列,掌握了指南针和照妖镜,在 30 年代社会史论战和反击各种反动谬说的斗争中,遂能破雾擒妖,燃犀烛怪,使陶希圣、叶青、李季、秋泽修二之流无所逃其形。在长夜难明的旧中国,为捍卫马列主义真理作出了重要贡献。新中国成立以后,吕振羽同志在思想学术战线上继续奋战,从未停笔,即使身陷囹圄,既对林彪、陈伯达、康生、江青一伙鬼魅的政治阴谋烛察其奸,又对哲学、史学领域中的"左道"乱真多有驳正。明辨是非,大义凛然。

② 一九六二年十二月两湖社联在长沙举行王船山学术讨论会,吕振羽同志应邀莅会,他仔细阅读青年作者的论文,十分关心对船山思想的研究,曾指点我们注意船山在《章灵赋·注》中的一些自我剖白。会议结束时,李达同志邀振羽同志赴武汉大学讲学,他欣然同意;李老嘱余志宏同志和我先返校作些安排。可是,我们回珞珈,久候振羽同志不至,而且音讯渺然,后知他已在火车上横遭拘捕。蚕室之冤,今古同悲。

③ 去年"李达文集编辑组"有同志曾赴京访问吕振羽同志,得知他在狱中坚持党性、坚持真理的斗争事迹和他在狱中沉痛悼念李达同志的诗章,乾坤正气,令人感佩无已。近又得知他在狱中经常愤怒呐喊:"打倒法西斯!""打倒伪造历史的恶魔!""中国共产党

万岁!""马克思列宁主义万岁!""一切真正的马克思主义者永垂不朽!"这些口号,凝结了人民的正气,亿万人民的浩然正气,必然化为慧剑,所向无敌。

酹 江 月
一九八〇年十月悼念余志宏同志

魂兮归欤! 望巍云湘水,投诗何处? 七里坪前风日好,犹记叮咛挚语。创业心期,分忧怀抱,指点攀峰路。护花匀露,园丁一片辛苦。谁信五月飞霜,人妖颠倒,谤诼纷如蛊。烈火真金凝党性,浩气丹心难侮。虎穴功辉,骊渊珠灿,魑域终尘土。薰风重谱,春兰——秋菊——千古!

一九八一年春节,成都老友有诗笺来,书此奉答

银桂溪桥画梦痴,珞珈风雷望春迷。

卅年龙血离朱眩,四野鹃声郢客悲。

蚕室有心存信史,蜗居怀旧和新诗。

相忘相响相思意,红豆江南发几枝。

一九八〇年九月舟行海上口占

北部湾前泛早霞,波平风静隐龙蛇。

诗情不羡云中鹤,慧境宁同井底蛙。

黑氏连环原可解,刘郎交胜实堪夸。[①]

明朝捧出鲛人泪,寄语飞天莫雨花。

自注:

① "黑氏连环",指黑格尔关于"哲学发展的圆圈"的思想;"刘郎交胜",指刘禹锡关于"天与人交相胜还相用"的学说。

一九八〇年国庆,编书组欢聚广西北海市,即席吟

相携海上听潮音,耻学成连独鼓琴。

千顷鸥波增慧解,百年龙种结童心。

圆圈逻辑宁难产,批判锋芒可断金。

同缲新丝结珠网,荀卿蚕赋费沉吟。

北海中秋,戏贺熙钊五十初度

吴公五十知天命,北海挥毫剖怪胎。

濠上冷风鱼自乐,愿吹律管唤春来。

读锦全和诗,意犹未尽即席再叠前韵

秋风海上琴心远,龙种于今育壮胎。

指望诸公挥郢斧,精雕细刻献如来。

休惊卞玉刖双足,且看隋珠隐蚌胎。

海上今宵蜃气散,嫦娥献舞月宫来。

西　江　月

一九八〇年国庆,小聚北海,锦全有赠,步韵答之,拈花一笑,本可忘言

辙鲋常怀旧雨,卧龙空惜流年。迷茫风雪剡溪船,不抵花城一面。

笑我支离自误,美君檃括悠然。重逢海上说人天,指点螺旋几片。

北海会中步锦全韵,赠军夫

白也多情赋远游,羊城喜识韩荆州。

三生慧业参几字,一曲悲歌哭女囚。

世上鹡鸰宁有别,胸中泾渭自分流。

劝君莫学嵇康锻,来去由他眼合休。

菩萨蛮·漓江舟中

漓江江上峰奇叠,漓江江水何莹澈。山势恣嶙峋,波涵无限情。　　秀眉晕黛浅,螺鬟鲛绡掩。慧境托诗心,高秋入桂林。

登桂林独秀峰

独登独秀独凝思,触目群峰各有姿。

远近高低缘对视,阴晴晦朗不同时。

难依山水分仁智,漫向鸡虫辨慧痴。

造化有情生万汇,鸢飞鱼跃凭参差。

九校合编《中国哲学史》书稿初成,聚渤海黑石礁审稿,呈编书组审稿组诸同志,征和。辛酉冬

弹指三秋学累丸,居然秃笔笑江淹。

花城纫佩情初合,北海探珠意自闲。

九畹兰心凝史慧,五湖鸥梦入诗篇。

今朝同上黑礁石,莫向筌筳说路难。

再叠前韵答诸同志,兼呈岱年、石峻老师

乌飞兔走运泥丸,吞吐百家愧博淹。

雪夜饭牛忘苦乐,炎宵汗马等忙闲。

羞随宋玉夸风赋,愿学侯芭续逸篇。

渤海湾前冬日美,心扉余暖扫疑难。

一九八一年十月,杭州、桂林会后赴广州参加中山大学研究生答辩志感

望迷西子湖边路,梦绕漓江水上峰。

独喜花城秋意美,满园松翠护蕾红。

八一年深秋岭南之行,陈玉森同志有诗见赠,谨步原韵奉和,兼陈丁宝兰、李锦全同志

> 劫后人熙世运隆,神交何问岭千重。
>
> 三年抱瓮忘机括,九畹滋兰托素衷。
>
> 蚕室凝情存信史,薑斋圆梦鞠微躬。
>
> 相期濠上无言处,湘水巍云几日逢。

杭州会后,陈荣捷教授海外寄来诗笺,步韵答之
一九八一年春节

> 学海乘桴击楫忙,泰西彀子几升堂。
>
> 神州昏梦终呼醒,一瓣心香拜顾、王。
>
> 盈盈春气遍寰中,梅萼天心几处红。
>
> 莫说海山多阻隔,炎黄遗裔此心同。
>
> 西湖应比鹅湖美,文藻江山属众黎。
>
> 自古慧心无国界,奘师千卷证菩提。

邱汉生先生寄赠四绝,步韵敬和
一九八二年春

> 殊蒙奖誉惭云鹤,自笑支离愧畸人。
>
> 赤水玄珠何处觅,邱公拄杖指迷津。
>
> 西湖见说赛鹅湖,笙管喧中且据梧。
>
> 冲决网罗凭指点,侯门学脉孕新图。
>
> 一编《简论》意何深,批判锋芒可断金,
>
> 入垒袭韬缘底事,只因余毒尚欺心。
>
> 柳子高情对问天,船山孤兴步溪烟。
>
> 百年龙种今无恙,钟鼓波涛续昔贤。

临江仙·和韵答锦全、罗炽

弹指华年怜逝水,罗浮疏影阑珊。采珠宁畏海风寒。苍凉诗外语,潦倒醉中颜。　　蓬岛仙游迷远近,双成笑指嫣然。雪莱冬咏记胸间。童心犹未泯,蝶梦醒应难。

隐几维摩原未病,缪斯(Muse 古希腊诗神)不必飞花。孤山风雪冷红霞。鸡鸣难起舞,牛背暂为家。　　复见天心蕴梅萼,月明诗思无涯。休夸羿矢堕金鸦。相思何处寄,雁字楚天斜。

北京定稿完成,送别锦全、兴华

三年萍聚散匆匆,别后相思几处同。

自有诗情通窅窱,岂因华盖失从容。

六编心史鲛人泪,一卷行吟郢客风。

世路崎岖且珍重,楚天寥廓盼飞鸿。

满　江　红

一九八二年元旦夏甄陶同志家小饮漫谈,归志所感

日月回环,莽乾坤,又成一岁。自古来,史称董狐,智夸曹刿。大地沉浮谁作主,诗人歌哭缘何罪?盼叶公,指日驾真龙,翱天际。　　管弦杂,咸池美,泥沙混,奔腾水。岂方针二百,卫巫能会?宋玉漫夸风赋好,卞和宁惜荆山泪。待来春,踏雪步荒湖,梅花媚。

八二年六月赴南京,读《中国哲学史稿》两卷,敬赠孙叔平同志

疾风知劲草,雪后见红梅。

固有坚贞操,方能灿烂开。

胸中悬北斗,笔底隐惊雷。

两卷呕心史,深情向未来。

湘西草堂题咏

一九八二年秋,纪念船山逝世二百九十周年学术讨论会举行于衡阳,敬谒先生故居,谨题。

芳情不悔说船山,弹指湘波二十年。

今日潋溪忆风貌,芷香芜绿梦初圆。

当年瓮牖秉孤灯,笔隐惊雷俟解人。

三百年来神不死,船山应共颂芳春。

薑翁痴绝和梅诗,慧境芳情永护持。

雪后春蕾应更妩,愿抛红泪沁胭脂。

题岳麓书院,仰怀船山。见岳麓题壁多称朱熹、张栻二贤,故反诘之

衡岳钟灵岂二贤,邶侯书卷石头禅。

翩翩年少订行社,冲破鸿蒙别有天。

题衡岳大庙,忆船山当年起兵抗清事

衡岳惊雷隐隐闻,霜毫当日气纵横。

芒鞋竹杖莲峰路,虽败犹荣望远春。

读周士一同志论《周易内传》一文,附有一律,步韵和之

妙论连珠似涌泉,氤氲生化岂三千。

章灵袯襫频搔首,谢故趋新猛着鞭。

雪压梅魂明剥复,波涵月影辨中边。

感君细剖薑斋易,盘藕修罗梦欲圆。

一九八四年初访十堰,听二汽创业史,默吟得一律

武当北麓起车城,翠谷朱楼四望新。

破雪迎春双燕舞，劈山开路一龙腾。

三关闯过犹余勇，百战荣归不自矜。

鼎立中心迎巨浪，白头孟总最多情。

甲子秋，访太原，敬谒晋祠中傅山先生故居云陶洞，洞颇湫隘，而先生当时笔剑并用，叱咤不息。缅怀风骨，廉顽砺懦。适虞愚老师见示华章，讽诵再三，谨步原韵奉和

劫后山河带泪看，狷情宁忍易簪冠。

壶中剑戟惊巫鬼，笔底龙蛇沥胆肝。

龌龊奴儒须扫荡，汪洋学海任通观。

云陶洞口怀风骨，羞对莩篌唱路难。

［附］虞愚老师原作

易代风云反覆看，入山还借一黄冠。

呼天余痛支皮骨，报国孤忠搁肺肝。

儒释老庄多圣解，医诗书画具奇观。

霜红龛集堂堂在，诸艺能臻拙最难。

原注： 青主论书有"写字无奇巧，只有正拙、正极奇生，归于大巧若拙已矣"语，故有结句。

纪念熊子真先生诞生百周年颂诗
一九五八年十一月

剑歌江汉呼民主，怒扫皇权我独尊。[①]

一卷心书昭学脉[②]，千秋慧业蜕师门。[③]

深明体用标新义，笃衍乾坤续国魂。[④]

白首丹心无限意，神州鼎革正氤氲。[⑤]

自注：

① 熊十力先生，字子真，少年忧国，慷慨从戎，参加湖北新军，投身"反清"革命。一九一一年冬，辛亥首义推翻帝制后，先生与好友吴寿田、李四光等聚会于武昌雄楚楼，畅叙豪情，各书所志，吴寿田写李白《山中问答》一绝，李四光写"雄视三楚"四字，熊先生则写"天上地下，唯我独尊"。此两语虽引自佛典（见《长阿含经·大本经》），实际上反映出先生当时对反封建民主革命的实质的深刻理解和时代觉悟。此"我"字应作"个性"解，此后，先生一贯指斥"汉宋群儒"，"以种种顽陋不堪之论迎合皇帝"，"无一不是伪学"，"支持帝制，奴化斯民，使中国将三千年而不振"，反复叮咛："吾国帝制久，奴性深，不可不知"，且一再强调"个人自由""我之价值""不为物化"的"人道之尊"等；坚决否定道佛"忘我""无我"之论；其释《易》"群龙无首"云："人各自立，则群龙也；天下不得有君，故无首也"。

② 先生之第一部著作为一九一八年出版之《熊子真心书》，自序独引王船山"惟此心常在天地间"一语以释书名；书中首列《船山学自记》一篇，谓青年时"身心无主"，"忽读王船山遗书，得悟道器一元，幽明一物。全道全器，原一诚而无幻；即幽即明，本一贯而何断。天在人，不遗人以同天；道在我，赖有我以凝道"。此后，先生出入佛、儒、老、庄以及宋明诸子，旁及西方哲学、科学，浚求博证，论益恢宏，然其哲学思想的核心，仍以此数语为根基。盖船山学精华早已注入先生之心行而为其自觉承继之学脉也。

③ 一九二〇年先生入南京内学院，投欧阳竟无大师门下学佛法。苦学三年，穷探空有诸家，而独立精思所得，乃自创《新唯识论》体系，源于佛法而超迈佛法，如荀卿所谓"君子之学如蜕，幡然迁之"。《新唯识论》不仅蜕出欧阳大师之门，且于奘、基诸师以及护法、无著、世亲、龙树、提婆诸大德，亦多摘发、评判；同时，痛斥奴儒，睥睨西学，自称"包络众言而为新论"，"所以破除门户，而归于心理之同然"，"非佛非儒，吾亦只是吾而已矣"。此盖先生之所以异于笃毕，暖姝之学而为一代哲人之真精神所在欤?!

④ 先生之学以"体用不二"为纲宗，体大而思密，把本体论、宇宙论、人生论、认识论等均熔冶于其内，推衍出"本原、现象不许离而为二，真实、变异不许离而为二，绝对、相对不许离而为二，心、物不许离而为二，质、力不许离而为二，天、人不许离而为二"等原理；就体用关系问题本身所展开的关于"即用显体""摄体归用""实体变动而成功用""大用流行之外无有实体"等的论证，有破有立，既扬弃了佛家的性相之说以及华严宗的海印三昧，理事无碍之类，又与程、朱理学所谓"体用一源、显微无间"等有别。一九五八年出版

之《体用论》，新义层出，可视作先生之哲学晚年定论。至于一九六一年所出版之最后一书《乾坤衍》，乃先生以己意考辨儒经、评史论政之作。此本非其所长，然于此书中亦可窥见先生对中国文化去芜存菁、挹彼注兹的致思倾向。如痛斥秦汉以后的"小康之儒"使"孔子被诬，六经被废，大道沦亡"；而所谓孔学的"大道"，不外孔子五十读《易》以后阐发的"易理"，实为先生自己所建构的"体用不二"的辩证法。先生还强调必须归本于周易之内圣、外王学，内圣学乃无神，外王学乃无君，德慧并重，成己成物。成己，"则由格物致知而上穷万有之源，反观我生之真，……期于道德，智慧，知识融为一片，如是，则己不虚生，卓然树立人极，弘大人道"；成物，则"明大公之正则，立均平之洪范，建人类共同生活制度，以祈至乎范围天地之化而不过，曲成万物而不遗"。"万物各尽所能，各足所需，各畅其性，各舒其志，各抑其私，而同于大公，协于至平。"这些，被先生视为中国文化之优秀传统或活的精魂。

⑤ 一九四八年，先生讲学于浙江大学，住校园中，自号"漆园老人"，却又自题联云："白首对江山，纵横无限意；丹心临午夜，危微俨若思。"当时，正值解放战争胜利展开，学生运动蓬勃高涨(如在浙大即发生进步学生于子三被捕杀惨案，激起全国怒潮)。先生此联中所说"无限意""俨若思"的内容是什么呢？证以先生同时所写的《漆园记》一文，可以会得无限之"意"，俨然之"思"，有其特定的内容，实即如下的自觉或自警："圣人之学体天道而立人极，成人能而赞天化，明于天下之险阻，健动以建鼎革之功。(自注：《易·说卦》云：革，去故也；鼎，取新也。《无妄卦》曰：健以动。非有健动之力，何以革故取新与?)虽陷险中而不失其刚，履虎尾而不畏其咥，极知未济而不舍倾否之宏愿与强力(自注：《否卦》之上九曰：倾否。否运已极，必倾覆此局而更新之……)，恶容付之，无可奈何而安之若命，以生为玩，甘自颓废而不恤哉?""拯斯人之沉冥，扶乾坤之将熄，不亦隆哉！"这一博大襟怀和沉深预言，实堪敬佩！新中国成立后，先生乐于参与国是，且勤于著述，十年中成书八种，岂偶然哉！近十年，神州大地所出现的"倾否""鼎革"的新形势，新气象，惜先生未得亲见；但先生所倡导的俨然之思，健动之力，仍将启迪人们在当前改革中明于险阻而自强不息，奋进不已。

敬题陈嘉庚先生纪念堂

甲子新秋，访并州，过都门，趋侯虞愚老师，蒙示新作，并告以陈嘉庚先生访延安时故事,感和一律。

> 去国情怀恋故枝,巍峨广厦杜陵诗。
>
> 云帆集美劳筹画,薪火群贤赖护持。
>
> 延水流芳八字誉,甘棠垂荫万人思。
>
> 朱弦重谱薰风操,霞灿波澄日出时。

甲子之秋,福建省文联、工艺美术学会等将在榕举行寿山石诗会,惠书征稿,谨依姜白石《玲珑四犯》调,倚声一阕,笺寄致贺

> 地火突飞,崖浆奇喷,曾经多少凉热。飓风扬海浪,巨浸吞巉壁。何期共工一怒,不周山,崒然崩折。精卫痴情,女娲明慧,勤炼补天石。　　无端彩霞飘泊,任荒霾土掩,璀璨莹彻。晶疑和氏泪,碧似苌弘血。如今美誉流天下,赖磨洗,幽光重发。南海畔,诗人正高吟击节。

丙寅夏,研究生柴文华、余金华、萧洪恩、邓红蕾、张铁勇卒业,论文各有特色,诗以誉之

> 斐然狂简自知裁,秋菊春兰次第开。
>
> 双向神思腾异采,万殊史慧隐春雷。
>
> 沉潜纬数探玄赜,剖判中庸说未来。
>
> 唤起梦溪共筹画,神州旭日扫雾霾。

黄州会中,冉云华君有赠,步韵答之

> 相逢石溪畔,眷念古神州。纶贯圭峰意,禅源活水流。
>
> 苇航三万里,一笑聚黄州。心印无多语,碧崖云自流。

丁卯秋国际儒学会举行于曲阜,会中感赋

> 轮扁桓公聚一堂,千秋儒学费商量。
>
> 郢书不必妨燕说,歧路于今好放羊。

阿世公孙夸印绶,舞雩曾点咏韶章。

豪华阁里迎宾乐,何处悲歌觅楚狂?

一九八四年初夏,全国《周易》讨论会在武昌举行,先枚诗家首唱,谨和

相期赤水觅玄珠,重演羲、文象数图,

杂以成文风水涣,嘤其鸣矣楚天舒。

从来忧患生奇慧,且向明夷卜远谟。

海外潮声三次近,鸿蒙冲破启新途。

哭祭陶军同志
一九八七年四月

劫后重逢一笑温,依然直鲠见精神。

凤凰烈火铮铮骨,春草池塘款款情。①

延水英风传译语②,巴黎雄节播华文。③

无端寒雨江城笛,葭浦招魂泪湿巾。

自注:

① 陶军同志题伍文同志诗集有句:"但使谢家才调在,尽多春草满池塘",意蕴颇深。

② 陶军同志曾任解放区电台第一位英语广播员。

③ 八十年代初,陶军同志作为我国驻联合国教科文组织代表,驻节巴黎,播扬中华文化。

一九八八年春,《江汉论坛》创刊三十周年,诗以贺之

抱瓮殷勤三十年,几番风雨护花难。

乐随斗柄飞鸣镝,敢遣春温上笔端。

楚些沉吟思旧赋,唯批疏证启蒙篇,

今朝喜听新潮激,破雾燃犀永向前。

戊辰夏,赴新加坡参加国际儒学会,海外学者多叹惋儒学处于"困境",宛似"游魂"者;国内游客,多艳羡新加坡之富庶者,吟此志感

> 劫后高吟火凤凰,南行未觉海天长。
>
> 休惊抱器人归楚,伫盼乘桴客望乡。
>
> 困境深观明剥复,游魂为变适沧桑。
>
> 春台艳说狮鱼美,苦恋神州结网忙。

戊辰夏,得吉权书告知深之之疾竟不治,总角交游,前尘如昨,翘首巴云,哀吟当哭

> 共掬童心画梦痴,朝霞弦月爱君诗。
>
> 苦寻空谷跫音美,狂和芳原采薇词。
>
> 稷下冰弦同感慨,江南红豆最相思。
>
> 何堪劫后山阳笛,枫浦招魂泪湿衣。

戊辰冬,赴香港参加纪念唐君毅先生学术会,书赠法住文化书院

> 唐门学脉赖心传,海上潮音别有天。
>
> 今日我来寻活水,故园春意献君前。

戊辰冬,香港会中,听君毅夫人谢方回大嫂鼓琴,于携赠之《立雪斋琴谱》上题此

> 海上琴心远,江南梅始花。
>
> 灵台通九境,春意自无涯。

己巳春,浙江水心纪念馆胡一鸥先生来信属题辞,走笔得四绝

> 永嘉学脉固分明,经世公言继薛、陈。
>
> 鼎足朱、陆谢余子,敢标功利斥虚声。

(水心之学集永嘉学脉之大成,其所继承之先驱为薛季宣、陈傅良。《温州新修学记》中引留茂潜语谓:"永嘉之学,必弥沦以通其变者,薛经其始而陈纬其终

也。"又如全祖望在《宋元学案》中所评断,南宋"学术之会,总为朱、陆二派,而水心断断其间,遂称鼎足"。)

政余习学贯人天,颠倒交成矢的间。

道不离物成于两,中华慧命续千年。

(水心一生从政,晚年罢官归隐,始写成《习学记言序目》一书,其突出贡献是在认识论上提出"内外交相成"而又强调了"弓矢从的而非的从弓矢"的观点,在天道观上更明确提出了"道成于两""道不离物"诸命题,成为我国素朴唯物辩证法的思想传统的光辉一环。)

积贫积弱深忧患,扼腕谈兵筑堡坞。

同甫、放翁齐洒泪,悲歌何处唤於菟。

(水心一生忧国忧民,指画兵食,曾为江坊筹筑堡坞,见《宋史》本传及文集卷一《定山瓜步石跋三堡坞状》。)

求实夸虚道不同,慎思明辨复宽容。

那堪邪佞诬元晦,拍案疏成耿介风。

(水心学术求实恶虚,与朱陆皆不同道,且能博学慎思以考辨之。但当林栗之流诬告朱熹,谤及道学,乃拍案而起痛斥林栗等"谗口横生""残害忠良"。文集卷一有《辨兵部郎官朱元晦状》,为朱熹辩冤,义正辞严,足见高风。)

己巳之秋,赴金陵,参加紫金山天文台赵定理同志研制之仰观俯察仪鉴定会,谨缀六绝,用表贺忱

仰观俯察创新仪,道法阴阳数可稽。

涵泳古今续绝学,璇玑入握化神奇。

双鱼曲线动中参,相对时空别有天。

读破图、书、大衍数,紫峰圭影妙通玄。

（赵君谓太极图双鱼曲线乃天球旋转在地球面上的投影。又称河图数 50，洛书数 45，周易大衍之数 55，皆可于圭表上求之。）

天球投影转成图，医、易、参同理不孤。

遁甲奇门千古秘，劳君指掌出新谟。

（赵君谓周易象数皆不离天文、节候，故易理与中医、气功、天文及奇门遁甲之理皆相通。）

"场源""○数"宵难穷，摩荡阴阳理自融。

学贯人天增慧解，星穹德律忆康翁。

（赵君谓阴阳相互作用以及子午流注等中的非惯性的相对时空观似可解释现代科学中"场源"和"○数"等难题。康德的墓志铭："头上是灿烂星空，心中是道德法则。"）

斗纲卦候似相衔，参两三才易道圆。

洁净精微无方体，羲、文宁止步周天。

（意谓易道"兼三才而两之"，可以涵摄天道，而不可仅归结为天道。）

张衡休赋《四愁诗》，斗柄东旋自有时。

注罢《远游》唱《渔鼓》，薑斋心事几人知。

庚午之夏李炼、大华、朝波卒业，风雨书声，弹指三秋，临歧握别，诗难达意

风雨声声伴读书，吹沙掘井意何如？

三年灵艾绒难捣，一瓣痴葵蕊不枯。

史路坎坷怜卞玉，心期曼宵觅玄珠。

愿君深体愚公志，笠锄明朝绘远图。

华西医科大学八十校庆,书此致贺

> 扬马风流杜宇魂,中西璧合粲黉门。①
>
> 传来医术人争誉,译去诗篇韵最温。②
>
> 团结歌声迎解放,腾飞国运赖斯文。
>
> 八旬华诞峰前路,花雨纷纷扫劫痕。

自注:

① 扬雄、司马相如等乃吾蜀文化传统精魂,华西建校,虽经西方教会,实亦继此流风。

② 华西医科,流誉东亚,尔后文科亦不弱。一九四七年冬,我曾应邀与费尔朴博士合作英译陶渊明诗赋若干篇,其中《闲情赋》一篇尤为着力;后闻费氏返国,该译稿已在美出版。

庚午秋,鹤鸣师李达同志诞辰百周年纪念,三湘将有盛举,缅怀仪型,风骨自励,心花数朵,敬表微忱

> 湘皋鸣鹤振金声,莽莽神州播火人。
>
> 墨海旋风泣巫鬼,赤旗板斧启山林。
>
> 百年龙种经忧患,四卷犀芒烛道真。
>
> 桃李天涯同颂念,默燃心炬继长征。

索　引

人名索引

尧　43,86,90,92,94,97－99,117,
　　122,123,128,132,134,157,179,
　　249,298,363,364,425

舜　43,47,74,86,90,92,94,97－99,
　　117,118,128,134,157,166,249,
　　363,364,377,425

禹　16,21,31,65,82,86,90－92,94,
　　97－100,218,287

孔子　17,24,43,48,58,69,85,86,
　　98,100,102,104,105,107,108,
　　113,114,119,121,127,131,132,
　　134,137,152,162,183,261,268,
　　296,297,316,323,328,366,374,
　　397,398,400,415

向秀　331

郭象　331,359,360

贾谊　115,117,161,162,165,166,

302,303

王阳明　17,44,63,106,247,255,
　　281,360,390,436

李贽　17,19,44,45,47,49,73,106,
　　111,129,261－263,267,281,361

徐光启　16,19,31,47,53,65,66,
　　262,267

唐甄　15,32,50,51,264,267,361

傅山　17,32,50,58,129,150,233－
　　239,262,265

陆九渊　106,260,360,364

陈确　17,256,265,370

利玛窦　30,31,53,262

刘禹锡　124,216－232,301,302,436

何承天　167,178,186－190,195

惠施　114,132,173,281,397

杨泉　127,167－170,172－179,189,
　　220,286,412

司马迁　86,100,118,127,133,139,
141,152,155,159,161,162,164,
165,171,184,306,308,426

慧能　191－196,198－205,208－
212,215,232

黄宗羲　13,15－17,19,32,45,47,
49－51,62,70,103,106,111,148,
239－246,248,250,252－256,259,
260,263－265,267,271,281,372,
374,376－378,381,400,418,
426,438

王船山　45,47,63,66,67,74,308,
310,361,362,366－369,377,384,
385,387,417,418,421,423,425,
427,452

龚自珍　13,22,33,49,55,63,102,
111,125,126,267,376,381

魏源　13,22,53,63,376,381

谭嗣同　9,14,23,47,53,55,66,67,
73,74,112,118,376,377,381,384,
451－454,458

顾炎武　13,16,32,45,50,63,66,70,
127,129,151,233,239,243,263,
265,281,374,376,381,412,426

康有为　14,23,53,63,66,69,85,
268,374,376,381,451,452,458

梁漱溟　49,63,361,403,436

唐君毅　102,272,414

郭沫若　35,63,83,105,144,272,
356,357,382,405－411,413

贺麟　54,63,436

冯友兰　54,63,81,119,120,272,
301,315,323,325,328,331,361,
385,436

鲁迅　23,24,35,42,58－60,76,84,
185,406,454

侯外庐　19,23,44,63,140,169,237,
272,285,301,374,379,382－384,
387,426

钱穆　63,272,372,379,385,386

蒙文通　69,93,155,164,287,362,
367,369,370,414

冯契　241,394,399,446

杜维明　43,50,70

包遵信　50,51,70,71,360

梁启超　14,44,47,63,66,68,69,73,
74,272,371－386,388,390,451,
452,458

嵇文甫　44,63,385

但丁　10,19,47,383

布鲁诺　11,19,47

梵尼尼　11

马克思　3－8,10,11,13－15,22－
27,30,34,35,40－42,54,59,75,

76,83,84,89,90,97,134,142,145,
147,150－154,181－183,191,192,
195,197,198,213,214,231,233,
271－275,278,279,281－283,285,
288－296,298,299,301－304,306,
308－310,312,313,316,318－321,
323,325－328,330－352,355－
359,361,363,366,367,372,379,
380,382－386,390,393,394,396,
405－413,431,433,434,436,437,
445,449,453,454

恩格斯　6,7,10－14,44,52,89,90,
97,126,134,142,170,181,182,
191,192,195,197,198,213,214,
238,275,278,279,281－283,290,
292,301,306,307,309,320,321,
323,327,334－336,338,340－349,
351,352,383,390,408,409

康德　13,20,291,316,321,323,324,
415,421

黑格尔　6,10,11,13,14,20,27,62,
103,113,191,213,214,239,271－
273,275,278－280,291－296,
299－301,303,304,306,309,312,
313,317,320,321,329,390,401,
420,421,426,432,434,454

列宁　7,12－14,26,27,35,44,52,

62,103,143,153,181,200,201,
212,227,274－280,282,283,290－
297,306－308,312,318,320－322,
328－330,332,344,355,363,366－
368,390,393,395,398,408,411,
412,450

普列汉诺夫　10,13,44,83,308,342,
348

李凯尔特　321,323

拉吉舍夫　13,14,52,307

泰戈尔　56,64

路德　11,13,52,213,306

费尔巴哈　6,11,13,142,231,275,
306,307,323,335

摩尔根　89,338,341,343－345,
347－349,351,352,409

名词索引

真理　3－8,13,17,20,23,27,35,53,
56,61,68,148,150,152,153,187,
190,203－206,208,209,220,231,
240－242,244－248,250－257,
272,275,281,284,292－296,299,
306,308,312,318,326,328,332,
334,337,356－358,361,369,390,
397,399,400,405－408,413,438,
445,456,457

民主 3,4,6-9,13-15,23,24,35,
40,41,47,50,51,54,57,66,68-
71,74,76,241,258,263,264,289,
291,348,352,358,361,376,377,
382,406,416,452,456,457

马克思主义 3-8,10,11,14,22-
27,30,34,35,40-42,54,59,83,
84,145,147,150-154,214,233,
271-275,278,279,282,283,285,
288-291,293-296,299,301,302,
304,306,308-310,312,313,316,
318,319,321,323,325-328,330-
339,341,343,344,347-350,352,
355-359,361,366,367,372,379,
380,382,384-386,393,394,396,
405-413,431,433,434,436,437,
445,449,453

无产阶级 3-8,13,27,282,319,
332,342,356,357,405,406

认识论 3,4,6,7,196-198,203,
205,208,209,214,215,222,228,
245,246,266,274,276,277,296,
306,334,358,360,368,369,389,
392,393,395-401,434,440,457,
458

范畴 3,25,50,51,66,67,70,71,
124,135,138-140,146,147,150,

189,225,226,231,245,249,276,
277,279,280,283,293,294,296,
297,300,301,303,305,309,311-
313,320,359,370,380,389-393,
395,397,399,400,402,417,422,
425, 432, 433, 436, 442, 443,
445-448

本质 3-5,30,47,49,59,72,110,
111,118,139,176,180,196-198,
200,212-215,231,232,266,272,
274-276,278,292,293,304,312-
314,317,320,322,323,325-337,
341,346,357,368,373,392,395-
397,415

物质资料 3

主观 4,6-8,32,39,147,157,165,
195,197,199,201,203,205,208-
210,213-215,230,245,274,280,
294,298,301,303,306,309,320-
322,324,327-329,332,360,365,
373,381,391,392,397,398,424,
453,454

客观 3-5,7,8,17,21,25-27,32,
34,41,46,48,54,63,72,92,104,
107,111,131,135,137,151,153,
156,161,165,170,172,177,195-
197,199,203,209,210,214,215,

217,221,222,224,226,230,231,
233,252,274,275,277,280,281,
283,294,298－301,303,309,311,
313,319－322,324,326,328,331,
332,334,356,359,361,364,365,
373,376,381,388,389,391－393,
397 － 400,402,420,421,423 －
425,437

专政 4,5,8,13,178,192,230,330,
332

实践 3－8,16,17,22,40,41,45,50,
54,67,70,73,106－108,110,111,
116,120,133,136,138,148,154,
159－161,171,172,177,190,202,
204,205,208,209,216－218,226,
230,231,248,256,260,265,274,
281,282,294,304,306,309,311,
319,324,326,328,331－333,349,
351,352,355－358,366,369,391,
392,394,395,400,407,410,411,
424,432,434,436,437,442,445,
452,454

诠释 56,107,150,153,348,415,
424,433,439,440,452

异端 11,17,19,21,33,38,44－46,
48,51,61,62,103,106,109,113,
118,126－129,151,184,185,187,

188,198,214,215,217,249,251,
252,265,268,310,388,389

矛盾 5,12－14,17,20－23,25,38,
42,45,52,53,55,56,64 － 66,73,
75,95,100,106,109,115,121,135,
137,139,140,143,148,161 － 163,
165,173,176,188,190,192,197,
202－205,208,214,215,217,231,
232,245,257,259,272,274 － 277,
279－283,289,290,292－294,296,
298,299,301 － 303,305 － 308,
310－314,321,324－326,328,330,
332－337,344,356－359,361,375,
376,382,387－389,395－398,412,
418,431 － 433,436,440,445,448,
449,452,453,457,458

形而上学 4,6,18,22,35,176,197,
276,292,298,313,318 － 325,330,
332,336,360,366,395,431,434,
442,453

天才史观 6

英雄史观 6

实事求是 4,8,278,373,374,379,
381,385,413,445

群众路线 4,6－8

民主集中制 8

早期启蒙 13,15－19,22,29,32,34,

38,43,48,50,51,57,58,63,68,73,
106,129,233,238,241,253,257,
267,281,286,310,361,372,374,
376－382,384,387

文艺复兴　9－12,18,29,32,44,46,
47,50,70,73,74,238,309,321,
371－373,379,385,386

人文主义　9,10,13,18,30,45－47,
49,70,73,74,111,239,266,377,
382,392

乾嘉学派　376,377,380－382

五四　9,14,22－26,30,34,35,38－
42,44,49,50,52,54,57－59,63－
65,68,70,75,81,82,112,144,267,
272,295,296,356,358,361,371,
372,379,382,385,403,405－407,
411,433,436,437,448,456

天人合一　9,21,46,323,400,457

知行合一　46,246,247

理学　9,12,18,19,33,47,49,54,65,
67,73,106,107,110,128,129,147,
166,186,191,214,215,235－237,
241－244,247,251,253,259,260,
263－266,273,275,298,302,317,
362－368,373－376,379－381,
385,387,390,399－401,422

心学　17,18,44,45,47,54,73,128,

129,215,241－243,245－248,250,
259－261,264,364,365,368,436

宋明理学　9,16,17,32,214,263,
362－364,368,369,372－374,386,
388－392,400,420,422,426

社会结构　9,348

宗教改革　11,12,46,74,97,134,213

中世纪　10－12,17,18,30,32,38,
46,47,51,55,56,66,72,74－76,
129,169,171,184,216,217,230,
231,241,257－259,263,264,267,
268,310,339,358,374,383,
434,452

异端　11,17,19,21,33,38,44－46,
48,51,61,62,103,106,109,113,
118,126－129,151,184,185,187,
188,198,214,215,217,249,251,
252,265,268,310,388,389

唯名论　11,329

经院哲学　11,322

封建　4,9－15,17－24,26,29,30,
32,33,35,44－48,50－52,56,58,
59,64,67,69－73,75,76,81－83,
100,101,109－111,115－119,122,
124－126,129,156－160,162,164,
166,176,180－184,191,192,211,
214,215,217,227－231,233,238,

239,241,250,259－261,263,264,
266,268,272,273,281,283,285,
288,289,299,301,302,309,310,
322,332,340,346,350,351,358,
359,361,371－373,380,382－384,
386,387,392,395,408,410,
453,454

萌芽 9－13,15,30,51,52,73,215,
238,241,259,261,281,291,310,
361,377,380,382,383,386,389,
398,400,436

资本主义 9－13,15,20,23,30,33,
51,52,73,75,76,238,259,261,
281,298－300,310,326,331,332,
336,337,339,342,348－352,361,
380,382,383,387

泰州学派 12,17,45,73,106,260,
436

洄流 13,15,18,19,24,25,27,33,
38,42,52,55,59,65,70,259,267,
281,283,376,381,383

蒙昧 9,10,13,17,22,45－47,72,
73,233,310,345,374,382,383

维新派 14,48,50,70,382,384

国粹派 39,40,54,75

西化派 39,40,75

实证 16,153,214,265,374,399,442

伦理异化 18,21,45－47,49,50,59,
70,72,73,102,110－112,126,128,
129,152,214,259,264,266

经验论 18,243,282,293,298,321,
335,397

唯理论 18,244,282,294,298,397

坎坷 9,12,14,19,22,24,25,30,38,
44,52,55,57,58,65,75,186,233,
264,268,381,382,387,454

"难产" 12,13,19－23,26,27,30,
34,38,52,55,65,75,237,258,267,
282,298,306,310,381,382,434

质测 15－18,30,31,49,65,262,265

西学东渐 30－34,52,55,71,258

西学中源 39－41,53,56－58,65,
68,403

中体西用 36,40,56－58,64,66－
68,268

全盘西化 36,39,40,54,56,64,103,
258,268

对外开放 28,35－37

历史接合点 37,41,43,44,49,51,
55,58,61,63,64,69,71,74－76,
104,258,268,437,445,449,454

比较文化 40

奇理斯玛 41,58,64

一元 42,173,174,222,303,401,

413,458

多元 38,42,44,48,55,61－63,72,
103,104,107,114,242,250,252,
253,261,264,265,268,287,347,
351,433

三纲五常 21,46,48,72,112,259

全球意识 64,404

寻根意识 64,404

天赋人权 66

道器 25,66,67,277,282,313,364,
365,391,395,398

体用 25,40,57,58,66,67,69,115,
242, 258, 277, 313, 448, 449,
456,458

心理结构 38,69,434,437

卡夫丁峡谷 76,351,352

青春中国 24,76

元谋猿人 86

龙山文化 84,86,88－92,94,96－99

母权制 89

家长制 89,100,110

海岱民族 93

河洛民族 93

内圣外王 108,271

我注六经 108

六经注我 108

成己成人 108

修己治人 107,108

多维 69,74,114,115,120,151,443

五德终始 141,142

无神论 27,167,176,178,184,190,
195,198,215,216,219－221,225,
227－229,231,286,291,360,412

神不灭论 178,188

魏晋玄学 46,72,176,195,286,422

禅宗 119,191－196,198－215,232,
365

佛教 28,29,46,53,72,104,107,
113,119,124,128,151,167,176,
178,186－199,201,203,204,206,
209 － 215, 221 － 223, 230 － 232,
287,360,368,379,386,389,452

缘起论 197

中道观 197

解脱 197,198,200,210－213

自由 11,14,19,32,35,49,58,62,
66,69,103,150,185,210 － 212,
238, 307, 344, 358, 399 － 401,
416,453

天人感应 176,219,221

致良知 246,247,260

实学 16,18,244,264,282,355,357

历史感情 306－309,378

历史方法 296,309,334,335,390,

391

逻辑方法　33，279，296，297，309，310，312，334，335，390，391，396，400

纯化　314，438

泛化　314，438

历史哲学　17，304，317，319 – 321，323 – 325，351，423，427

阶级斗争　3，18，47，217，227，319，329 – 333，341，348，351

生产力　22，91，93，97，170，217，259，262，288，330，332，336，345，351，352，395

生产关系　259，327，330 – 332，336，351

偶然性　278，279，297，315，316，331，334，335，396，447

必然性　141，279，284，298，301，311，315，331，350，400，436

扬弃　18，29，58，59，81，84，92，106，160，248，260，265，276，281，292，295，311，313，341，361，365，367，369，370，388，390，445，448，458